IATF 16949:2016 内审员实战通用教程

第 2 版

张智勇　编著

机械工业出版社

本书正文共分为五个部分。第一部分对质量管理体系系列标准做了概括性论述，并对过程方法、七项质量管理原则，以及 IATF 16949:2016 的理解做了详细的讲解。第二部分讲述内部质量管理体系审核，通过对审核方案管理、审核实施的详细讲解，使读者掌握质量管理体系内部审核的全过程，同时对内审员应具备的知识、能力、技巧与方法做了详细说明。第三部分讲述 VDA 6.3 过程审核。第四部分讲述 VDA 6.5 产品审核。第五部分讲述管理评审，从管理评审计划的制定、管理评审的实施、管理评审报告的编写几个方面详细地介绍了管理评审的全过程。

本书的附录1、附录2对 IATF 16949:2016 新增要求——风险管理、知识管理，做了详细讲解。附录3对 IATF 16949:2016 的审核要点做了讲解，并配上审核案例分析。附录4为读者提供了 15 份审核检查表，这些审核检查表是按过程方法编制的。附录5、附录6针对 IATF 16949:2016 的文件编写要求进行了讲解。附录7、附录8是针对内审员的练习题。附录9和附录10分别给出了过程审核结果的评分矩阵和相关图表。

本书在进行理论讲述时，辅以了大量实用性案例。

本书的读者对象为实施 IATF 16949:2016 的各类组织的管理人员、内审员及质量管理体系负责人。

图书在版编目（CIP）数据

IATF 16949:2016 内审员实战通用教程/张智勇编著 . —2 版 . —北京：机械工业出版社，2018.1（2025.4 重印）

ISBN 978-7-111-58872-6

Ⅰ. ①I… Ⅱ. ①张… Ⅲ. ①质量管理体系—国际标准—教材 Ⅳ. ①F273.2-65

中国版本图书馆 CIP 数据核字（2018）第 000863 号

机械工业出版社（北京市百万庄大街 22 号 邮政编码 100037）

策划编辑：李万宇 责任编辑：李万宇 杨明远

责任校对：黄兴伟 封面设计：马精明

责任印制：常天培

北京机工印刷厂有限公司印刷

2025 年 4 月第 2 版第 10 次印刷

169mm×239mm · 32.75 印张 · 625 千字

标准书号：ISBN 978-7-111-58872-6

ISBN 978-7-89386-157-4（光盘）

定价：98.00 元（含 1CD）

凡购本书，如有缺页、倒页、脱页，由本社发行部调换

电话服务　　　　　　　　　　网络服务

服务咨询热线：010-88361066　机工官网：www.cmpbook.com

读者购书热线：010-68326294　机工官博：weibo.com/cmp1952

　　　　　　　010-88379203　金　书　网：www.golden-book.com

封面无防伪标均为盗版　　教育服务网：www.cmpedu.com

前　言

与 ISO/TS 16949:2009 相比，IATF 16949:2016 在结构、内容上，尤其是在理念上都有了很大的变化。

IATF 16949:2016 采用 ISO/IEC 导则—第 1 部分—ISO 补充规定附件 SL 规定的管理体系的通用结构，这一通用结构有利于对多个管理体系进行整合。IATF 16949:2016 强调按照"过程方法＋基于风险的思维＋PDCA"的模式运行，以便有效利用机遇并防止发生非预期结果，从而达到提高组织的有效性和效率，满足顾客要求、增强顾客满意的目的。

IATF 16949:2016 是在 ISO 9001:2015 的基础上再加上汽车行业共同要求及顾客特殊要求建立起来的，是适合汽车行业的通用标准。IATF 16949:2016 要求的内容比 ISO 9001:2015 要求的内容要多，按要求的数字条款号来看，IATF 16949:2016 比 ISO 9001:2015 多了 100 多个数字条款要求。IATF 16949:2016 要求的内容比 ISO 9001:2015 要求的内容更为细化，要求的程度也更高。IATF 16949:2016 这些高要求对 IATF 16949:2016 质量管理体系的建立、实施和审核提出了挑战。

内部审核作为质量管理体系运行的重要一环，是质量管理体系有效运行的保证；要确保内部审核有效实施，内审员的能力是关键。

为了帮助企业准确理解并实施 IATF 16949:2016，为了帮助内审员不断提升自身能力，笔者编著了这本《IATF 16949:2016 内审员实战通用教程》。

与其他同类的书籍相比，本书更注重实用性和可操作性，希望这本书能帮助企业内审员提高自己的能力与水平。

在 ISO 9001、IATF 16949 认证日趋商业化的今天，笔者给企业领导人一点忠告：必须实实在在地推行 ISO 9001、IATF 16949 质量管理体系标准！如果 ISO 9001、IATF 16949 这些基本功都没有做扎实，就去赶形式搞什么零缺陷、六西格玛，只会让员工越来越糊涂，企业越来越劳民伤财！其实，踏踏实实地把 ISO 9001、IATF 16949 这些基础的工作做好，企业的产品质量就会有很大的提高。

在写作这本书的过程中，参考了一些书籍、论文以及网络上的文章，在此对这些作者表示感谢！

希望这本书能为读者带来裨益。读者交流请加 QQ 群：453289707。

笔者新浪博客：http://blog.sina.com.cn/qiushiguanli。

对本书中的不足之处，请读者不吝赐教！

张智勇
2018 年于深圳

目　　录

第二部分　内部质量管理体系审核

第三部分　过程审核

第四部分　产品审核

第五部分　管理评审

附录——光盘部分

第一部分

IATF 16949:2016 标准的理解

第 1 章

质量管理体系国际标准介绍

1.1 ISO 组织、IATF 国际汽车工作组简介

1.1.1 ISO 组织简介

国际标准化组织 ISO（International Organization for Standardization）的前身是国际标准化协会（ISA），成立于 1926 年，1942 年因第二次世界大战而解体。1946 年 10 月 14 日，中国、美国、英国、法国、苏联等 25 个国家的代表在伦敦开会，决定成立新的标准化机构——ISO。1947 年 2 月 23 日，ISO 正式成立。

ISO 下设技术委员会（TC）和分技术委员会（SC），负责制定国际标准。

ISO 的中央秘书处设在瑞士。

1.1.2 ISO/TC 176 质量管理和质量保证技术委员会

ISO/TC 176 是 ISO 组织中专门负责制定质量管理标准的。ISO/TC 176 成立于 1979 年，是在原 ISO/CERTICO 第二工作组"质量保证"的基础上成立的。

ISO/TC 176 制定的一系列关于质量管理的正式国际标准、技术规范、技术报告、手册和网络文件，统称为 ISO 9000 族标准。

1.1.3 国际汽车工作组（IATF）与 ISO/TC 176 的关系

国际汽车工作组（International Automotive Task Force，IATF）是由世界上主要的汽车制造商及协会于 1996 年成立的一个专门机构。IATF 的成员包括意大利汽车工业协会（ANFIA）、法国汽车制造商委员会（CCFA）和汽车装备工业联盟（FIEV）、德国汽车工业协会（VDA），以及汽车制造商如宝马（BMW）、克莱斯勒（Daimler Chrysler）、菲亚特（Fiat）、福特（Ford）、通用（General Motors）、雷诺（Renault）和大众（Volkswagen）等。

国际汽车工作组（IATF）与 ISO/TC 176 技术委员会合作，曾经共同制定了 ISO/TS 16949 汽车行业质量管理体系标准。2016 年，因为利益的关系，IATF 决定用 IATF 16949:2016 取代 ISO/TS 16949:2009。

1.2 IATF 16949 标准的历史沿革及其与 ISO 9001 的关系

1.2.1 IATF 16949 标准的历史沿革

1）1999 年，国际汽车工作组（IATF）与 ISO/TC 176 技术委员会合作，在综合美国 QS 9000、德国 VDA 6.1、法国 EAQF 94、意大利 AVSQ 94 汽车行业质量管理体系标准的基础上，结合 ISO 9001:1994 制定了 ISO/TS 16949:1999 汽车行业质量管理体系国际标准。

2）ISO/TS 16949 标准自 1999 年发布以来，经历了 2 次修订，第一次修订是在 1999 版的基础上结合 ISO 9001:2000 升级为 2002 版标准——ISO/TS 16949:2002；第二次修订是在 2002 版基础上结合 ISO 9001:2008 升级为 2009 版标准——ISO/TS 16949:2009。

3）2016 年，因为利益的关系，IATF 决定用 IATF 16949:2016 取代 ISO/TS 16949:2009。IATF 16949:2016《汽车生产件及相关服务件组织的质量管理体系要求》标准是在 ISO 9001:2015 基础上，结合汽车行业的特点以及顾客的特殊要求升级而成的。IATF 16949:2016 是 IATF 16949 标准第一版。

IATF 16949 标准的历史沿革如图 1-1 所示。

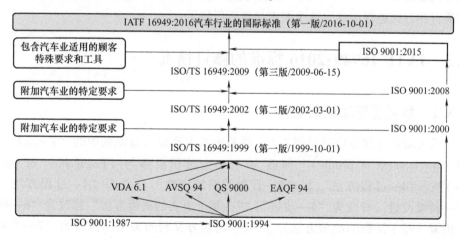

图 1-1 IATF 16949 标准的历史沿革

1.2.2 IATF 16949 与 ISO 9001 的关系

IATF 16949 是在 ISO 9001 的基础上再加上汽车行业共同要求及顾客特殊要

求建立起来的，是适合汽车行业的通用标准（见图1-2）。总体来看，IATF 16949:2016 与 ISO 9001:2015 相比，可总结为三个字，叫"多、细、高"。

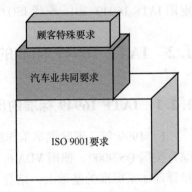

图1-2　IATF 16949 标准组成结构图

1)"多"——IATF 16949:2016 要求的内容比 ISO 9001:2015 要求的内容要多，按要求的数字条款号来看，IATF 16949:2016 比 ISO 9001:2015 多了107个数字条款要求（见本章1.3.2节表1-3）。如 7.1.5.1 条款增加了"7.1.5.1.1 测量系统分析"，9.2 条款增加了"9.2.2.3 制造过程审核""9.2.2.4 产品审核"等。

2)"细"——IATF 16949:2016 要求的内容比 ISO 9001:2015 要求的内容更为细化，在 ISO 9001:2015 要求中仅为一句话的要求，到了 IATF 16949:2016 中却要用几句话去重复要求，被分解为更细致的要求。如 ISO 9001:2015 中"8.3.3 设计和开发输入"在 IATF 16949:2016 中更加详细地被分解为"8.3.3.1 产品设计输入"和"8.3.3.2 制造过程设计输入"要求。

3)"高"——IATF 16949:2016 的要求程度比 ISO 9001:2015 要求的要高，或者说要求更严格。如"8.2.1 顾客沟通"，IATF 16949:2016 要求按顾客规定的语言和方式进行沟通，这个要求显然更严格了。

1.3　IATF 16949:2016 标准的修订情况

1.3.1　质量管理原则的变化

八大质量管理原则减少到7个，将原来八大质量管理原则中的"3—全员参与（Involvement of people）"修改为"3—全员积极参与（Engagement of people）"；"4—过程方法"和"5—管理的系统方法"合并为"4—过程方法"；"6—持续改进"修改为"5—改进"；"7—基于事实的决策方法"修改为"6—循证决策（基于证据的决策方法）"；"8—与供方互利的关系"修改为"7—关系管理"。

将质量管理原则由8个减少到7个，不只是数量的减少，还是可行性、针对性和科学性的提高，以及表述通俗和易行方面的突破，具体的变化见表1-1。

ISO 9000:2015 标准对每一项管理原则都从"概述""依据""主要益处""可开展的活动"四个方面进行了阐述（见本章1.5节）。

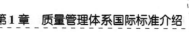

表1-1　质量管理原则对比

IATF 16949:2016 质量管理原则 (ISO 9001:2015 质量管理原则)	ISO/TS 16949:2009 质量管理原则 (ISO 9001:2008 质量管理原则)
1）以顾客为关注焦点	1）以顾客为关注焦点
2）领导作用	2）领导作用
3）全员积极参与	3）全员参与
4）过程方法	4）过程方法 5）管理的系统方法
5）改进	6）持续改进
6）循证决策（基于证据的决策方法）	7）基于事实的决策方法
7）关系管理	8）与供方互利的关系

1.3.2　IATF 16949:2016 结构的变化

1. 管理体系国际标准的通用结构

ISO 9001:2008《质量管理体系　要求》、ISO 14001:2004《环境管理体系要求及使用指南》等管理体系国际标准的结构都不一致，要对这些管理体系进行整合比较麻烦。国际标准化组织为了使各类管理体系国际标准的结构实现最大程度的一致和兼容，制定了一个指导文件，即 ISO/IEC 导则—第1部分—ISO 补充规定附件 SL（以下简称《附件 SL》）。《附件 SL》规定了管理体系的通用结构（称为高层结构——High Level Structure），未来所有新出版的和修订的管理体系标准都要遵循这一通用结构。

按照《附件 SL》的要求，管理体系标准除了引言（Introduction）外，应该包括10章，即：

```
1  范围（Scope）
2  规范性引用文件（Normative references）
3  术语和定义（Terms and definitions）
4  组织环境（Context of the organization）
   4.1  理解组织及其环境
   4.2  理解相关方的需求和期望
   4.3  确定××管理体系的范围
   4.4  ××管理体系
5  领导作用（Leadership）
   5.1  领导作用和承诺
   5.2  方针
```

5.3 组织的岗位、职责和权限

6 策划（Planning）

6.1 应对风险和机遇的措施

6.2 ××目标及其实现的策划

7 支持（Support）

7.1 资源

7.2 能力

7.3 意识

7.4 沟通

7.5 成文信息

8 运行（Operation）

8.1 运行的策划和控制

9 绩效评价（Performance evaluation）

9.1 监视、测量、分析和评价

9.2 内部审核

9.3 管理评审

10 改进（Improvement）

10.1 不合格和纠正措施

10.2 持续改进

《附件 SL》中的管理体系标准通用结构加上各类管理体系要求，即成为相应类别的管理体系标准，如：

《附件 SL》通用结构 + 质量管理体系要求→→ISO 9001：2015；

《附件 SL》通用结构 + 环境管理体系要求→→ISO 14001：2015。

2. IATF 16949：2016 结构变化的具体情况

IATF 16949：2016 与 ISO/TS 16949：2009 相比，章节结构发生了变化，见表 1-2。

表 1-2　IATF 16949：2016 与 ISO/TS 16949：2009 结构的区别

IATF 16949：2016 结构 （ISO 9001：2015 结构）	ISO/TS 16949：2009 结构 （ISO 9001：2008 结构）
1　范围	1　范围
2　规范性引用文件	2　规范性引用文件
3　术语和定义	3　术语和定义
4　组织环境	4　质量管理体系
5　领导作用	5　管理职责
6　策划	6　资源管理

（续）

IATF 16949:2016 结构 （ISO 9001:2015 结构）	ISO/TS 16949:2009 结构 （ISO 9001:2008 结构）
7 支持	7 产品实现
8 运行	8 测量、分析和改进
9 绩效评价	
10 改进	

3. IATF 16949:2016 与 ISO/TS 16949:2009 的对应情况

IATF 16949:2016 与 ISO/TS 16949:2009 的对应情况见表1-3。

表1-3 IATF 16949:2016 与 ISO/TS 16949:2009 的对应情况

IATF 16949:2016 结构	ISO/TS 16949:2009 结构	备注
0 引言	0 引言	
0.1 总则	0.1 总则	
0.2 质量管理原则		
0.3 过程方法	0.2 过程方法	
0.3.1 总则	0.2 过程方法	
0.3.2 PDCA 循环	0.2 过程方法	
0.3.3 基于风险的思维		新增
0.4 与其他管理体系标准的关系	0.3 与 ISO 9004 的关系 0.4 与其他管理体系标准的相容性	
1 范围	1 范围 1.1 总则	
1.1 范围——汽车行业对 ISO 9001:2015 的补充	1.1 总则	
2 规范性引用文件	2 规范性引用文件	
2.1 规范性引用文件和参考性引用文件		
3 术语和定义	3 术语和定义	
3.1 汽车行业的术语和定义	3.1 汽车行业的术语和定义	
4 组织环境		新增
4.1 理解组织及其环境		新增
4.2 理解相关方的需求和期望		新增
4.3 确定质量管理体系的范围	1.2 应用	
4.3.1 确定质量管理体系的范围——补充	1.1 总则 1.2 应用 4.1.1 总要求——补充	
4.3.2 顾客特殊要求	7.2.1.1 顾客指定的特殊特性	

（续）

IATF 16949:2016 结构	ISO/TS 16949:2009 结构	备注
4.4 质量管理体系及其过程	4 质量管理体系 4.1 总要求 4.1.1 总要求——补充	
4.4.1.1 产品和过程的符合性		新增
4.4.1.2 产品安全		新增
5 领导作用	5 管理职责	
5.1 领导作用和承诺	5.1 管理承诺 5.2 以顾客为关注焦点	
5.1.1 总则	5.1 管理承诺	
5.1.1.1 公司责任		新增
5.1.1.2 过程有效性和效率	5.1.1 过程效率	
5.1.1.3 过程所有者		新增
5.1.2 以顾客为关注焦点	5.2 以顾客为关注焦点	
5.2 方针	5.3 质量方针	
5.2.1 建立质量方针	5.3 质量方针	
5.2.2 沟通质量方针	5.3 质量方针	
5.3 组织的岗位、职责和权限	5.5 职责、权限与沟通 5.5.1 职责和权限 5.5.2 管理者代表	
5.3.1 组织的岗位、职责和权限——补充	5.5.2.1 顾客代表	
5.3.2 产品要求和纠正措施的职责和权限	5.5.1.1 质量职责	
6 策划	5.4.2 质量管理体系策划	
6.1 应对风险和机遇的措施		新增
6.1.2.1 风险分析	7.2.2.2 组织制造可行性	
6.1.2.2 预防措施	8.5.3 预防措施	
6.1.2.3 应急计划	6.3.2 应急计划	
6.2 质量目标及其实现的策划	5.4.1 质量目标	
6.2.2.1 质量目标及其实施的策划——补充	5.4.1.1 质量目标——补充	
6.3 变更的策划	5.4.2 质量管理体系策划	
7 支持		
7.1 资源	6 资源管理	
7.1.1 总则	6.1 资源提供	
7.1.2 人员	6.2 人力资源 6.2.1 总则	
7.1.3 基础设施	6.3 基础设施	
7.1.3.1 工厂、设施和设备策划	6.3.1 工厂、设施和设备策划	

（续）

IATF 16949:2016 结构	ISO/TS 16949:2009 结构	备注
7.1.4 过程运行环境	6.4 工作环境 6.4.1 与实现产品质量相关的人员安全	
7.1.4.1 过程运行环境——补充	6.4.2 生产现场的清洁	
7.1.5 监视和测量资源	7.6 监视和测量设备的控制	
7.1.5.1 总则	7.6 监视和测量设备的控制	
7.1.5.1.1 测量系统分析	7.6.1 测量系统分析	
7.1.5.2 测量溯源	7.6 监视和测量设备的控制	
7.1.5.2.1 校准/验证记录	7.6.2 校准/验证记录	
7.1.5.3 实验室要求	7.6.3 实验室要求	
7.1.5.3.1 内部实验室	7.6.3.1 内部实验室	
7.1.5.3.2 外部实验室	7.6.3.2 外部实验室	
7.1.6 组织的知识		新增
7.2 能力	6.2.2 能力、培训和意识	
7.2.1 能力——补充	6.2.1 总则 6.2.2 培训	
7.2.2 能力——在职培训	6.2.2.3 岗位培训	
7.2.3 内部审核员能力	8.2.2.5 内审员资格	
7.2.4 第二方审核员能力		新增
7.3 意识	6.2.2 能力、培训和意识	
7.3.1 意识——补充	6.2.2 能力、意识和培训	
7.3.2 员工激励和授权	6.2.2.4 员工激励和授权	
7.4 沟通	5.5.3 内部沟通	
7.5 成文信息	4.2 文件要求	
7.5.1 总则	4.2.1 总则	
7.5.1.1 质量管理体系文件	4.2.2 质量手册	
7.5.2 创建和更新	4.2.3 文件控制	
7.5.3 成文信息的控制	4.2.3 文件控制 4.2.4 记录控制	
7.5.3.2.1 记录保存	4.2.4 记录控制	
7.5.3.2.2 工程规范	4.2.3.1 工程规范	
8 运行	7 产品实现	
8.1 运行策划和控制	7.1 产品实现的策划	
8.1.1 运行的策划和控制——补充	7.1.1 产品实现的策划——补充	
8.1.2 保密	7.1.3 保密	
8.2 产品和服务的要求	7.2 与顾客有关的过程	
8.2.1 顾客沟通	7.2.3 顾客沟通	

（续）

IATF 16949：2016 结构	ISO/TS 16949：2009 结构	备注
8.2.1.1 顾客沟通——补充	7.2.3.1 顾客沟通——补充	
8.2.2 产品和服务要求的确定	7.2.1 与产品有关的要求的确定	
8.2.2.1 产品和服务要求的确定——补充	7.2.1 与产品有关的要求的确定（注2、注3）	
8.2.3 产品和服务要求的评审	7.2.2 与产品有关的要求的评审	
8.2.3.1.1 产品和服务要求的评审——补充	7.2.2.1 与产品有关的要求的评审——补充	
8.2.3.1.2 顾客指定的特殊特性	7.2.1.1 顾客指定的特殊特性	
8.2.3.1.3 组织制造可行性	7.2.2.2 组织制造可行性	
8.2.4 产品和服务要求的更改	7.2.2 与产品有关的要求的评审	
8.3 产品和服务的设计和开发	7.3 设计和开发	
8.3.1 总则		新增
8.3.1.1 产品和服务的设计和开发——补充	7.3 设计和开发（注）	
8.3.2 设计和开发策划	7.3.1 设计和开发策划	
8.3.2.1 设计和开发策划——补充	7.3.1.1 多方论证方法	
8.3.2.2 产品设计技能	6.2.2.1 产品设计技能	
8.3.2.3 带有嵌入式软件的产品的开发		新增
8.3.3 设计和开发输入	7.3.2 设计和开发输入	
8.3.3.1 产品设计输入	7.3.2.1 产品设计输入	
8.3.3.2 制造过程设计输入	7.3.2.2 制造过程设计输入	
8.3.3.3 特殊特性	7.3.2.3 特殊特性	
8.3.4 设计和开发控制	7.3.4 设计和开发评审 7.3.5 设计和开发验证 7.3.6 设计和开发确认	
8.3.4.1 监视	7.3.4.1 监视	
8.3.4.2 设计和开发确认	7.3.6 设计和开发确认	
8.3.4.3 原型样件方案	7.3.6.2 原型样件方案	
8.3.4.4 产品批准过程	7.3.6.3 产品批准过程	
8.3.5 设计和开发输出	7.3.3 设计和开发输出	
8.3.5.1 设计和开发输出——补充	7.3.3.1 产品设计输出——补充	
8.3.5.2 制造过程设计输出	7.3.3.2 制造过程设计输出	
8.3.6 设计和开发更改	7.3.7 设计和开发更改的控制	
8.3.6.1 设计和开发更改——补充	7.1.4 更改控制	
8.4 外部提供的过程、产品和服务的控制	7.4 采购	
8.4.1 总则	7.4.1 采购过程	
8.4.1.1 总则——补充	7.4.1 采购过程（注1）	
8.4.1.2 供应商选择过程	7.4.1 采购过程	
8.4.1.3 顾客指定的货源（亦称"指定性购买"）	7.4.1.3 顾客批准的供货来源	

（续）

IATF 16949:2016 结构	ISO/TS 16949:2009 结构	备注
8.4.2 控制类型和程度	7.4.3 采购产品的验证	
8.4.2.1 控制类型和程度——补充	7.4.3 采购产品的验证	
8.4.2.2 法律法规要求	7.4.1.1 法律法规的符合性	
8.4.2.3 供应商质量管理体系开发	7.4.1.2 供应商质量管理体系开发	
8.4.2.3.1 汽车产品相关软件或带有嵌入式软件的汽车产品		新增
8.4.2.4 供应商监视	7.4.3.2 供应商监视	
8.4.2.4.1 第二方审核		新增
8.4.2.5 供应商开发	7.4.1.2 供应商质量管理体系开发	
8.4.3 提供给外部供方的信息	7.4.2 采购信息	
8.4.3.1 提供给外部供方的信息——补充		新增
8.5 生产和服务提供	7.5 生产和服务提供	
8.5.1 生产和服务提供的控制	7.5.1 生产和服务提供的控制 7.5.2 生产和服务提供过程的确认	
8.5.1.1 控制计划	7.5.1.1 控制计划	
8.5.1.2 标准化作业——作业指导书和可视化标准	7.5.1.2 作业指导书	
8.5.1.3 作业准备的验证	7.5.1.3 作业准备的验证	
8.5.1.4 停工后的验证		新增
8.5.1.5 全面生产维护	7.5.1.4 预防性和预见性维护	
8.5.1.6 生产工装及制造、试验、检验工装和设备的管理	7.5.1.5 生产工装的管理	
8.5.1.7 生产排程	7.5.1.6 生产计划	
8.5.2 标识和可追溯性	7.5.3 标识和可追溯性	
8.5.2.1 标识和可追溯性——补充	7.5.3.1 标识和可追溯性——补充	
8.5.3 顾客或外部供方的财产	7.5.4 顾客财产 7.5.4.1 顾客所有的生产工装	
8.5.4 防护	7.5.5 产品防护	
8.5.4.1 防护——补充	7.5.5.1 贮存和库存	
8.5.5 交付后活动		新增
8.5.5.1 服务信息的反馈	7.5.1.7 服务信息反馈	
8.5.5.2 与顾客的服务协议	7.5.1.8 与顾客的服务协议	
8.5.6 更改控制	7.1.4 更改控制	
8.5.6.1 更改控制——补充	7.1.4 更改控制	
8.5.6.1.1 过程控制的临时更改		新增
8.6 产品和服务的放行	8.2.4 产品的监视和测量	

IATF 16949:2016 内审员实战通用教程

（续）

IATF 16949:2016 结构	ISO/TS 16949:2009 结构	备注
8.6.1 产品和服务的放行——补充		新增
8.6.2 全尺寸检验和功能试验	8.2.4.1 全尺寸检验和功能试验	
8.6.3 外观项目	8.2.4.2 外观项目	
8.6.4 外部提供的产品和服务的符合性的验证和接受	7.4.3.1 进货产品的质量	
8.6.5 法律法规的符合性	7.4.1.1 法规的符合性	
8.6.6 接收准则	7.1.2 接收准则	
8.7 不合格输出的控制	8.3 不合格品控制	
8.7.1.1 顾客的让步授权	8.3.4 顾客特许	
8.7.1.2 不合格品控制——顾客规定的过程		新增
8.7.1.3 可疑产品的控制	8.3.1 不合格品控制——补充	
8.7.1.4 返工产品的控制	8.3.2 返工产品的控制	
8.7.1.5 返修产品的控制		新增
8.7.1.6 顾客通知	8.3.3 顾客通知	
8.7.1.7 不合格品的处置	8.3 不合格品控制	
9 绩效评价	8 测量、分析和改进	
9.1 监视、测量、分析和评价	8 测量、分析和改进	
9.1.1 总则	8.1 总则	
9.1.1.1 制造过程的监视和测量	8.2.3.1 制造过程的监视和测量	
9.1.1.2 统计工具的确定	8.1.1 统计工具的确定	
9.1.1.3 统计概念的应用	8.1.2 基础统计概念知识	
9.1.2 顾客满意	8.2.1 顾客满意	
9.1.2.1 顾客满意——补充	8.2.1.1 顾客满意——补充	
9.1.3 分析与评价	8.4 数据分析	
9.1.3.1 优先级	8.4.1 数据的分析和使用	
9.2 内部审核	8.2.2 内部审核	
9.2.2.1 内部审核方案	8.2.2.4 内部审核计划	
9.2.2.2 质量管理体系审核	8.2.2.1 质量管理体系审核	
9.2.2.3 制造过程审核	8.2.2.2 制造过程审核	
9.2.2.4 产品审核	8.2.2.3 产品审核	
9.3 管理评审	5.6 管理评审	
9.3.1 总则	5.6.1 总则	
9.3.1.1 管理评审——补充		新增
9.3.2 管理评审输入	5.6.2 评审输入	
9.3.2.1 管理评审输入——补充	5.6.2.1 评审输入——补充	
9.3.3 管理评审输出	5.6.3 评审输出	

12

（续）

IATF 16949:2016 结构	ISO/TS 16949:2009 结构	备注
9.3.3.1 管理评审输出——补充	5.6.3 评审输出	
10 改进	8.5 改进	
10.1 总则	8.5.1 持续改进	
10.2 不合格和纠正措施	8.5.2 纠正措施	
10.2.3 问题解决	8.5.2.1 解决问题	
10.2.4 防错	8.5.2.2 防错	
10.2.5 保修管理体系		新增
10.2.6 顾客投诉和现场失效试验分析	8.5.2.4 拒收产品的试验/分析	
10.3 持续改进	8.5.1 持续改进	
10.3.1 持续改进——补充	8.5.1.1 组织的持续改进 8.5.1.2 制造过程的改进	
附录 A 控制计划	附录 A（规范性附录）控制计划	
附录 B 参考文献——汽车行业补充	参考文献	

注：1. 新版标准 IATF 16949:2016 中没有 ISO/TS 16949:2009 的"8.2.3 过程的监视和测量"这个条款的对应条款或表述。

2. 斜体阴影部分是 IATF 16949:2016 相对 ISO 9001:2015 增加的条款。

1.3.3 IATF 16949:2016 术语与定义的变化

IATF 16949:2016 既采用了 ISO 9000:2015《质量管理体系 基础和术语》中的术语，又增加了汽车行业特有的术语与定义。

ISO 9001:2008、ISO/TS 16949:2009 使用术语"产品"来包含所有输出的类别。ISO 9001:2015、IATF 16949:2016 使用"产品和服务"。术语"产品和服务"包含了所有的输出类别（硬件、服务、软件和流程性材料）。

专门加入了"服务"这一术语是为了强调在应用一些要求时，产品和服务之间所存在的差异。"服务"的特点是至少其部分输出是在与顾客的接触面上实现的，这意味着在服务交付之前不一定能够证明其是否满足要求。

大多数情况下，术语"产品"和"服务"会通常在一起使用。组织提供给顾客或由外部供方提供给组织的大部分输出往往同时包含产品和服务。例如，一个有形产品往往伴随着一些无形的服务或一项无形的服务往往伴随着一些有形的产品。

IATF 16949:2016（ISO 9001:2015）与 ISO/TS 16949:2009（ISO 9001:2008）之间的主要术语差异见表 1-4。

表 1-4　IATF 16949:2016 和 ISO/TS 16949:2009 之间的主要术语差异

IATF 16949:2016 （ISO 9001:2015）	ISO/TS 16949:2009 （ISO 9001:2008）
产品和服务	产品
未使用（不再使用"删减"的提法） 说明： 1）当 ISO 9001:2015 的某个要求不适合组织时，只能说不适用，而不能说删减某个要求 2）IATF 16949:2016 仍然使用"删减"的提法。IATF 16949 标准允许组织在没有产品设计和开发责任的情况下删减标准 8.3 条款中的产品设计和开发，但其他要求不能删减	删减
未使用（分派类似的职责和权限，但不要求委任一名管理者代表）	管理者代表
成文信息 说明：IATF 16949:2016 在使用"成文信息"的同时，仍然使用"文件、质量手册、记录"等术语	文件、质量手册、形成文件的程序、记录
过程运行环境	工作环境
监视和测量资源	监视和测量设备
外部提供的产品和服务	采购产品
外部供方	供方

1.3.4　ISO 9001:2015、IATF 16949:2016 质量管理体系要求的主要变化

1. ISO 9001:2015 质量管理体系要求的主要变化

ISO 9001:2015 质量管理体系要求的主要变化可以概括为"一合、三减、十加"，如图 1-3 所示。

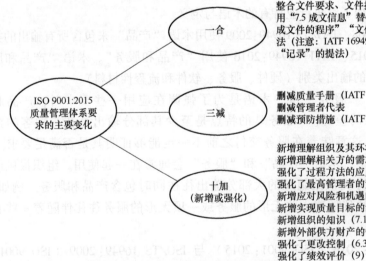

图 1-3　ISO 9001:2015 质量管理体系要求的主要变化

2. IATF 16949：2016 质量管理体系要求的主要变化

IATF 16949：2016 在纳入 ISO 9001：2015 变化的同时，还有以下的主要变化。

1）新增"4.4.1.2 产品安全"。产品安全管理必须形成文件化的过程，并且要满足 13 项要求。

2）新增"5.1.1.1 公司责任"。此处的"公司责任"是指"企业社会责任"。企业社会责任是指企业在创造利润、对股东承担法律责任的同时，还要承担对员工、消费者、社区和环境的责任。

3）新增"5.1.1.3 过程所有者"。最高管理者应确定质量管理体系所有过程的过程所有者。过程所有者应对过程及其相关输出进行管理。所谓"过程所有者"就是指过程运行当中负责任的人。

4）"6.1.2.1 风险分析"强调：组织在进行风险识别、分析与评价时，至少应从产品召回、产品审核、使用现场的退货和修理、投诉、报废以及返工中吸取经验教训。

5）"6.1.2.3 应急计划"增加了要求，比如要定期对应急计划进行测试，以检验其有效性。

6）"7.1.5.1.1 测量系统分析"要求：MSA 分析方法及接受准则应符合测量系统分析参考手册的要求（如美国汽车工业行动集团 AIAG 的《测量系统分析 MSA》、德国汽车工业协会的《VDA 5 检测过程的能力》等）。

7）"7.1.5.2.1 校准/验证记录"增加了要求，要求组织建立一个形成文件的过程，用于管理校准/验证记录。

8）"7.2.3 内部审核员能力"对质量管理体系内部审核员、制造过程内部审核员和产品内部审核员的能力提出了具体要求。

9）新增"7.2.4 第二方审核员能力"。要求第二方审核员应符合顾客对审核员资质的特定要求，并至少具备 6 个方面的核心能力。

10）"7.5.3.2.1 记录保存"增加了具体记录保留期限的要求：生产件批准文件（可包括已批准产品、适用的试验设备记录或已批准的试验数据）、工装记录（包括维护和所有权）、产品和过程设计记录、采购订单/合同及其修正，其保存时间必须是产品在现行生产和服务中要求的在用期再加上一个日历年，除非顾客或监管机构另有特殊要求。

11）新增"8.3.2.3 带有嵌入式软件的产品的开发"。要求组织建立一个适当的评估方法对软件的开发过程进行评估并保留评估记录。要求组织建立一个质量保证过程，对带有嵌入式软件的产品的开发过程进行管理。

12）"8.3.2.1 设计和开发策划——补充"强调项目管理，并在产品和制造过程设计活动中考虑使用替代的设计和制造过程。

13）"8.3.3.1 产品设计输入"增加了要求，如边界和接口要求、可考虑的

设计替代方案、嵌入式软件要求等。

14）"8.3.3.2 制造过程设计输入"增加了要求，比如可替代的制造技术、产品搬运要求以及人体工学要求、可制造性设计和可装配性设计要求等。

15）新增"8.4.1.2 供应商选择过程"，明确要求组织应就供应商的选择过程建立文件。

16）新增"8.4.2.3.1 汽车产品相关软件或带有嵌入式软件的汽车产品"条款。该条款强调组织应要求其汽车产品相关软件或带有嵌入式软件的汽车产品的供应商，建立并保持一个保证软件质量的过程。

17）新增"8.4.2.4.1 第二方审核"条款。要求组织对供应商进行管理的方法中，应包括一个第二方审核过程。第二方审核可用于：供应商风险评估，供应商监视，供应商质量管理体系开发，对供应商质量管理体系进行审核，对供应商进行产品审核，对供应商进行过程审核。

18）"8.5.1.2 标准化作业——作业指导书和可视化标准"要求，不仅需要"作业指导书"，更强调标准化作业。

19）新增"8.5.1.4 停工后的验证"，强调：在计划或非计划停产之后，恢复生产时，要进行验证。只有验证合格，才能继续生产。

20）"8.5.1.3 作业准备的验证"强调：适用时，组织应采用首件/末件确认的方式进行作业准备验证。

21）"8.5.1.5 全面生产维护"要求：将维护目标形成文件，维护目标的实现情况（绩效）应作为管理评审的输入。常用的维护目标有 OEE、MTBF、MTTR，以及设备预防性维护符合性指标。

22）"8.5.1.6 生产工装及制造、试验、检验工装和设备的管理"强调：做好工装的资产标识；对顾客提供的工装，应做好永久性标识（如打钢印等），标识上注明所有者名称、工装用途。

23）"8.5.4.1 防护——补充"强调：根据产品特性制定最长贮存期限或保质期，产品贮存一旦过期，就要按不合格品对待，即对其进行评审，确定处理方案。

24）"8.5.6.1 更改控制——补充"强调：组织应有一个对影响产品实现的更改（包括由组织、顾客、供应商引起的更改）进行控制并做出反应的文件化过程，并且要满足7项要求。

25）新增"8.5.6.1.1 过程控制的临时更改"条款，要求：对替代过程需建立清单管理、进行风险分析、加入控制计划、加入作业指导书、实施前得到内部批准，客户有要求时需得到客户批准；替代过程需作为质量关注点；可以追溯替代过程生产的所有产品。

26）"8.6.5 法律法规的符合性"强调：组织应确保外部提供的过程、产品和服务符合生产和销售国的法律法规要求。

27）"8.7.1.4 返工产品的控制"强调：如顾客有要求，组织应在开始产品返工之前获得顾客批准；组织应建立一个符合控制计划的文件化的返工认可过程。

28）"8.7.1.5 返修产品的控制"强调：组织应在开始产品返修之前获得顾客批准；组织应建立一个符合控制计划的文件化的返修认可过程。

29）"9.1.2.1 顾客满意——补充"强调：组织应监视并评审顾客对其供货绩效的考核，以便适时采取改进措施满足顾客的要求。

30）"9.2.2.2 质量管理体系审核"要求：组织应根据年度审核方案，每三个日历年采用过程方法审核一次全部的质量管理体系过程（包括顾客特殊的质量管理体系要求），以验证与 IATF 16949 汽车质量管理体系标准的符合性。

31）"10.2.4 防错"要求：防错需要在 PFMEA 中进行规定，防错试验频率需在控制计划（Control Plan，CP）中规定，应进行防错失效的实验/模拟实验，应有防错失效的反应计划。

32）"10.2.5 保修管理体系"强调：当组织被要求为其产品提供保修时，组织应实施一个保修管理过程。如果顾客规定了保修管理过程，组织应按顾客的要求实施。

1.3.5 ISO 9001：2015、IATF 16949：2016 与其他管理体系标准的关系

IATF 16949：2016 建立在 ISO 9001：2015 的基础之上，ISO 9001：2015 与其他管理体系标准的关系，同样适用于 IATF 16949：2016。

ISO 9001：2015 采用了 ISO/IEC 导则—第 1 部分—ISO 补充规定附件 SL 规定的管理体系的通用结构，这样就提高了 ISO 9001：2015 与其他管理体系标准（如 ISO 14001 环境管理体系标准）的兼容性。

ISO 9001：2015 使组织能够使用过程方法，并结合 PDCA 循环（策划—实施—检查—处置）和基于风险的思维方式，将其质量管理体系要求与其他管理体系标准要求（如 ISO 14001：2015）进行协调或整合。

ISO 9001：2015 是 ISO 9000 族的 3 个核心标准（ISO 9000、ISO 9001、ISO 9004）之一，它与 ISO 9000、ISO 9004 存在如下关系。

1）ISO 9001 为质量管理体系规定了要求。

2）ISO 9000《质量管理体系 基础和术语》为正确理解和实施 ISO 9001 提供了必要的基础。在制定 ISO 9001 的过程中考虑到了在 ISO 9000 中详细描述的质量管理原则。这些原则本身并不等同于要求，但构成 ISO 9001 所规定要求的基础。ISO 9000 还定义了应用于 ISO 9001 的术语、定义和概念。

3）ISO 9004《追求组织的持续成功 质量管理方法》为组织选择超出 ISO 9001 要求的质量管理方法提供指南，关注能够改进组织整体绩效的更加广泛的

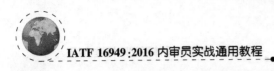

议题。

　　ISO 9001 条款与其他 ISO 质量管理和质量管理体系标准之间的关系见表 1-5。其他 ISO 质量管理和质量管理体系标准的名称在表 1-6 中可以看到。

表 1-5　ISO 9001 条款与其他 ISO 质量管理和质量管理体系标准之间的关系

其他国际标准	ISO 9001 条款						
	4	5	6	7	8	9	10
ISO 9000	全部内容	全部内容	全部内容	全部内容	全部内容	全部内容	全部内容
ISO 9004	全部内容	全部内容	全部内容	全部内容	全部内容	全部内容	全部内容
ISO 10001					8.2.2 8.5.1	9.1.2	
ISO 10002					8.2.1	9.1.2	10.2.1
ISO 10003						9.1.2	
ISO 10004						9.1.2 9.1.3	
ISO 10005		5.3	6.1 6.2	全部内容	全部内容	9.1	10.2
ISO 10006	全部内容	全部内容	全部内容	全部内容	全部内容	全部内容	全部内容
ISO 10007					8.5.2		
ISO 10008	全部内容	全部内容	全部内容	全部内容	全部内容	全部内容	全部内容
ISO 10012				7.1.5			
ISO/TR 10013				7.5			
ISO 10014	全部内容	全部内容	全部内容	全部内容	全部内容	全部内容	全部内容
ISO 10015				7.2			
ISO/TR 10017			6.1	7.1.5		9.1	
ISO 10018	全部内容	全部内容	全部内容	全部内容	全部内容	全部内容	全部内容
ISO 10019					8.4		
ISO 19011						9.2	

　　注："全部内容"表示 ISO 9001 该条款的全部内容与其他的相应标准相关。

表 1-6　ISO 9000 族标准的构成

类别	代　号	名　称
A类	★ISO 9001	质量管理体系　要求
	ISO 13485	医疗器械　质量管理体系　用于法规的要求
B类	★ISO 9004	追求组织的持续成功　质量管理方法
	ISO 10006	质量管理体系　项目质量管理指南
	ISO 10012	测量管理体系　测量过程和测量设备的要求
	ISO 10014	质量管理　实现财务和经济效益的指南
	ISO 手册	ISO 9001 在中小型组织中的应用指南

（续）

类别	代 号	名 称
C类	★ISO 9000	质量管理体系 基础和术语
	ISO 10001	质量管理 顾客满意 组织行为规范指南
	ISO 10002	质量管理 顾客满意 组织处理投诉指南
	ISO 10003	质量管理 顾客满意 组织外部争议解决指南
	ISO 10004	质量管理 顾客满意 监视和测量指南
	ISO 10005	质量管理体系 质量计划指南
	ISO 10007	质量管理体系 技术状态管理指南
	ISO 10008	质量管理 顾客满意 B2C电子商务交易指南
	ISO/TR 10013	质量管理体系文件指南
	ISO 10015	质量管理 培训指南
	ISO/TR 10017	统计技术指南
	ISO 10018	质量管理 人员参与和能力指南
	ISO 10019	质量管理体系咨询师的选择及其服务使用的指南
	ISO 19011	管理体系审核指南

注：1. 带"★"号者是核心标准。

2. 根据ISO指南72《管理体系标准的论证和制定指南》中的规定，管理体系标准分为三类：

1）A类——管理体系要求标准。向市场提供有关组织的管理体系的相关规范，以证明组织的管理体系是否符合内部和外部要求（例如通过内部和外部各方予以评定）的标准。例如管理体系要求标准（规范）、专业管理体系要求标准。

2）B类——管理体系指导标准。通过对管理体系要求标准各要素提供附加指导或提供非同于管理体系要求标准的独立指导，以帮助组织实施和（或）完善管理体系的标准。例如关于使用管理体系要求标准的指导、关于建立管理体系的指导、关于改进和完善管理体系的指导、专业管理体系指导标准。

3）C类——管理体系相关标准。就管理体系的特定部分提供详细信息或就管理体系的相关支持技术提供指导的标准。例如管理体系术语文件，评审、文件提供、培训、监督、测量绩效评价标准，标记和生命周期评定标准。

1.4 过程方法（流程管理）

ISO 9001:2015、IATF 16949:2016倡导组织在建立、实施质量管理体系以及提高其有效性时采用过程方法，目的是通过满足顾客要求增强顾客满意。

任何将所接受的输入转化为输出的活动都可以视为过程。过程方法是将相关的资源和活动作为过程，并将质量管理体系看成过程和过程网络（相互关联的过程），通过采用PDCA循环以及基于风险的思维，对过程和体系进行整体管理，从而有效利用机遇并防止发生非预期的结果，进而达到与组织的质量方针和战略方向一致的预期结果。

"过程方法"就是我们通常讲的"流程管理"。在质量管理体系标准中，

"process"表示"过程",而不是"流程","流程"只是我们口头或习惯上的说法。相对而言,流程的含义要窄得多。

1.4.1 什么是过程

1. "过程"的定义

ISO 9000:2015 对过程的定义如下:

过程 process

利用输入实现预期结果的相互关联或相互作用的一组活动。

注1:过程的"预期结果"称为输出,还是称为产品或服务,随相关语境而定。

注2:一个过程的输入通常是其他过程的输出,而一个过程的输出又通常是其他过程的输入。

注3:两个或两个以上相互关联和相互作用的连续过程也可作为一个过程。

注4:组织通常对过程进行策划,并使其在受控条件下运行,以增加价值。

注5:不易或不能经济地确认其输出是否合格的过程,通常称之为"特殊过程"。

---

2. "过程"定义的理解

1)从过程的定义看,过程应包含三个要素:输入、预期结果和活动。组织为了增值,通常对过程进行策划,并使其在受控条件下运行。组织在对每一个过程进行策划时,要确定过程的输入(包括输入的来源)、输出(包括输出的接收者)和为了达到预期结果所需开展的活动,也要确定监视和测量过程绩效的控制和检查点。每一过程的监视和测量检查点会因过程的风险不同而不同。图 1-4 所示为单一过程要素示意图。

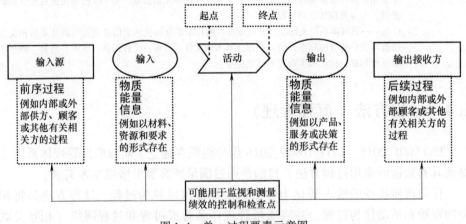

图 1-4 单一过程要素示意图

此处的单一过程要素分析示意图,采用的是 SIAOR 图或 SIPOC 图(宏观流程分析图,六西格玛中常用),如图 1-5 和图 1-6 所示。SIAOR 图和 SIPOC 图是一回事。

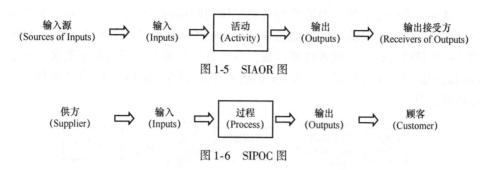

图 1-5 SIAOR 图

图 1-6 SIPOC 图

SIAOR 这个缩写名称来自于输入源、输入、活动、输出和输出接收方这 5 个术语的第一个英文字母；SIPOC 这个缩写名称来自于供方、输入、过程、输出和顾客这 5 个术语的第一个英文字母。其中：

① S（Sources of Inputs）/输入源：前序过程，如内部或外部供方、顾客或其他相关方的过程。我们也可以理解 S 是指供方、供应者（Supplier），即提供输入的组织和个人。

② I（Inputs）/输入：物质、能量、信息，例如以人员、机器、材料、方法、环境或要求的形式。

③ A（Activity）/活动：将输入转化为输出的活动，也就是过程（Process）。过程是使输入发生改变的一组步骤，理论上，这个过程（由这些步骤组成的过程）将增加输入的价值。要设立对过程绩效进行监视和测量的监控点（风险点），确保过程的活动得到管理和控制。

④ O（Outputs）/输出：物质、能量、信息，例如以产品和服务或决策的形式。

⑤ R（Receivers of Outputs）/输出接收方：后续过程，如内部或外部顾客或其他相关方的过程。我们也可以理解为 C 是指（Customer）顾客，即接收输出的人、组织或过程。

表 1-7 所示为一设备租赁过程的 SIPOC 工作表。

表 1-7 SIPOC 工作表（示例）

供方 S	输入 I	过程 P	输出 O	顾客 C
申请人	租赁申请	顾客信用调查；设备确认与准备；随机文件的准备；收取押金；交付	批准的申请表	申请人
	资质证明		出租的设备	
	信用证明		随机文件	
信用调查部门	信用报告		服务信息	

2）过程与过程之间存在一定的关系。一个过程的输出通常是其他过程的输

人，这种关系往往不是一个简单的按顺序排列的结构，而是一个比较复杂的网络结构：一个过程的输出可能成为多个过程的输入，而几个过程的输出也可能成为一个过程的输入；或者也可以说，一个过程与多个部门的职能有关，一个部门的职能与多个过程有关。图1-7 描述了过程之间的相互作用；图1-8 所示为过程网络图。

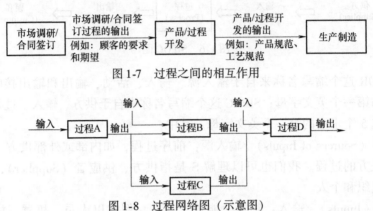

图1-7　过程之间的相互作用

图1-8　过程网络图（示意图）

3）组织在建立质量管理体系时，必须确定为增值所需的直接过程和支持过程，以及相互之间的关联关系（包括接口、职责和权限），这种关系通常可用流程图来表示。对所确定的过程进行策划和管理，通过对过程的控制和改进，确保质量管理体系的有效性。

4）关键过程，即过程链、过程网中起主导作用的过程。特殊过程，即过程的输出不易或不能经济地进行确认的过程。

5）过程方法旨在提高组织实现既定目标方面的有效性和效率（见图1-9）。

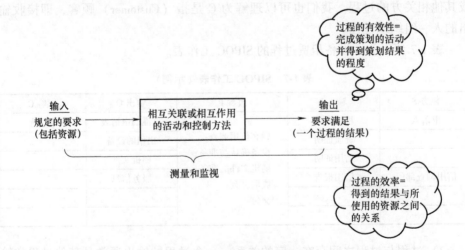

图1-9　过程的有效性和效率

在 ISO 9001:2015、IATF 16949:2016 的要求中，这是指通过满足顾客需要来增强顾客满意度。

3. 质量管理体系中的过程

根据 ISO 9001:2015、IATF 16949:2016，组织的质量管理体系包括领导、策划、支持、运行、绩效评价、改进六个大过程。每一个大过程中又包含若干个子过程。

1）领导过程：包括战略策划过程、方针制定过程、组织设计过程等。

2）策划过程：包括风险识别与控制过程、目标建立过程、变更策划过程等。

3）支持过程：包括资源提供过程、培训过程、沟通过程、成文信息的控制过程等。

4）运行过程：为组织提供期望输出的所有过程，包括合同签订过程、设计和开发过程、采购过程、生产过程、产品检验过程、防护和交付过程、服务提供过程、不合格输出的控制过程等。

5）绩效评价过程：包括顾客满意度调查与分析过程、数据分析过程、内部审核过程、管理评审过程等。

6）改进过程：包括纠正措施控制过程、持续改进控制过程。

1.4.2　IATF 16949:2016 过程的分类

IATF 16949 按过程的管理对象，将质量管理体系过程分为顾客导向过程、支持过程和管理过程。

1. 顾客导向过程 COP

顾客导向过程（Customer Oriented Process，COP）指通过输入和输出直接与外部顾客联系的过程。例如：顾客产品要求、订单、投诉等过程。COP 多存在于 IATF 16949 标准第 8 章 "运行" 中。

IATF 推荐用章鱼图（见图 1-10）识别组织里的顾客导向过程。圆圈内表示组织内部，圆圈外表示组织外部顾客。识别出的顾客导向过程的输入和输出构成了章鱼的脚。

以下 10 个顾客导向过程（COP）是 IATF 推荐的，但不是强制的，组织应根据其实际运行情况，增加或去掉一些 COP：

1）市场分析/顾客要求。

2）招投标/标书。

3）订单/申请单。

4）产品和过程设计。

5）产品和过程验证/确认。

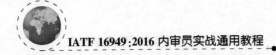

《ISO 9001:2015（IATF 16949:2016）要求》》为满足确定顾客要求及客户满意度需要。

3. 最新管理体系中的过程

根据 ISO 9001 标准，以过程为基础的质量管理体系模式如图所示，对

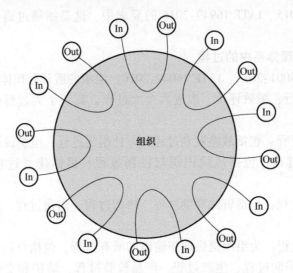

图 1-10   识别顾客导向过程的章鱼图

6）产品生产。

7）交付。

8）付款。

9）保修/服务。

10）售后/顾客反馈。

图 1-11 所示为某公司的顾客导向过程章鱼图。

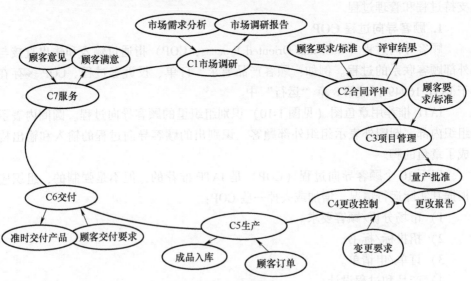

图 1-11   某公司顾客导向过程章鱼图

2. 支持过程 SP

支持过程（Support Process，SP）指支持顾客导向过程的过程。例如：采购、设备维护、培训、文件控制等过程。

顾客导向过程（COP）作为组织的输入（In），为保证将输入转化为输出（Out），在组织内部，建立起很多过程，如步骤1、步骤2、步骤3、步骤4，我们称之为支持过程（见图1-12）。支持过程（SP）支持 COP 过程的实现，是一个增值的过程。SP 多存在于 IATF 16949 标准第7章、第8章中。

支持过程（SOP）还可以分为若干个子过程。

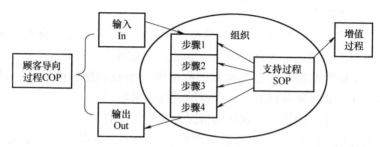

图1-12　COP 与 SP 的关系

3. 管理过程 MP

管理过程（Management Process，MP）也可视为支持性过程（SP），只是管理层次较高而已。例如：管理评审、内部审核等过程。MP 多存在于 IATF 16949 标准第6章、第9章、第10章中。

过程的识别与确定并不是千篇一律、一成不变的。同样的过程，在不同的组织，有时可能定义为 SP，有时可能定义为 MP。

本章1.4.6节图1-16所示为某公司的 COP、SP、MP。

1.4.3　什么是过程方法

1. 什么是过程方法

任何活动都可以看作由输入转化为输出的过程，质量管理体系中的各项活动也是由过程和过程网络组成的。为了有效地运行质量管理体系，应系统地识别这些过程和过程网络，并通过采用 PDCA 循环以及基于风险的思维，对这些过程和过程网络进行整体管理，这就是过程方法。

2. 过程方法带来的益处

从表面上看，企业是以业务和职能部门来划分的，但实际上起作用的是流程（过程）。

流程管理（过程方法）的最大好处在于从一个事情发生的过程强调执行，

而不是通过职责去管理。流程管理与职能管理不一样的地方在于，职能管理往往强调职能的完成程度，做这个事情的本身就是目的，至于这个事情对整个过程的影响往往考虑得很少；而流程管理的目的是为了最后的结果。

有这样一个故事：有个人去某地旅游。一天，在当地的一条马路边上，他看到了一个奇怪的现象：一个工人拿着铲子在路边挖坑，每3m挖一个。他干得很认真，坑也挖得很工整。另一个工人却跟在他的后面，把他刚挖好的坑立刻回填起来。

这个人觉得奇怪，便问那一位挖坑的工人："为什么你们一个挖坑，另一个马上便把坑给填起来呢？"

那个挖坑的工人回答道："我们是在绿化道路。根据规定，我负责挖坑，第二个人负责种树，第三个人负责填土。不过，今天第二个人请假没来。"

这是一个幽默的故事。这个幽默的故事可以给我们这样的启示：过分地强调岗位的责任，其后果是没有人对事情的最终结果负责。

在现实的工作、生活中，这样的情况并非绝无仅有。

中国的食品老出问题，是监管不严吗？实际上，食品安全有农业、卫生、工商、质检、交通运输等十多个部门来管理。那为什么这么多部门管不住一个食品安全呢？一个重要的原因就是各部门只负责自己的一亩三分地，而对整个食品链的安全缺少综合的监管机制，导致没有部门对食品安全的最终结果负责。

因此，要想工作有结果，仅仅强调职能管理，明确岗位责任是不够的，必须进行流程管理（采用过程方法），明确各岗位的流程责任。

过程方法的特点是能够对过程系统内单个过程之间的联系、过程的组合和相互作用以及过程的风险实施连续的控制。在质量管理体系中运用过程方法可以带来以下好处：

1) 理解并持续满足要求。过程方法对组织过程的协调一致和整合，使预期结果得以达成，专注于过程的有效性和效率的能力，向顾客和其他相关方提供有关组织连续一致绩效的信任。

2) 从增值的角度考虑过程。过程方法通过有效使用资源、降低费用、缩短周期，可以改进一致的和可预期的结果。组织可将其过程当作一个"系统"进行管理，此系统包括过程网络和过程间的相互作用，便于组织对增值有更好的理解。

3) 获得有效的过程绩效。过程方法引入水平管理，跨越不同职能部门之间的壁垒并把各部门的关注焦点集中到组织的主要目标上，从而为受关注的和需优先安排的改进活动提供机会。组织采用过程方法可提升其绩效。

4) 在评价数据和信息的基础上改进过程。组织通过过程方法，进行数据收集、数据分析，以提供有关过程业绩的信息，并确定纠正措施或改进的需求。

所有过程都应与组织的目标、规模和复杂程度相一致，要规定所有过程都增值。过程的有效性和效率可通过内部和外部评审过程来进行评审。

1.4.4 PDCA 循环

1. PDCA 循环说明

PDCA（策划 Plan—实施 Do—检查 Check—处置 Action）循环又称戴明环，是美国质量管理专家戴明发明的，反映了质量改进和其他管理工作必须经过的 4 个阶段。这 4 个阶段不断循环下去，故称之为 PDCA 循环（见图 1-13）。

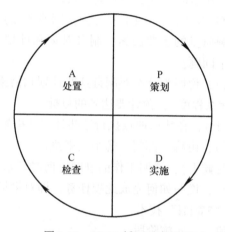

图 1-13 PDCA 循环示意图

2. 作为质量改进方法的 PDCA 循环

PDCA 循环可分为 4 个阶段 8 个步骤（见图 1-14）。4 个阶段反映了人们

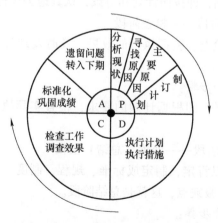

图 1-14 PDCA 的 4 个阶段 8 个步骤

的认识过程，是必须遵循的；8 个步骤则是具体的工作程序，不应强求任何一次循环都要有 8 个步骤。具体工作程序可增可减，视所要解决问题的具体情况而定。

（1）P（Plan）阶段——策划阶段

以提高质量、降低消耗为目的，通过分析诊断，制定改进的目标，确定达到这些目标的具体措施和方法，这就是策划阶段。

这个阶段的工作内容包括 4 个步骤：

第 1 步：分析现状，找出存在的质量问题。

第 2 步：分析产生质量问题的各种影响因素。

第 3 步：找出影响质量的主要因素（称为主因或要因）。

第 4 步：针对影响质量的主要因素，制订对策和计划。计划和对策的拟订过程必须明确以下几个问题：

1）Why（为什么），说明为什么要制订这些计划和措施。

2）What（干到什么程度），预计要达到的目标。

3）Where（哪里干），在什么地点执行这些计划和措施。

4）Who（谁来干），由哪个部门、哪个人来执行。

5）When（什么时候干），说明工作的进度、何时开始、何时完成。

6）How（怎样干），说明如何完成此项任务，即对策措施的内容。

以上六点，称为"5W1H"技术。

（2）D（Do）阶段——实施阶段

按照已制订的计划内容，克服各种阻力，扎扎实实地去做，以实现质量改进的目标，这就是执行阶段。

这个阶段只有一个步骤：

第 5 步：实施计划，即按照计划和对策，认真地去执行。

（3）C（Check）阶段——检查阶段

对照计划要求，检查、验证执行的效果，及时发现计划过程中的经验和问题，这就是检查阶段。

这个阶段只有一个步骤：

第 6 步：检查效果，即根据计划的要求，检查实际执行的结果，看是否达到了预期的目的。

（4）A（Action）阶段——处置（总结）阶段

对成功的经验加以肯定，制定成标准、规程、制度（把失败的教训也变为标准），巩固成绩，克服缺点，这就是总结阶段。

这个阶段包括两个步骤：

第 7 步：总结经验，巩固成绩。根据检查的结果进行总结，把成功的经验

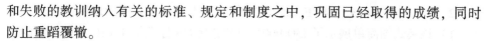

和失败的教训纳入有关的标准、规定和制度之中，巩固已经取得的成绩，同时防止重蹈覆辙。

第8步：遗留问题，转入下个循环。这一循环尚未解决的问题，转入下一次循环去解决。

3. ISO 9001：2015、IATF 16949：2016 中的 PDCA 循环

PDCA 循环适用于所有的过程，比如产品设计过程、采购过程，也适用于作为一个整体的质量管理体系。

P（Plan）——策划：根据顾客的要求和组织的方针，建立体系的目标及其过程，确定实现结果所需的资源，并识别和应对风险和机遇。

D（Do）——实施：执行所做的策划。

C（Check）——检查：根据方针、目标、要求和所策划的活动，对过程以及形成的产品和服务进行监视和测量（适用时），并报告结果。

A（Act）——处置：必要时，采取措施提高绩效。

1.4.5 ISO 9001：2015、IATF 16949：2016 PDCA 过程模式图

1. ISO 9001：2015、IATF 16949：2016 PDCA 过程模式图

ISO 9001：2015、IATF 16949：2016 的基本结构遵循 PDCA 循环，如图 1-15 所示。

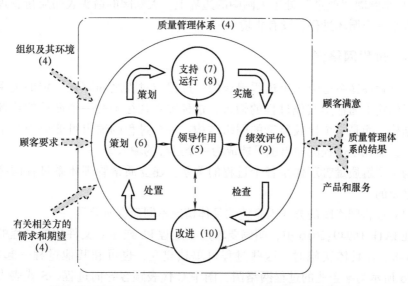

图 1-15 ISO 9001：2015、IATF 16949：2016 PDCA 过程模式图

注：括号中的数字表示本标准的相应章。

2. ISO 9001:2015、IATF 16949:2016 PDCA 过程模式图的理解

1）该模式图简单展示了 ISO 9001、IATF 16949 标准第 4～10 章所提出的过程联系，说明它们可以依照 PDCA 进行组合。大圆圈边界及中间的 5 个小圆圈"领导作用""策划""支持、运行""绩效评价""改进"分别代表标准中的第 5、6、7、8、9、10 章，说明组织的质量管理体系由领导、策划、支持、运行、绩效评价、改进六个大过程组成。

2）大圆圈左边的三个单向箭头，说明组织在建立质量管理体系、确定输入要求时，首先要考虑顾客要求，同时也要考虑组织所处的环境以及组织利益相关方的需求和期望。

3）大圆圈的右边是质量管理体系的输出，说明通过质量管理体系的运行，将实现质量管理体系策划的结果、产品和服务以及达到顾客满意。质量管理体系与质量管理体系的输出之间有一个双向箭头，表明它们之间存在双向信息流。

4）中心的小圆圈"领导作用"与四周的小圆圈之间是双向箭头，表明它们之间存在双向信息流，也表明过程的运行离不开领导的参与和支持。

5）上下左右 4 个小圆圈之间的 4 个箭头表明了这些过程的内在逻辑顺序，形成了封闭的 PDCA 循环（"策划 P""支持、运行 D""绩效评价 C""改进 A"），表明这些过程会不断循环下去。每循环一次，质量管理水平都会上一个台阶。

6）小圆圈"改进"处于大圆圈的边界上，大圆圈的箭头表明质量管理体系的改进是一个循环过程，没有止境。

1.4.6 过程网络图

质量管理体系是由多个过程组成的，过程与过程之间存在一定的关系。一个过程的输出通常是其他过程的输入，这种关系往往不是一个简单的按顺序排列的结构，而是一个比较复杂的网络结构：一个过程的输出可能成为多个过程的输入，而几个过程的输出也可能成为一个过程的输入。

为了了解质量管理体系各个过程的关系，建立质量管理体系过程网络图是很有必要的。

建立过程网络图的方式因企业的具体情况不同而有所差异。

在 IATF 16949:2016 中，明确要求建立过程和/或建立文件化的过程的地方见表 1-8。在具体实施时，这些过程可单独建立，也可和其他过程一起建立。图 1-16 所示为某企业的过程网络图，图中 C 代表顾客导向过程、S 代表支持过程、M 代表管理过程。

表1-8　IATF 16949:2016要求建立过程的地方

序号	条款	条款内容	过程	形成文件的过程
1.	4.4.1.2	组织应有形成文件的过程，用于与产品和制造过程有关的产品安全管理		√
2.	6.1.2.2	组织应建立一个用于减轻风险负面影响的过程	√	
3.	6.1.2.3	d）作为对应急计划的补充，包含一个通知顾客和其他相关方的过程，告知影响顾客运作状况的程度和持续时间	√	
4.	7.1.5.2.1	组织应有一个形成文件的过程，用于管理校准验证记录 用于提供符合内部要求、法律法规要求及顾客规定要求证明的所有量具、测量和试验设备（包括员工所有的测量设备、顾客所有的设备或进厂供应商所有的设备），其校准／验证活动的记录应予以保留 …… d）当在计划验证或内部校准期间，或在其使用期间，检验、测量和试验设备被查出偏离校准或存在缺陷时，应保留这些校准、测量和试验设备先前测量结果无效性方面的成文信息，包括校准报告上最后一次校准合格的日期和下一次校准到期日		√
5.	7.2.1	组织应建立并保持形成文件的过程，识别包括意识（见7.3.1）在内的培训需求，并使所有从事影响产品要求过程要求符合性的活动的人员具备能力		√
6.	7.2.3	组织应有一个形成文件的过程，在考虑顾客特定要求的基础上，验证内部审核员的能力 …… 在通过培训来取得人员能力的情况下，证实培训师的能力符合上述要求		√
7.	7.3.2	组织应保持形成文件的过程，激励员工实现质量目标，进行持续改进，并建立一个促进创新的环境		√
8.	7.5.3.2.2	组织应有形成文件的过程，用于设计和开发过程的时间安排及时评审，发放和实施顾客所有工程标准／规范及其更改 …… 组织应保留每项更改在生产中实施日期的记录。实施应包括对文件的更新		√
9.	8.3.1	组织应建立、实施和保持适当形成过程形成文件	√	
10.	8.3.1.1	组织应将设计和开发过程形成文件		√
11.	8.3.2.3	组织应有一个质量保证过程，用于其带有内部开发的嵌入式软件的产品	√	

（续）

序号	条款	条款内容	过程	形成文件的过程
12.	8.3.3.1	组织应有一个过程，将从以往的设计项目、竞争产品分析（标杆）、供应商反馈、内部输入、使用现场数据和其他相关资源中获取的信息，推广应用于当前和未来相似性质的项目	√	
13.	8.3.3.3	组织应采用多方论证方法来建立，形成文件并实施用于识别特殊特性的过程		√
14.	8.3.4.4	组织应建立、实施并保持一个符合顾客规定要求的产品和制造批准过程	√	
15.	8.4.1.2	组织应有一个形成文件的供应商选择过程		√
16.	8.4.2.1	组织应有一个识别外包并包含选择控制类型和程度的文件化的过程，以验证外部提供的产品、过程和服务对内部（组织的）要求和外部顾客要求的符合性		√
17.	8.4.2.2	组织应有形成文件的过程，确保采购的产品、过程和服务符合发运国和顾客确定的目的国（如有）的现行适用法律法规要求		√
18.	8.4.2.4	组织应为供应商绩效评价制定形成文件的过程和准则		√
19.	8.4.2.4.1	组织在其供应商管理方法中应包括一个第二方审核过程	√	
20.	8.5.2.1	可追溯性的目的在于支持对顾客所收产品的开始点和停止点的清楚识别，或者用于发生质量和/或安全相关不符合的情况。因此，组织应按照下文的描述实施识别和可追溯过程	√	
21.	8.5.5.1	组织应确保建立、实施并保持一个在制造、材料搬运、工程和设计活动之间沟通服务问题信息的过程	√	
22.	8.5.6.1	组织应有一个形成文件的过程，对影响产品实现的更改进行控制和反应 …… c) 将相关风险分析的证据形成文件 d) 保留验证和确认的记录 …… f) 在实施更改之前获得形成文件的批准		√

序号	条款号	内容		
23.	8.5.6.1.1	组织识别过程控制手段，包括检验、测量、试验和防错装置，形成文件化的清单并予以保持，清单应包含基本过程控制以及经批准的备用或替代方法 对替代方法的使用进行管理 基于严重程度，并在确认防错装置或替代过程或使用的所有特征均得以有效恢复的基础上，在规定时期内对重新启动验证形成文件	√	
24.	8.6.4	组织应有一个采用以下一种或多种方法保证外部提供的过程、产品和服务质量的过程：……		√
25.	8.7.1.4	符合性 一个符合控制计划的返工过程，用于验证对原有规范的符合性 组织应保留与返工产品处置有关的成文信息，包括数量、处置、处置日期及适用的可追溯性信息。或者其他形成文件的相关信息	√	
26.	8.7.1.5	组织应有一个符合控制计划的返修过程 组织应获得顾客对待返修产品的成文信息的让步授权 组织应保留与返修产品处置有关的成文信息，包括数量、处置、处置日期及适用的可追溯性信息。或者其他形成文件的相关信息	√	
27.	8.7.1.7	组织应有一个形成文件的过程，用于不进行返工或返修的不合格品的处置	√	
28.	9.2.2.1	组织应有一个形成文件的内部审核过程	√	
29.	10.2.3	组织应有形成文件的问题解决过程	√	
30.	10.2.4	组织应有一个形成文件的过程，以确定使用适当的防错方法。所采用方法的详细信息应在过程风险分析中（如PFMEA）形成文件，试验频率应规定在控制计划中 过程应包括防错装置或模拟失效或模拟失效的试验。应保持记录	√	√
31.	10.2.5	当组织被要求为其产品提供保修时，组织应实施一个保修管理过程		√
32.	10.3.1	组织应有一个形成文件的持续改进过程	√	

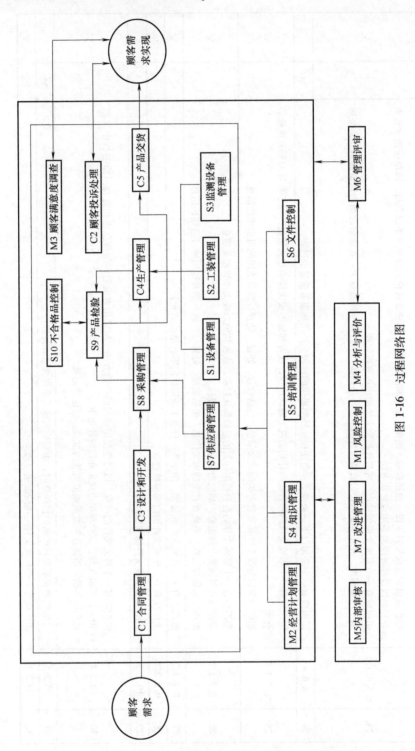

图 1-16　过程网络图

34

1.4.7 过程关系矩阵

过程关系矩阵包括 IATF 16949 标准条款——过程矩阵（见表 1-9），COP、MP、SP 相互关系矩阵（见表 1-10），过程——职能部门矩阵（见表 1-11）。

表 1-9 IATF 16949 标准条款——过程矩阵

IATF 16949 标准条款	C1 合同管理	C2 顾客投诉处理	C3 设计和开发	C4 生产管理	C5 产品交货	M1 风险控制	M2 经营计划管理	M3 顾客满意度调查	M4 分析与评价	M5 内部审核	M6 管理评审	M7 改进管理	S1 设备管理	S2 工装管理	S3 监测设备管理	S4 知识管理	S5 培训管理	S6 文件控制	S7 供应商管理	S8 采购管理	S9 产品检验	S10 不合格品控制
4 组织环境	□	□	■	□	□	□	■	□	□	□	■	□	□	□	□	□	□	□	□	□	□	□
5 领导作用	□	□	□	□	□	□	■	□	□	□	■	□	□	□	□	□	□	□	□	□	□	□
6 策划																						
6.1 应对风险和机遇的措施	□	□	□	□	□	■	□	□	□	□	□	□	□	□	□	□	□	□	□	□	□	□
6.2 质量目标及其实现的策划	□	□	□	□	□	□	■	□	□	□	□	□	□	□	□	□	□	□	□	□	□	□
6.3 变更的策划	□	□	□	□	□	□	□	□	□	□	□	□	□	□	□	□	□	□	□	□	□	□
7 支持																						
7.1 资源																						
7.1.1 总则	□	□	□	□	□	□	□	□	□	□	□	□	□	□	□	□	□	□	□	□	□	□
7.1.2 人员	□	□	□	□	□	□	□	□	□	□	□	□	■	■	□	□	□	□	□	□	□	□
7.1.3 基础设施	□	□	□	□	□	□	□	□	□	□	□	□	□	□	■	□	□	□	□	□	□	□
7.1.4 过程运行环境	□	□	□	□	□	□	□	□	□	□	□	□	□	□	□	□	□	□	□	□	□	□
7.1.5 监视和测量资源	□	□	□	□	□	□	□	□	□	□	□	□	□	□	□	□	□	□	□	□	□	□

（续）

IATF 16949 标准条款	C1 合同管理	C2 顾客投诉处理	C3 设计和开发	C4 生产管理	C5 产品交货	M1 风险控制	M2 经营计划管理	M3 顾客满意度调查	M4 分析与评价	M5 内部审核	M6 管理评审	M7 改进管理	S1 设备管理	S2 工装管理	S3 监测设备管理	S4 知识管理	S5 培训管理	S6 文件控制	S7 供应商管理	S8 采购管理	S9 产品检验	S10 不合格品控制
7.1.6 组织的知识	□	□	□	□		□	□	□	□	□	□	□	□	□	□	■	□	□			□	□
7.2 能力	□	□	□	□		□	□	□	□	□	□	□	□	□	□	□	■	□			□	□
7.3 意识	□	□	□	□		□	□	□	□	□	□	□	□	□	□	□	■	□			□	□
7.4 沟通	□	□	□	□		□	□	□	□	□	□	□	□	□	□	□	□	□			□	□
7.5 成文信息	□	□	□	□		□	□	□	□	□	□	□	□	□	□	□	□	■			□	□
8 运行																						
8.1 运行策划和控制	□	□	□	□		□	□	□	□	□	□	□	□			□	□	□			□	□
8.2 产品和服务的要求	■	■	□	□		□	□	□	□							□					□	
8.3 产品和服务的设计和开发	□	□	■	□		□	□	□	□													
8.4 外部提供的过程、产品和服务的控制				■		□	□		□			□	□		□	□	□		■	■		■
8.5 生产和服务提供																						
8.5.1 生产和服务提供的控制	□		■	■		□	□		□			□	□		□	□	□				□	□
8.5.2 标识和可追溯性			□	□	■	□	□		□	□		□									■	□
8.5.3 顾客或外部供方的财产				□		□	□			□			□		□	□	□				□	□
8.5.4 防护				□		□	□									□					□	□

36

8.5.5 交付后活动	□	■			□			□			□		□
8.5.6 更改控制		■	■					□				□	□
8.6 产品和服务的放行		■	□	□		□		□				□	□
8.7 不合格输出的控制		□	□			□		□				□	■
9 绩效评价													
9.1 监视、测量、分析和评价													
9.1.1 总则	□	□	□	□	□	□	□	□	□	□	□	□	□
9.1.2 顾客满意	□	□	□	■	□	□	□	□	□	□	□	□	□
9.1.3 分析与评价	□	□	□	□	■	□	□	□	□	□	□	□	□
9.2 内部审核	□	□	□	□	□	■	□	□	□	□	□	□	□
9.3 管理评审	□	□	□	□	□	□	■	□	□	□	□	□	□
10 改进													
10.1 总则	□	□	□	□	□	□	□	□	□	□	□	□	□
10.2 不合格和纠正措施	□	□	□	□	□	□	□	□	□	□	□	■	□
10.3 持续改进	□	□	□	□	□	□	□	□	□	□	□	■	□

注：■—强相关；□—相关。

表 1-10　COP、MP、SP 相互关系矩阵

		C1 合同管理	C2 顾客投诉处理	C3 设计和开发	C4 生产管理	C5 产品交货	M1 风险控制	M2 经营计划管理	M3 顾客满意度调查	M4 分析与评价	M5 内部审核	M6 管理评审	M7 改进管理	S1 设备管理	S2 工装管理	S3 监测设备管理	S4 知识管理	S5 培训管理	S6 文件控制	S7 供应商管理	S8 采购管理	S9 产品检验	S10 不合格品控制
C1	合同管理		×	×	×	×	×	×		×	×	×					×	×	×				
C2	顾客投诉处理	×		×	×	×	×		×	×	×	×	×				×	×	×			×	×
C3	设计和开发	×	×		×	×	×	×		×	×	×				×	×	×	×		×	×	×
C4	生产管理	×	×	×		×	×	×		×	×	×		×	×	×	×	×	×		×	×	×
C5	产品交货	×	×	×	×		×			×	×	×				×	×	×	×		×	×	×
M1	风险控制	×	×	×	×	×		×	×	×	×	×	×				×	×	×			×	×
M2	经营计划管理	×		×	×		×			×	×	×					×	×	×				
M3	顾客满意度调查		×				×			×	×	×											
M4	分析与评价	×	×	×	×	×	×	×	×		×	×	×			×	×	×	×			×	×
M5	内部审核	×	×	×	×	×	×	×	×	×		×	×	×	×	×	×	×	×			×	×
M6	管理评审	×	×	×	×	×	×	×	×	×	×		×	×	×	×	×	×	×			×	×
M7	改进管理		×				×			×	×	×					×	×	×				
S1	设备管理				×						×	×			×	×	×	×	×			×	
S2	工装管理				×						×	×		×		×	×	×	×				
S3	监测设备管理			×	×	×				×	×	×		×	×		×	×	×			×	×
S4	知识管理	×	×	×	×	×	×	×		×	×	×	×	×	×	×		×	×		×	×	×
S5	培训管理	×	×	×	×	×	×	×		×	×	×	×	×	×	×	×		×		×		
S6	文件控制	×	×	×	×	×	×	×		×	×	×	×	×	×	×	×	×				×	×
S7	供应商管理																						
S8	采购管理			×	×	×											×	×				×	×
S9	产品检验		×	×	×	×	×			×	×	×		×		×	×		×		×		×
S10	不合格品控制		×	×	×	×	×			×	×	×				×	×		×		×	×	

注：×—相关。

表1-11　过程——职能部门矩阵

职能部门	C1 合同管理	C2 顾客投诉处理	C3 设计和开发	C4 生产管理	C5 产品交货管理	M1 风险控制	M2 经营计划管理	M3 顾客满意度调查	M4 分析与评价	M5 内部审核	M6 管理评审	M7 改进管理	S1 设备管理	S2 工装管理	S3 监测设备管理	S4 知识管理	S5 培训管理	S6 文件控制	S7 供应商管理	S8 采购管理	S9 产品检验	S10 不合格品控制
总经理	■	◇	◇	◇	■	◇	■	◇	◇	◇	■	◇	◇	◇	◇	◇	◇	◇	■	■	◇	◇
管理者代表	◇	■	◇	◇	◇	■	◆	■	■	■	◆	■	◇	◇	◇	■	■	■	◇	◇	■	■
副总经理	◇	◇	■	■	◇	◇	◇	◇	◇	◇	◇	◇	■	■	■	◇	◇	◇	◇	◇	◇	◇
仓库				◇	◇	◇	◇		◇	◇	◇	◇				◇	◇	◇		◇	◇	◇
质量部	◇	◇	◇	◇	◇	◆	◇		◆	◇	◇	◆			◆	◇	◇	◇	◇	◇	◆	◆
产品研发部	◇	◇	◆	◇		◇	◇		◇	◇	◇	◇			◇	◇	◇	◇	◇	◇	◇	◇
生产部	◇	◇	◇	◆	◇	◇	◇		◇	◇	◇	◇	◇	◇	◇	◇	◇	◇		◇	◇	◇
营销部	◆	◆	◇	◇	◆	◇	◇	◆	◇	◇	◇	◇				◇	◇	◇				
采购部	◇	◇	◇	◇	◇	◇	◇		◇	◇	◇	◇			◇	◇	◇	◇	◆	◆	◇	◇
工艺设备部	◇	◇	◇	◇	◇	◇	◇		◇	◇	◇	◇	◆	◆		◇	◇	◇				
人事行政部			◇	◇		◇	◇		◇	◇	◇	◇				◆	◆	◆				

注：■——归口领导，◆——主职能部门，◇——配合部门。

1.4.8 单一过程分析图——乌龟图

一般使用乌龟图（见图1-17）进行单一过程的分析。图1-18所示为一个APQP产品设计和开发过程乌龟图；图1-19所示为一个采购过程乌龟图。

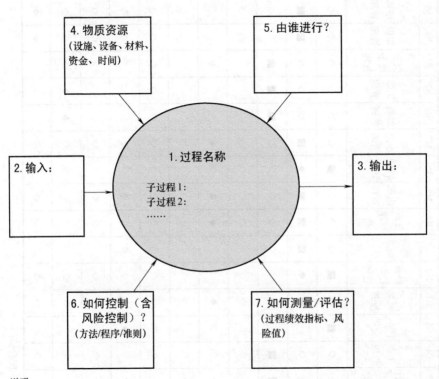

说明：

编号	内容
1	过程名称及主要活动（或子过程）
2	过程输入，如文件、要求、报告、信息、计划等
3	过程输出，如产品、文件、计划、报告、信息等
4	过程中使用的物质资源，包括设备、计算机系统（硬件和软件）、材料、工具等（填上重要的即可）
5	责任部门/人的职责，要考虑与之匹配的教育、培训和经历要求
6	对过程进行控制（含风险控制）的方法、程序、准则
7	反映过程有效性、效率的过程绩效指标、风险值等

图1-17 乌龟图（示意图）

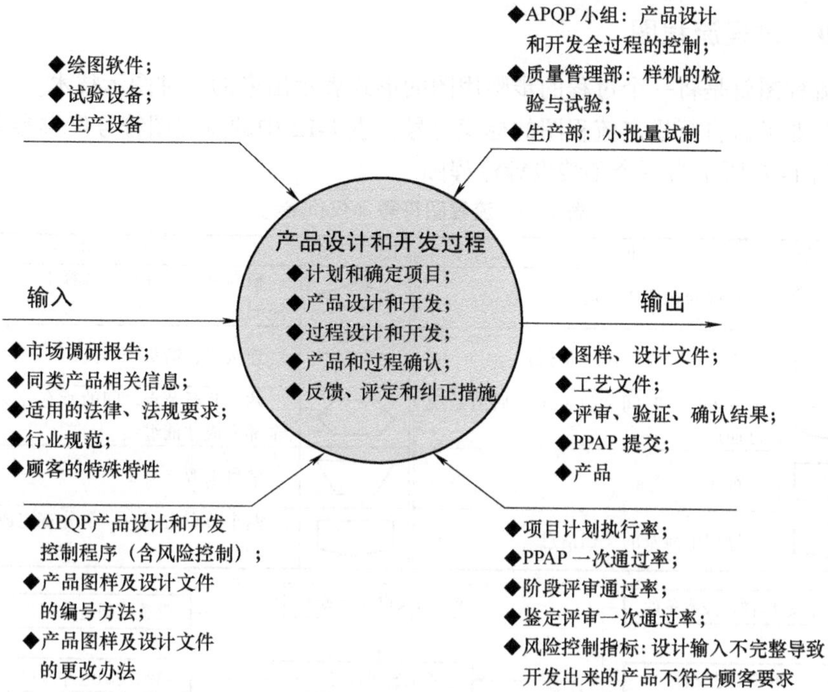

◆绘图软件；
◆试验设备；
◆生产设备

◆APQP 小组：产品设计
和开发全过程的控制；
◆质量管理部：样机的检
验与试验；
◆生产部：小批量试制

产品设计和开发过程
◆计划和确定项目；
◆产品设计和开发；
◆过程设计和开发；
◆产品和过程确认；
◆反馈、评定和纠正措施

输入

输出

◆市场调研报告；
◆同类产品相关信息；
◆适用的法律、法规要求；
◆行业规范；
◆顾客的特殊特性

◆图样、设计文件；
◆工艺文件；
◆评审、验证、确认结果；
◆PPAP 提交；
◆产品

◆APQP产品设计和开发
控制程序（含风险控制）；
◆产品图样及设计文件
的编号方法；
◆产品图样及设计文件
的更改办法

◆项目计划执行率；
◆PPAP 一次通过率；
◆阶段评审通过率；
◆鉴定评审一次通过率；
◆风险控制指标：设计输入不完整导致
开发出来的产品不符合顾客要求

图 1-18 APQP 产品设计和开发过程乌龟图

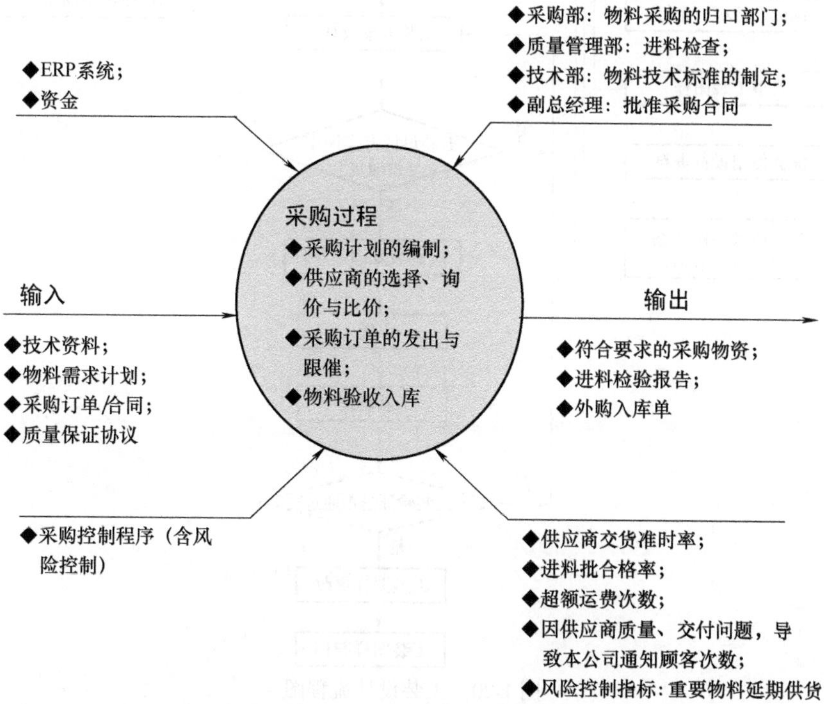

◆ERP系统；
◆资金

◆采购部：物料采购的归口部门；
◆质量管理部：进料检查；
◆技术部：物料技术标准的制定；
◆副总经理：批准采购合同

采购过程
◆采购计划的编制；
◆供应商的选择、询
价与比价；
◆采购订单的发出与
跟催；
◆物料验收入库

输入

输出

◆技术资料；
◆物料需求计划；
◆采购订单/合同；
◆质量保证协议

◆符合要求的采购物资；
◆进料检验报告；
◆外购入库单

◆采购控制程序（含风
险控制）

◆供应商交货准时率；
◆进料批合格率；
◆超额运费次数；
◆因供应商质量、交付问题，导
致本公司通知顾客次数；
◆风险控制指标：重要物料延期供货

图 1-19 采购过程乌龟图

1.4.9 过程流程图

流程图就是将一个过程的步骤用图的形式表示出来的一种图示技术。

企业可以自行规定流程图的标识符号，表 1-12 中的流程图符号仅供参考。

图 1-20 所示为一个工装设计流程图。

表 1-12 流程图符号（仅供参考）

图 形	说 明	图 形	说 明
	流程的开始或结束		根据判定条件自动选择下一个分支流向
	具体任务或工作（步骤）		连接线，箭头表示流向
	设置等待时间和流入条件后由系统自动启动		两个并行节点之间的所有分支必须全部完成才能继续
	备注		信息来源
	过程中涉及的文档信息		两个节点之间有一个分支完成就能继续

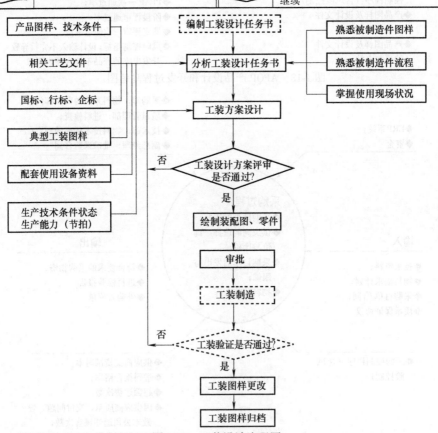

图 1-20 工装设计流程图

注：虚框图表示不属于工装设计工作，虚线箭头表示可酌情选用。

42

1.4.10 过程方法应用指南

这里提供一个过程方法应用指南（见表1-13），供读者参考。

表1-13 过程方法应用指南

步 骤		要 点
1. 策划	1.1 识别质量管理体系所需的过程	◆ 我们的QMS需要些什么过程？ ◆ 这些过程有否外包？ ◆ 每个过程的输入和输出是什么？输入来自哪里？输出到哪里去？ ◆ 过程的顾客是谁？ ◆ 这些顾客的要求是什么？ ◆ 过程的"所有者"是谁？
	1.2 确定这些过程的顺序和相互作用	◆ 我们的过程的总体流程是什么？ ◆ 我们怎样描述这一流程？（过程流程图或流程表？） ◆ 过程间的接口是什么？ ◆ 我们需要什么文件？
	1.3 确定过程有效运行和控制所需的准则、方法、测量以及绩效指标	◆ 过程的预期和非预期结果的特征是什么？ ◆ 过程绩效指标是什么？ ◆ 控制准则、程序等是否需要形成文件？ ◆ 如何进行监视、测量和分析？监视的频率是多少？怎样报告监视的结果？如何利用监视的结果？ ◆ 经济事宜（成本、时间、废物等）是什么？ ◆ 什么方法适宜于收集资料？
	1.4 确定过程运行中的职责和权限	◆ 过程的主导者是谁？ ◆ 每一活动是否都有人负责？ ◆ 职责和权限是否在文件中明确了？
	1.5 确保获得所需的资源并确保资源的可用性	◆ 每个过程所需的资源（人力、资金、设施设备、工作环境、信息等）是什么？ ◆ 资源可用吗？ ◆ 沟通渠道是什么？ ◆ 我们怎样提供有关过程的外部和内部信息？ ◆ 我们怎样获得反馈信息？ ◆ 我们需要收集什么资料？ ◆ 我们需要保存什么记录？
	1.6 确定过程中的风险及其控制措施	◆ 是否识别了过程中的风险？ ◆ 是否对风险进行了评价？ ◆ 是否有风险控制措施？

(续)

步　骤		要　点
2. 实施	2.1 按照策划的结果实施过程	◆ 工作人员是否已经培训，是否满足要求？ ◆ 工作人员是否熟悉本岗位的作业文件并能掌握其要求？ ◆ 人员的临时顶岗如何处理？ ◆ 设施设备是否已准备到位并能满足工作要求？ ◆ 是否按规定要求对设施设备进行维护保养？ ◆ 计量器具是否按工艺要求配备齐全，是否得到校准？ ◆ 原材料、辅料、外购外协件、毛坯、半成品是否准备到位？是不是合格品？ ◆ 生产车间有无防止混料、混批的控制措施？ ◆ 是否按要求进行作业？操作方法是否安全？前、后工序的衔接是否良好？ ◆ 工作环境是否适宜，能否避免污染、损伤、混批、混料或发生差错？ ◆ 风险是否得到控制？ ◆ 是否按要求做好了运行中的记录？
3. 检查	3.1 测量、监视和分析评价这些过程	◆ 我们怎样监视过程业绩（过程绩效、过程能力、顾客满意、风险）？ ◆ 必要的测量是什么？ ◆ 我们怎样才能分析收集到的信息（统计技术）？ ◆ 是否将评价结果与过程目标进行了比较？ ◆ 分析结果告诉了我们什么？ ◆ 在哪里保持监视记录？
4. 处置	4.1 实施必要的措施，以实现对这些过程所策划的结果和对这些过程的持续改进	◆ 我们怎样才能改进过程以及质量管理体系？ ◆ 需要些什么改进措施？风险应对措施需要更新吗？ ◆ 这些改进措施得到实施了吗？ ◆ 这些措施有效吗？

1.4.11　过程绩效指标的建立

绩效（结果）是通过过程实现的，过程绩效指标包含过程结果指标和过程运行指标。

仅有过程结果指标是不够的，比如为产品巡检过程设置了结果指标——产品入库检验合格率，产品入库检验合格率高，说明巡检过程的工作质量高。但可能有这样一种情况，装配车间本身在某个阶段加强了质量控制，此时即使巡检员睡大觉，产品入库检验合格率也很高，所以说仅为产品巡检过程设置一个结果指标——产品入库检验合格率是不够的，还需要为产品巡检过程设置过程运行指标，比如说巡检员每天要巡检多少回。

1. 过程绩效指标的分类

应从哪几个方面建立绩效指标呢？怎样才能保证绩效指标的完整性呢？采

用双坐标设置法建立绩效指标可以解决这些问题。双坐标即类别系-结果系（见图 1-21）。

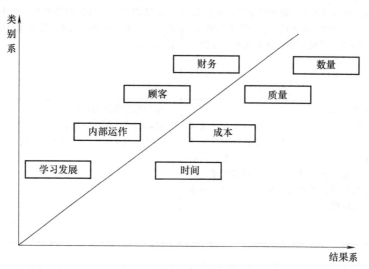

图 1-21 绩效指标系统

类别系主要是从组织的长远发展出发，在财务、顾客、内部运作、学习与发展四个方面建立绩效指标，这就是通常所说的平衡计分卡（Balanced Score Card，BSC）的四个维度（见图 1-22）。表 1-14 所示为按类别系建立的绩效指标。

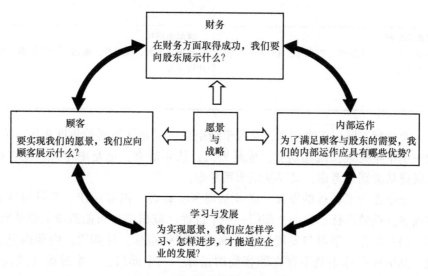

图 1-22 平衡计分卡的四个维度

表 1-14   用平衡计分卡四个维度建立的绩效指标

财务类指标： 利润总额，净销售收入，资产回报率，毛利率，现金流量，成本费用预算达成率，总资产周转率，应收账款周转率，呆账比率，坏账比率，在制品周转率，材料周转率	顾客类指标（外部顾客）： 市场占有率，新客户增加数，重要客户满意度，公共关系活动的次数，准时交付比例，客户投诉数量
内部运作类指标： 产品工时定额普及率，产品市场调查及时完成率，新产品上市周期，研发样品交验及时率，研发样品一次交验合格率，采购及时到货率，来料合格率，订单需求满足率，生产计划完成率，产品一次交验合格率，平均送货时间，客户投诉妥善处理率，周转期	学习与发展类指标： 任职资格达标率，培训计划的及时性，培训合格比率，员工流失率，员工满意度

　　结果系主要是从工作的效益和效果出发，在数量、质量、成本、时间四个方面建立绩效指标。表 1-15 所示为按结果系建立的绩效指标。

表 1-15   按结果系建立的绩效指标

数量类指标： 产量，销售额，利润率，客户保持率，每年推出的新产品数量等	质量类指标： 准确性，满意度，通过率，达标率，投诉率等
成本类指标： 成本节约率，回报率，折旧率，费用控制率，劣质成本等	时间类指标： 期限，天数，及时性，推出新产品周期，计划达成率等

　　一个指标，既属于类别系，又属于结果系，只是从不同的角度来区分而已。就像一个中年男人，从性别看，他是男人；从年龄看，他是中年人。建立指标时，既要从类别系考虑，又要从结果系考虑。

　　一个企业为了长远的发展，必须从财务、顾客、内部运作、学习与发展四个方面建立绩效指标，但一个部门、一个过程（或岗位）可能就没必要从财务、顾客、内部运作、学习与发展四个方面建立绩效指标。比如说，内部搞卫生的过程，其绩效指标中就不存在顾客类的指标。一个部门、一个过程（或岗位）应包括哪些类别的指标，应根据实际情况而定。

2. 过程绩效指标的构成要素

1）定量指标。构成的要素包括指标项目、指标值、期限三要素。例如：到2018 年产品一次交验合格率要达到 99%，其中，产品一次交验合格率是指标项目，99% 是指标值，2018 年是期限。

2）定性指标。构成的要素包括指标项目、期限二要素，例如：按产品设计和开发计划规定的时间完成产品定型鉴定。

需注意的是，在很多情况下，"目标"与"指标"这两个术语的含义是兼容等效的，只是在不同的场合使用不同的术语而已。比如在目标管理中，我们使用"目标"这个术语，而在过程管理中，我们更多地使用"指标"这个术语。

3. 绩效指标的建立原则

指标建立时，要遵循 SMART 原则。

1）Specific：明确具体。也就是说，你制定的指标一定要明确具体，而不要模棱两可。比如说，"员工要热情对待顾客"这样的指标就不具体。什么叫"热情"呢？含含糊糊。沃尔玛对此有明确的要求：3m 之内，露出你的上 8 颗牙微笑。

2）Measurable：可衡量的。表示指标是可以衡量的。如果指标不能衡量，就意味着将来没法考核。

3）Attainable：可实现的。表示指标在付出努力的情况下是可以实现的。要求我们避免设立过高或过低的指标。

4）Relevant：相关性。建立的指标必须与工作岗位紧密相关。比如一个前台，你让她学点英语以便接电话的时候用得上，就很好；你让她去学习六西格玛，就比较搞笑了。

5）Time-based：时限性。指标的时限性就是讲指标的实现是有时间限制的。

4. 过程关键绩效指标 KPI

绩效指标并不是越多越好，因为任何管理都是有成本的，指标越多，企业投入管理的成本也越高，所以必须选择关键性绩效指标 KPI（Key Performance Index）。

KPI 指标的设定要遵循 20/80 原则。"20/80"原则揭示：对事物总体结果起决定性影响的只是少量的关键因素，过程 KPI 指标能反映被考核过程 80% 以上的工作成果就可以了。所以，过程 KPI 指标必须要有数量限制，一般一个过程的 KPI 指标约 3 ~6 个。记住一句话：处处是重点，就等于没有重点。

1.4.12　过程及过程绩效指标案例

表 1-16 列出了常见的过程及过程绩效指标。

表 1-16　常见的过程及过程绩效指标

过程编号	过程名称	过程输入	过程输出	过程绩效指标	过程所需物质资源	过程中的风险	主管人/部门	方法/相关文件
C1	合同管理	◆ 顾客合同/订单及其变更； ◆ 法律、法规要求	◆ 合同/订单评审表； ◆ 顾客订货要求表； ◆ 制造可行性及风险分析报告； ◆ 签订正式合同； ◆ 合同/订单更改通知单； ◆ 合同/订单统计台账	1) 合同/订单评审及时率； 2) 订单交期准确率	（略）	因合同评审不严谨导致开发出的新产品不能满足顾客要求	营销部	合同管理程序
C2	顾客投诉处理	◆ 顾客投诉； ◆ 顾客退货	◆ 临时应急措施要求表； ◆ 顾客投诉处理报告单	1) 顾客投诉回复延误次数； 2) 每月顾客投诉相同问题的次数		顾客投诉得不到及时回复或回复不能令顾客满意	质量部	顾客投诉处理程序
C3	APQP 设计和开发	◆ 市场调研报告； ◆ 同类产品相关信息； ◆ 适用的法律、法规要求； ◆ 行业规范； ◆ 顾客的特殊特性	◆ 图样、设计文件； ◆ 工艺文件； ◆ 评审、验证、确认结果； ◆ PPAP 提交； ◆ 产品	1) 产品鉴定一次通过率； 2) PPAP 一次通过率； 3) 设计和开发输出资料的差错率； 4) 研发延长时间超过研发计划总时间的百分数		设计输入不完整导致开发出来的产品不符合顾客要求	产品研发部	设计和开发控制程序
C4	生产	◆ 生产计划； ◆ 订单要求； ◆ 原辅材料、零件	◆ 合格产品； ◆ 检验记录； ◆ 生产报表	1) 生产计划达成率； 2) 入库检验一次通过率； 3) 物料报废率		1) 停水、停电； 2) 人员短缺	生产部	生产过程管理程序

编号	过程名称	输入	记录/输出	绩效指标	风险	职责部门	程序文件
C5	产品交货	◆待出产品； ◆顾客订单； ◆合同/订单跟踪控制表	◆产品交付给顾客； ◆送货单	1) 交货准时率； 2) 交货合格率； 3) 造成顾客生产中断次数； 4) 产品质量不合格，而导致本组织向顾客提出让步接收产品的次数； 5) 本组织向顾客提出延期交付产品的次数	货物不能按时出厂	营销部	产品交货管理程序
M1	风险控制	◆企业内、外部的环境信息； ◆组织的业务活动及活动场所	◆风险识别、风险分析与评价表； ◆风险应对计划； ◆风险应对计划实施检查记录	1) 风险控制达标率	风险应对措施引起次生风险	质量部	风险控制程序
M2	经营计划管理	◆公司内外部环境； ◆相关方的需求和期望； ◆公司战略； ◆工作流程； ◆问题点	◆公司经营计划； ◆经营计划实施情况检查记录	1) 经营目标达成率	经营目标不能按时达成	总经理办公室	经营计划管理程序
M3	顾客满意度调查	◆顾客满意的信息	◆顾客满意度调查结果及分析报告； ◆纠正措施报告单	1) 调查表发放覆盖率； 2) 调查表回收率	调查的项目不能反映顾客的真实感受	营销部	顾客满意度调查控制程序

（续）

过程编号	过程名称	过程输入	过程输出	过程绩效指标	过程所需物质资源	过程中的风险	主管人/部门	方法/相关文件
M4	分析与评价	◆监视和测量获得的适当的数据和信息	◆数据和信息分析结果的利用（确定质量管理体系的绩效和有效性以及需要的改进）	1) 分析和评价报告提交的准时性		分析和评价报告中的数据和信息不真实	管理者代表	分析与评价控制程序
M5	内部审核	◆IATF 16949标准； ◆VDA 6.3过程审核； ◆VDA 6.5产品审核； ◆质量管理体系文件； ◆产品标准； ◆相关法律法规； ◆顾客要求	◆内部质量管理体系审核报告； ◆过程审核报告； ◆产品审核报告； ◆不合格项报告表； ◆纠正措施要求单	1) 每次审核不合格项按时关闭率； 2) 不合格项重复发生率		审核组不具备有效地实施审核的能力	管理者代表	内部审核控制程序
M6	管理评审	◆标准9.3.2要求的管理评审输入的内容； ◆标准9.3.2.1要求补充的管理评审输入的内容	◆管理评审报告（含质量改进的机会、质量管理体系所需的变更、资源需求）	1) 管理评审输出中的决定和措施的按时完成率		管理评审输入不完整	总经理	管理评审控制程序
M7	改进管理	◆不合格信息； ◆潜在不合格信息； ◆企业发展的需要； ◆市场竞争的压力； ◆产业发展的方向	◆临时应急措施要求表； ◆纠正措施报告单； ◆预防措施报告单； ◆创新成果； ◆创新活动实施对策表； ◆创新活动验收表	1) 纠正措施按时完成率； 2) 预防措施按时完成率； 3) 创新活动延长时间不超过计划总时间的百分数； 4) 创新活动价值实现		1) 同样问题仍然重复出现； 2) 严重超出预算	管理者代表	改进管理控制程序

	过程名称	输入	资源	监视指标	异常处理	责任部门	相关程序
S1	设备管理	◆ 工艺改进的需求； ◆ 设备保养维护的需求； ◆ 设备配置/更新的需求	◆ 合格的设备； ◆ 设备台账； ◆ 设备操作指导书； ◆ 保养计划； ◆ 设备保养、维修记录	1) 设备月平均故障时间； 2) 设备月故障次数超过3次的机台百分数； 3) OEE 设备综合效率； 4) MTBF 平均故障间隔时间； 5) MTTR 平均维修时间	关键设备出现故障	设备部	设备管理程序
S2	工装管理	◆ 新产品开发需求； ◆ 老产品改进需求； ◆ 生产和更换需求； ◆ 现有工装状况	◆ 状态良好的工装； ◆ 工装台账； ◆ 工装更换计划、记录； ◆ 工装维护、保养、处置记录	1) 工装月平均故障时间； 2) 月故障次数超过3次的工装百分数； 3) 工装采购/制作及时率	I 类工装出现故障	设备部	工装管理程序
S3	监视和测量设备管理	◆ 监测设备的配置需求； ◆ 监视和测量能力保证的需求； ◆ 国家法律法规的要求	◆ 合格的监视和测量设备； ◆ 监测设备台账； ◆ MSA 测量系统分析报告； ◆ 检定/校准证书	1) 按期校准检定完成率； 2) 周期校准检定合格率； 3) MSA 计划达成率100%； 4) % GRR ≤10% 的测量系统比例	监测设备偏离校准状态	质量部	监视和测量设备管理程序

（续）

过程编号	过程名称	过程输入	过程输出	过程绩效指标	过程所需物质资源	过程中的风险	主管人/部门	方法/相关文件
S4	知识管理	◆内部来源：失败和成功的项目、未成文的个人经验等； ◆外部来源：学术交流、专业会议等	◆作业指导文件； ◆发布在公司网站共享的知识	1）知识发布准时率		关键工位依赖 1~2 个能人	人力资源部	知识管理控制程序
S5	培训管理	◆新进员工； ◆转岗员工； ◆在职提高需要	◆员工培训记录表； ◆培训效果评价表； ◆特殊作业资格证； ◆上岗证	1）培训计划达成率； 2）培训效果满意度； 3）多能工比例		从事特殊任务的员工未经培训并取得资格证书	人力资源部	培训管理程序
S6	文件控制	◆文件编写的需求； ◆文件更改的需求； ◆外来文件	◆受控文件分发回收记录； ◆文件更改通知单； ◆现场获得有效版本的受控文件； ◆文件得到妥善保护	1）每月在现场发现非有效版本文件的份数； 2）每月发现的该有文件的没有文件的地方的次数； 3）在收到顾客工程规范后 1 周内，对其进行评审		作废文件没有从现场收回	文控中心	文件控制程序
S7	供应商管理	◆供应商开发需求； ◆现有供应商动态管理需求	◆供应商准入选审批表； ◆合格供应商名单； ◆供应商业绩评价表	1）A 类供应商比例； 2）质量评价得分大于 35 分的供应商百分数； 3）第二方审核通过率		A 类供应商未得到 PPAP 批准	采购部	供应商管理程序

S8	采购管理	◆物料需求计划; ◆物料请购单	◆符合要求的采购物料; ◆进料检验报告; ◆外购入库单	1) 来料批合格率; 2) 交期准时率; 3) 因供应商质量、交付问题,导致本公司通知顾客次数; 4) 因供应商的原因造成本公司或来公司顾客产品滞留/停止出货次数; 5) 发生附加运费次数	重要物料延期供货	采购部	采购管理程序
S9	产品检验	◆待检产品; ◆顾客要求; ◆技术要求	◆检验过的产品; ◆全尺寸检验报告; ◆检验记录	1) 材料上线不良率; 2) 来料上线异常批次数; 3) 半成品入库批合格率; 4) 顾客批退次数; 5) 顾客退货率	未进行型式试验,未按规定对成品进行全部项目的检验	质量部	产品检验控制程序
S10	不合格品控制	◆不合格品; ◆状态可疑产品	◆不合格品处理记录; ◆返工以后检验记录; ◆不合格品得到处理	1) 不合格品没被处理的次数; 2) 不合格品被发运后,未立即通知顾客的次数	不合格品被使用或被发给顾客	质量部	不合格品控制程序

1.5 七项质量管理原则

七项质量管理原则是质量管理的理论基础，是建立、实施、保持和改进组织质量管理体系必须遵循的原则。

七项质量管理原则是：

1）以顾客为关注焦点。

2）领导作用。

3）全员积极参与。

4）过程方法。

5）改进。

6）循证决策（基于证据的决策方法）。

7）关系管理。

1.5.1 以顾客为关注焦点

1. 概述

质量管理的首要关注点是满足顾客要求并且努力超越顾客期望。

2. 依据

组织只有赢得和保持顾客和其他有关相关方的信任才能获得持续成功，与顾客相互作用的每个方面，都提供了为顾客创造更多价值的机会。理解顾客和其他相关方当前和未来的需求，有助于组织的持续成功。

3. 主要益处

主要益处可能有：

1）提升顾客价值。

2）增强顾客满意。

3）增进顾客忠诚。

4）增加重复性业务。

5）提高组织的声誉。

6）扩展顾客群。

7）增加收入和市场份额。

4. 可开展的活动

可开展的活动包括：

1）识别从组织获得价值的直接顾客和间接顾客。

2）理解顾客当前和未来的需求和期望。

3）将组织的目标与顾客的需求和期望联系起来。

4）在整个组织内沟通顾客的需求和期望。

　　5）为满足顾客的需求和期望，对产品和服务进行策划、设计、开发、生产、交付和支持。

　　6）测量和监视顾客满意情况，并采取适当的措施。

　　7）在有可能影响到顾客满意的有关相关方的需求和适宜的期望方面，确定并采取措施。

　　8）主动管理与顾客的关系，以实现持续成功。

1.5.2　领导作用

1. 概述

　　各级领导建立统一的宗旨和方向，并创造全员积极参与实现组织的质量目标的条件。

2. 依据

　　统一的宗旨和方向的建立，以及全员的积极参与，能够使组织将战略、方针、过程和资源协调一致，以实现其目标。

3. 主要益处

　　主要益处可能有：

　　1）提高实现组织质量目标的有效性和效率。

　　2）组织的过程更加协调。

　　3）改善组织各层级、各职能间的沟通。

　　4）开发和提高组织及其人员的能力，以获得期望的结果。

4. 可开展的活动

　　可开展的活动包括：

　　1）在整个组织内，就其使命、愿景、战略、方针和过程进行沟通。

　　2）在组织的所有层级创建并保持共同的价值观，以及公平和道德的行为模式。

　　3）培育诚信和正直的文化。

　　4）鼓励在整个组织范围内履行对质量的承诺。

　　5）确保各级领导者成为组织中的榜样。

　　6）为员工提供履行职责所需的资源、培训和权限。

　　7）激发、鼓励和表彰员工的贡献。

1.5.3　全员积极参与

1. 概述

　　整个组织内各级胜任、经授权并积极参与的人员，是提高组织创造和提供价值能力的必要条件。

2. 依据

为了有效和高效地管理组织，各级人员得到尊重并参与其中是极其重要的，通过表彰、授权和提高能力，促进在实现组织的质量目标过程中的全员积极参与。

3. 主要益处

主要益处可能有：

1）组织内人员对质量目标有更深入的理解，以及更强的加以实现的动力。

2）在改进活动中，提高人员的参与程度。

3）促进个人发展、主动性和创造力。

4）提高人员的满意程度。

5）增强整个组织内的相互信任和协作。

6）促进整个组织对共同价值观和文化的关注。

4. 可开展的活动

可开展的活动包括：

1）与员工沟通，以增强他们对个人贡献的重要性的认识。

2）促进整个组织内部的协作。

3）提倡公开讨论，分享知识和经验。

4）让员工确定影响执行力的制约因素，并且毫无顾虑地主动参与。

5）赞赏和表彰员工的贡献、学识和进步。

6）针对个人目标进行绩效的自我评价。

7）进行调查以评估人员的满意程度，沟通结果并采取适当的措施。

1.5.4 过程方法

1. 概述

将活动作为相互关联、功能连贯的过程组成的体系来理解和管理时，可更加有效和高效地得到一致的、可预知的结果。

2. 依据

质量管理体系是由相互关联的过程所组成。理解体系是如何产生结果的，能够使组织尽可能地完善其体系并优化其绩效。

3. 主要益处

主要益处可能有：

1）提高关注关键过程的结果和改进机会的能力。

2）通过由协调一致的过程所构成的体系，得到一致的、可预知的结果。

3）通过过程的有效管理、资源的高效利用及跨职能壁垒的减少，尽可能提升其绩效。

4）使组织能够向相关方提供关于其一致性、有效性和效率方面的信任。

4. 可开展的活动

可开展的活动包括：

1）确定体系的目标和实现这些目标所需的过程。

2）为管理过程确定职责、权限和义务。

3）了解组织的能力，预先确定资源约束条件。

4）确定过程相互依赖的关系，分析个别过程的变更对整个体系的影响。

5）将过程及其相互关系作为一个体系进行管理，以有效和高效地实现组织的质量目标。

6）确保获得必要的信息，以运行和改进过程并监视、分析和评价整个体系的绩效。

7）管理可能影响过程输出和质量管理体系整体结果的风险。

1.5.5 改进

1. 概述

成功的组织持续关注改进。

2. 依据

改进对于组织保持当前的绩效水平，对其内、外部条件的变化做出反应，并创造新的机会，都是非常必要的。

3. 主要益处

主要益处可能有：

1）提高过程绩效、组织能力和顾客满意。

2）增强对调查和确定根本原因及后续的预防和纠正措施的关注。

3）提高对内外部风险和机遇的预测和反应能力。

4）增加对渐进性和突破性改进的考虑。

5）更好地利用学习来改进。

6）增强创新的动力。

4. 可开展的活动

可开展的活动包括：

1）促进在组织的所有层级建立改进目标。

2）对各层级人员进行教育和培训，使其懂得如何应用基本工具和方法实现改进目标。

3）确保员工有能力成功地促进和完成改进项目。

4）开发和展开过程，以在整个组织内实施改进项目。

5）跟踪、评审和审核改进项目的策划、实施、完成和结果。

6）将改进与新的或变更的产品、服务和过程的开发结合在一起予以考虑。

7）赞赏和表彰改进。

1.5.6 循证决策（基于证据的决策方法）

1. 概述

基于数据和信息的分析和评价的决策，更有可能产生期望的结果。

2. 依据

决策是一个复杂的过程，并且总是包含某些不确定性。它经常涉及多种类型和来源的输入及其理解，而这些理解可能是主观的。重要的是理解因果关系和潜在的非预期后果。对事实、证据和数据的分析可导致决策更加客观、可信。

3. 主要益处

主要益处可能有：

1）改进决策过程。

2）改进对过程绩效和实现目标的能力的评估。

3）改进运行的有效性和效率。

4）提高评审、挑战和改变观点和决策的能力。

5）提高证实以往决策有效性的能力。

4. 可开展的活动

可开展的活动包括：

1）确定、测量和监视关键指标，以证实组织的绩效。

2）使相关人员能够获得所需的全部数据。

3）确保数据和信息足够准确、可靠和安全。

4）使用适宜的方法对数据和信息进行分析和评价。

5）确保人员有能力分析和评价所需的数据。

6）权衡经验和直觉，基于证据进行决策并采取措施。

1.5.7 关系管理

1. 概述

为了持续成功，组织需要管理与有关相关方（如供方）的关系。

2. 依据

有关相关方影响组织的绩效。当组织管理与所有相关方的关系，以尽可能有效地发挥其在组织绩效方面的作用时，持续成功更有可能实现。对供方及合作伙伴网络的关系管理是尤为重要的。

3. 主要益处

主要益处可能有：

1）通过对每一个与相关方有关的机会和限制的响应，提高组织及其有关相关方的绩效。

2）对目标和价值观，与相关方有共同的理解。

3）通过共享资源和人员能力，以及管理与质量有关的风险，增强为相关方创造价值的能力。

4）具有管理良好、可稳定提供产品和服务的供应链。

4. 可开展的活动

可开展的活动包括：

1）确定有关相关方（例如：供方、合作伙伴、顾客、投资者、雇员或整个社会）及其与组织的关系。

2）确定和排序需要管理的相关方的关系。

3）建立平衡短期利益与长期考虑的关系。

4）与有关相关方共同收集和共享信息、专业知识和资源。

5）适当时，测量绩效并向相关方报告，以增加改进的主动性。

6）与供方、合作伙伴及其他相关方合作开展开发和改进活动。

7）鼓励和表彰供方及合作伙伴的改进和成绩。

1.6 质量管理体系重要术语

1.6.1 关于 IATF 16949 标准中的术语的说明

IATF 16949:2016 标准采用 ISO 9000:2015 中的术语和定义，同时又在标准中对汽车行业的术语和定义进行了规定。

ISO 9000:2015《质量管理体系 基础和术语》标准共给出了 138 个术语（其中包括了 ISO/IEC 导则—第 1 部分—ISO 补充规定附件 SL 的基本术语和 ISO 9000 族其他标准的术语等），根据内容逻辑关系分为 13 类，其构成情况见表 1-17。

下面 1.6.2 ～ 1.6.10 节对几个重要术语进行了讲解。

表 1-17 ISO 9000 标准术语构成

类别	类别名称	术语数	术语名称
1	有关人员的术语	6	最高管理者、质量管理体系咨询师、参与、积极参与、技术状态管理机构、调解人
2	有关组织的术语	9	组织、组织环境、相关方、顾客、供方、外部供方、调解过程提供方、协会、计量职能

(续)

类别	类别名称	术语数	术语名称
3	有关活动的术语	13	改进、持续改进、管理、质量管理、质量策划、质量保证、质量控制、质量改进、技术状态管理、更改控制、活动、项目管理、技术状态项
4	有关过程的术语	8	过程、项目、质量管理体系实现、能力获得、程序、外包、合同、设计和开发
5	有关体系的术语	12	体系、基础设施、管理体系、质量管理体系、工作环境、计量确认、测量管理体系、方针、质量方针、愿景、使命、战略
6	有关要求的术语	15	客体、质量、等级、要求、质量要求、法律要求、法规要求、产品技术状态信息、不合格（不符合）、缺陷、合格（符合）、能力 capability、可追溯性、可信性、创新
7	有关结果的术语	11	目标、质量目标、成功、持续成功、输出、产品、服务、绩效、风险、效率、有效性
8	有关数据、信息和文件的术语	15	数据、信息、客观证据、信息系统、文件、成文信息、规范、质量手册、质量计划、记录、项目管理计划、验证、确认、技术状态纪实、特定情况
9	有关顾客的术语	6	反馈、顾客满意、投诉、顾客服务、顾客满意行为规范、争议
10	有关特性的术语	7	特性、质量特性、人为因素、能力 competence、计量特性、技术状态、技术状态基线
11	有关确定的术语	9	确定、评审、监视、测量、测量过程、测量设备、检验、试验、进展评价
12	有关措施的术语	10	预防措施、纠正措施、纠正、降级、让步、偏离许可、放行、返工、返修、报废
13	有关审核的术语	17	审核、多体系审核、联合审核、审核方案、审核范围、审核计划、审核准则、审核证据、审核发现、审核结论、审核委托方、受审核方、向导、审核组、审核员、技术专家、观察员

1.6.2 产品、服务

1. 定义

（1）产品

在组织和顾客之间未发生任何交易的情况下，组织能够产生的输出。

注1：在供方和顾客之间未发生任何必要交易的情况下，可以实现产品的生产。但是，当产品交付给顾客时，通常包含服务因素。

注2：通常，产品的主要要素是有形的。

注3：硬件是有形的，其量具有计数的特性（如轮胎）。流程性材料是有形的，其量具有连续的特性（如燃料和软饮料）。硬件和流程性材料经常被称为货物，软件由信息组成，无论采用何种介质传递（例

如：计算机程序、移动电话应用程序、操作手册、字典、音乐作品版权、驾驶执照）。

（2）服务

至少有一项活动必须在组织和顾客之间进行的组织的输出。

注1：通常，服务的主要要素是无形的。

注2：通常，服务包含与顾客在接触面的活动，除了确定顾客的要求以提供服务外，可能还包括与顾客建立持续的关系，例如：银行、会计师事务所，或公共组织（如学校或医院）等。

注3：服务的提供可能涉及，例如：

——在顾客提供的有形产品（如需要维修的汽车）上所完成的活动。

——在顾客提供的无形产品（如为准备纳税申报单所需的损益表）上所完成的活动。

——无形产品的交付（如知识传授方面的信息提供）。

——为顾客创造氛围（如在宾馆和饭店）。

注4：通常，服务由顾客体验。

2. 理解要点

1）ISO 9001：2008、ISO/TS 16949：2009 中，产品的定义中包括服务。ISO 9001：2015、IATF 16949：2016 中，产品和服务是分开的，定义不一样。产品和服务都是输出的一种形式，二者的区别主要在于"是否与顾客接触"。产品是指在组织和顾客之间未发生接触的情况下，组织生产的输出。而服务是指至少有一项活动必须在组织和顾客之间的接触面上进行的输出。需说明的是，当产品交付给顾客时，通常包含服务因素。

2）输出是指"过程的结果"。各行业组织的输出通常都包含有产品和服务内容，但是因行业的特点不同，产品和服务的占比不同。组织的输出是归属产品还是服务，要取决于其主要特性。例如：画廊卖的一幅画是产品，而委托绘画则是服务。在零售店买的汉堡包是产品，而在饭店订一份汉堡包则是服务。

3）产品通常有三种类别，即硬件、流程性材料和软件。软件由信息组成，通常是无形产品并可以方法、论文或程序的形式存在。硬件通常是有形产品，其量具有可计数的特性。流程性材料通常是有形产品，如液体、气体等，其量具有可连续计量的特性。硬件和流程性材料经常被称为货物。

4）服务是无形的输出。有些服务活动的过程和活动的结果是同时发生和同步运行的。有形产品的提供和使用可能成为服务的一部分，但有形产品在这里仅仅被视为服务的手段或外壳。服务具有同时性、无形性、非重复性、异质性、易逝性、非储存性、非运输性等特性。

5）有些服务组织除了提供服务外，可能还包括建立与顾客间持续的关系，例如：银行、会计师事务所或学校、医院等组织需要与顾客建立一个较长期、持续的关系。

6）服务的提供可能涉及以下活动：

① 在顾客提供的有形产品（如维修的汽车）上所完成的活动。

② 在顾客提供的无形产品（如为准备纳税申报单所需的损益表）上所完成

的活动。

③ 无形产品的交付（如知识传授方面的信息提供）。

④ 为顾客创造氛围（如在宾馆和饭店）。

⑤ 服务通常由顾客体验。

7）通常，服务是需要由顾客体验的，在接触过程中，组织和顾客可能由人员或物体来代表。

1.6.3 质量

1. 定义

客体的一组固有特性满足要求的程度。

注1：术语"质量"可使用形容词来修饰，例如：差、好或优秀。

注2："固有"（其对应的是"赋予"）是指存在于客体中。

2. 理解要点

（1）客体

客体是指"可感知或可想象到的任何事物"。

客体可以是产品、服务、过程、人员、组织、体系、资源等。

客体可以是物质的（例如：一台发动机、一张纸、一颗钻石），也可以是非物质的（例如：转换率、一个项目计划）或想象的（例如：组织未来的状态）。

质量管理的对象是客体，各项活动的对象也是客体。管理始于客体、终于客体。

（2）特性

特性是指"可区分的特征"。特性可以有各种类别的特性，如物理的特性（例如：机械的、电的、化学的或生物学的特性）；感官的特性（例如：嗅觉、触觉、味觉、视觉、听觉）；行为的特性（例如：礼貌、诚实、正直）；时间的特性（例如：准时性、可靠性、可用性、连续性）；人因工效的特性（例如：生理的特性或有关人身安全的特性）和功能的特性（例如：飞机的最高速度）。

1）"特性"可以分为"固有特性"和"赋予特性"两大类。

"固有特性"是指某事物中本来就有的特性，尤其是那种永久的特性，如螺栓的直径、机器的生产率或接通电话的时间等技术特性。有的产品只具有一种类别的固有特性，有的产品可能具有多种类别的固有特性。例如：化学试剂只具有一类固有特性，即化学性能；而对彩色电视机来说，则具有多类固有特性，如物理特性中的电性能、环境适应性能、安全性等，感官特性中的听觉（音质）和视觉（色彩），时间特性中的可靠性等。

"赋予特性"不是固有特性，不是某事或某物中本来就有的，而是完成产品后因不同的要求而对产品所增加的特性，如产品的价格、硬件产品的供货时间和运输要求（如运输方式）、售后服务要求（如保修时间）等特性。

2）不同产品的固有特性与赋予特性是不尽相同的。某些产品的赋予特性可能是另一些产品的固有特性，例如，供货时间及运输方式对硬件产品而言属于赋予特性；但对运输服务而言就属于固有特性。

3）特性可以是定性的或定量的。

（3）要求

要求是指"明示的、通常隐含的或必须履行的需求或期望"。

1）从以上定义中可知，要求可为分"明示的要求""通常隐含的要求"和"必须履行的要求"三大类。无论是明示、隐含还是必须履行的要求，对于提高顾客满意度，满足顾客期望都是必要的。

①"明示的要求"可以理解为规定的要求。如在文件、合同中阐明的要求或顾客明确提出的要求。明示的要求可以是以书面方式规定的要求，也可以是以口头方式规定的要求。

②"通常隐含的要求"是指组织、顾客和其他相关方的惯例或一般做法，所考虑的需求或期望是不言而喻的。例如：餐饮行业顾客吃饭等待时间要尽量短，化妆品对顾客皮肤的保护性的要求。一般情况下，顾客或相关的文件（如标准）中不会对这类要求给出明确的规定，组织应根据其自身产品的用途和特性进行识别，并做出规定。

③"必须履行的要求"是指法律法规的要求和强制性标准的要求。如我国对与人身、财产的安全有关的产品，发布了相应的法律法规和强制性的行政规章或制定了代号为"GB"的强制性标准，如食品卫生安全法、GB 9744—2015《载重汽车轮胎》等，组织必须执行这类文件和标准。

2）"要求"可以由组织、组织的顾客、其他相关方提出。组织的不同相关方对同一产品的要求可能是不相同的，例如：对汽车来说，顾客要求美观、舒适、轻便、省油、安全，但社会要求不对环境产生污染。组织在确定与产品有关要求时，应充分考虑并兼顾各方面的要求。

3）"要求"可以涉及很多不同的方面，当需要特指时，可以采用修饰词表示，如产品要求、质量管理体系要求、顾客要求、法律法规要求等。

4）质量要求是在质量方面明示的、通常隐含的或必须履行的需求或期望，如产品质量要求、服务质量要求。

（4）程度

程度是特性满足的一种度量。质量对于同一品种来说有不同档次，度量必须在同一等级上进行。等级是指对功能用途相同，但质量要求不同的产品所做的分类。

在进行质量的比较时，应注意在同一"等级"的基础上比较。等级高并不意味着质量一定好，等级低也并不意味着质量一定差。

（5）对"质量"的理解

1）"质量"表述的是客体的若干固有特性满足要求的程度，其定义本身没有"好"或"不好"的含义。如果其固有特性满足要求的程度越高，其"质量"越好，反之则"质量"越差，因此，"质量"可使用形容词来修饰，以表明固有特性满足要求的程度。

2）组织的产品和服务质量取决于满足顾客的能力，以及对相关方有意和无意的影响。

3）产品和服务的质量不仅包括其预期的功能和性能，而且还涉及顾客对其价值和利益的感知。

4）人为赋予的特性不属于"质量"所关注的范畴，如价格、所有者。

5）"质量"具有广义性、时效性和相对性的特点。

① 质量的广义性：质量不仅指产品质量，还包括服务、过程、体系的质量。质量是针对客体的质量，即质量是包括针对产品、服务、过程、个人、组织、体系、资源等以及非物质形态在内的客体的固有特性满足要求的程度。

② 质量的时效性：由于组织的顾客和其他相关方对组织的产品、过程和体系的需求和期望是不断变化的，例如，原先被顾客认为质量好的产品会因为顾客要求的提高而不再受到顾客的欢迎。因此，组织应当不断地调整对质量的要求。

③ 质量的相对性：由于顾客及相关方的需求日趋多元化、个性化，即使是对同一产品的同一功能也可能提出不同的需求。尽管需求因"人"而异，但只要产品满足需求就应该是质量好的，没有绝对的评价标准。

1.6.4 质量方针

1. 定义

关于质量的方针。

注1：通常，质量方针与组织的总方针相一致，可以与组织的愿景和使命相一致，并为制定质量目标提供框架。

注2：ISO 9000 标准中提出的质量管理原则可以作为制定质量方针的基础。

2. 理解要点

1）方针是指"由最高管理者正式发布的组织的宗旨和方向"。质量方针是最高管理者在质量方面正式发布的组织的宗旨和方向。

2）质量方针应与组织的总方针相一致，并符合组织的愿景和使命。组织的总方针除质量外还会涉及环境、安全、发展战略等方面，组织的质量方针应与总方针相适应。

愿景是指"由最高管理者发布的对组织的未来展望"。使命是指"由最高管理者发布的组织存在的目的"。

3）质量管理原则是制定质量方针的基础。

4）质量方针是宏观的，但不能空洞无内容。质量方针为建立和评审质量目标提供了框架，质量目标在质量方针的框架下建立并为实现方针提供具体途径，两者保持一致，相辅相成。

质量方针制定与实施上的要求详见2.4.3节。

1.6.5　质量目标

1. 定义

关于质量的目标。

注1：质量目标通常依据组织的质量方针制定。

注2：通常，对组织内的相关职能、层级和过程分别制定质量目标。

2. 理解要点

（1）对"目标"的理解

1）目标是指"要实现的结果"。

2）目标可以是战略目标、战术目标或是运行目标。

3）目标可涉及不同领域（如财务、健康与安全、环境目标），并可应用于不同层面（例如战略的、组织整体的、项目的、产品和过程的）。

4）目标可用多种方式表述，例如：采用预期的结果、活动的目的或操作规程作为质量目标，或使用其他有类似含意的词（如目的、终点或指标）。

5）在质量管理体系环境下，组织依据质量方针制定质量目标以实现特定的结果。

（2）对"质量目标"的理解

1）质量目标的内容应符合质量方针所规定的框架。

2）质量目标应是可以测量的。

3）通常，应对组织内的相关职能、层次和过程分别规定质量目标。

质量目标制定与实施上的要求详见2.5.2节。

1.6.6　质量管理

1. 定义

关于质量的管理。

注：质量管理可包括制定质量方针和质量目标，以及通过质量策划、质量保证、质量控制和质量改进实现这些质量目标的过程。

2. 理解要点

（1）管理

1）管理是指"指挥和控制组织的协调的活动"。

2）管理包括制定方针和目标以及实现这些目标的过程。

（2）对"质量管理"的理解

1）质量管理是指在质量方面指挥和控制组织的协调的活动。通常包括制定质量方针和质量目标以及质量策划、质量控制、质量保证和质量改进。质量策划、质量控制、质量保证和质量改进都是质量管理的一部分，它们与质量管理构成从属关系。

2）质量控制是"质量管理的一部分，致力于满足质量要求"。质量保证是"质量管理的一部分，致力于提供质量要求会得到满足的信任"。

质量控制是通过相关的作业技术和活动，根据质量标准，监视质量环上各个环节的工作，使其在受控状态下运行，从而及时排除和解决所产生的问题，保证满足质量要求。质量控制职能的核心在于预防，关键是使所有过程和活动始终处于完全受控状态。质量控制的方式有统计质量控制、技术控制等。

质量保证是企业对顾客所做的一种质量担保，使顾客确信企业产品或服务的质量满足其规定的要求。其核心是提供充分的信任。证实质量保证的方法可包括组织的自我合格声明、提供体系或产品的合格证据、外部的审核合格结论以及国家质量认证机构提供的认证证书等。

质量控制着眼于过程受控，是具体的作业技术和活动。而质量保证则着眼于整个组织的体系，是系统地提供证据从而取得信任的活动。

组织必须有效地实施质量控制，在此基础上才能提供质量保证。质量保证也可以反过来促进更有效的质量控制。

3）质量策划是"质量管理的一部分，致力于制定质量目标并规定必要的运行过程和相关资源以实现质量目标"。由于质量包括产品和服务、过程和体系的质量，因而质量策划也涉及对产品和服务、过程和体系的质量策划。编制质量计划可以是质量策划的一部分。需注意的是：质量策划是活动，质量计划是文件。

质量计划是"对特定的客体，规定由谁及何时应用程序和相关资源的规范"。现有的质量管理体系文件是针对现有的产品编制的，当某一特定的合同、产品或项目的特定要求与现有产品不同时，就需要编制质量计划，将这些特定的合同、产品或项目的特定要求与现有的质量管理体系文件联系起来。

4）质量改进是"质量管理的一部分，致力于增强满足质量要求的能力"。质量要求可以是有关任何方面的，如有效性、效率或可追溯性。质量改进可通过循环活动或单个活动来实现。

1.6.7 质量管理体系

1. 定义

管理体系中关于质量的部分。

2. 理解要点

（1）体系、管理体系和质量管理体系

体系、管理体系和质量管理体系构成了三个层次上的属种关系。

1）体系是指"相互关联或相互作用的一组要素"。就质量管理体系而言，要素也就是构成质量管理体系的过程。

2）管理体系是指"组织建立方针和目标以及实现这些目标的过程的相互关联或相互作用的一组要素"。管理体系的建立首先应针对管理体系的内容建立相应的方针和目标，然后为实现该方针和目标设计一组相互关联或相互作用的要素（过程）。管理体系可按照管理的对象不同分为不同的管理体系，如质量管理体系、环境管理体系等。

管理体系要素规定了组织的结构、作用和责任、策划、运行、方针、惯例、规则、理念、目标以及实现这些目标的过程。

3）质量管理体系是在质量方面能帮助组织提供持续满足要求的产品，从而增进顾客和相关方的满意。

（2）对"质量管理体系"的理解

1）质量管理体系是建立质量方针和质量目标，并为实现这些目标的一组相互关联的或相互作用的要素（过程）的集合。

2）质量管理体系把影响质量的技术、管理、人员和资源等因素都综合在一起，形成一个有机的整体。

3）构成质量管理体系的各个过程以及每一过程所必须开展的活动都可以看作组成质量管理体系的要素。

1.6.8 监视、测量

1. 定义

（1）监视

确定体系、过程、产品、服务或活动的状态。

注1：确定状态可能需要检查、监督或密切观察。

注2：通常，监视是在不同的阶段或不同的时间，对客体状态的确定。

（2）测量

确定数值的过程。

注：确定的数值通常是量值。

2. 理解要点

1）确定是指"查明一个或多个特性及特性值的活动"；监视是"确定体系、过程、产品、服务或活动的状态"；测量是"确定数值的过程"。

2）检验是监视手段的一种，检验是指"对符合规定要求的确定"。产品检验是对产品质量特性是否符合规定要求所做的技术性检查活动，涉及观察、测量、试验等，在生产过程中必不可少。

3）质量管理体系、过程或活动都必须进行监视，但只在部分具有量值要求的地方进行测量；产品检验有时只需判断产品合格与否，并不需要具体的测量值。监视、检验、测量的内涵范围是："监视" > "检验" > "测量"。

4）在生产过程中，监视和检验是不可能相互替代的，两者的作用是相辅相成、互为补充的。比如有些产品在形成过程中，过程的结果不能通过其后的检验（或试验）来确认（如必须对样品破坏才能对产品内在质量进行检测；检测费用昂贵，不能作为常规检测手段），对这些过程，生产者往往通过必要的监视手段（如仪器、仪表）对作业有决定性影响的过程参数进行监视和必要时进行参数调整，确保过程稳定，实现保证产品质量符合规定要求的目的。

1.6.9 有效性、效率

1. 定义

（1）有效性（effectiveness）
完成策划的活动并得到策划结果的程度。

（2）效率（efficiency）
得到的结果与所使用的资源之间的关系。

2. 理解要点

1）有效性是指"完成策划的活动并得到策划结果的程度"。有效性就是"所做的事情的正确程度"。首先，你是否完成了？其次，你是否达到了目的？两方面都做到了，有效性就好；否则，有效性就差。有效性强调"事情的正确程度"。有效性就是正确地做事。

2）效率是指"得到的结果与所使用的资源之间的关系"。效率实际就是投入与产出的比值。得到的结果圆满，使用的资源比较少，效率就高；反之，效率就低。

1.6.10 过程、程序

1. 定义

（1）过程
利用输入实现预期结果的相互关联或相互作用的一组活动。

注1：过程的"预期结果"称为输出还是称为产品或服务，随相关语境而定。
注2：一个过程的输入通常是其他过程的输出，而一个过程的输出又通常是其他过程的输入。
注3：两个或两个以上相互关联和相互作用的连续过程也可作为一个过程。
注4：组织通常对过程进行策划，并使其在受控条件下运行，以增加价值。
注5：不易或不能经济地确认其输出是否合格的过程，通常称之为"特殊过程"。

（2）程序

为进行某项活动或过程所规定的途径。

注：程序可以形成文件，也可以不形成文件。

2. 理解要点

1）所谓过程，就是一组相关的活动，活动在开展之前有一些必要的条件，即"输入"；活动结束后产生一些结果，即"输出"。"预期的结果"实际上是"输出"的一部分，"输出"的也可能包括"非预期的结果"，例如制造过程中可能会产生废水、噪声等。组织为了得到"预期的结果"并增值，通常对过程进行策划，并使其在受控条件下运行。

2）一个过程的输出通常是其他一个或几个过程的输入，这种关系往往不是一个简单的按顺序排列的结构，而是一个比较复杂的网络结构，一个过程的输出可能成为多个过程的输入，而几个过程的输出也可能成为一个过程的输入。

3）相互关联，一般指活动之间的衔接关系，包括先后、并行、直接、间接等。比如先询价，再下订单。相互作用，一般指活动之间的影响关系，包括决定、促进、抵消等。比如进行审批，根据审批的结果决定研发费用的预算是否可以执行。相互关联和相互作用的关系既存在于一个过程中的活动之间，也存在于一个管理体系中的过程之间。

4）通常情况下，一个过程是否有效可以通过该过程形成的产品是否合格来加以验证，即：如果该过程形成的产品经验证是合格的，则表示该过程是有效的。但是，有些过程形成的产品是否合格是不容易被验证的，例如：房屋装修中油漆或涂料的喷涂附着强度是不容易通过验收检查来验证其是否完全合格的。有些过程形成的产品是否合格的验证方法成本很高，不够经济，例如：验证焊接强度是否合格通常需要使用破坏性的方法，这种验证方式成本很高，不够经济。因此，通常将形成的产品是否不易或不能经济地进行验证的过程称为"特殊过程"。

5）组织为了高效地获得所期望的过程输出，应对过程实行控制。在对过程控制进行策划时，应考虑实施该活动或过程的规定途径和方法，即实施该活动或过程的程序。程序主要解决的是"如何"实施一项活动或过程的问题。

6）一般而言，完整意义上的程序会包含5W1H这六个要素，它们分别是：What（对象）、Why（目的）、Who（职责）、When（时机）、Where（场所）、How（步骤、方法），通过对这六个要素的界定，如何实施一个活动或过程将变得清晰明了。

7）"程序"在字面上很容易被理解为是一份文件，但事实上，程序可以形成文件，但并非所有的程序都需要形成文件。当某项活动或过程比较复杂，需要明确的规则来阐明其实施方式时，形成文件的程序是很好的选择。当某项活

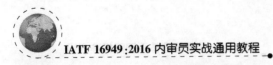

动非常简单、实施的人员有很丰富的经验和充分的技能，即便实施此项活动的程序没有形成文件，一般也不会影响这个活动的实施和预期效果。

1.6.11　汽车行业的术语和定义

1. 配件 accessory part

在交付给最终顾客之前（或之后），与车辆或动力总成以机械或电子方式相连的顾客指定的附加部件（例如：定制的地毯、车厢衬垫、轮罩、音响系统加强件、天窗、尾翼、增压器等）。

简单解释：通俗地讲，"配件"就是将整车卖给最终顾客时，随车送给最终顾客的东西，如地毯、方向盘罩等。配件必须来自整车厂或整车厂指定的配套厂。

2. 产品质量先期策划 advanced product quality planning（APQP）

对开发某一满足顾客要求的产品或服务提供支持的产品质量策划过程；APQP对开发过程具有指导意义，并且是组织与其顾客之间共享结果的标准方式；APQP涵盖的项目包括设计稳健性，设计试验和规范符合性，生产过程设计，质量检验标准，过程能力，生产能力，产品包装，产品试验和操作员培训计划。

简单解释：所谓 APQP，通俗地讲，就是如何对产品设计和开发进行控制。详见本人所著《IATF 16949 质量管理体系五大工具最新版一本通》。

3. 售后市场零件 aftermarket part

来自非 OEM 厂家，作为服务件使用的替代零件。其生产可能按照/也可能不按照原始标准进行。

简单解释：所谓售后市场零件，在汽配市场上被称为"非原厂件"。这些零件不是由整车厂或整车厂指定的配套厂提供的。"非原厂件"还可被细分为所谓的"正厂件"和"副厂件"。"正厂件"是指正规厂家生产的，但这些厂家不是整车厂指定的；"副厂件"就是通常说的"三无"产品。

4. 授权 authorization

将某人（或某些人）的权限和责任形成文件，使其在组织内能够行使认可、拒绝和处罚的职权。

5. 比照（标准）件 challenge（master）part

有明确的标准要求，经过验证并能追溯到标准的零件。用此零件比照的结果（通过或不通过）可以确认防错装置或检具（如通止规）的功能是否合格。

简单解释：用来验证防错装置或检具（如通止规）是否合格的基准件。此基准件，是按标准要求检验过的。

6. 控制计划 control plan

对控制产品所要求的系统和过程的形成文件的描述。

简单解释：控制计划是对控制产品和过程的系统的书面描述。其目的是确保产品制造过程处于受控状态。控制计划描述了从进货、生产到出厂的各个阶段所需的控制措施。控制的重点是产品/过程的特殊特性。详见本人所著《IATF 16949 质量管理体系五大工具最新版一本通》。

7. 顾客要求 customer requirements

顾客规定的一切要求（例如：技术、商业、产品及制造过程的相关要求，一般条款与条件，顾客特殊要求等）。

当被审核的组织是汽车制造商、汽车制造商的子公司或汽车制造商的合资企业时，那么这些组织的顾客应由其自己来界定。

8. 顾客特殊要求 customer-specific requirements（CSR）

对本汽车行业质量管理体系标准特定条款的解释或补充要求。

简单解释：所谓顾客特殊要求，是指顾客对 IATF 16949 标准特定条款的补充和解释。如福特汽车的 Q1、通用汽车的 BIQS、大众汽车的 Formel—Q 等。

9. 可装配性设计 design for assembly（DFA）

出于便于装配的考虑设计产品的过程（例如，如果产品包含较少的零件，产品的装配时间则较短，从而降低装配成本）。

简单解释：可装配性设计也叫"面向装的设计"，旨在提高零件的可装配性以减少装配时间、降低装配成本和提高装配质量。

10. 可制造性设计 design for manufacturing（DFM）

产品设计和过程策划整合起来，以便设计出的产品能够简单经济地制造出来。

简单解释：可制造性设计也叫"面向制造的设计"，是指产品设计需要满足产品制造的要求，具有良好的可制造性，使得产品以最低的成本、最短的时间、最高的质量制造出来。

11. 可制造性和可装配性设计 design for manufacturing and assembly（DFMA）

两种方法的结合：可制造性设计（DFM），为更容易生产，更高产量及提高质量的优化设计过程；可装配性设计（DFA），为减少出错的风险、降低成本，并使产品更容易装配而开展的设计优化。

12. 六西格玛设计 design for six sigma（DFSS）

一种系统方法、工具和技术，旨在通过稳健的产品或过程设计，确保能在六西格玛水平下生产出满足顾客期望的产品。

简单解释：六西格玛设计（DFSS）就是按照合理的流程，运用科学的方法，准确理解和把握顾客的需求，对新产品进行设计，使产品在低成本下实现六西格玛质量水平（3.4ppm），同时使产品具有抵抗各种干扰的能力，在各种恶劣的环境下，产品仍能满足顾客的需求。

13. 有设计责任的组织 design-responsible organization

有权建立新的产品规范，或对现有的产品规范进行更改的组织。

注：本责任包括在顾客规定的应用范围内对设计性能的试验和验证。

14. 防错 error proofing

为防止不合格产品的制造而进行的产品和制造过程的设计和开发。

简单解释：为防止差错而制造出不合格品，在产品设计和制造过程设计时而采用的手段和方法。有了防错技术，即使想做错都很难。比如，某个插头，只能插进唯一的孔位，其他孔位都插不进。

15. 升级过程 escalation process

组织内部强调或突出某一问题的过程，以便适当人员对这一问题做出响应并监控其解决。

简单解释：升级过程，简单地讲就是将问题提交给有权利的上一级管理者或法定的人员去处理。

16. 失效树分析 fault tree analysis（FTA）

对系统的非理想状态进行演绎分析的故障分析法。通过建立系统的逻辑关系图，揭示出故障、子系统及冗余设计要素之间的关系。

简单解释：失效树分析，也称故障树分析，就是在系统设计过程中，通过对可能造成系统故障的各种因素（包括硬件、辅件、环境、人为因素等）进行分析，画出逻辑框图（即故障树），从而确定系统故障原因的各种可能组合及其发生概率，以计算系统故障概率，采取相应的纠正措施，提高系统可靠性的一种设计分析方法。

如需对 FTA 失效树分析法详细了解，请读者参考相关书籍。

17. 实验室 laboratory

进行检验、试验或校准的设施，其范围包括但不限于化学、金相、尺寸、物理、电性能或可靠性试验。

18. 实验室范围 laboratory scope

受控文件，包括：

——实验室有资格进行的特定试验、评价和校准；

——用来进行上述活动的设备清单；

——进行上述活动的方法和标准的清单。

19. 制造 manufacturing

以下制作或加工过程：

——生产材料；

——生产件或服务件；

——装配；

——热处理、焊接、喷漆、电镀或其他表面处理。

20. 制造可行性 manufacturing feasibility

对准备进行的项目进行分析和评价，以确定该项目在技术上是否可行，以便能够制造出符合顾客要求的产品。分析和评价的项目包括但不限于以下方面（如适用）：在预计的成本范围内，项目所需的资源、设施、工装、产能、软件及具有所需技能的人员，包括支持功能，是否能够获得或在计划的时间内获得。

21. 制造服务 manufacturing services

试验、制造、分销部件和组件并为其提供维修服务的公司。

22. 多方论证方法 multi-disciplinary approach

从所有相关方获取输入信息的方法。这些相关方可能影响团队对过程的管理。过程管理团队的成员可以来自组织内部或外部，既包括组织的人员，也可能包括顾客代表和供应商代表。情况许可时，可采用现有团队或临时团队。对团队的输入可能同时包含组织输入和顾客输入。

简单解释：多方论证方法就是一种团队协作的方法，采用由不同部门的人员组成小组，由小组承担相应的工作。

23. 未发现故障 no trouble found（NTF）

服务保障期间被替换的零件，经车辆或零件制造商分析，满足"合格品"的全部要求（也称为"未发现错误"或"故障未发现"）。

简单解释：NTF一般是指服务保障期间被替换的零件，但经组织检查分析却是合格品的产品。

24. 外包过程 outsourced process

由外部组织履行的一部分组织的功能（或过程）。

25. 周期性检修 periodic overhaul

用于防止发生重大意外故障的设备维护方法。根据设备故障或设备中断的历史，主动停止使用某一设备或设备子系统，然后对其进行拆卸、修理、更换零件、重新装配并恢复使用。

26. 预见性维护 predictive maintenance

对在用设备的状况进行周期性或持续监视，以预测什么时候对设备进行维护。

简单解释：通过对设备状态的监视所得到的数据，如对控制图监控中得到的数据变化进行分析，预见可能将会发生的设备失效，进而开展的设备维护活动。

27. 附加运费 premium freight

在合同约定的交付之外发生的附加成本或费用。

注：可因方法、数量、计划外或延迟交付等导致。

简单解释：例如，海运改为空运，一次交货变成多次交货，运费就会增加，出现附加运费。

28. 预防性维护 preventive maintenance

为消除设备失效和生产的计划外中断的原因而策划的定期设备维护措施（基于时间的周期性检查和检修），作为制造过程设计的一项输出。

简单解释：为防止设备可能的失效而进行的有计划的定期维护活动，以保持设备正常的能力。

29. 产品 product

产品实现过程所产生的任何预期输出。

30. 产品安全 product safety

与产品设计和制造有关的标准，这些标准可以确保产品不对顾客造成伤害或危害。

31. 停产 production shutdown

制造过程空闲的情况，时间跨度可从几个小时到几个月不等。

32. 反应计划 reaction plan

在控制计划中规定的在检测到异常或不符合事件时所采取的措施或一系列步骤。

简单解释：针对不合格产品或操作失控所采取的纠偏措施（也即异常处理措施）。纠偏措施包括：将偏离的过程参数调回正常状态；对不合格品进行标识、隔离和处理（如返工、报废、再加工、回用等）。详见本人所著《IATF 16949 质量管理体系五大工具最新版一本通》。

33. 外部场所 remote location

支持现场且不存在生产过程的场所。

简单解释：生产过程以外的场所，但与生产过程有某些支持或联系。如外部贮存库房。

34. 服务件 service part

由 OEM 放行或采购的按照 OEM 标准制造的用于维修场合的替代零件，包括修复后的零件。

简单解释：服务件，就是按整车厂的要求生产，由整车厂放行或采购的用于维修场合的零部件。通俗地讲，汽车维修商从整车厂或整车厂指定的配套厂采购的零部件，才能称为"服务件"，也就是市场上所谓的"原厂件"。

35. 现场 site

发生增值的制造过程的场所。

36. 特殊特性 special characteristic

可能影响产品的安全性或法规符合性、配合、功能、性能或其后续过程的产品特性或制造过程参数。

简单解释：IATF 16949 中所讲的"特殊特性"相当于一般质量管理书籍中所讲的"关键特性""重要特性"。

（1）产品特性分级的定义

1）关键特性：如果超出规定的界限就会导致人的生命和财产的损失或使产品丧失功能。

2）重要特性：如果超出规定的界限就会导致产品功能失误或降低原有的使用功能。

3）次要特性：即使超出规定的界限，对产品的使用性能也不会产生影响或只产生轻微的影响。

一般所说的特殊特性包括关键特性和重要特性。

（2）过程特性分级的定义

过程特性是指影响产品特性的制造过程参数，一般分为：

1）关键特性：这种特性在工序中可能偶尔存在着偏离公差的重大波动，并且将产生难以令人接受的过高的长期平均不合格品率或次品率。

2）重要特性：这种特性在工序中可能偶尔存在着偏离公差的波动，并且将产生较低的长期不合格品率或次品率。

3）次要特性：这种特性在工序中可能偶尔存在着偏离公差的波动，但不会产生长期不合格品率或次品率。

一般所说的特殊特性包括关键特性和重要特性。

37. 特殊状态 special status

当组织由于重大质量或交付问题，未能满足一项或多项顾客要求时，顾客向组织发出的一种具有分类识别性质的通知。

简单解释：顾客向组织发出的一种带警告性质的分类通知。比如组织向顾客供货连续出现 2 次严重质量问题，顾客就向组织发出红牌警告；出现一次不对问题进行整改的情况，顾客就向组织发出黄牌警告。这些都会在合同中约定。

38. 支持功能 support function

在现场或外部场所进行的，对同一组织的一个或多个制造现场提供支持的非生产性活动。

简单解释：对制造现场起支持性作用的非生产性活动，如设计中心、公司总部和分销中心，无论其在现场或在外部，都应包含在质量管理体系的范围中。

39. 全面生产维护 total productive maintenance

一个通过为组织增值的机器、设备、过程和员工，维护并改善生产及质量体系完整性的系统。

简单解释：TPM 全面生产维护（Total Productive Maintenance）是以提高设

备综合效率为目标，以全系统的预防维护为过程，全体人员参与为基础的设备保养和维护体制。TPM 倡导全员参与，引导员工的自主维护，追求最高的设备综合效率，努力实现故障为零、事故为零和缺陷为零的管理目标。

40. 权衡曲线 trade-off curves

用于理解和显示产品各设计特性相互关系的一种工具。用 Y 轴表示产品的一个特性，用 X 轴表示产品的另一个特性，然后就可绘制一条曲线，显示产品相对于两个特性的性能。

简单解释：衡量产品性能的指标很多，这些指标可能相互影响。可以利用坐标建立起若干对两个指标之间的函数曲线 $Y = f(X)$，这就是权衡曲线。产品设计过程中，可能需绘制很多对权衡曲线。

读者如要详细了解权衡设计（或权衡研究）的有关知识，可参考相关专业书。

41. 权衡过程 trade-off process

绘制并使用反映产品及其性能特性的权衡曲线的一种方法。产品的性能特性确立了设计备选方案之间的顾客、技术及经济关系。

简单解释：衡量产品性能的指标很多，这些指标可能相互影响。某一指标变好，可能另一指标就变坏，这样就必须权衡利弊，不断优化分析，直到找到这些指标最适宜的组合。这一过程，就叫权衡过程。过程中需要绘制权衡曲线并对其进行分析优化。利用权衡过程，可建立设计的备选方案。

权衡设计，需要比较复杂的数理技术，一般工厂用不上，因为这些工厂只是帮别人做一些成熟的零件而已。

IATF 16949:2016 标准的理解

2.1 引言（标准条款：0）

2.1.1 总则（标准条款：0.1）

1. 标准条文

> **引言**
>
> **0.1 总则**
>
> 　采用质量管理体系是组织的一项战略决策，能够帮助其提高整体绩效，为推动可持续发展奠定良好基础。
>
> 　组织根据本标准实施质量管理体系的潜在益处是：
>
> 　a）稳定提供满足顾客要求以及适用的法律法规要求的产品和服务的能力。
>
> 　b）促成增强顾客满意的机会。
>
> 　c）应对与组织环境和目标相关的风险和机遇。
>
> 　d）证实符合规定的质量管理体系要求的能力。
>
> 本标准可用于内部和外部各方。
>
> 实施本标准并非需要：
>
> ——统一不同质量管理体系的架构；
>
> ——形成与本标准条款结构相一致的文件；
>
> ——在组织内使用本标准的特定术语。
>
> 本标准规定的质量管理体系要求是对产品和服务要求的补充。
>
> 本标准采用过程方法，该方法结合了"策划—实施—检查—处置"（PDCA）循环和基于风险的思维。
>
> 过程方法使组织能够策划过程及其相互作用。
>
> PDCA循环使组织能够确保其过程得到充分的资源和管理，确定改进机会并采取行动。

基于风险的思维使组织能够确定可能导致其过程和质量管理体系偏离策划结果的各种因素，采取预防控制，最大限度地降低不利影响，并最大限度地利用出现的机遇（见 A.4）。

在日益复杂的动态环境中持续满足要求，并针对未来需求和期望采取适当行动，这无疑是组织面临的一项挑战。为了实现这一目标，组织可能会发现，除了纠正和持续改进，还有必要采取各种形式的改进，如突破性变革、创新和重组。

在本标准中使用如下助动词：

"应（shall）"表示要求；

"宜（should）"表示建议；

"可（may）"表示允许；

"能（can）"表示可能或能够。

"注"的内容是理解和说明有关要求的指南。

2. 理解要点

（1）采用质量管理体系是组织的一项战略决策

1）采用质量管理体系是组织的一项战略决策，可以帮助组织提高其整体绩效（绩效是指"可测量的结果"），并为组织的可持续发展提供良好的基础。

2）对一个组织来说，按 IATF 16949 标准建立、实施、保持和改进质量管理体系应是组织的一项战略性决策，是一项重大的、带全局性或决定全局的策划，涉及与体系所覆盖产品相关的所有部门和所有过程，最高管理者应给予充分理解和高度重视。

（2）实施 IATF 16949 带来的潜在益处

IATF 16949 的目标是在供应链中建立持续改进，强调缺陷预防，减少变差和浪费的质量管理体系。带来的潜在益处包括：

1）使企业具有稳定提供满足顾客要求以及适用的法律法规要求的产品和服务的能力。法律法规要求包括法律要求和法规要求。法律要求是指"立法机构规定的强制性要求"；法规要求是指"立法机构授权的部门规定的要求"。法律法规要求可称作法定要求。

2）促成增强顾客满意的机会。质量管理体系的运行，通过分析顾客和利益相关方需求，以增加组织提升顾客和其他相关方满意的概率。

3）应对与其环境和目标有关的风险和机遇。通过理解组织的环境，分析影响预期目标的风险因素，规定相关的过程，并使其持续受控，实现预期结果。

4）证实组织符合规定的质量管理体系要求的能力。

（3）组织实施 IATF 16949 标准的注意事项

1）IATF 16949 的所有要求是最基本的通用要求，IATF 16949 并未规定如何满足这些要求的方法、途径和措施。组织需根据自身特点建立质量管理体系，以满足这些要求。

IATF 16949 标准可用于内部和外部，IATF 16949 标准是第一方、第二方、第三方审核的依据。

2）IATF 16949 标准特别强调了 3 个不要求统一的事项：

① 不要求所有组织要有统一的质量管理体系结构。

② 不要求组织的文件与 IATF 16949 标准的条款结构一致。

③ 不要求组织使用的术语与标准特定术语一致。组织可选择使用适合其运行的特有术语，例如使用"记录""文件""协议"等，而不必用本标准所讲的"成文信息"这一术语；或使用"供应商""伙伴""卖方"等术语，而不必用本标准所讲的"外部供方"这一术语。当然，为了便于交流，组织有必要建立其特有术语与标准的特定术语的对应关系。

不同的组织，其质量管理体系的结构、所需要的文件形式以及有关的术语可以不一样。

3）IATF 16949 标准所规定的质量管理体系要求是对产品和服务要求的补充，不能替代。质量管理体系要求与产品和服务要求是两类不同的要求；*IATF 16949 质量管理体系要求是通用的，适用于汽车顾客指定的生产件、服务件的制造现场；产品和服务要求是针对产品和服务特性的要求，是具体产品和服务特有的，不具有通用性。*

4）IATF 16949 标准采用将 PDCA（策划、实施、检查、处置）循环与基于风险的思维方式相结合的过程方法。

过程方法能使组织策划其过程及其相互作用。PDCA 循环使组织能够确保其过程得到充足的资源和恰当的管理，并确定改进的机会和采取行动。

基于风险的思维能够使组织确定可能导致其过程和质量管理体系偏离所策划的结果的各种因素，采取预防控制，使不利影响最小化并在机遇出现时将机遇利用最大化。IATF 16949 标准要求组织理解其运行环境，并以确定风险作为策划的基础。这意味着将基于风险的思维应用于策划和实施质量管理体系过程，并借以确定组织质量管理体系文件的范围和程度。

5）为了在日益复杂的动态环境中持续满足要求和应对未来的需求和期望，组织不仅要对质量管理体系进行纠正和持续改进，还有必要采取各种形式的改进，比如变革突变、创新和重组。

6）IATF 16949 标准中，"应（shall）"表示要求，"宜（should）"表示建议，"可（may）"表示允许，"能（can）"表示可能或能够。"注"是理解和说明有关要求的指南，不是要求，不具有约束力，也不能作为审核评价的判据。

2.1.2　质量管理原则（标准条款：0.2）

1. 标准条文

0.2　质量管理原则

　　本标准是在 ISO 9000 所阐述的质量管理原则基础上制定的。每项原则的介绍均包含概述、该原则对组织的重要性的依据、应用该原则的主要益处示例以及应用该原则提高组织绩效的典型措施示例。

　　质量管理原则是：

　　——以顾客为关注焦点；

　　——领导作用；

　　——全员积极参与；

　　——过程方法；

　　——改进；

　　——循证决策；

　　——关系管理。

---

2. 理解要点

这部分内容在 1.5 节有详细说明。

2.1.3　过程方法——总则（标准条款：0.3—0.3.1）

1. 标准条文

0.3　过程方法

0.3.1　总则

　　本标准倡导在建立、实施质量管理体系以及提高其有效性时采用过程方法，通过满足顾客要求增强顾客满意，采用过程方法所需考虑的具体要求见 4.4。

　　将相互关联的过程作为一个体系加以理解和管理，有助于组织有效和高效地实现其预期结果。这种方法使组织能够对其体系的过程之间相互关联和相互依赖的关系进行有效控制，以提高组织整体绩效。

　　过程方法包括按照组织的质量方针和战略方向，对各过程及其相互作用进行系统的规定和管理，从而实现预期结果。可通过采用 PDCA 循环（见 0.3.2）以及始终基于风险的思维（见 0.3.3）对过程和整个体系进行管理，旨在有效利用机遇并防止发生不良结果。

在质量管理体系中应用过程方法能够：

a) 理解并持续满足要求。

b) 从增值的角度考虑过程。

c) 获得有效的过程绩效。

d) 在评价数据和信息的基础上改进过程。

单一过程的各要素及其相互作用如图1所示。每一过程均有特定的监视和测量检查点以用于控制，这些检查点根据相关的风险有所不同。

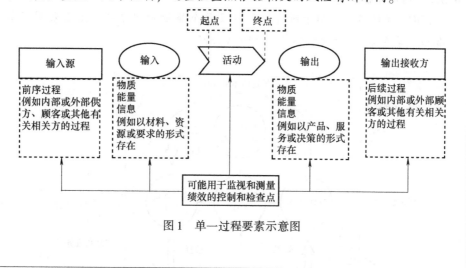

图1　单一过程要素示意图

2. 理解要点

（1）过程方法说明

1) IATF 16949:2016 倡导组织在建立、实施质量管理体系以及提高其有效性时采用过程方法，以满足顾客要求，增强顾客满意。

2) IATF 16949:2016 之 4.4 条款包含了采用过程方法所需满足的具体要求。

3) 将相互关联的过程作为一个体系加以理解和管理，有助于组织有效和高效地实现其预期结果。这种方法使组织能够对体系过程之间相互关联和相互依赖的关系进行有效控制，以增强组织整体绩效。

4) 过程方法包括按照组织的质量方针和战略方向，对各过程及其相互作用，系统地进行规定和管理，从而实现预期结果。可通过采用 PDCA 循环以及基于风险的思维对过程和体系进行整体管理，从而有效利用机遇并防止发生非预期结果。

（2）过程方法带来的益处

1) 理解并持续满足要求。

2) 从增值的角度考虑过程。

3）获得有效的过程绩效。

4）在评价数据和信息的基础上改进过程。

这部分内容在 1.4 节有详细说明。

2.1.4　PDCA 循环（标准条款：0.3.2）

1. 标准条文

0.3.2　PDCA 循环

PDCA 循环能够应用于所有过程以及整个质量管理体系。图 2 表明了本标准第 4 章至第 10 章是如何构成 PDCA 循环的。

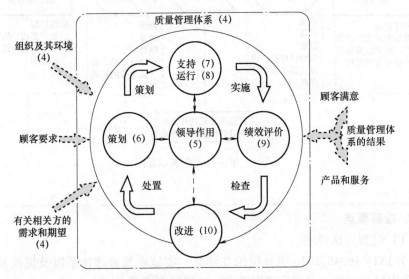

图 2　本标准的结构在 PDCA 循环中的展示

注：括号中的数字表示本标准的相应章。

PDCA 循环可以简要描述如下：

——策划（Plan）：根据顾客的要求和组织的方针，建立体系的目标及其过程，确定实现结果所需的资源，并识别和应对风险和机遇；

——实施（Do）：执行所做的策划；

——检查（Check）：根据方针、目标、要求和所策划的活动，对过程以及形成的产品和服务进行监视和测量（适用时），并报告结果；

——处置（Act）：必要时，采取措施提高绩效。

2. 理解要点

这部分内容在 1.4.4～1.4.5 节有详细说明。

2.1.5 基于风险的思维（标准条款：0.3.3）

1. 标准条文

> **0.3.3 基于风险的思维**
>
> 　　基于风险的思维（见A.4）是实现质量管理体系有效性的基础。本标准以前的版本已经隐含基于风险思维的概念，例如：采取预防措施消除潜在的不合格，对发生的不合格进行分析，并采取与不合格的影响相适应的措施，防止其再发生。
>
> 　　为满足本标准的要求，组织需策划和实施应对风险和机遇的措施。应对风险和机遇，为提高质量管理体系有效性、获得改进结果以及防止不利影响奠定基础。
>
> 　　某些有利于实现预期结果的情况可能导致机遇的出现，例如：有利于组织吸引顾客、开发新产品和服务、减少浪费或提高生产率的一系列情形。利用机遇所采取的措施也可能包括考虑相关风险。风险是不确定性的影响，不确定性可能有正面的影响，也可能有负面的影响。风险的正面影响可能提供机遇，但并非所有的正面影响均可提供机遇。

2. 理解要点

（1）"基于风险的思维"说明

1）基于风险的思维对质量管理体系有效运行是至关重要的。ISO/TS 16949：2009标准中已对基于风险的思维有过隐含的表达，例如：实施预防措施以消除潜在的不合格原因；对发生的不合格进行分析，并采取与不合格的影响相适应的措施，防止其再发生。IATF 16949:2016标准将基于风险的思维直接融入质量管理体系标准中，基于风险的思维是过程方法的组成部分。

2）IATF 16949:2016要求组织理解其运行环境，并以确定风险作为策划的基础。这意味着将基于风险的思维应用于策划和实施质量管理体系过程，并借以确定成文信息的范围和程度。

3）质量管理体系的主要用途之一是作为预防工具。*IATF 16949：2016不仅就"预防措施"安排单独章节（见IATF 16949：2016之6.1.2.2条款），还通过在规定质量管理体系要求的过程中运用基于风险的思维表达预防措施概念。*

需说明的是，ISO 9001:2015只是通过在规定质量管理体系要求的过程中运用基于风险的思维表达预防措施概念，不再就"预防措施"安排单独章节。

4）由于在IATF 16949:2016中使用基于风险的概念，因而一定程度上减少了规定性要求，而以基于绩效的要求替代。也就是说，只要能够很容易、低风

险地得到结果，就没必要为过程建立作业指导书之类的文件。在过程、成文信息和组织职责方面的要求比 ISO/TS 16949:2009 具有更大的灵活性。

5) 组织应策划、实施应对风险和利用机遇的措施（见 IATF 16949:2016 之6.1 条款），但 IATF 16949:2016 并不要求组织运用一个正式的风险管理方法或文件化的风险管理过程。当然组织也可以采用比本标准要求更广泛的风险管理方法，比如可参照 ISO 31000《风险管理——原则与实施指南》进行风险管理。

必须注意的是，在组织实现其目标的能力方面，质量管理体系的全部过程并非表现出相同的风险等级，其不确定性影响对于各组织不尽相同。

6) 应对风险和利用机遇可为提高质量管理体系有效性、实现改进结果以及防止不利影响奠定基础。组织应保留必要的应对风险和利用机遇的成文信息。

7) 风险意味着机遇。风险越大，获益的机遇可能越高；风险越小，获益的机遇就可能越低。风险带来的机遇可能有利于实现预期的结果，例如，开发新产品有风险，但新产品一旦成功，就会为组织带来丰厚的利润。不过，需记住的是，抓住机遇的同时，一定要考虑相关联的风险，因此利用机遇的措施中一般也会包括相关风险的应对。

8) 风险是不确定性的影响，这类的不确定性可以有正面的和负面的影响。风险的正面影响可能提供改进机遇，但并不是所有的正面影响都会提供改进机遇。而风险的负面影响，却一定有发生损失的可能。

（2）"基于风险的思维"实施上的要求

1) IATF 16949:2016 标准自始至终贯穿基于风险的思维，风险管理不只是 IATF 16949 的一个条款——"6.1 应对风险和机遇的措施"，在标准中多个条款提出了与风险管理有关的要求，包括 4.4.1f)、5.1.1d)、5.1.2b)、6.1、9.1.3e)、9.3.2e) 等。所以要将基于风险的思维融入质量管理体系的建立、实施、维护和持续改进之中。

2) 基于风险的思维体现在 IATF 16949 相关条款（章节）的要求中，并用 PDCA 的思路进行风险管理。

① IATF 16949 之条款 4 "组织环境"：组织需要解决其质量管理体系过程相关的风险和机遇。

② IATF 16949 之条数 5 "领导作用"：要求最高管理者承诺确保实施条款 4 的内容。

③ IATF 16949 之条款 6 "策划"：组织必须识别影响质量管理体系绩效的风险和机遇。

④ IATF 16949 之条款 7 "支持"：组织应确定并提供应对风险和利用机遇的必要资源。

⑤ IATF 16949 之条款 8 "运行"：组织需要关注实施过程中的风险和机遇。

⑥ IATF 16949 之条款 9 "绩效评价"：组织需要监视、测量、分析和评价所采取的应对风险和机遇措施的有效性。

⑦ IATF 16949 之条款 10 "改进"：组织应响应风险中的变化和改进，以避免或减少不良影响，提高质量管理体系的绩效。

风险管理的内容在附录 1 中有详细说明。

2.1.6　与其他管理体系标准的关系（标准条款：0.4）

1. 标准条文

0.4　与其他管理体系标准的关系

本标准采用 ISO 制定的管理体系标准框架，以提高与其他管理体系标准的协调一致性（见 A.1）。

本标准使组织能够使用过程方法，并结合 PDCA 循环和基于风险的思维，将其质量管理体系与其他管理体系标准要求进行协调或一体化。

本标准与 ISO 9000 和 ISO 9004 存在如下关系：

——ISO 9000《质量管理体系　基础和术语》为正确理解和实施本标准提供必要基础；

——ISO 9004《追求组织的持续成功　质量管理方法》为选择超出本标准要求的组织提供指南。

附录 B 给出了 ISO/TC 176 质量管理和质量保证技术委员会制定的其他质量管理和质量管理体系标准的详细信息。

本标准不包括针对环境管理、职业健康和安全管理或财务管理等其他管理体系的特定要求。

在本标准的基础上，已经制定了若干行业特定要求的质量管理体系标准。其中的某些标准规定了质量管理体系的附加要求，而另一些标准则仅限于提供在特定行业应用本标准的指南。

本标准的章条内容与之前版本（ISO 9001:2008）章条内容之间的对应关系见 ISO/TC 176/SC 2（国际标准化组织/质量管理和质量保证技术委员会/质量体系分委员会）的公开网站：www.iso.org/tc176/sc02/public。

---

2. 理解要点

这部分内容在 1.3.2 节、1.3.5 节有详细说明。

IATF 16949:2016 可使组织使用过程方法，结合 PDCA 循环以及基于风险的思维，将其质量管理体系的要求与其他管理体系标准实现协调或整合。

2.2 范围、规范性引用文件、术语和定义（标准条款：1、2、3）

1. 标准条文

1 范围

本标准为下列组织规定了质量管理体系要求：

a）需要证实其具有稳定提供满足顾客要求及适用法律法规要求的产品和服务的能力；

b）通过体系的有效应用，包括体系改进的过程，以及保证符合顾客要求和适用的法律法规要求，旨在增强顾客满意。

本标准规定的所有要求是通用的，旨在适用于各种类型、不同规模和提供不同产品和服务的组织。

注1：本标准中的术语"产品"或"服务"仅适用于预期提供给顾客或顾客所要求的产品和服务。

注2：法律法规要求可称作法定要求。

1.1 范围——汽车行业对 ISO 9001：2015 的补充

本标准与 ISO 9001：2015 相结合，规定了质量管理体系要求，用于汽车相关产品（包括装有嵌入式软件的产品）的设计和开发、生产；相关时，也适用于装配、安装和服务。

本标准适用于组织进行顾客规定的生产件、服务件和/或配件制造的现场。

应当在整个汽车供应链中实施本汽车质量管理体系标准。

2 规范性引用文件

下列文件对于本文件的应用是必不可少的。凡是注日期的引用文件，仅注日期的版本适用于本文件。凡是不注日期的引用文件，其最新版本（包括所有的修改单）适用于本文件。

ISO 9000:2015 质量管理体系 基础和术语

2.1 规范性引用文件和参考性引用文件

附录 A（控制计划）为本汽车质量管理体系标准的规范性部分。

附录 B（参考文献——汽车行业补充）为参考性部分，提供了有助于理解或使用本汽车质量管理体系标准的附加信息。

3 术语和定义

ISO 9000:2015 界定的术语和定义适用于本文件。

3.1 汽车行业的术语和定义

3.1.1 配件 accessory part

在交付给最终顾客之前（或之后），与车辆或动力总成以机械或电子

方式相连的顾客指定的附加部件（例如：定制的地毯、车厢衬垫、轮罩、音响系统加强件、天窗、尾翼、增压器等）。

3.1.2　产品质量先期策划 advanced product quality planning（APQP）

对开发某一满足顾客要求的产品或服务提供支持的产品质量策划过程；APQP 对开发过程具有指导意义，并且是组织与其顾客之间共享结果的标准方式；APQP 涵盖的项目包括设计稳健性，设计试验和规范符合性，生产过程设计，质量检验标准，过程能力，生产能力，产品包装，产品试验和操作员培训计划。

3.1.3　售后市场零件 aftermarket part

来自非 OEM 厂家，作为服务件使用的替代零件。其生产可能按照/也可能不按照原始标准进行。

3.1.4　授权 authorization

将某人（或某些人）的权限和责任形成文件，使其在组织内能够行使认可、拒绝和处罚的职权。

3.1.5　比照（标准）件 challenge（master）part

有明确的标准要求，经过验证并能追溯到标准的零件。用此零件比照的结果（通过或不通过）可以确认防错装置或检具（如通止规）的功能是否合格。

3.1.6　控制计划 control plan

对控制产品所要求的系统和过程的形成文件的描述（见附录 A）。

3.1.7　顾客要求 customer requirements

顾客规定的一切要求（例如：技术、商业、产品及制造过程的相关要求，一般条款与条件，顾客特殊要求等）。

当被审核的组织是汽车制造商、汽车制造商的子公司或汽车制造商的合资企业时，那么这些组织的顾客应由其自己来界定。

3.1.8　顾客特殊要求 customer-specific requirements（CSR）

对本汽车行业质量管理体系标准特定条款的解释或补充要求。

3.1.9　可装配性设计 design for assembly（DFA）

出于便于装配的考虑设计产品的过程（例如，如果产品包含较少的零件，产品的装配时间则较短，从而降低装配成本）。

3.1.10　可制造性设计 design for manufacturing（DFM）

产品设计和过程策划整合起来，以便设计出的产品能够简单经济地制造出来。

3.1.11 可制造性和可装配性设计 design for manufacturing and assembly (DFMA)

两种方法的结合：可制造性设计（DFM），为更容易生产，更高产量及提高质量的优化设计过程；可装配性设计（DFA），为减少出错的风险、降低成本，并使产品更容易装配而开展的设计优化。

3.1.12 六西格玛设计 design for six sigma (DFSS)

一种系统方法、工具和技术，旨在通过稳健的产品或过程设计，确保能在六西格玛水平下生产出满足顾客期望的产品。

3.1.13 有设计责任的组织 design-responsible organization

有权建立新的产品规范，或对现有的产品规范进行更改的组织。

注：本责任包括在顾客规定的应用范围内对设计性能的试验和验证。

3.1.14 防错 error proofing

为防止不合格产品的制造而进行的产品和制造过程的设计和开发。

3.1.15 升级过程 escalation process

组织内部强调或突出某一问题的过程，以便适当人员对这一问题做出响应并监控其解决。

3.1.16 失效树分析 fault tree analysis (FTA)

对系统的非理想状态进行演绎分析的故障分析法。通过建立系统的逻辑关系图，揭示出故障、子系统及冗余设计要素之间的关系。

3.1.17 实验室 laboratory

进行检验、试验或校准的设施，其范围包括但不限于化学、金相、尺寸、物理、电性能或可靠性试验。

3.1.18 实验室范围 laboratory scope

受控文件，包括：

——实验室有资格进行的特定试验、评价和校准；

——用来进行上述活动的设备清单；

——进行上述活动的方法和标准的清单。

3.1.19 制造 manufacturing

以下制作或加工过程：

——生产材料；

——生产件或服务件；

——装配；

——热处理、焊接、喷漆、电镀或其他表面处理。

3.1.20　制造可行性 manufacturing feasibility

对准备进行的项目进行分析和评价，以确定该项目在技术上是否可行，以便能够制造出符合顾客要求的产品。分析和评价的项目包括但不限于以下方面（如适用）：在预计的成本范围内，项目所需的资源、设施、工装、产能、软件及具有所需技能的人员，包括支持功能，是否能够获得或在计划的时间内获得。

3.1.21　制造服务 manufacturing services

试验、制造、分销部件和组件并为其提供维修服务的公司。

3.1.22　多方论证方法 multi – disciplinary approach

从所有相关方获取输入信息的方法。这些相关方可能影响团队对过程的管理。过程管理团队的成员可以来自组织内部或外部，既包括组织的人员，也可能包括顾客代表和供应商代表。情况许可时，可采用现有团队或临时团队。对团队的输入可能同时包含组织输入和顾客输入。

3.1.23　未发现故障 no trouble found（NTF）

服务保障期间被替换的零件，经车辆或零件制造商分析，满足"良品件"的全部要求（也称为"未发现错误"或"故障未发现"）。

3.1.24　外包过程 Outsourced process

由外部组织履行的一部分组织的功能（或过程）。

3.1.25　周期性检修 periodic overhaul

用于防止发生重大意外故障的设备维护方法。根据设备故障或设备中断的历史，主动停止使用某一设备或设备子系统，然后对其进行拆卸、修理、更换零件、重新装配并恢复使用。

3.1.26　预见性维护 predictive maintenance

对在用设备的状况进行周期性或持续监视，以预测什么时候对设备进行维护。

3.1.27　附加运费 premium freight

在合同约定的交付之外发生的附加成本或费用。

注：可因方法、数量、计划外或延迟交付等导致。

3.1.28　预防性维护 preventive maintenance

为消除设备失效和生产的计划外中断的原因而策划的定期设备维护措施（基于时间的周期性检查和检修），作为制造过程设计的一项输出。

3.1.29　产品 product

产品实现过程所产生的任何预期输出。

3.1.30 产品安全 product safety

与产品设计和制造有关的标准，这些标准可以确保产品不对顾客造成伤害或危害。

3.1.31 停产 production shutdown

制造过程空闲的情况，时间跨度可从几个小时到几个月不等。

3.1.32 反应计划 reaction plan

在控制计划中规定的在检测到异常或不符合事件时所采取的措施或一系列步骤。

3.1.33 外部场所 remote location

支持现场且不存在生产过程的场所。

3.1.34 服务件 service part

由 OEM 放行或采购的按照 OEM 标准制造的用于维修场合的替代零件，包括修复后的零件。

3.1.35 现场 site

发生增值的制造过程的场所。

3.1.36 特殊特性 special characteristic

可能影响产品的安全性或法规符合性、配合、功能，性能或其后续过程的产品特性或制造过程参数。

3.1.37 特殊状态 special status

当组织由于重大质量或交付问题，未能满足一项或多项顾客要求时，顾客向组织发出的一种具有分类识别性质的通知。

3.1.38 支持功能 support function

在现场或外部场所进行的，对同一组织的一个或多个制造现场提供支持的非生产性活动。

3.1.39 全面生产维护 total productive maintenance

一个通过为组织增值的机器、设备、过程和员工，维护并改善生产及质量体系完整性的系统。

3.1.40 权衡曲线 trade-off curves

用于理解和显示产品各设计特性相互关系的一种工具。用 Y 轴表示产品的一个特性，用 X 轴表示产品的另一个特性，然后就可绘制一条曲线，显示产品相对于两个特性的性能。

3.1.41 权衡过程 trade-off process

绘制并使用反映产品及其性能特性的权衡曲线的一种方法。产品的性能特性确立了设计备选方案之间的顾客、技术及经济关系。

2. 理解要点

（1）IATF 16949 标准的适用范围

1）如果组织需要证实其具有持续地提供满足顾客要求和适用法律法规要求的产品和服务的能力，则可以采用 IATF 16949 标准。

2）如果组织需要通过体系的有效应用，以及保证符合顾客和适用的法律法规要求，增强顾客满意，则可以采用 IATF 16949 标准。

> *IATF 16949 对其适用范围有明确的规定：IATF 16949 用于汽车相关产品（包括装有嵌入式软件的产品）的设计和开发、生产；相关时，也适用于装配、安装和服务。应当在整个汽车供应链中实施 IATF 16949 标准。*
>
> *IATF 16949 适用于组织进行顾客规定的生产件、服务件和/或配件制造的现场，适用于有这类现场的各种类型、不同规模和提供不同产品和服务的组织。*

IATF 16949 标准中的"产品和服务"仅适用于预期提供给顾客或顾客所要求的产品和服务，以及提供过程中预期得到的产品和服务，而不包括在产品和服务形成过程中不期望得到的结果（非预期结果）。如对环境产生影响的污染、废料和对工作场所中人的安全健康产生影响的不良结果。这些非预期结果是环境管理体系和职业健康与安全等管理体系要控制的。

法律法规要求可称为法定要求。法律法规要求对于质量管理是重要的，满足适用于产品的法律法规要求是必需的，是质量管理必须要达到的目标。

> *3）IATF 16949 适用于组织进行顾客规定的生产件、服务件和/或配件制造的现场。这里的顾客指汽车顾客，也就是汽车整车厂。也就是说 IATF 16949 适用于汽车供应链内所有能成为整车厂配套的一级、二级、三级等供应商。组织的顾客尽管不是整车厂，但只要按"顾客的顾客"能溯源到某整车厂就算是在汽车供应链里。即组织的产品作为生产件最终是被整车厂装在了新出厂的新车上，或组织为整车厂生产服务件、配件。*
>
> *"汽车"包括轿车、轻型商用车、重型卡车、公共汽车和摩托车。不包括工业用（如叉车）、农业用（如小货车）和非公路用车（如采矿、林业、建筑用车等）。*
>
> *生产件（production parts）：汽车上的有关产品，是汽车的组成部分，例如：汽车上所有零部件，大到发动机、变速箱，小到螺栓、气门芯，也包括油漆、润滑油及电子产品等。*
>
> *服务件（service part）：按整车厂的要求生产，由整车厂放行或采购的用于维修场合的零部件。通俗地讲，汽车维修商从整车厂或整车厂指定的配套厂采购的零部件，才能称为"服务件"，也就是市场上所谓的"原厂件"。*

配件（accessory part）：通俗地讲，"配件"就是将整车卖给最终顾客时，随车送给最终顾客的东西，如地毯、方向盘罩等。配件必须来自整车厂或整车厂指定的配套厂。

生产售后市场零件（aftermarket part）的组织，不能进行 IATF 16949 认证。所谓售后市场零件，在汽配市场上被称为"非原厂件"。这些零件不是由整车厂或整车厂指定的配套厂提供的。"非原厂件"还可被细分为所谓的"正厂件"和"副厂件"。"正厂件"是指正规厂家生产的，但这些厂家不是整车厂指定的；"副厂件"就是通常说的"三无"产品。

制造现场是指下列物资的制造现场：

——生产材料。生产用原材料，如圆钢、钢板、型钢，塑料粒子、油漆等。

——生产件、服务件、配件。包括螺栓、螺母等标准件。

——装配。

——热处理、焊接、喷漆、电镀或其他表面处理。这些过程对于顾客来说往往叫外包过程。

4）没有制造现场的任何汽车范围，都不能独立认证，如维修点、汽车专卖店等。

5）支持职能，无论其在现场或在外部（如设计中心，公司总部及分销中心），由于它们对现场起支持性作用而构成现场审核的一部分，但不能单独获得 IATF 16949 的认证。

（2）IATF 16949 标准的用途

1）用于组织内部质量管理。

2）用于第二方的评价、认定或注册。

3）用于第三方质量管理体系认证或注册。

4）在订货合同中引用，规定对供方质量管理体系的要求。

5）为法律法规所引用，作为强制性要求。

（3）规范性引用文件和参考性引用文件

1）ISO 9000:2015 为 ISO 9001:2015、IATF 16949:2016 的规范性引用文件。ISO 9000:2015 解释了质量管理原则，定义了 ISO 9001:2015、IATF 16949:2016 中所使用的术语。

2）IATF 16949 附录 A（控制计划）是 IATF 16949 标准的规范性部分，为编制控制计划提供指南。控制计划的编制与运用详见本人所著《IATF 16949 质量管理体系五大工具最新版一本通》。

3）IATF 16949 附录 B（参考文献——汽车行业补充）是 IATF 16949 标准参考性部分。在实施 IATF 16949 标准的条款时，可参考相关文献。如实施"8.3 产品和服务的设计和开发"，可参考 AIAG 美国汽车工业行动集团的《产品质量先期策划和控制计划（APQP——Advanced Product Quality Planning and Control Plan）》、ANFIA 意大利国家汽车工业协会的《AQ 014 实验设计手册》等。表 2-1 所示为 IATF 16949 附录 B 的参考文献清单。

表 2-1　IATF 16949 附录 B 的参考文献清单

序号	类　别	参考文献名称	出版单位	备注
1.	内部审核	《CQI-8 分层过程审核》	AIAG	
		《CQI-9 特殊过程：热处理系统评估》	AIAG	
		《CQI-11 特殊过程：电镀系统评估》	AIAG	
		《CQI-12 特殊过程：涂装系统评估》	AIAG	
		《CQI-15 特殊过程：焊接系统评估》	AIAG	
		《CQI-17 特殊过程：锡焊系统评估》	AIAG	
		《CQI-23 特殊过程：模塑系统评估》	AIAG	
		《CQI-27 特殊过程：铸造系统评估》	AIAG	
		《AQ 008 过程审核》	ANFIA	
		《生产过程审核手册》V2.0	FIEV	
		《IATF 16949 审核员指南》	IATF	
		VDA 第 6 卷第 3 部分"过程审核"	VDA	
		VDA 第 6 卷第 5 部分"产品审核"	VDA	
2.	不符合和纠正措施	《CQI-14 汽车保修管理指南》	AIAG	
		《CQI-20 有效解决问题的从业者指南》	AIAG	
		"审核标准使用现场失效分析"卷	VDA	
		"使用现场失效分析"卷	VDA	
3.	测量系统分析	MSA 测量系统分析	AIAG	
		《AQ 024 测量系统分析（MSA）》	ANFIA	
		VDA 第 5 卷"测量系统能力"	VDA	
4.	产品批准	PPAP 生产件批准程序	AIAG	
		VDA 第 2 卷"生产过程和产品批准（PPA）"	VDA	
		VDA 第 19 卷第 1 部分（"技术清洁度检验——汽车功能部件的颗粒污染"）	VDA	
		VDA 第 19 卷第 2 部分（"装配技术清洁度——环境、物流、人员和装配设备"）	VDA	

（续）

序号	类　　别	参考文献名称	出 版 单 位	备注
5.	产品设计	APQP 产品质量先期策划和控制计划	AIAG	
		《CQI-24 基于失效模式的设计审核》（DRBFM 参考指南）	AIAG	
		FMEA 潜在失效模式及后果分析	AIAG	
		《AQ 009　FMEA 潜在失效模式及后果分析》	ANFIA	
		《AQ 014 实验设计手册》	ANFIA	
		《AQ 025 可靠性指南》	ANFIA	
		VDA 第 4 卷 "产品和过程 FMEA" 章	VDA	
		VDA—RGA 卷 "新零件成熟度等级保证"	VDA	
		VDA "稳健生产过程" 卷	VDA	
		VDA "特殊特性（SC）" 卷	VDA	
6.	生产控制	《材料管理操作指南》/《物流评价》（MMOG/LE）	AIAG	
		《实施标准化作业》	SMMT	
7.	质量管理体系的管理	《AQ 026 过程的管理和改进》	ANFIA	
		《获得并保持 IATF 认可的规则》	IATF	
8.	风险分析	VDA 第 4 卷 "活页夹"（基本帮助、风险分析、方法和过程模型）	VDA	
9.	软件过程评估	能力成熟度模型集成（CMMI）		
		VDA 汽车 SPICE（软件过程改进和能力测定）	VDA	
10.	统计工具	SPC 统计过程控制	AIAG	
		《AQ 011 SPC 统计过程控制》	ANFIA	
11.	供应商质量管理	《CQI-19 次级供应商管理过程指南》	AIAG	
		《次级供应商最低汽车质量管理体系要求》（MAQMSR）	IATF	
12.	健康与安全	《ISO 45001 职业健康安全管理体系》	ISO	

注：1. AIAG：美国汽车工业行动集团。

　　2. ANFIA：意大利汽车工业协会。

　　3. FIEV：法国车辆设备工业联盟。

　　4. SMMT：英国汽车制造与贸易商协会。

　　5. VDA：德国汽车工业协会。

　　6. IATF：国际汽车工作组。

　　7. ISO：国际标准化组织。

（4）术语和定义

IATF 16949 标准采用 ISO 9000:2015 中的术语和定义，同时又在标准中对汽车行业的术语和定义进行了规定。

这部分的内容在 1.6 节有详细说明。

2.3　组织环境（标准条款：4）

2.3.1　理解组织及其环境（标准条款：4.1）

1. 标准条文

> **4　组织环境**
>
> **4.1　理解组织及其环境**
>
> 　　组织应确定与其宗旨和战略方向相关并影响其实现质量管理体系预期结果的能力的各种外部和内部因素。
>
> 　　组织应对这些内部和外部因素的相关信息进行监视和评审。
>
> 注 1：这些因素可能包括需要考虑的正面和负面要素或条件。
>
> 注 2：考虑来自于国际、国内、地区和当地的各种法律法规、技术、竞争、市场、文化、社会和经济环境的因素，有助于理解外部环境。
>
> 注 3：考虑与组织的价值观、文化、知识和绩效等有关的因素，有助于理解内部环境。

2. 理解要点

（1）组织环境

组织的环境是指"对组织建立和实现目标的方法有影响的内部和外部因素的组合"。组织的目标可能涉及其产品和服务、投资和对其相关方的行为。组织的环境的概念，除了适用于营利性组织，还同样能适用于非营利或公共服务组织。在英语中，组织环境可用商业环境或组织生态系统来表述。了解基础设施对确定组织的环境会有帮助。

组织环境相关的内部、外部因素有正面和负面的，包括但不限于表 2-2 中的例子。

表 2-2　组织环境相关的内外部因素举例

内 部 因 素	外 部 因 素
——组织总体表现，包括财务因素； ——资源因素，包括基础设施、过程运行环境、组织的知识； ——人力因素，例如价值观、知识、人员能力，组织文化，工会谈判和协议； ——运营因素，例如过程、生产或交付能力、质量管理体系绩效、顾客评价； ——组织治理相关因素，如决策的规则和程序及组织架构	——宏观经济学因素，例如货币兑换汇率预测、国家经济走向、通货膨胀预测、信贷可得性； ——社会因素，例如本地失业率、安全感、教育水平、公共假日及工作时间； ——文化因素，例如宗教信仰、饮食习惯、职业道德； ——政治因素，例如政治稳定性，公共投入、本地基础设施、国际贸易协议； ——技术因素，如新领域科技、材料及设备、专利有效期； ——竞争力，包括组织市场占有率、相似或可替代产品及服务，市场领先者趋势、顾客增长趋势、市场稳定性； ——影响工作环境的因素，例如法律法规要求、社会责任准则

（2）组织环境的管理

组织环境可能会影响到质量管理体系达成期望结果的能力，因此组织必须确定并管理与其宗旨（目标）和战略方向相关并影响其实现质量管理体系预期结果的各种外部和内部环境因素。为此，应做到：

1）在建立质量管理体系时，要确定组织所处的内部和外部环境因素，要保证所建立的质量管理体系与这些环境因素相适宜。

2）在质量管理体系运行过程中，对这些环境因素相关的信息进行监视和评审，看看有无引起质量管理体系变化的内部和外部环境因素。如有可能引起质量管理体系变化的内部和外部环境因素，则组织需改进质量管理体系以适应这些变化。一般在管理评审中，会对组织的内部和外部环境因素进行评审，以判断是否需改进质量管理体系。

2.3.2 理解相关方的需求和期望（标准条款：4.2）

1. 标准条文

> **4.2 理解相关方的需求和期望**
> 　　由于相关方对组织稳定提供符合顾客要求及适用法律法规要求的产品和服务的能力具有影响或潜在影响，因此，组织应确定：
> 　　a) 与质量管理体系有关的相关方。
> 　　b) 与质量管理体系有关的相关方的要求。
> 　　组织应监视和评审这些相关方的信息及其相关要求。

2. 理解要点

（1）相关方

相关方是指"可影响决策或活动，被决策或活动所影响，或自认为被决策或活动影响的个人或组织"。

相关方可以是组织内部的，也可以是组织外部的。典型的相关方有：顾客、所有者、组织内的员工、供方、银行、监管者、工会、合作伙伴以及可包括竞争对手或反压力集团的社会群体。

（2）相关方的管理

由于相关方对组织持续提供符合顾客要求和适用法律法规要求的产品和服务的能力产生影响或潜在影响，为此，组织应做到：

1）在建立质量管理体系时，要识别、确定与质量管理体系有关的利益相关方及其要求，要把这些要求落实到质量管理体系中去。表 2-3 所示为相关方需求和期望及其应对措施。

表2-3 相关方需求和期望及其应对措施

相关方	需求和期望	企业应对措施
顾客	1) 要求供应商建立 IATF 16949 质量管理体系； 2) 产品合格、交货及时； 3) 沟通渠道畅通，投诉得到及时处理	1) 公司在 2018 年 7 月前通过 IATF 16949 质量管理体系认证； 2) 做好生产过程控制，做好产品检验，做好订单跟进； 3) 设立专人进行沟通，24h 手机开机
供方	1) 顾客采购价格合理； 2) 顾客按合同及时付款； 3) 与顾客建立稳定、持续、双赢的合作关系	1) 采用价值工程分析法确定采购价格； 2) 严格按合同向供应商付款； 3) 把供应商看作公司的延伸，保持良好的供应链关系，建立战略联盟
员工	1) 良好的薪酬，适宜的办公环境； 2) 个人能力得到提升	1) 做好员工满意度调查，严格执行劳动法规，确保员工得到合理的薪酬、适宜的环境； 2) 构建学习型组织，培养知识型员工，从内部挖掘、培养、招聘企业中高层管理人员，完善组织人才再造机制
股东	1) 企业稳定、健康发展； 2) 合理的投资回报	1) 引入现代企业管理制度，积极推行企业管理变革，加强风险管理，促进先进管理方法应用的广度和深度； 2) 扩大销售渠道，实行人员定编，做好成本控制
其他	1) 政府希望增加税收、扩大就业； 2) 政府希望企业严格守法	1) 加大新产品开发，扩大销售渠道，提高缴税额； 2) 严格遵守法律法规

2) 在质量管理体系运行过程中，对这些利益相关方及其要求的相关信息进行监视和评审，以判断是否需改进质量管理体系以满足相关方变化的需求。

2.3.3 确定质量管理体系的范围（标准条款：4.3）

1. 标准条文

4.3 确定质量管理体系的范围

组织应确定质量管理体系的边界和适用性，以确定其范围。

在确定范围时，组织应考虑：

a) 内部和外部因素，见4.1。

b) 有关相关方的要求，见4.2。

c) 组织的产品和服务。

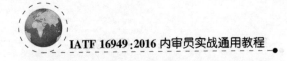

如果本标准的全部要求适用于组织确定的质量管理体系范围,组织应实施本标准的全部要求。

组织的质量管理体系范围应作为成文信息,可获得并得到保持。该范围应描述所覆盖的产品和服务类型,如果组织确定本标准的某些要求不适用于其质量管理体系范围,应说明理由。

只有当所确定的不适用的要求不影响组织确保其产品和服务合格的能力或责任,对增强顾客满意也不会产生影响时,方可声称符合本标准的要求。

4.3.1 确定质量管理体系的范围——补充

支持功能,无论其在现场或在外部(如设计中心、公司总部和分销中心),应包含在质量管理体系的范围中。

本汽车质量管理体系标准唯一允许的删减是 ISO 9001 第8.3条中的产品设计和开发要求。删减应以成文信息(见 ISO 9001 之7.5)的形式进行证明和保持。

允许的删减不包括制造过程设计。

4.3.2 顾客特殊要求

应对顾客特殊要求进行评价,并将其包含在组织的质量管理体系范围内。

2. 理解要点

(1) IATF 16949 标准允许的剪裁

1) IATF 16949 标准仅允许组织在没有产品设计和开发责任的情况下删减标准8.3条款中的产品设计和开发,其他要求不能删减。比如:某公司自建厂以来,虽未发生过顾客或外部供方的财产,但也不能删减标准"8.5.3 顾客或外部供方的财产"。

2) 一个按 IATF 16949 实施质量管理体系的组织,若不进行产品设计,则可删减8.3中产品设计和开发的内容。如生产标准件的制造厂,所有的产品图样和技术要求组织自己不需确定,而是按顾客指定的国家标准进行生产制造的,产品设计和开发就可删减;但组织通过什么样的生产工艺过程把产品制造出来,要由组织的设计人员自行确定工艺,因此制造过程设计是不能删减的。又如组织提供的产品所用的图样全部是来自顾客的设计,则组织不存在设计和开发,产品设计和开发就可删减,同样制造过程由组织自己确定,不能删减制造过程设计。

3) 无论产品设计是谁进行的,如果组织有权更改原设计要求,则表明组织有产品设计责任,设计和开发是不能删减的。

4) 按顾客的产品功能和性能要求,组织进行设计和开发,则组织有产品设计责任，不能删减产品的设计和开发。

5）按顾客提供的产品样品实物，组织进行设计和开发，则组织有产品设计责任，不能删减产品的设计和开发。

6）组织的产品设计外包，尽管设计功能不是本组织，但设计责任仍然是组织自己，仍然不能删减产品的设计和开发。

（2）文件信息中说明质量管理体系的范围

组织在其文件信息中应说明质量管理体系的范围，包括：

1）质量管理体系覆盖的 IATF 16949 标准的要求。如果删减标准 8.3 条款中的产品设计和开发，则要说明理由。

2）质量管理体系覆盖的产品和服务的类型。

3）质量管理体系覆盖的部门。后勤部门、会计部门可以不在质量管理体系的范围内。

4）对制造现场起支持性作用的支持功能，无论其在现场或在外部（如设计中心、公司总部和分销中心），都应包含在质量管理体系的范围中。

5）顾客特殊要求。组织应对顾客特殊要求进行评价，并将其包含在组织的质量管理体系范围内。所谓顾客特殊要求，是指顾客对 IATF 16949 标准特定条款的补充和解释。

2.3.4　质量管理体系及其过程（标准条款：4.4）

1. 标准条文

4.4　质量管理体系及其过程

4.4.1 组织应按照本标准的要求，建立、实施、保持和持续改进质量管理体系，包括所需过程及其相互作用。

组织应确定质量管理体系所需的过程及其在整个组织中的应用，且应：

a）确定这些过程所需的输入和期望的输出。

b）确定这些过程的顺序和相互作用。

c）确定和应用所需的准则和方法（包括监视、测量和相关绩效指标），以确保这些过程有效的运行和控制。

d）确定这些过程所需的资源并确保其可获得。

e）分配这些过程的职责和权限。

f）按照 6.1 的要求应对风险和机遇。

g）评价这些过程，实施所需的变更，以确保实现这些过程的预期结果。

h）改进过程和质量管理体系。

4.4.1.1 产品和过程的符合性

组织应确保所有产品和过程，包括服务件及外包的产品和过程，符合所有适用的顾客和法律法规要求（见8.4.2.2）。

4.4.1.2 产品安全

组织应有形成文件的过程，用于与产品和制造过程有关的产品安全管理。形成文件的过程应包括但不限于（在适用情况下）：

a) 组织对与产品安全有关的法律法规要求的识别。

b) 向顾客通知a) 项中的要求。

c) 设计FMEA的特殊批准。

d) 产品安全特性的识别。

e) 产品制造过程中产品、过程安全特性的识别和控制。

f) 控制计划和过程FMEA的特殊批准。

g) 反应计划（见9.1.1.1）。

h) 应确定包括最高管理者的职责、升级过程以及信息交流，并明确顾客通知。

i) 组织或顾客应确定对涉及产品及其制造过程中产品安全的人员进行培训。

j) 产品或过程的更改在实施之前应获得批准，包括评价过程和产品更改对产品安全的潜在影响（见ISO 9001之8.3.6）。

k) 整个供应链中产品安全要求的转移，包括顾客指定的货源（见8.4.3.1）。

l) 整个供应链中至少能按制造批次进行产品追溯（见8.5.2.1）。

m) 新产品导入应吸取的经验教训。

注：与安全有关的要求或文件的特殊批准可能基于顾客或组织的内部过程的要求。

4.4.2 在必要的范围和程度上，组织应：

a) 保持成文信息以支持过程运行。

b) 保留成文信息以确信其过程按策划进行。

2. 理解要点

该条文是对组织建立、实施、保持和持续改进质量管理体系的总体性要求。标准其他条款涉及的过程是IATF 16949之4.4条款要求的具体展开和证实。

（1）运用过程方法建立、实施、保持和改进质量管理体系

1) 过程的确定与策划。

① 识别和确定过程。

根据组织的内、外部环境，组织的顾客及其他利益相关方的需求和期望，以及法律法规的要求，就所供产品，识别、确定所需的过程。

过程可以指从识别顾客的需求，到顾客满意的评价的大过程，如领导、策划、支持、运行、绩效评价、改进六个大过程。也可以指每一具体的质量活动的子过程，如采购控制过程，设计开发过程，产品检测过程等。

制造业通常的主要过程及其大概流程如下：

市场需求调查→接受合同或订单→产品设计开发→采购→生产制造→测量与监控→交付→服务。

如果质量管理体系的某些过程是由外部组织提供的，则组织也应识别、确定这些过程，并对这些过程进行控制。

对分包过程，按标准 8.4 条款和运行过程中其他与该分包过程有关的条款予以控制。

② 确定每个过程的输入和输出。

③ 确定过程的顺序和相互作用。

理清过程之间的顺序，就是要确定过程之间输入、输出的流程关系。一个过程的输入通常是其他过程的输出；确定过程的相互作用就是要确定过程之间的接口关系，明确过程之间的互相影响。

④ 确定为确保过程有效运行和控制的准则和方法（包括监视、测量和相关绩效指标）。

过程准则，即过程应符合的要求或过程标准，它明确了过程预期应达到的结果；过程方法，即如何控制过程的规定或程序；过程绩效指标衡量过程的有效性和效率。确定过程的准则、方法以及过程绩效指标的原则是要确保过程的有效运行。

组织应根据各个过程的需要制定相应的准则和方法，以及过程的绩效指标。

⑤ 确定所需的资源并确保其可获得性。

资源是过程运作不可缺少的条件。最高管理者应承诺提供资源，各管理层应保证得到适宜的资源。

⑥ 确定过程的责任和权限。

最高管理者应为每个过程分配职责和权限，确定组织内各岗位的职责和权限，确保每个过程及其相互作用的实施、保持和改进。

⑦ 确定风险和机遇的应对措施。

风险的识别、确定与控制，按 6.1 条款的要求执行。

⑧ 确定对过程进行监视、测量和评价的方法。

对过程进行监视、测量和评价，目的是为了确保过程实现预期的结果。

应对过程进行监视，适用时对过程进行测量，并对监视和测量的结果进行评价。测量能提供更多的过程绩效客观数据，是一种极其有效的管理和改进工

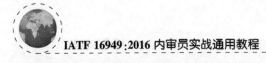

具，应在过程特性适于测量时进行。

根据监视、测量和评价的结果，对这些过程实施必要的改进，以实现预期的结果。

⑨ 确定实施改进的机会和方法。

组织应确定实施纠正措施的方法，包括评审不合格、确定不合格的原因、纠正措施的确定与实施、纠正措施有效性的评价等。

组织应规定和实施改进的方法，包括识别改进的机会、确定改进的项目、现状分析和原因调查、改进措施的确定与实施、改进效果的评价、改进成果的保持等。

2）过程的实施。

组织应按策划的安排实施全部的过程。

3）过程的监视、测量和评价。

对过程进行监视、测量，并对监视和测量的结果进行评价，以确认过程的有效性、效率并识别过程改进的机会。

4）过程的改进。

根据对过程进行监视、测量和评价的结果，对这些过程实施必要的纠正措施和/或改进措施以实现预期的结果和达到持续改进。

(2) IATF 16949 附加的"产品和过程的符合性"要求

组织应确保所有产品和过程，包括服务件及外包的产品和过程，符合所有适用的顾客和法律法规要求。

(3) IATF 16949 附加的"产品安全"要求

组织应有一个文件化的过程，对产品本身及其制造过程中的产品安全进行管理。在适用的情况下，这一文件化的过程包括但不限于以下内容：

1）组织应识别与产品安全有关的法律法规要求。

2）组织应将识别出的与产品安全有关的法律法规要求通知其顾客。

3）具有安全要求的设计 FMEA 应得到特殊批准。所谓特殊批准，是针对文件中的安全要求进行的批准。一般由专职机构或有资质的人员进行。应基于顾客或组织对过程的要求，进行特殊批准。

4）在产品设计阶段，对产品安全特性进行识别。产品安全特性是指如果超出规定的界限就会导致人的生命和财产损失的产品特性；产品特性是指影响产品质量的设计技术参数。

5）对产品制造过程中的产品安全特性、过程安全特性进行识别和控制。产品制造过程中的产品安全特性包括制造过程中的零部件的产品安全特性；过程安全特性是指影响人员安全的生产因素。

6）具有安全要求的控制计划和过程 FMEA 应得到特殊批准。

7）编制并实施反应计划。此处的反应计划是指针对产品、过程安全特性不合格所采取的纠偏措施等。反应计划一般包括在控制计划里面。

8）就产品安全的控制，应明确包括最高管理者在内的各相关部门、人员的职责、升级过程以及信息交流，并明确如何做好顾客通知。所谓升级过程，简单地讲就是将问题提交给有权利的上一级管理者或法定的人员去处理的过程。

9）根据组织或顾客要求，确保对涉及产品及其制造过程中产品安全的人员进行培训。

10）在对产品或过程进行更改时，应评价过程和产品更改对产品安全的潜在影响，并保证产品或过程更改在实施之前应获得批准。设计和开发更改详见 IATF 16949 之 8.3.6 条款。

11）应在整个供应链中（包括顾客指定的货源）传达并落实产品安全要求。详见 IATF 16949 之 8.4.3.1 "提供给外部供方的信息——补充条款"。

12）在整个供应链中至少能做到按制造批次进行产品追溯。详见 IATF 16949 之 8.5.2.1 "标识和可追溯性——补充"。

13）在新产品导入时应吸取以往产品安全方面的经验教训。

（4）要建立文件化的质量管理体系并保留必要的证据

1）组织应根据其自身的特点，按照 IATF 16949 的要求建立、实施并保持文件化的质量管理体系。

2）要保留质量管理体系按策划的要求进行运作的必要的证据（记录）。

成文信息的多少（程度）取决于：

1）成文信息足以支持过程的运行。

2）成文信息（记录）能够证明过程已按策划的要求实施。

2.4　领导作用（标准条款：5）

2.4.1　领导作用和承诺——总则（标准条款：5.1—5.1.1）

1. 标准条文

5.1　领导作用和承诺

5.1.1　总则

最高管理者应通过以下方面，证实其对质量管理体系的领导作用和承诺：

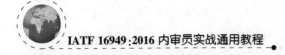

a) 对质量管理体系的有效性负责。

b) 确保制定质量管理体系的质量方针和质量目标，并与组织环境相适应，与战略方向相一致。

c) 确保质量管理体系要求融入组织的业务过程。

d) 促进使用过程方法和基于风险的思维。

e) 确保质量管理体系所需的资源是可获得的。

f) 沟通有效的质量管理和符合质量管理体系要求的重要性。

g) 确保质量管理体系实现其预期结果。

h) 促使人员积极参与，指导和支持他们为质量管理体系的有效性做出贡献。

i) 推动改进。

j) 支持其他相关管理者在其职责范围内发挥领导作用。

注：本标准使用的"业务"一词可广义地理解为涉及组织存在目的的核心活动，无论是公有、私有、营利或非营利组织。

5.1.1.1 公司责任

组织应明确并实施公司责任政策，至少包括反贿赂方针、员工行为准则以及道德升级政策（"举报政策"）。

5.1.1.2 过程有效性和效率

最高管理者应评审质量管理体系的有效性和效率，以评价并改进组织的质量管理体系。过程评审活动的结果应作为管理评审的输入（见9.3.2.1）。

5.1.1.3 过程所有者

最高管理者应确定过程所有者，由其负责组织的各过程及其相关输出的管理。过程所有者应了解他们的岗位，并且具备胜任其岗位的能力（见ISO 9001 之 7.2）。

2. 理解要点

（1）最高管理者的领导作用和承诺

"最高管理者"的定义是："在最高层指挥和控制组织的一个人或一组人"。最高管理者不仅限于组织最高权限的一位领导，可以是组织最高管理层的若干领导。管理职责可以大家共同承担，关键是职责要清楚，分工要明确。

组织最高管理者应承诺建立和实施质量管理体系并在其中发挥领导作用。这些领导作用和承诺至少通过以下 10 项活动予以证实：

1）对质量管理体系的有效性承担责任。

2）确保质量方针和质量目标得到建立，并与组织的战略方向和组织环境保持一致。

3）确保将质量管理体系要求融入组织的业务过程。有些组织，IATF 16949 文件是一套，实际运作是一套。为此，IATF 16949：2016 明确要求最高管理者承诺不要搞这种形式主义的东西，而应将质量管理体系要求与组织的业务过程相融合。

4）推动过程方法和基于风险的思维的运用。

5）确保为质量管理体系提供充分的资源。

6）就有效的质量管理以及满足质量管理体系要求的重要性进行沟通。

7）确保实现质量管理体系的预期结果。

8）促使、指导和支持员工为质量管理体系的有效性做出贡献。

9）推动改进。

10）支持其他相关管理者在其职责范围内发挥领导作用。

（2）IATF 16949 附加的"公司责任"

1）组织应明确并实施公司责任政策。此处的"公司责任"是指"企业社会责任"。企业社会责任是指企业在创造利润、对股东承担法律责任的同时，还要承担对员工、消费者、社区和环境的责任。企业的社会责任要求企业必须超越把利润作为唯一目标的传统理念，强调要在生产过程中对人的价值的关注，强调对环境、消费者、对社会的贡献。

SA8000 即"社会责任标准"，是 Social Accountability 8000 的英文简称，是全球首个道德规范国际标准。其宗旨是确保组织所供应的产品，皆符合社会责任标准的要求。组织可参考 SA8000 实施其企业社会责任。

2）公司责任政策应至少包括反贿赂方针、员工行为准则以及道德升级政策（"举报政策"）。所谓"道德升级政策（举报政策）"，简单地讲就是在发生贿赂等问题时，应根据问题的严重性将问题提交给有权利的上一级管理者或规定的人员去处理。

（3）IATF 16949 附加的"过程有效性和效率"

1）最高管理者应采用有关的措施，对质量管理体系的有效性和效率进行评审，以评价并改进组织的质量管理体系。可以通过过程审核、过程绩效的监视、日常经营管理例会等手段对过程进行评审。

有效性、效率的概念及区别见第 1 章 1.6.9 节。

2）应将过程评审活动的结果作为管理评审的输入（见 IATF 16949 之 9.3.2.1）。

（4）IATF 16949 附加的"过程所有者"

1）最高管理者应确定质量管理体系所有过程的过程所有者。过程所有者应对过程及其相关输出进行管理。所谓"过程所有者"就是指过程运行当中负责任的人。

2) 应通过培训等手段，确保过程所有者了解其岗位，并具备胜任其岗位的能力。

2.4.2 以顾客为关注焦点（标准条款：5.1.2）

1. 标准条文

> **5.1.2 以顾客为关注焦点**
>
> 最高管理者应通过确保以下方面，证实其以顾客为关注焦点的领导作用和承诺：
>
> a) 确定、理解并持续地满足顾客要求以及适用的法律法规要求。
>
> b) 确定和应对风险和机遇，这些风险和机遇可能影响产品和服务合格以及增强顾客满意的能力。
>
> c) 始终致力于增强顾客满意。

2. 理解要点

（1）强调"以顾客为关注焦点"的管理理念

IATF 16949 之 5.1.2 条款强调了"以顾客为关注焦点"的质量管理体系的管理理念，明确了最高管理者努力的目标。

（2）最高管理者"以顾客为关注焦点"的具体表现

最高管理者应承诺"以顾客为关注焦点"并在这方面发挥领导作用，为此，应至少做到以下三点：

1）确定、理解并持续满足顾客要求以及适用的法律法规要求。

2）确定并应对影响产品、服务的符合性以及增强顾客满意能力的风险与机遇。

风险可能导致质量不合格，影响产品和服务的符合性，影响顾客满意，因此应按基于风险的思维识别、确定并控制质量管理体系中的风险。同时也应看到，风险也是机遇，意味着改善的机会。一般而言，风险越大，机遇越大，收益就可能越高。

3）始终致力于增强顾客满意。最高管理者应在组织中培育意识和环境、建立过程，使组织的各相关职能/岗位能够主动地关注、识别和理解顾客当前的需求以及未来的期望，及时了解政治、经济、社会、技术的发展趋势对顾客需求和期望的影响，及时了解顾客需求和期望的变化，并能够以敏捷、高效的方式及时对顾客需求和期望的变化做出响应。

（3）实施本条款的注意事项

1）在有关最高管理者的职责和权限的文件中，应就上述要求作出规定。

2）在质量管理体系的文件中，如《质量手册》中，应对识别、确定顾客要求以及适用的法律法规要求的方式，实现这些要求的基本运作以及如何确定、控制风险，如何确定顾客是否满意，做出相应的描述。

3）实现本条款的要求，要结合 IATF 16949 的其他条款。如按 IATF 16949 之 8.2.2 条款的要求，确定顾客对产品和服务的要求等。

2.4.3　方针（标准条款：5.2）

1. 标准条文

> **5.2　方针**
>
> **5.2.1　制定质量方针**
>
> 　最高管理者应制定、实施和保持质量方针，质量方针应：
>
> 　a）适应组织的宗旨和环境并支持其战略方向。
>
> 　b）为建立质量目标提供框架。
>
> 　c）包括满足适用要求的承诺。
>
> 　d）包括持续改进质量管理体系的承诺。
>
> **5.2.2　沟通质量方针**
>
> 　质量方针应：
>
> 　a）可获取并保持成文信息。
>
> 　b）在组织内得到沟通、理解和应用。
>
> 　c）适宜时，可为有关相关方所获取。

2. 理解要点

（1）质量方针的定义

有关质量的方针。

注 1：通常，质量方针与组织的总方针相一致，可以与组织的愿景和使命相一致，并为制定质量目标提供框架。

注 2：ISO 9000 标准中提出的质量管理原则可以作为制定质量方针的基础。

说明：方针是指"由最高管理者正式发布的组织的宗旨和方向"。质量方针是最高管理者在质量方面正式发布的组织的宗旨和方向。

（2）质量方针内容上的要求

七项质量管理原则是制定质量方针的基础。

最高管理者应制定质量方针，质量方针在内容上应做到"一个适应与支持，两个承诺，一个框架"：

1）适应组织的宗旨和环境并支持其战略方向（一个适应与支持）。

组织总的宗旨、方针是全面的、多方位的，通常有必要首先建立，包括经营利润、业务发展、营销或销售策略、财务策略、环境安全绩效、员工队伍建设等，可涉及组织各方面的管理，如经营管理、财务管理、质量管理、环境管理、职业健康安全管理和人力资源管理等。质量方针是为实现组织总方针服务的，应与以上其他方面的追求相辅相成、协调一致。在组织总方针的基础上建立质量方针是适宜的、容易的。

质量方针的制定离不开组织的环境、行业特点，一定要考虑组织的内、外部环境。一个十几个人的五金厂，管理还停留在初级阶段，却把"世界一流"作为自己的质量方针，就比较搞笑了。

质量方针应具有挑战性，应支持组织的战略方向。战略是"实现长期或总目标的计划"。

这是一家汽车配件厂的质量方针：全员参与，确保公司生产的产品满足顾客及相关法律法规要求；持续改进质量管理体系，精益求精，不断提高汽配零件质量。这家企业的质量方针充分体现了企业的宗旨与行业特点，并支持其战略方向。

2）对满足适用要求做出承诺；对持续改进质量管理体系做出承诺（两个承诺）。

① 质量方针中必须做出满足适用要求的承诺。要求至少包括顾客的要求和适用的法律法规的要求。要求可由不同的相关方提出，包括明显的、通常隐含的或必须履行的需求或期望。

② 质量方针中必须做出持续改进质量管理体系的承诺。

某发动机厂的质量方针：

以市场需求为中心，提供符合要求的产品。

以持续创新为动力，改进质量表现。

以相关方满意为宗旨，实现公司发动机产业的再发展。

"以市场需求为中心，提供符合要求的产品"体现了满足要求的承诺；"以持续创新为动力，改进质量表现"体现了持续改进的承诺；"以相关方满意为宗旨，实现公司发动机产业的再发展"与企业的宗旨与环境相适应，并支持组织的战略方向。

3）提供制定质量目标的框架（一个框架）。

质量方针是宏观的，但不能空洞无内容。质量方针应能为质量目标的建立、评审提供方向、途径。

质量目标是质量方针展开的具体化，质量目标应与质量方针相对应，并依据质量方针逐层展开、分解。

如铁路旅客运输服务质量方针中的"安全、正点"可以通过具体量化的质量目标来落实：行车安全事故为0；火灾爆炸事故为0；旅客人身伤亡事故为0；

不发生食物中毒、行包被盗事故；不发生旅客坠车跳车、挤砸烫伤事故；责任晚点事件为 0，确保客车正点运行等。

"质量是生命，顾客是上帝""科学管理，世界一流""质量第一，顾客满意""科技、创造、发展"等放之四海而皆准的口号作为质量方针是不适宜的。

（3）质量方针实施上的要求

1）应将质量方针文件化。

2）质量方针是组织在较长的时期内经营活动和质量工作的指导原则，组织应依质量方针制定具体的质量目标。

3）最高管理者应采取措施（培训、会议、告示宣传等），确保质量方针在组织内进行沟通，并确保各级人员都能理解、应用质量方针。

4）适当时，在相关方有要求时，可向相关方提供质量方针。

2.4.4　组织的岗位、职责和权限（标准条款：5.3）

1. 标准条文

5.3　组织的岗位、职责和权限

最高管理者应确保组织相关岗位的职责、权限得到分配、沟通和理解。

最高管理者应分配职责和权限，以：

a）确保质量管理体系符合本标准的要求。

b）确保各过程获得其预期输出。

c）报告质量管理体系的绩效以及改进机会（见 10.1），特别是向最高管理者报告。

d）确保在整个组织中推动以顾客为关注焦点。

e）确保在策划和实施质量管理体系变更时保持其完整性。

5.3.1　组织的岗位、职责和权限——补充

最高管理者应指定人员，赋予其职责和权限，以确保顾客的要求得到满足。这些指定应形成文件，包括但不限于：特殊特性的选择、制定质量目标和相关培训、纠正和预防措施、产品设计和开发、生产能力分析、物流信息、顾客记分卡以及顾客门户。

5.3.2　产品要求和纠正措施的职责和权限

最高管理者应确保：

a）负责产品要求符合性的人员有权停止发运或生产，以纠正质量问题。

注：由于一些行业中的过程设计，并非总是能立即停止生产。在这种情况下，必须对受影响批次进行控制，以防将其发运给顾客。

　　b）拥有纠正措施职责和权限的人员能够及时获得不符合要求的产品或过程的信息，以确保避免将不合格品发运给顾客，并确保所有潜在不合格品得到识别与控制。

　　c）所有班次的生产作业都应安排负责保证产品符合性的人员，或指定其代理人员。

2. 理解要点

（1）明确相关岗位、职责和权限

最高管理者应建立适宜于质量管理体系的组织结构、岗位，并以文件化的形式明确相关岗位的职责和权限。

最高管理者应分派职责和权限，以：

1）确保质量管理体系符合 IATF 16949 标准的要求。

2）确保各过程获得其预期输出。

3）报告质量管理体系的绩效及其改进机会，特别是向最高管理者报告。

4）确保在整个组织内推进以顾客为关注焦点。

5）确保在策划和实施质量管理体系变更时，质量管理体系的完整性得到保持。

上述 5 点是最高管理者分派职责和权限的目的。上述 5 点可由一人承担，也可由多人承担。

IATF 16949:2016 取消了设立"管理者代表"的要求，但并不是说企业就不可以设立"管理者代表"。实际上，只要企业觉得设立"管理者代表"有利于质量管理体系的运行，那么企业完全可以设立"管理者代表"，其职责和权限可以是上面的 5 点。

在规定职责、权限时，应特别注意不同部门、不同岗位之间的职责、权限的接口关系，要清晰、顺畅、协调、统一。

（2）保证相关岗位的职责和权限得到有效沟通和理解

最高管理者要确保每一个人都知道他们要做的事情（责任）和他们可以做的事情（权力），并使他们明白这些责任和权力之间的相互关系。规定的职责、权限应向相关人员传达沟通，一方面让员工都知道并理解自己的质量职责与权限，以便主动、自觉地严格执行规定，履行职责；另一方面，让员工知道与他存在接口的其他岗位的职责、权限，以便各岗位互相配合、交流通畅，使体系各过程协调、有序、高效地运行。

　　（3）IATF 16949 对"组织的岗位、职责和权限"的补充

　　1）最高管理者应指定人员，赋予其职责和权限，以确保顾客的要求得到满足。这里的"指定人员"在 ISO/TS 16949:2009 中被称为"顾客代表"，

IATF 16949：2016 对"指定人员"的称谓不再作特别规定，组织仍然可以将"指定人员"称为"顾客代表"，也可使用其他称谓。

顾客代表，可以是一个人或几个人，可以是一个部门的人，也可以是不同部门的人，如市场销售人员，产品设计人员，服务人员等。这些人代表顾客提出需求、监督过程，通过参与生产发布、工程发布等有关里程碑和决策点的方式，确保过程实施中顾客呼声不会消失，满足顾客各方面、各层次的需求。

2）应将顾客代表的任命及其职责和权限形成文件，比如说任命书。顾客代表应参与以下方面的工作：

① 选择产品或过程的特殊特性。

② 参与制定质量目标及相关的培训工作。

③ 产品设计和开发。

④ 纠正和预防措施。

⑤ 生产能力分析。

⑥ 物流信息的监视与分析。

⑦ 顾客记分卡的分析。顾客记分卡是顾客对其供应商的绩效（如交货准时率、交货质量、配合度等）进行考核的工具。顾客代表应及时掌握顾客对组织绩效的考核，以便做好相应的改进。

⑧ 顾客门户的关注。这里的顾客门户是指顾客为其供应商建立的门户网站，便于顾客与其供应商进行联系、开展相关的工作。顾客代表应对顾客的供应商门户进行关注，以便了解相关情况。

（4）IATF 16949 附加的"产品要求和纠正措施的职责和权限"

最高管理者应确保：

1）负责产品要求符合性的人员（一般指产品质量管理人员）有权停止发运或生产，以纠正质量问题。有些行业的生产过程中，不能立即停止生产。在这种情况下，应确保对受影响的批次进行控制，以防止将其发运给顾客。

2）拥有纠正措施职责和权限的人员能够及时获得不符合要求的产品或过程的信息，以确保避免将不合格品发运给顾客，并确保所有潜在不合格品得到识别与控制。

组织为此应建立质量通报制度，对于产品质量问题和过程控制问题应向可以决定采取纠正措施的领导报告。

3）所有班次的生产作业都应安排负责保证产品符合性的人员，或指定其代理人员。也就是说，不论每天采用几班工作制，每个班都必须安排负责保证产品符合性的员工（一般指质检员）。在质检员不能跟班作业时，要安排代班人员负责产品质量。

2.5 策划（标准条款：6）

2.5.1 应对风险和机遇的措施（标准条款：6.1）

1. 标准条文

6 策划

6.1 应对风险和机遇的措施

6.1.1 在策划质量管理体系时，组织应考虑到4.1所提及的因素和4.2所提及的要求，并确定需要应对的风险和机遇，以：

    a）确保质量管理体系能够实现其预期结果。

    b）增强有利影响。

    c）预防或减少不利影响。

    d）实现改进。

6.1.2 组织应策划：

    a）应对这些风险和机遇的措施。

    b）如何：

    1）在质量管理体系过程中整合并实施这些措施（见4.4）。

    2）评价这些措施的有效性。

    应对措施应与风险和机遇对产品和服务符合性的潜在影响相适应。

注1：应对风险可选择规避风险，为寻求机遇承担风险，消除风险源，改变风险的可能性或后果，分担风险，或通过信息充分的决策而保留风险。

注2：机遇可能导致采用新实践、推出新产品、开辟新市场、赢得新顾客、建立合作伙伴关系，利用新技术和其他可行之处，以应对组织或其顾客的需求。

6.1.2.1 风险分析

    组织在进行风险分析时，至少应从产品召回、产品审核、使用现场的退货和修理、投诉、报废以及返工中吸取经验教训。

    组织应保留成文信息，作为风险分析结果的证据。

6.1.2.2 预防措施

    组织应确定并实施措施，以消除潜在不合格的原因，防止不合格发生。预防措施应与潜在问题的严重程度相适应。

    组织应建立一个用于减轻风险负面影响的过程，包括以下方面：

    a）确定潜在不合格及其原因。

    b）评价防止不合格发生的措施的需求。

c）确定并实施所需的措施。

d）所采取措施的成文信息。

e）评审所采取的预防措施的有效性。

f）利用取得的经验教训预防类似过程中再次发生（见 ISO 9001 之 7.1.6）。

6.1.2.3 应急计划

组织应：

a）对保持生产输出并确保顾客要求得以满足的必不可少的所有制造过程和基础设施设备，应识别并评价其面临的内部和外部风险。

b）根据风险和对顾客的影响制定应急计划。

c）准备应急计划，以在下列任一情况下保证供应的持续性：关键设备故障（见8.5.6.1.1），外部提供的产品、过程或服务中断，常见的自然灾害，火灾，公共事业中断，信息系统遭网络攻击，劳动力短缺，或者基础设施遭破坏。

d）作为对应急计划的补充，包含一个通知顾客和其他相关方的过程，告知影响顾客运作状况的程度和持续时间。

e）定期测试应急计划的有效性（如模拟，可行时）。

f）利用包括最高管理者在内的跨部门小组对应急计划进行评审（至少每年一次），并在需要时进行更新。

g）将应急计划形成文件，并保留记录修订以及更改授权人员的成文信息。

应急计划应包含相关规定，用以确认在发生生产停止的紧急情况后重新开始生产，以及在常规的关闭过程未得到遵循的情况下制造的产品持续符合顾客要求。

2. 理解要点

（1）应对风险和机遇的措施

组织在策划质量管理体系时，不仅要考虑组织的内部和外部环境（IATF 16949 之4.1 条款）、组织的利益相关方的需求和期望（IATF 16949 之4.2 条款），还要确定过程中的风险和机遇及其应对措施。本条款讲的就是如何应对风险和机遇。

1）质量管理体系中的"风险""机遇"的定义。"风险"是不确定性对预期结果的影响。影响可以是正面的或负面的。"风险"一词有时在有负面影响的可能性时使用，即"危机"；也可以在有正面影响的可能性时使用，即"机遇"。

就 IATF 16949:2016 而言，关注的重点是与质量管理体系过程有关的风险。"风险"可以理解为过程不符合要求发生的可能性及其产生的后果。"机遇"可以理解为改进的机会，"机遇"是正面的风险。

2）风险和机遇管理的目的：

① 确保质量管理体系能够实现其预期的结果。

② 增强有利影响。

③ 预防和减少不利影响。

④ 实现改进。

3）风险和机遇管理的实施。组织应：

① 确定风险和机遇。在策划质量管理体系时，组织应确定需要应对的风险和机遇。在确定风险和机遇时，应考虑两个主要因素：一是 4.1 条款中所确定的组织环境，二是 4.2 条款中所确定的相关方的需求和期望。

② 确定风险和机遇的应对措施。风险和机遇的应对措施应与其对产品和服务符合性的潜在影响相适应。风险和机遇的应对措施是指针对可能出现的不合格所策划的措施。

风险的应对措施可包括：风险规避，为寻求机会而承担风险，消除风险源、改变风险发生的可能性或其后果、风险分担或通过明智决策延缓风险。

机遇可以指新的实践方法的采用、新产品的投入、新市场的开辟、新客户的应对、合作伙伴关系的建立、新技术的使用和其他所期望的和可行的可能性以应对组织或其顾客的需求。

③ 在质量管理体系的过程中整合和实施风险和机遇的应对措施，并评价风险和机遇的应对措施的有效性。

风险和机遇管理的实施详见附录 1。

（2）IATF 16949 强调的风险分析中的注意事项

1）组织在进行风险识别、分析与评价时，至少应从产品召回、产品审核、使用现场的退货和修理、投诉、报废以及返工中吸取经验教训。这些经验教训是风险识别、分析与评价中的重点关注对象。详见附录 1。

2）应做好并保留风险识别、分析与评价结果的记录。

（3）IATF 16949 附加的"预防措施"

IATF 16949：2016 有"预防措施"这一单独章节，ISO 9001：2015 没有就"预防措施"安排单独章节。

1）预防措施的定义。

预防措施是指"为消除潜在不合格或其他潜在不期望情况的原因所采取的措施"。一个潜在不合格可以有若干个原因。采取预防措施是为了防止发生，而采取纠正措施是为了防止再发生。

2）预防措施和纠正措施的区别。

预防措施和纠正措施（见 IATF 16949 之 10.2 条款）的区别见表2-4。

表2-4　预防措施与纠正措施的区别

比较项目	预防措施	纠正措施
类型	主动型	被动型
起点	潜在的不合格	现存的不合格
目的	消除潜在不合格原因，防止不合格出现	消除实际不合格原因，防止再发生不合格

3）预防措施的实施。

组织应建立并保持一个减轻风险负面影响，实施预防措施的过程。过程中应规定：

① 确定潜在不合格及原因。

潜在不合格是指虽未构成不合格，但有变成不合格的趋势的这类问题。对那些虽然是常见的小问题，但定期累计起来比例却很高的这类问题，也可以视为潜在不合格。比如说，检查中没有不合格出现，但 $\bar{x} - R$ 控制图中点子排列异常；又比如，日常检查中，合格批中经常发现外观不良，数量也不大，但月度质量统计中发现外观不良在不合格品排列图中排在第 1 位。对这些问题，应视为潜在不合格。

应确定数据来源，以监视运行的发展趋势，从而在潜在的问题变成不符合标准的问题以前做出很好的应对。

潜在的不合格通常不容易被识别，但很大一部分潜在的不合格可以通过数据分析预测，在数据分析的基础上可以发现组织的产品、过程及供方的产品质量变化的趋势，当出现不稳定趋势时，可以考虑分析原因、采取预防措施，另外，组织还可以根据同行业的其他组织中出现的一些质量风险事故，在组织内识别和确定是否存在类似的潜在不合格风险。

确定了潜在不合格，组织应对产生潜在不合格的原因进行分析，确定产生潜在不合格的原因。

② 预防措施需求的评价。

并不要求对所有的潜在不合格都采取预防措施，而且采取预防措施是要发生费用的。因此应分析潜在不合格在技术上（可信性，安全性等）和经济上的影响程度，在权衡风险和成本，以及平衡顾客、组织和社会等方面的利益的基础上，确定是否采取预防措施，以及采取怎样的预防措施。

③ 确定并实施所需的预防措施。

如果经过评价认为需要采取预防措施时，组织则应针对潜在不合格，制定预防措施并实施。预防措施中应确定实施的步骤、实施的责任部门及配合部门、完成日期和进度。

实施过程中要对预防措施进行监控以确保其有效。

④ 对预防措施的有效性进行评审。

每项预防措施完成后，都要对其有效性进行评审。评审其是否能够达到预定的要求，是否能防止不合格的发生。如果采取预防措施后达到了防止不合格发生的效果，则可以认为该预防措施是有效的，否则，组织应考虑确定并实施更为有效的预防措施。

⑤ 总结提高、关联延伸。

对预防措施的效果进行评审后，要把成功的经验和失败的教训纳入有关的标准、制度中，用以指导今后的工作。同时，要把这些有用的经验普及到相关的员工，要对员工进行培训，使他们掌握这些经验并应用到工作中去，以确保不发生错误。

另外，还要考虑在相类似的过程中实现这个有效措施的可能性，以放大这个有效措施的作用。

4）预防措施中的一些注意事项。

① 所采取的预防措施应与潜在问题的影响程度相适应，应防止大问题不抓，小问题大做文章的情况。

② 需要说明的是，在实施改进的过程中不必机械地区分纠正措施和预防措施，有时候很难区分两者，同样的措施在不同的场合和时期，其性质可能是不一样的。例如，石化行业要求钻井队为了防止井喷带来的影响，要铺设放喷管线，对整个行业可以理解为是预防措施，但对一个已经发生过井喷的钻井队，又是一个纠正措施。

③ 记录预防措施的结果。对预防措施的结果，包括原因分析、预防措施的内容、完成情况、评审结论等，都应进行记录。

④ 预防措施产生的永久性更改应归纳到作业指导书及有关的质量管理体系文件之中。

⑤ 将预防措施实施的情况提交管理评审。

图 2-1 所示为预防措施实施流程图。

（4）IATF 16949 附加的"应急计划"

1）在进行风险识别与评价时，对保持生产输出并确保顾客要求得以满足的必不可少的制造过程和基础设施设备所面临的内部和外部风险，一定要作为重点进行识别与评价。

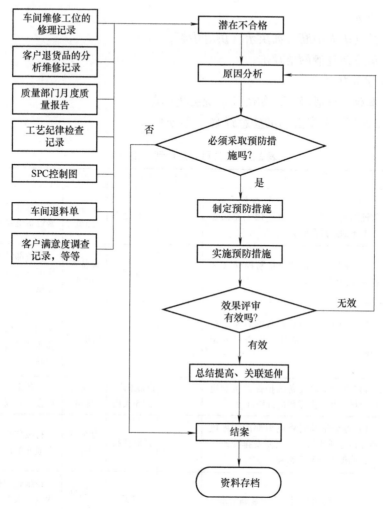

图 2-1　预防措施实施流程图

2）在制定风险应急计划时，应考虑风险的性质（严重性、可能性等）及其对顾客的影响，确保制定出的风险应急计划与风险的性质相适宜，并将对顾客的影响降到最低。

3）应针对下列紧急情况制定应急计划，以便在这些紧急情况发生时，组织可启动应急计划以确保生产的顺利进行及产品、服务的及时交付。

① 关键设备故障。

② 外部提供的产品、过程或服务中断。如供应商不能按时交货等。

③ 常见的自然灾害，如大雪封路。

④ 火灾。

⑤ 公共事业中断，如供水、供电中断。

⑥ 信息系统遭网络攻击。

⑦ 劳动力短缺。

⑧ 基础设施遭破坏，如供气系统被破坏等。

表 2-5 所示为某公司的应急计划（部分）。

表 2-5　某公司应急计划（部分）

紧急情况	应 对 措 施	其他事项	执行时间	负责人	监 视 方 法
关键设备出现故障	1）与设备供应商签订维修合同，保证随叫随到（注：每年 12 月都需签下 1 年的维修合同）		每年 12 月	设备管理员	设备部经理监督签署设备维修合同
	2）储备一定量的设备易损件（执行××规定）		连续储备	设备管理员	设备部经理每月月底审查设备易损件库存量
	3）车间认真做好设备的日常点检保养并填写"设备日常检查保养记录"		每天	车间主任	设备工程师每天对车间的"设备日常检查保养记录"进行确认
	4）事后要对设备维护保养机制进行检讨，并根据需要进行修订		设备维修好后 5 天内	设备管理员	设备部经理审核检讨会的会议纪要
停水、停电	1）办公室及时将电力部门的停电通知传达到各部门，以便安排换班生产，确保生产不受影响		适时执行	办公室主任	行政部经理检查停电通知的传达情况
	2）保证公司自用蓄水池装满清水		每天	设施维护员	设施管理员每 5 天检查一次蓄水池蓄水情况
重要物料延期供货	1）采购员在计划交货日期实施到 1/3 时段、2/3 时段时，对采购计划进行跟进检查，填写"采购进度控制表" 2）如在 2/3 时段时，发现采购计划的准时完成存在重大变数，此时，采购员要一天跟进一次，直到供应商按时交货		与采购计划同步执行	采购员	采购部经理对"采购进度控制表"进行审查
人员短缺	1）根据生产任务，提前 1~2 周预测人员需求并及时招聘		连续执行	车间主任	人力资源部经理每月月底对人员预测与招聘情况进行检查

（续）

紧急情况	应 对 措 施	其他事项	执行时间	负责人	监 视 方 法
人员短缺	2）与职介所签过协议，保证人员能及时供给（注：每年 12 月都需签下 1 年的人员供给合同）		每年 12 月	招聘主任	人力资源部经理监督签署人员供给合同
	3）多能工的培养。重要岗位需保持 2 名以上多能工		连续	车间主任	人力资源部培训专员对车间"多能工一览表"进行检查
	4）进行内部人员调整，调整生产计划		及时	车间主任	生产计划科对生产计划的调整进行监督

4）在执行应急计划的同时，应通知顾客，告知影响其运作状况的程度和持续时间，必要时，还要通知其他相关方。比如发生较大火灾时，要通知顾客，有哪些零部件不能按时供货，数量是多少，多久才能恢复供货，等等。同时也要将火灾情况向附近的工厂、所在地的安全生产监督管理局通报。

5）可行时，定期对应急计划进行测试，以检验其有效性。测试的方法包括实际演练、模拟演习等，如进行消防演习。组织对测试的结果应进行评价，必要时修改应急计划。

在紧急情况发生后，组织应根据实际的应急情况，评审应急计划，必要时进行修订，以提高应急能力。

6）每年至少一次，跨部门小组（包括最高管理者）应对应急计划进行评审，并在必要时进行修订。

对应急计划的评审是要看能否正确确定潜在事故和制定合适的应急计划，能否对紧急事故做出及时响应，以减少对顾客及其他相关方的影响。

7）应将应急计划形成文件。应急计划的更改必须有书面更改单，记录更改的缘由、会签、审批、更改内容、更改标识、更改执行人等事项。书面更改单应当随被更改的应急计划保留相同期限。

8）应急计划中应规定，在紧急、异常情况下怎样确保产品符合顾客要求，如：

① 在发生生产停止的紧急情况后重新开始生产时，应进行首次检验或作业准备验证，通过后方可继续进行生产。

② 过程异常关闭时（如设备异常停机、生产线异常中断等），应对受影响的产品进行评价。如评价认为需对产品重新进行检测，则应对产品重新进行检测，否则不能放行产品。

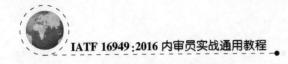

2.5.2 质量目标及其实现的策划（标准条款：6.2）

1. 标准条文

> **6.2 质量目标及其实现的策划**
>
> 6.2.1 组织应针对相关职能、层次和质量管理体系所需的过程建立质量目标。质量目标应：
>
> a）与质量方针保持一致。
>
> b）可测量。
>
> c）考虑适用的要求。
>
> d）与产品和服务合格以及增强顾客满意相关。
>
> e）予以监视。
>
> f）予以沟通。
>
> g）适时更新。
>
> 组织应保持有关质量目标的成文信息。
>
> 6.2.2 策划如何实现质量目标时，组织应确定：
>
> a）要做什么。
>
> b）需要什么资源。
>
> c）由谁负责。
>
> d）何时完成。
>
> e）如何评价结果。
>
> **6.2.2.1 质量目标及其实现的策划——补充**
>
> 最高管理者应确保为整个组织内的相关职能、过程和层次，明确、建立并保持符合顾客要求的质量目标。
>
> 组织在建立其年度（至少每年一次）质量目标和相关绩效指标（对内和对外）时，应考虑组织对相关方及其有关要求的评审结果。

2. 理解要点

（1）关于"目标""指标"定义的说明

1）ISO 9000:2015 之 3.7.1 条款关于目标的定义中，明确指出：目标可用多种方式表述，例如：采用预期的结果、活动的目的或运行准则作为质量目标，或使用其他有类似含义的词（例如：目的、终点或指标）。也就是说"目标"与"指标"这两个术语的含义是兼容等效的，只是在不同的场合使用不同的术语而已。

2）一般而言，在目标管理中，我们使用"目标"这个术语，而在绩效管理中，我们更多地使用"指标"这个术语。在 ISO 9001:2015 和 IATF 16949:2016

中，一般将"过程质量目标"称为"过程绩效指标"。

（2）建立质量目标的意义

质量目标的建立，可以使各职能、层次以及质量管理体系所需的过程有明确的预期结果，同时提供了绩效的评价准则。

（3）质量目标内容上的要求

1）质量目标应建立在质量方针的基础上，应在质量方针给定的框架内展开，但需注意不要机械地一一对应。质量目标追求的结果应能实现质量方针的质量承诺。质量目标的内容尤其是对满足适用要求和质量管理体系的持续改进的承诺方面，应与质量方针保持一致。

如某公司的质量方针提出"服务及时"，其相应的质量目标可规定服务的及时率为90%，也可分解落实，将维修的时间量化为：一般故障在30min内解决；投诉电话铃响不超过三声必须接听等。这样，质量目标从内容上就与质量方针中提出的"服务及时"的框架相吻合。

2）质量目标应是可测量的。测量不是量化，测量可以定量也可以定性，如考评、测评、评价等。测量的方法和内容要规范科学，包括测量的时机、样本的抽取等，以保证质量目标测量结果的可靠性。质量目标尽可能量化，要确定实现目标的时间框架，以便于测量。定性的质量目标如果能够进行评价，也是符合要求的。

某公司制定的质量目标是：提高员工素质，稳定产品质量；加强设备管理，保障生产顺利进行。这样的质量目标是不符合IATF 16949标准要求的，因为无法测量或评价——提高员工素质，如何提高，如何评价员工素质提高了多少？加强设备管理，加强到什么程度？

3）建立质量目标时应考虑适用的要求，包括顾客的要求、法律法规的要求等。应考虑组织对相关方及其有关要求的评审结果。

4）质量目标应包括产品、服务的符合性，以及增强顾客满意方面的内容。也就是说要有产品和服务的质量目标，也要有过程的质量目标、顾客满意的质量目标。

（4）质量目标实施上的要求

1）在相关职能部门、层次和过程上建立质量目标。*IATF 16949特别强调最高管理者应确保为整个组织内的相关职能、过程和层次，明确、建立并保持符合顾客要求的质量目标。*质量目标建立在哪些职能部门，由其与质量方针的框架关系决定；质量目标分解到哪一层次，视具体情况而定，通常应展开到可实现、可检查的层次，关键是能确保质量目标的落实和实现。

质量目标展开时，不必要求"横到边""纵到底"，也就是说，不要求同一层次的部门、岗位都要建立质量目标（横到边），也不要求一定要将质量目标展开到个人（纵到底），有时展开到部门或班组就行了。要求"横到边""纵到底"，不利于质量目标的理解和执行。

还需要注意的是，在制定各部门、岗位的质量目标时，仅是直接分解组织总的目标是不充分的，有些具体过程是间接支持总目标的，这些过程也应该建立目标。只有这样，才能真正通过质量目标建立，明确各项活动的质量管理追求的目的，把质量管理过程预期应达到的结果确定下来，同时也为过程有效性的评价提供依据。

> 2）组织至少每年一次，在对现有质量目标、绩效指标评审的基础上，建立新的质量目标和相关绩效指标。在建立质量目标、绩效指标时，应考虑组织对相关方及其有关要求的评审结果。

3）质量目标的建立、展开中涉及大量的部门、车间和人员之间的关系。由于立场角度不同，对同一事物常有分歧看法，必须经过充分协调，才能统一意见、协同工作。因此要采取多种方式进行协调沟通。

应大力宣传，通过培训、文件、板报、张贴等方式将质量目标传达到全体员工。

4）对质量目标的实现情况应进行监视，对于没有达到预期的质量目标，组织应分析其原因，必要时调整目标或采取改进措施实现目标。

5）质量目标不是静态的，需要根据当前的经营环境和持续改进的要求进行更新。

6）要为质量目标的实现制定措施计划。措施计划一般要包括 5W1H 这些最基本的内容，即 Why（为什么做，质量目标）、What（做什么，实现目标的措施）、Who（谁做，职责和权限）、Where（哪里做）、When（何时做，何时完成）、How（如何做，步骤、方法、资源，以及对结果如何评价等）（见表 2-6）。

表 2-6　质量目标实施计划

序号	目　标	方 法 措 施	负责人	资源需求	启动时间	完成时间	评 价 方 法
1	客户验货一次通过率≥98%	1. 在顾客验货前，由 QA 对出货进行抽检，抽检的 AQL 值要比顾客要求的小一个等级	QA 质检员	……	2016年8月	一直进行下去，直到另有规定	每个月统计一次客户验货一次通过率
		2. 对去年的客户验货情况进行统计，找出主要的不合格项目，制订措施加以解决	品管部经理	……	2016/7/5	1）2016/7/10制定措施；2）2016/8/30进行效果验证	1）2016/7/11 号检查措施制定情况；2）2016/9/1 对 7、8 月份的客户验货一次通过率进行统计分析
2	……						

（5）质量目标管理流程

1）质量目标的建立。

① 质量目标的内容。

要从产品、服务的符合性，以及增强顾客满意方面建立质量目标。也就是说要有产品和服务的质量目标（例如：产品一次交验合格率≥98%；投诉电话铃响不超过三声必须接听），也要有过程的质量目标（例如：设计责任事故≤2次/年；生产线直通率≥95%）、顾客满意的质量目标（例如：顾客满意度≥90%）。参见 1.4.11 节。

过程的质量目标包含过程结果目标和过程运行目标。仅有过程结果目标是不够的，比如为装配车间巡检员设置了结果目标——产品入库检验合格率。产品入库检验合格率高，说明巡检员的工作质量高。但可能有这样一种情况，装配车间本身在某个阶段加强了质量控制，此时即使巡检员睡大觉，产品入库检验合格率也很高，所以说仅为巡检员设置一个结果目标——产品入库检验合格率是不够的，还需为巡检员设置过程运行目标，比如说每天要巡检多少回。

② 质量目标的构成要素。

a）定量目标。构成的要素包括目标项目、目标值、期限三要素。例如：到 2016 年 8 月产品一次交验合格率要达到 99%，其中，产品一次交验合格率是目标项目，99% 是目标值，2016 年 8 月是期限。

b）定性目标。构成的要素包括目标项目、期限二要素，例如：到 2017 年 9 月组织应完成 IATF 16949:2016 换版认证。

③ 质量目标的建立原则。

目标建立时，要遵循 SMART 原则。

a）Specific：明确具体。也就是说，你制定的目标一定要明确具体，而不要模棱两可。比如说，"员工要热情对待顾客"这样的目标就不具体。什么叫"热情"呢？含含糊糊。沃尔玛对此有明确的要求：三米之内，露出你的上八颗牙微笑。

b）Measurable：可衡量（可测量）的。表示目标是可以衡量的。如果目标不能衡量，就意味着将来没法考核。

c）Attainable：可实现的。指目标在付出努力的情况下是可以实现的。要求我们避免设立过高或过低的目标。

质量目标应具有先进性和可实现性。从定义来看，质量目标是可追求的，可追求的就应该是先进的。但质量目标也应该是现实的，制定时应考虑组织现在的水平和同行业的情况，在现实的基础上考虑一定的提升空间，使质量目标既高于现实，又经过努力可以达到，真正起到改进质量管理的作用。

d）Relevant：相关性。建立的目标必须与部门、工作岗位紧密相关。比如一个前台，你让她学些日常英语以便接电话的时候用得上，就很好；你让她去学习六西格玛，就比较搞笑了。

e）Time-based：时限性。目标的时限性就是讲目标的实现是有时间限制的。质量目标可分为保持型与改进型两类，一般都有时间方面的限制。如保持，在多长时间内，保持在什么水平；如改进，指多长时间内达到什么水平。

④ 质量目标的建立流程与展开方式。

a）质量目标的建立流程。

质量目标的建立流程如图 2-2 所示。

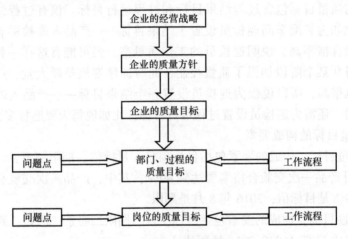

图 2-2　质量目标的建立流程

企业的质量目标来自于企业的经营战略。企业各部门根据上一级的质量目标，结合本部门的工作流程与问题点，制订本部门的质量目标。下一级的质量目标是由上一级的质量目标展开而来的。上一级的质量目标可能展开到几个下级部门。各岗位的质量目标是根据本部门的质量目标、本岗位的工作流程以及本岗位的问题点制订的。

之所以将问题点作为部门、岗位质量目标的输入条件，是为了体现持续改进的思想。

在这里，将工作流程而不是部门（或岗位）职责作为部门（或岗位）质量目标的输入条件，是为了体现过程管理的思想。本人认为，传统的强调岗位的责任是不够的，必须强调流程的责任。

b）质量目标的展开方式（纵向展开）。

上面讲到，下一级的质量目标是由上一级的质量目标展开而来。那么是如何展开的呢？

举个例子，总经理的目标是利润，为了实现这个目标，就要采取很多措施，其中之一是增加销售收入。这一措施与销售经理有直接关系，这样销售收入就成了销售经理的目标。同样销售经理为了实现销售收入这个目标，也要采取很多措施，比如增加在网络上的广告投入是其中的一个措施。这样广告的点击量就成了广告工程师的目标。

从这个例子可以看出，公司级目标相应的措施，构成部门的目标；部门目标的措施，构成岗位的目标。每个中间环节都身兼两职：既是上一级别的措施，又是下一级别的目标，构成了一个连锁系列。只要岗位级的措施得到落实，基层管理得到保证，就能依次向上层层保证，最终实现企业的战略目标。图2-3形象地说明了这一质量目标展开方式。

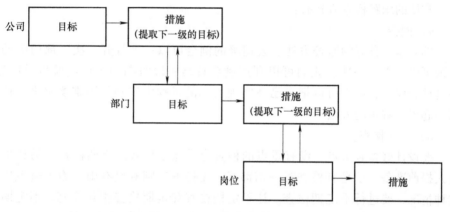

图2-3　质量目标的展开方式

c）质量目标的横向展开。

横向展开是随着时间展开的，一般有长期质量目标、中期质量目标、短期质量目标。

2）制订质量目标的实施计划。

质量目标的实施计划一般要包括5W1H这些最基本的内容，即 Why（为什么做，质量目标）、What（做什么，实现目标的措施）、Who（谁做，职责和权限）、Where（哪里做）、When（何时做，何时完成）、How（如何做，步骤、方法、资源，以及对结果如何评价等）。

3）质量目标实施计划的执行。

为了确保质量目标能够实现，在质量目标实施计划的执行过程中，要做好质量目标实施计划的跟踪检查，并要求员工适时汇报工作情况。

① 跟踪检查。

有些管理者认为，质量目标实施计划制定好了，员工技能没问题，员工素质也不错，质量目标应该能达到。这种想法是大错特错！

在企业的例会中，我们经常会看到很多总经理经常恼怒地对部门经理说："这个问题我几个月前就讲过了，怎么还没解决？"为什么"讲过了"没有执行？因为他只是"讲过了"。讲过了不等于做过了，做过了也不等于做到了，做到了也不等于做好了。

讲过了以后，还需要跟进，还需要检查。要用跟进、检查去确认结果。质量目标实施计划的管理也是一样的：质量目标实施计划执行过程中，要适时地进行跟踪检查，确认结果。

跟踪检查在确认结果的同时，还有一个目的，就是及时发现下级工作过程中存在的问题，在最短的时间内将问题化解，从而确保质量目标的实现。

常用的跟踪检查方式有：

a）例会。

例会是一种好的监控方法。公司级的例会可以一个月开一次，部门级的例会则可以一周开一次。我们可以利用例会总结一段时期的工作经验以及问题，在这种会议上，员工可以把自己在实现目标的过程中遇到的困难摆出来，让大家一起谋求解决的方法。

b）工作检查。

要设计好检查重点，没有重点的检查容易流于形式。定期检查容易让被检查人提前准备，于是有检查时一切都好，无检查时则有风有雨。为了避免出现这种情况，要进行不定期检查。让不定期检查和定期检查相互补充。不定期检查是随机的，被检查人一般无法弄虚作假，所以能够达到较好的效果。

② 要求员工及时反馈。

要求下级定期递交工作报告，反映工作中的成绩和存在的问题，这样，上级就可以按时得到合理的信息，也就达到了合理监控的目的。

4）质量目标实施计划结果的考核。

质量目标实施计划结果的考核是对质量目标实施计划的结果进行衡量、评价的过程，是质量目标管理最核心的内容。

考核的方法、考核的标准、考核的周期、考核的流程都应在编制质量目标实施计划时设计好。

5）考核结果的应用。

对考核的结果要进行分析，并根据分析的结论进行处理。

有考核，无分析，无处理，考核将流于形式。

处理包括对工作的处理、人员的处理：

① 对人员，要根据考核结果，进行奖惩。

② 对工作，就是发现结果与目标有差距时，就要适时采取纠正和纠正措施。

（6）IATF 16949 对"质量目标及其实现的策划"的补充

1）最高管理者应保证在整个组织内的相关职能、过程和层次，建立并实施符合顾客要求的质量目标。

2）组织至少每年一次，在对现有质量目标、绩效指标评审的基础上，建立新的质量目标和相关绩效指标（包括对内绩效指标，如生产直通率；对外绩效指标，如顾客投诉处理率）。建立新的质量目标和相关绩效指标时，应考虑对相关方及其有关要求进行评审的结果。

2.5.3　变更的策划（标准条款：6.3）

1. 标准条文

6.3　变更的策划

当组织确定需要对质量管理体系进行变更时，变更应按所策划的方式实施（见 4.4）。

组织应考虑：

a）变更目的及其潜在后果。

b）质量管理体系的完整性。

c）资源的可获得性。

d）职责和权限的分配或再分配。

2. 理解要点

（1）质量管理体系变更的必要性

组织的质量管理体系在实施运行过程中会受到内外部条件、环境的影响，当内、外部环境发生重大变化时，如组织机构和职责变化、新技术引进、新设备的采用等，往往会影响质量管理体系的适宜性、充分性和有效性。这时就需要对质量管理体系进行适当的调整和变更，这种调整和变更可能会涉及质量方针、质量目标、产品、过程、资源、组织机构、职责等多个方面。

（2）质量管理体系变更的实施要求

组织应有计划和系统地对质量管理体系变更的策划和实施进行管理，以保证体系各过程的正常运行，保证质量管理体系作为一个有机整体的系统性和完整性，使质量管理体系在变更中和变更后能够持续有效。

在对质量管理体系变更进行策划和实施时，应考虑：

1）变更的目的和任何潜在的后果，包括风险及其控制措施。

2）质量管理体系的完整性。比如，变更工艺方法时，要考虑更改工艺文件，对工人进行新工艺培训，等等。这样才能保证体系的完整。

3）资源的可获得性。实施变更需要什么资源，组织的现有资源能否满足需要。

4）职责和权限的分配或再分配。

例如，组织要对机构进行调整，涉及原有人员的分配，职责、权限的重新划分，程序文件的重新修订等，因此要在变更前做好策划，不但要规定调整后各部门的新的职责及工作程序，还要做好转换的实施方案，包括如何沟通和处理好各种接口关系，以保持体系完整和有效地运行。

（3）质量管理体系变更的实施流程

质量管理体系变更的实施流程如图 2-4 所示。

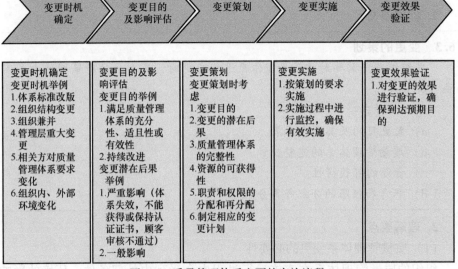

图 2-4　质量管理体系变更的实施流程

2.6　支持（标准条款：7）

2.6.1　资源——总则（标准条款：7.1—7.1.1）

1. 标准条文

> **7　支持**
>
> **7.1　资源**
>
> **7.1.1　总则**
>
> 　组织应确定并提供所需的资源，以建立、实施、保持和持续改进质量管理体系。

> 组织应考虑：
> a）现有内部资源的能力和局限。
> b）需要从外部供方获得的资源。

2. 理解要点

（1）资源的含义

人员、基础设施、过程运行环境、监视和测量资源、组织的知识五项资源作为最基础的资源在 IATF 16949:2016 标准中规定了强制性要求。其他资源，如资金、信息、技术、供方和合作者等虽然未在 IATF 16949 标准中明确要求，组织也应充分关注。

（2）确定并提供资源的目的

建立、实施、保持和持续改进质量管理体系。

（3）确定并提供资源的实施要点

1）分析、评估现有内部资源的能力和不足，也即根据顾客的要求、产品的特点和规模确定需要哪些资源，然后看看现有资源能不能满足要求。

2）确定在现有资源基础上需增加哪些资源，以及哪些资源需要从外部供方获得。

2.6.2　人员（标准条款：7.1.2）

1. 标准条文

> **7.1.2　人员**
> 组织应确定并配备所需的人员，以有效实施质量管理体系，并运行和控制其过程。

2. 理解要点

人是质量管理体系的首要资源，组织应确定并配备质量管理体系有效实施、过程有效运行和控制所需的人员。人员不仅数量上要满足，质量上也要符合需要。

2.6.3　基础设施（标准条款：7.1.3）

1. 标准条文

> **7.1.3　基础设施**
> 组织应确定、提供并维护所需的基础设施，以运行过程，并获得合格产品和服务。

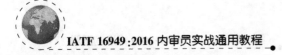

注：基础设施可包括：

a）建筑物和相关设施。

b）设备，包括硬件和软件。

c）运输资源。

d）信息和通信技术。

7.1.3.1 工厂、设施和设备策划

组织应采用多方论证的方法，包括风险识别和风险缓解方法，来开发并改进工厂、设施和设备的规划。在设计工厂布局时，组织应考虑：

a）优化材料的流动和搬运，以及对空间场地的增值使用（包括对不合格品的控制）。

b）在适用时，便于材料的同步流动。

应开发并实施对新产品或新操作的制造可行性进行评价的方法。在进行制造可行性评估时应考虑产能策划，同时也应用这些评价方法去评价对现有运作的更改提议。

组织应保持过程的有效性，包括定期进行风险复评，确保将过程批准、控制计划维护（见8.5.1.1）以及作业准备验证（见8.5.1.3）期间产生的任何更改纳入进来。

制造可行性评价和产能策划的评价应作为管理评审的输入（见ISO 9001之9.3）。

注1：这些要求应当包括对精益制造原则的应用。

注2：如适用，这些要求应当应用于现场供应商的活动中。

2．理解要点

（1）基础设施的概念

组织运行所必需的设施、设备和服务的系统。

（2）设施的内涵

基础设施是质量管理体系运行的物质保证。本条款中的基础设施界定的管理范围是"在过程运行中，为达到产品和服务符合性所需要的基础设施"。

基础设施因组织、产品和服务的不同而不同，可包括下列的部分或全部：

1）建筑物（如办公楼、厂房、仓库、实验室等）和相关的设施（如水、电、气供应及通风、空调、防尘、防静电、电梯、计算机联网等设施）。

2）设备，包括硬件和软件。此处的设备泛指各类装备，可以是与过程相关的各种生产设备和控制软件、办公设备及软件、工具、辅具、检测设备、仪器仪表、生产和服务提供所需的专用器具、交付后的维护网点等。

3）运输资源。包括运输车辆、集装箱、输送带等。

4）信息和通信技术。如电话、传真、计算机网络等。

（3）设施的确定、提供和维护

组织应根据产品和服务的特点确定、提供并维护相应的设施。

1）"确定"基础设施。根据产品和服务需要，确定所需的基础设施，适时提出配置计划。

2）"提供"基础设施。包括基础设施的购置、配备。可以是自制、外购、顾客或供应商提供的。

3）"维护"基础设施。通过一系列的维护保养管理制度，保持基础设施的能力。维护设备时准备足够的替换件或配件是必要的。

图 2-5 所示为生产设备管理流程图。

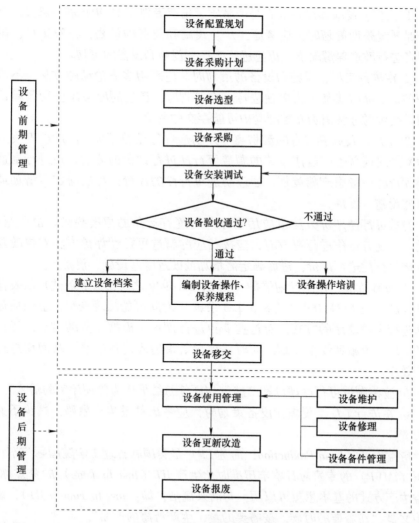

图 2-5　生产设备管理流程图

(4) IATF 16949 附加的"工厂、设施和设备策划"

1）工厂、设施和设备策划的目的。

对工厂、设施和设备进行策划，目的是确保工厂的布局能够：

① 优化材料的流动和搬运。应尽量减少材料转移和搬运，要使转移和搬运的线路最短。

② 充分地利用场地和空间，使每一场所都能够增值使用。如共用一个通道，利用货架立体贮存物品等。

③ 便于材料在生产中能够实现同步流动。如利用输送带进行作业。

2）工厂、设施和设备策划的要求。

① 工厂、设施和设备策划是产品质量先期策划（APQP）的一部分。在进行产品质量先期策划时，应考虑工厂、设施和设备的策划；在对工厂、设施和设备进行改造等情况下，也应进行工厂、设施和设备的策划。

② 在进行工厂、设施和设备的策划时，应采用多方论证的方法，不可由组织的某个部门或某个人单独进行。在策划时，还应同时考虑应用风险识别与风险缓解的方法识别并控制其中可能存在的风险。

③ 工厂、设施和设备的策划离不开制造可行性的评价，因此应开发并实施对新产品或新生产运作方式的制造可行性进行评价的方法。在进行制造可行性评价时应考虑产能策划。通过制造可行性的评价，可以确定需增加或改进哪些设施、设备。

制造可行性评价方法也应用来评价对现有运作的更改提议。也就是说，当建议对现有运作进行更改时，应按相应的制造可行性评价方法对更改建议的制造可行性进行评价，进而确定需增加或改进哪些设施、设备。

④ 过程批准、控制计划维护（见 IATF 16949 之 8.5.1.1 条款）以及作业准备验证（见 IATF 16949 之 8.5.1.3 条款）期间可能出现变更，组织应通过定期进行风险复评的方式，对这些变更进行评价。根据评价的结果，进行必要的工厂、设施和设备策划，同时将评价结果纳入过程中来，从而保持过程的有效性。

⑤ 应将制造可行性评价和产能策划评价的结果作为管理评审的输入。

⑥ 在进行工厂、设施和设备策划时，应考虑精益生产原则，减少不必要的浪费。

精益生产（Lean Production，简称 LP）是美国麻省理工学院国际汽车计划组织（IMVP）的专家对日本丰田准时化生产 JIT（Just In Time）的赞誉称呼。精益生产方式的基本思想可以用一句话来概括，即：Just In Time（JIT），翻译为中文是"在需要的时候，按需要的量，生产所需的产品"。

精益生产原则有（说明：国际上对精益生产原则没有统一的标准，专家们因看问题的角度不一样，而对精益生产原则的理解也不一样）：

a）消除浪费。生产现场通常存在七大浪费（见表2-7）。

表2-7　七大浪费类型

序　号	浪费类型	主 要 内 容
1	制造过剩	制造过早、过多而产生库存——最大的浪费
2	库存	原材料库存、产成品库存、生产过程的在制品
3	搬运	耗费时间、人力，占用搬运设备与工具，可能碰坏物料
4	加工	超过需要的工作：多余的流程或加工、精度过高的作业
5	动作	不创造价值的动作、不合理的操作、效率不高的姿势和动作
6	等待	人员的等待、设备的等待
7	不良品	返工产生设备与人员工时的损失、废品的损失等

b）关注流程，提高总体效益。

c）建立无间断流程以快速应变。建立无间断流程，将流程中不增值的无效时间尽可能压缩以缩短整个流程的时间，从而快速应变顾客的需要。

d）降低库存。

e）全过程的高质量，一次做对。

f）基于顾客需求的拉动生产。JIT的本意是：在需要的时候，仅按所需要的数量生产，生产与销售是同步的。也就是说，按照销售的速度来进行生产，这样就可以保持物流的平衡，任何过早或过晚的生产都会造成损失。

g）标准化与工作创新。

h）尊重员工，给员工授权。

i）团队工作。

j）满足顾客需要。

k）精益供应链。精益生产的目标是降低整个供应链的库存。

l）"自我反省"和"现地现物"。"自我反省"的目的是要找出自己的错误，不断地自我改进。"现地现物"则倡导无论职位高低，每个人都要深入现场，彻底了解事情发生的真实情况，基于事实进行管理。

精益生产经常使用的管理工具有5S活动、TPM、TQM、看板管理、自働化、作业标准化、单元化生产、均衡生产、快速切换、持续改善等。

⑦上述要求，也可以应用于现场供应商的活动中。所谓现场供应商（on-site supplier）是指在组织现场开展工作的供应商，又称"驻场供应商"。比如，很多企业的包装工作，都是委托物流公司在本企业的工厂完成的。还有一些企业，让供应商在其工厂建立仓库，直接将采购物资送到企业的组装车间。

2.6.4 过程运行环境（标准条款：7.1.4）

1. 标准条文

7.1.4 过程运行环境

组织应确定、提供并维护所需的环境，以运行过程，并获得合格产品和服务。

注：适宜的过程运行环境可能是人为因素与物理因素的结合，例如：

a）社会因素（如非歧视、安定、非对抗）。

b）心理因素（如减压、预防过度疲劳、稳定情绪）。

c）物理因素（如温度、热量、湿度、照明、空气流通、卫生、噪声）。

由于所提供的产品和服务不同，这些因素可能存在显著差异。

注：如果通过第三方的 ISO 45001《职业健康安全管理体系　要求》（或等效标准）的认证，则可以证明组织符合人员安全方面的要求。

7.1.4.1 过程运行环境——补充

组织应保持生产现场处于与产品和制造过程的需求相协调的有序、清洁和维护的状态。

---

2. 理解要点

（1）过程运行环境的内涵

过程运行环境可以是人为因素和物理因素的组合。人为因素是指"对所考虑的客体有影响的人的特性"。特性可以是物理的、认知的或社会的。人为因素可对管理体系产生重大影响。人为因素包括生活和工作环境中的人与机器的关系、人与程序的关系、人与环境的关系及人与人之间的关系。人为因素可能产生正面的积极影响，也可能会产生负面的消极影响。

过程运行环境人为因素有：反就业歧视、企业文化建设、制定安全规则和指南、工作方法、运用人体工效学、进行职业策划和开发等。

过程运行环境物理因素有：热、卫生、振动、噪声、温度、湿度、污染、光、清洁度、空气流动等。

人为因素和物理因素的组合，可细分为：

1）社会因素（如无歧视、和谐稳定、无对抗）。

2）心理因素（如舒缓心理压力、预防过度疲劳、保护个人情感）。

3）物理因素（如温度、热量、湿度、照明、空气流通、卫生、噪声等）。

物理因素固然对产品和服务质量影响很大（在清洁的室内环境中制造计算机芯片），但社会和心理因素也不应忽视，尤其在服务行业中。服务提供过程中的社会和心理因素对服务质量影响更大，需要重点关注。例如考虑人为因素，如一线服务人员的心态直接影响到服务提供质量；充足的人员轮班、排班或停工时间，以预防人员筋疲力尽，如对提供货运或配送服务的驾驶员的驾驶时间控制以防止疲劳驾驶。

（2）控制过程运行环境的必要性

过程运行环境对产品和服务的质量产生直接或间接的影响，因此应对过程运行环境进行管理，以保证产品和服务的质量满足要求。

过程运行环境对产品和服务质量的影响有两种情况：一是产品或服务处于特定的作业环境之中，质量将直接受到各种环境因素的影响；另一种情况是人处在特定的作业环境之中，工作质量受到各种环境因素的影响，将间接或直接地对产品或服务质量产生影响。

（3）过程运行环境的确定、提供和维护

组织应根据产品和服务的特点确定、提供并维护相应的过程运行环境。

1）"确定"过程运行环境。组织应结合自身的产品和服务要求，确定所需的过程运行环境。不同行业、不同产品和服务对过程运行环境有不同的要求，例如：食品、药品有防菌等卫生法规要求，电子产品有洁净度要求，精密仪器有温湿度、振动限制的要求，服务业有光、声、通风、良好的氛围要求等。

过程运行环境可以在产品标准、设计文件、工艺文件、服务提供规范等文件中描述。

2）"提供"过程运行环境。为满足过程运行环境的要求，有时需要通过增加基础设施或采取其他措施的方式解决。

3）"维护"过程运行环境。制定相关的管理制度，对过程运行环境进行管理，确保这些过程运行环境处于受控状态，且始终能满足实现产品和服务符合性的要求。

（4）IATF 16949 强调的"职业健康安全"

组织应确保员工在安全的、适宜的工作环境下实现自己所负责的过程。组织应定义过程实施中的安全性职责、法律法规的应用及安全防护的方法。

如果组织通过了第三方的 ISO 45001（即 OHSAS 18001）《职业健康安全管理体系　要求》或等效标准的认证，则可以证明组织符合人员安全方面的要求。

（5）IATF 16949 对"过程运行环境"的补充

生产现场应处于与产品和制造过程的需求相协调的有序、清洁和维护的状态。

1）有序——可理解为生产的有序、生产现场环境的有序。如过道有规划，产品及周转箱等按规定要求摆放，等等。

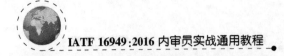

2) 清洁——可理解为建立制度并执行，确保现场干净，设备无黄袍，地面无纸屑、杂物等。

3) 维护——可理解为通过日常的维护活动确保生产现场保持正常状态。

实施 5S 活动，是管理生产现场环境的有效办法。5S 活动是指：整理 (SEIRI)、整顿 (SEITON)、清扫 (SEISO)、清洁 (SEIKETSU)、素养 (SHITSUKE)。5 个日文词汇在日文的罗马发言中，均以 "S" 开头，故简称 5S。

1) 整理 (SEIRI)：区分 "要" 与 "不要" 的东西，并将不要的东西清理掉。

2) 整顿 (SEITON)：把要用的东西定量、定位地摆放整齐，并明确地标识。

3) 清扫 (SEISO)：清除现场的脏污，并防止污染的发生。

4) 清洁 (SEIKETSU)：维持整理、整顿、清扫的结果，使其制度化，规范化，并贯彻执行。

5) 素养 (SHITSUKE)：养成遵守规则的好习惯。

2.6.5　监视和测量资源（标准条款：7.1.5）

1. 标准条文

7.1.5　监视和测量资源

7.1.5.1　总则

当利用监视或测量来验证产品和服务符合要求时，组织应确定并提供所需的资源，以确保结果有效和可靠。

组织应确保所提供的资源：

a) 适合所开展的监视和测量活动的特定类型。

b) 得到维护，以确保持续适合其用途。

组织应保留适当的成文信息，作为监视和测量资源适合其用途的证据。

7.1.5.1.1　测量系统分析

为分析控制计划中提及的每种检验、测量和试验设备系统得出的结果中出现的变差，应进行统计研究。所用的分析方法及接受准则应符合测量系统分析参考手册的要求。如果得到顾客的批准，也可使用其他分析方法和接受准则。

替代方法的顾客接受记录应与替代的测量系统分析结果一起保留（见 9.1.1.1）。

注：测量系统分析应优先着重于关键或特殊产品或过程特性。

7.1.5.2　测量溯源

当要求测量溯源时，或组织认为测量溯源是信任测量结果有效的基础时，测量设备应：

a）对照能溯源到国际或国家标准的测量标准，按照规定的时间间隔或在使用前进行校准和（或）检定，当不存在上述标准时，应保留作为校准或验证依据的成文信息。

b）予以识别，以确定其状态。

c）予以保护，防止由于调整、损坏或衰减所导致的校准状态和随后的测量结果的失效。

当发现测量设备不符合预期用途时，组织应确定以往测量结果的有效性是否受到不利影响，必要时应采取适当的措施。

> 注：一个可追溯到设备校准记录的编号或其他标识符，满足 ISO 9001:2015 要求的意图。

7.1.5.2.1　校准/验证记录

组织应有一个形成文件的过程，用于管理校准/验证记录。用于提供符合内部要求、法律法规要求及顾客规定要求证明的所有量具、测量和试验设备（包括员工所有的测量设备、顾客所有的设备或现场供应商所有的设备），其校准/验证活动的记录应予以保留。

组织应确保校准/验证活动及其记录应包括以下内容：

a）由影响测量系统的工程更改所引发的修订。

b）在校准/验证时获得的任何超出规范的读数。

c）超出规范条件下产品预期使用风险的评估。

d）当在计划验证或校准期间，或在其使用期间，检验、测量和试验设备被查出偏离校准或存在缺陷时，应保留这些检验、测量和试验设备先前测量结果有效性方面的成文信息，包括校准报告上最后一次校准合格的日期和下一次校准到期日。

e）在可疑产品或材料已发运的情况下，给顾客的通知。

f）在校准/验证后，有关符合规范的说明。

g）对用于产品和过程控制的软件版本符合规定的验证。

h）所有量具（包括员工所有的设备、顾客所有的设备或现场供应商所有的设备）校准和维护活动的记录。

i）对与生产相关的用于产品和过程控制的软件的验证（包括安装在员工所有的设备、顾客所有的设备或现场供应商所有的设备里的软件）。

7.1.5.3 实验室要求

7.1.5.3.1 内部实验室

组织的内部实验室设施应有一个确定的范围，包括进行要求的检验、试验或校准服务的能力，实验室范围应包括在质量管理体系文件中。实验室至少应规定并落实以下方面的要求：

a) 实验室技术程序的充分性。

b) 实验室人员的能力。

c) 产品试验。

d) 正确地进行这些服务，并具有溯源到相关的过程标准（如 ASTM、EN 等）的能力；如果没有可用的国家或国际标准，组织应明确并实施一个验证测量系统能力的方法。

e) 顾客要求，如有的话。

f) 有关记录的评审。

注：按 ISO/IEC 17025（或等效标准）进行的认可可以用于证明组织内部实验室符合这一要求。

7.1.5.3.2 外部实验室

为组织提供检验、试验或校准服务的外部/商业/独立的实验室设施应有一个确定的范围，包括进行要求的检验、试验或校准的能力，并且：

——实验室应通过 ILAC MRA（国际实验室认可合作组织多边承认协议，见 www.ilac.org）承认成员的 ISO/IEC 17025 认可或等效的国家标准的认可（如中国的 CNAS—CL01），认可（证书）范围应包括相关检验、试验或校准服务；校准证书或试验报告应包含国家认可机构的标志。

——或有证据证明该外部实验室可以被顾客接受。

注：这些证据可以通过顾客评估来证实，或由顾客批准的第二方机构进行评估，来证明该实验室满足了 ISO/IEC 17025 或等效国家标准的要求。第二方机构评估可由评估实验室的组织，采用顾客批准的评估方法进行。

对于某一设备，当没有具有资格的实验室时，校准服务可以由原设备制造厂家进行。这种情况下，组织应当确保上述 7.1.5.3.1 要求已得到满足。

采用的校准服务，除了由具备资格的（或顾客接受的）实验室提供的以外，需要时，可能需要获得政府监管机构的确认。

2. 理解要点

（1）监视和测量资源管理的目的

对监视和测量资源进行管理，确保监视和测量结果有效、可靠，能够为产品、服务符合规定的要求提供准确而有信心的证据。

（2）监视和测量资源的内涵

为实现监视和测量过程所必需的人员、监视和测量设备、监视和测量方法、监视和测量环境或它们的任意集合，称为监视和测量资源。监视和测量设备不等于监视和测量资源，监视和测量设备只是监视和测量资源的一个关键部分。在服务行业，对服务过程的检查是由人员实施的，此时检查人员就是一种监视和测量资源。

监视和测量设备又可分为：

1）监视设备。监视是指确定体系、过程或活动的状态，包括检查、监督、密切观察等。监视设备包括烟雾传感器、电子眼等。监视设备得出的可能是非量化的结论。

2）测量设备：测量是指确定数值的过程。测量设备是指为实现测量过程所必需的测量仪器、软件、测量标准、标准物质或辅助设备或它们的组合。在测量过程中，测量设备用来确定量值。

有些设备具有监视和测量两种功能，应按使用情况决定是按测量设备控制，还是按监视设备控制。

监视设备和测量设备用途有所不同，管理要求也有所区别，测量设备要进行校准或检定，而监视设备只需进行验证即可。

（3）对监视和测量资源的要求

监视和测量资源应：

1）适合特定的监视和测量活动。

2）得到适当维护以确保持续适合其用途。

组织应将监视和测量资源的管理要求（如购买、领用、发放、使用、校准、修理、封存、降级使用、报废等）形成文件，确保监视和测量资源符合监视和测量的要求，并能提供有效的证据。

（4）测量设备的管理

1）测量设备的选择。确定和选择满足测量任务要求的测量设备，其功能、分辨力、准确度要求和量值范围等应与测量任务的要求相一致。

测量设备一定要有足够的分辨力。这里的"足够"通常是指"1：10 法则"。具体是：

① 对于为进行统计过程控制而进行的测量，一般要求量具的最小刻度不大于过程变差（过程能力 $6\sigma_c$）的 1/10，即最小刻度 $\Delta_n \leqslant \dfrac{6\sigma_c}{10}$。

② 对质量检验，即检验产品合格与否，则要求量具的最小刻度不大于规格范围（公差）的 1/10。即最小刻度 $\Delta_n \leqslant \dfrac{USL - LSL}{10}$。

如果一把量具既用于统计过程控制又用于质量检验，一般按照上述两个要求中最严格的要求选择量具的最小刻度。即最小刻度 $\Delta_n \leqslant \min\left(\dfrac{USL - LSL}{10}, \dfrac{6\sigma_c}{10}\right)$。

2）测量设备的校准或检定（验证）。

IATF 16949 之 7.1.5.2 条款提出：当对测量有溯源要求或组织认为测量溯源是信任测量结果有效的前提时，应进行溯源管理。

量值溯源性是指通过一条具有规定不确定度的不间断的比较链，使测量结果或测量标准的值能够与规定的参考标准（通常是国家计量基准或国际计量基准）联系起来的特性。量值溯源性可为测量结果提供信心。溯源管理包括校准/检定管理、校准/检定状态管理以及设备保护管理。

校准或检定包括首次校准/检定、周期校准/检定。

① 对照能溯源到国家/国际基准的设备，校准/检定测量设备。已建立国际或国家测量基准的，应按国家有关规定进行检定或校准。无国际或国家测量基准的，组织应自行建立检定或校准规范（包括校准检定的项目、方法、设备、周期、条件和合格标准等），实施检定或校准并予以记录。

② 校准的实施者。一般送监测设备到国家授权机构校准，也可以自我校准。

③ 无论是委外校准或自行校准，都应对校准结果做好记录。

④ 标识测量设备的校准状态。校准状态有合格（在校准有效期内）、不合格（未校准或超期），还可以有停用、封存等状态。标识的方法可以是检定证书、校准标签、测量设备台账或校准记录的信息、各种颜色的标志等。

一般在测量设备上贴校准状态标签，因体积小或影响操作等原因而不宜贴标签的测量设备，其校准状态标签可贴在包装盒上或由其使用者妥善保管，但设备上最好要刻上编号，便于追溯。

为了便于追溯，校准记录上的设备编号（或其他标识符）应与设备标识卡上或/和设备上的设备编号一致。

3）测量设备的合理使用和保护。

① 根据需要，对测量设备进行调整和再调整。调整是使设备达到没有偏差处于正常使用的工作状态的操作。如衡器设备在使用前的归零、机械仪表的漂移调整等。

② 应采取措施防止可能使校准状态和随后的测量结果失效的调整、损坏或衰减。如采取封签等防错措施，由有资格的操作人员进行调整，提供调整作业指导书。

③ 采取措施，防止测量设备在搬运、维护和贮存时损坏或失效。如提供适宜的环境条件、采取防护措施等。

4）测量设备不符合预期用途时的处理。

一旦发现测量设备不符合预期用途时（比如偏离校准状态时、设备损坏时、精密的设备不宜搬动而经过搬动时，等等），应对以往测量结果的有效性进行评价并做好记录，并对设备和受影响的产品采取适当的措施。

① 对被测产品，并非一定要重新测量，但对其有效性必须评价。评价的追溯时间一般应计算到某一时段以前的测量结果为有效时为止。

如评价认为应该对被测产品进行重测，则应按评价要求的范围追回被测产品进行重新测量。

② 对设备和受影响的产品采取的适当措施，包括：

a）必要时，追回测量过的产品重新进行测量，对已交付至顾客的产品发出通知并进一步处理等。

b）对设备进行故障分析、修理并重新校准。

（5）监视设备的管理

监视设备与测量设备不同，不需校准或检定，只需在使用前进行验证，并根据需要进行再验证。其他方面，可参照测量设备的管理。

（6）IATF 16949 附加的"测量系统分析（MSA）"

1）即使测量设备都是校准合格的，但测量人、测量方法等都会影响测量结果，为了研究这些影响，就需要进行 MSA。

2）测量系统分析（MSA）是对测量系统进行有效监管的一个重要手段。应用 MSA 技术，通过研究测量系统产生的变差，计算这些变差对测量结果影响的程度，进而得出测量系统是否有能力满足测量要求的结论。

变差是指在相同的条件下，多次测量结果的变异程度。测量系统的变差按性质可以分为位置变差、宽度变差。位置变差主要包括：偏倚、稳定性、线性；宽度变差主要包括：重复性和再现性。测量结果变差的来源如图 2-6 所示。

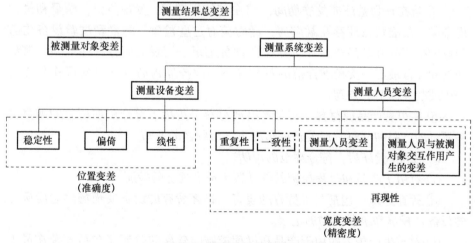

图 2-6　测量结果变差的来源

注 1：一致性可以看成重复性随时间的变化。

注 2：ISO 使用的"准确度"术语包含了偏倚和重复性的含义，与此处的"准确度"含义不同。

3）控制计划中提及的每种测量系统都应进行 MSA，监控关键或特殊产品或过程特性的测量系统，应优先进行 MSA。

4）MSA 分析方法及接受准则应符合测量系统分析参考手册的要求（如美国汽车工业行动集团 AIAG 的《测量系统分析 MSA》、德国汽车联合会的《VDA 5 检测过程的能力》等）。如果得到顾客的批准，也可使用其他替代的 MSA 分析方法和接受准则。替代方法的顾客接受记录应与替代的测量系统分析结果保留在一起。

MSA 的使用可参考本作者所编著的《IATF 16949 质量管理体系五大工具最新版一本通》。

（7）IATF 16949 对"校准/验证记录"的附加要求

1）组织应建立一个形成文件的过程，用于管理校准/验证记录。

2）用以提供符合内部要求、法律法规要求及顾客规定要求证明的所有量具、测量和试验设备，包括员工所有的测量设备、顾客所有的提供给组织使用的测量设备以及现场供应商所有的测量设备，其校准/验证活动的记录都应予以保留。

3）校准/验证活动的记录包括：

① 由于制造工艺和产品更改对测量设备所引发的修订。如测量设备上参数值的调整变化。

② 在校准/验证时获得的任何超出规范的读数。

③ 对超出规范条件下（如监测设备偏离校准状态）产品预期使用风险的评估。

④ 当在计划验证或校准期间，或在其使用期间，发现检验、测量和试验设备偏离校准状态或存在缺陷时，此时应对这些检验、测量和试验设备先前测量的结果的有效性进行评价并保留评价记录。记录上应有这些检验、测量和试验设备最后一次校准合格的日期和下一次校准到期日（这些可在校准报告中或校准标签上查到）。

⑤ 在可疑产品或材料（可疑产品或材料是指用不符合预期用途的测量设备测试的产品和材料）已发运的情况下，给顾客的通知。

⑥ 校准/验证后，符合规范的说明。

⑦ 对用于产品和过程控制的软件版本符合规定的验证。

⑧ 所有量具（包括员工所有的设备、顾客所有的设备或现场供应商所有的设备）校准和维护活动的记录。

⑨ 对与生产相关的用于产品和过程控制的软件的验证（包括安装在员工所有的设备、顾客所有的设备或现场供应商所有的设备里的软件）。因为软件

不像硬件存在老化、磨损、漂移，所以对软件只进行使用前的验证或必要时的再验证，而无须周期验证。

(8) IATF 16949 附加的 "内部实验室要求"

实验室是指 "进行检验、试验或校准的设施"。其范围包括但不限于化学、金相、尺寸、物理、性能或可靠性试验。

组织为了满足顾客的要求、法规的要求和自身管理运行的需要，可能会设立提供检验、试验、校准结果的内部实验室。内部实验室应满足如下要求：

1) 组织内部实验室设施应有一个确定的范围，应明确说明能进行哪些检验、试验或校准服务。以上范围应在质量管理体系文件中进行描述，如在实验室手册中加以说明。

2) 实验室应至少规定并落实以下方面的要求：

① 实验室程序的充分性。程序的数量和描述的详略程度应确保实验过程的受控和试验结果的准确有效。

② 实验室人员的能力，其能力应基于教育、培训和工作经验。

③ 对试验样品和试验过程进行控制，确保试验结果的准确有效和可追溯性。

④ 试验和校准应该依据国际和国家标准，应保证试验和校准结果可溯源到相关标准。如果没有可用的国家或国际标准，组织应明确并实施一个验证测量系统能力的方法，比如制定试验和校准的企业标准。

⑤ 试验和校准应满足顾客的要求。

⑥ 有关实验结果应经有关人员评审签字。

3) 如果组织通过了 ISO/IEC 17025 《检测和校准实验室能力认可准则》或等效标准的认可，则以上要求自然就得到满足了。但需说明的是，取得 ISO/IEC 17025 认可并不是强制性要求。

(9) IATF 16949 附加的 "外部实验室要求"

1) 组织外委的试验/校准项目应包括在受委托的外部实验室范围内。

2) 委托的外部实验室应具有进行外委试验/校准的能力，应满足下列条件之一：

① 实验室应通过 ILAC MRA （国际实验室认可合作组织多边承认协议）承认成员的 ISO/IEC 17025 认可，实验室出具的校准证书或试验报告应包含国家认可机构的标志 （中国合格评定国家认可委员会的标志是 CNAS）。CNAS 是 ILAC MRA 承认的成员。

② 有证据表明外部实验室是顾客可以接受的。顾客的评价或顾客批准的第二方评定等方式可作为证明实验室满足要求的证据。

3）对于某一设备，如果没有具有资格的实验室对其进行校准时，可送原设备制造厂进行校准，此时组织应确保原设备制造厂是有能力的。也就是说原设备制造厂应满足 IATF 16949 之 7.1.5.3.1 条款"内部实验室"的要求。

4）组织采用的校准或检定服务，必要时，可能需要获得政府监管机构的确认。国家对用于贸易结算、安全防护、医疗卫生、环境监测方面的列入强制检定目录的工作计量器具，实行强制检定。

2.6.6 组织的知识（标准条款：7.1.6）

1. 标准条文

7.1.6 组织的知识

组织应确定必要的知识，以运行过程，并获得合格产品和服务。

这些知识应予以保持，并能在所需的范围内得到。

为应对不断变化的需求和发展趋势，组织应审视现有的知识，确定如何获取或接触更多必要的知识和知识更新。

注1：组织的知识是组织特有的知识，通常从其经验中获得，是为实现组织目标所使用和共享的信息。

注2：组织的知识可基于：

a）内部来源（如知识产权、从经验获得的知识、从失败和成功项目汲取的经验和教训、获取和分享未成文的知识和经验，以及过程、产品和服务的改进结果）。

b）外部来源（如标准、学术交流、专业会议、从顾客或外部供方收集的知识）。

2. 理解要点

组织知识管理的对象界定为对过程运行和实现产品/服务符合性所需知识。这类知识主要指组织特定的知识，通常由经验获取，是为实现组织目标所使用和共享的信息。

组织应确定运行过程所需的知识，以获得合格产品和服务。组织应保持这些知识，并在需要范围内可得到。保持的方式有文件、视频、数据库等。

知识的来源包括内部来源、外部来源。内部来源有：知识产权，从经验获得的知识，从失败和成功项目得到的经验和教训，获取和分享未形成文件的知识和经验，过程、产品和服务的改进结果等。外部来源有：标准，学术交流，专业会议，从顾客或外部供方收集的知识等。

为了应对不断变化的需求和发展趋势，组织应对现有知识进行审视，以确定获取更多必要的知识，并对现有的知识进行更新。

对组织的知识进行管理有以下好处：

1）鼓励组织获取知识，满足过程运行对知识的需要，以确保获得合格产品和服务。

2）避免组织知识的流失，例如人员流动带走经验，好的经验未能捕捉和分享。

3）鼓励组织对知识进行更新、创新，以满足不断变化的需求和发展趋势。

图 2-7 所示为知识管理流程。组织的知识管理详见附录 2。

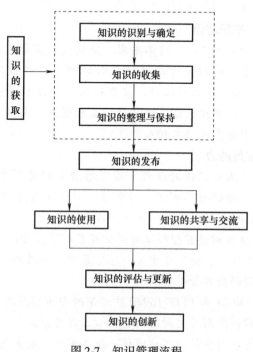

图 2-7 知识管理流程

2.6.7 能力（标准条款：7.2）

1. 标准条文

7.2 能力

组织应：

a）确定在其控制下工作的人员所需具备的能力，这些人员从事的工作影响质量管理体系绩效和有效性。

b）基于适当的教育、培训或经验，确保这些人员是胜任的。

c）适用时，采取措施以获得所需的能力，并评价措施的有效性。

d）保留适当的成文信息，作为人员能力的证据。

注：适用措施可包括对在职人员进行培训、辅导或重新分配工作，或者聘用、外包胜任的人员。

7.2.1 能力——补充

组织应建立并保持形成文件的过程，识别包括意识（见7.3.1）在内的培训需求，并使所有从事影响产品要求和过程要求符合性的活动的人员具备能力。承担特殊任务的人员应具备要求的资格，在满足顾客要求方面要给予特别的关注。

7.2.2 能力——在职培训

对于承担影响质量要求、内部要求、法规或法律要求符合性的新上岗或调整工作的人员，组织应对其进行在职培训（包括顾客要求方面的培训），包括合同工或代理工作人员。在职培训的详细程度应与人员的教育程度及其在日常工作中执行任务的复杂程度相适应。应将不符合顾客要求的后果告知对质量有影响的工作人员。

7.2.3 内部审核员能力

组织应有一个形成文件的过程，在考虑组织规定的要求和/或顾客特殊要求的基础上，验证内部审核员的能力。对审核员能力的要求参见ISO 19011。组织应保持一份合格内部审核员名单。

质量管理体系审核员应能够证实最少具备以下能力：

a）了解汽车行业审核过程方法，包括基于风险的思维。

b）了解适用的顾客特殊要求。

c）了解ISO 9001和IATF 16949中适用的与审核范围有关的要求。

d）了解与审核范围有关的适用的核心工具要求。

e）了解如何策划审核、实施审核、报告审核以及关闭审核发现。

至少，制造过程审核员应证实其具有待审核的相关制造过程方面的技术知识，包括过程风险分析（例如PFMEA）和控制计划。

至少，产品审核员应证实其了解产品要求，并能够使用相关测量和试验设备验证产品符合性。

在组织的人员通过培训来获取能力时，应保留成文信息，证实培训师的能力符合上述要求。

内部审核员能力的维持与改进应通过以下方法进行证实：

f）每年执行组织规定的最小数量的审核。

g）保持适应内部更改（如过程技术、产品技术）和外部更改（如ISO 9001、IATF 16949、核心工具及顾客特殊要求）对相关要求的知识。

7.2.4　第二方审核员能力

组织应证实从事第二方审核的审核员的能力。第二方审核员应符合顾客对审核员资质的特定要求，并证实最少具备以下核心能力，包括了解：

a) 汽车行业审核过程方法，包括基于风险的思维。

b) 适用的顾客特殊要求和组织特殊要求。

c) ISO 9001 和 IATF 16949 中适用的与审核范围有关的要求。

d) 适用的待审核制造过程，包括 PFMEA 和控制计划。

e) 与审核范围有关的适用的核心工具要求。

f) 如何策划审核、实施审核、编制审核报告并关闭审核发现。

2. 理解要点

（1）"能力"的定义

能力是指"应用知识和技能实现预期结果的本领"。要说一个人有能力，就要具备两个条件：

1）有知识和技能。

2）能应用这些知识和技能解决实际问题。

两个条件，缺一不可。没有知识和技能，就谈不上应用。可是有了知识和技能，并不等于你就能应用了。所以，要了解一个人是否具备某种能力，首先要看他是否掌握某种知识，通常可通过考试来确定；其次，是看他是否具备某种技能，是否能应用这种知识和技能来解决实际问题，这方面仅通过考试是难以做出准确判断的，只有通过观察他应用知识和技能解决实际问题的过程，才能做出相对准确的结论。

（2）人员能力的基本要求

在组织控制下从事影响质量管理体系绩效和有效性的工作人员应具有适应其承担职责的能力。这种能力是以教育、培训或经验为基础的。

1）教育，即与岗位职责相应的教育背景，如学历等。

2）培训，即在专业工作中接受过的专门培训。

3）经验，从相似工作的经历中获得的技术、方法、技巧等。

组织应根据岗位职责的需要，就各岗位人员的能力提出具体的可评价的要求。这些要求应写在书面的任职条件中，作为人员招聘、上岗和转岗的依据。任职条件应随产品要求等因素的变化进行更新。

（3）保证人员能力的措施

1）确定人员的能力需求。

根据对产品和服务质量的影响程度，确定工作人员的能力要求。应保证所有从事影响产品要求和过程要求符合性的活动的人员具备能力。

2）提供培训或采取其他措施满足对人员的能力需求。

对不能满足能力要求的人员，可以提供培训以满足要求，也可采取其他措施，如招聘符合要求的人员、师傅带徒弟、换人换岗等措施。

3）评价所采取措施的有效性。

采取的措施是否有效？主要看采取措施后，人员是否具备了所需的能力。

通过对人员能力的度量，评价所采取措施的有效性。

评价方式有理论考核、操作考核、绩效考核、管理人员的评价、观察等。

（4）培训的实施

组织应建立文件化的培训过程，对培训进行控制。

1）确定培训需求。

根据工作岗位对从业者的能力要求以及从业者本身的实际能力确定培训的需求。在确定培训需求时，要考虑质量意识培训的需求，要关注顾客的特定要求。质量意识培训应包括将不符合顾客要求的后果告知对质量有影响的工作人员。

对于承担影响质量要求、内部要求、法规或法律要求符合性的新上岗或调整工作的人员（包括合同工或代理工作人员），组织应对其进行在职培训，培训的内容应包括顾客的要求。

在职培训的详细程度应与人员的教育程度及其在日常工作中执行任务的复杂程度相适应。

培训与教育的目的是不同的。培训是使受训者获得目前工作上所需要的知识与技能，教育是使受教育者获得未来用到的知识。

2）制订培训计划。

主管部门根据各部门提出的培训需求及组织对培训的基本要求，制订培训计划。

培训计划包括培训项目、培训内容、主要负责人、培训日程安排（时间、地点）、培训方式、培训对象等。

3）实施培训。

按培训计划实施培训，培训前要编写好教案，并通知相关人员。

4）培训后的考核

培训后要进行考核，考核内容有理论考核、实际操作技能考核等；考核形式有问答、问卷、技术演示等。

5）培训结果的处理。

根据培训考核的结果确定员工能否胜任或重新培训等。

（5）培训的内容

1）岗位技能培训。

2）质量意识培训。

3）质量知识培训，等等。

（6）培训的对象

培训的对象是"在组织控制下从事影响质量管理体系绩效和有效性的工作人员"，包括与组织有劳动关系的人员，也包括代表组织工作的外包人员以及临时人员。

（7）培训有效性的评价

1）对培训的有效性进行评价，确保经过培训的人员具备了所需的能力。

2）通过对经过培训人员能力变化的度量进行培训有效性的评价。

3）评价方式有：

① 培训后的考核，包括理论考核、实际操作考核等。

② 受培训者的自我评价。

③ 管理人员对受培训者的评价。

④ 对受培训者的绩效进行考核。

⑤ 观察，等等。

（8）培训方式

培训方式有多种选择，内培、外培、实习、自学考试、学术交流等。

（9）从事特殊任务人员的资格认定

对从事特殊任务的人员要进行培训并做好资格认定，*应保证人员资格满足顾客的要求。* 从事特殊任务的人员一般指：

1）特殊过程操作人员，如热处理工、焊工、铸造工、注塑工等。

2）与"特殊特性"有关的工作人员。"特殊特性"见 1.6.11 节。

3）检验、试验人员、外观项目检验人员。

4）售后服务人员。

5）内审员。

6）国家规定的特种作业人员，如电工、锅炉工、天车工、叉车工、计量员等。

以上人员都应进行培训获得规定的资格后，方可上岗工作。资格的确认由组织自己确认，但对于特种作业人员应在相关的上级主管部门取得资格。

（10）IATF 16949 附加的"内部审核员能力"

1）组织应建立一个形成文件的过程，以验证内部审核员的能力。在验证内部审核员的能力时，应考虑组织规定的要求、顾客的特殊要求。

2）组织应保持一份合格内部审核员名单。

3）对审核员能力的要求，可参见 ISO 19011《管理体系审核指南》。本书第4章有专门的讲解。

4）质量管理体系审核员应至少具备以下能力：

① 了解汽车行业审核过程方法，包括基于风险的思维。汽车行业的审核包括质量管理体系审核、过程审核和产品审核。作为一名审核员，应懂得基于风险的思维，采用过程方法进行审核。

② 了解适用的顾客特殊要求。

③ 了解 ISO 9001 和 IATF 16949 中适用的与审核范围有关的要求。应具备与审核范围有关的知识和能力。

④ 了解与审核范围有关的适用的核心工具要求。如 AIAG（美国汽车工业行动集团）的 APQP、FMEA、SPC、MSA、PPAP 五大工具等。

⑤ 了解如何策划审核、实施审核、报告审核以及关闭审核发现。

5）制造过程审核员应至少证实其具有待审核的相关制造过程方面的技术知识，包括过程风险分析（例如 PFMEA）和控制计划。

6）产品审核员应至少证实其了解产品要求，并能够使用相关测量和试验设备验证产品符合性。

7）如果内审员的能力是通过培训获得的，那么组织应确定培训师的能力符合上面4）、5）、6）的要求，要保留培训师能力的证据。

8）通过以下方法维持和改进内部审核员的能力：

① 每年要参加组织规定的最小数量的审核。

② 保持适应内部更改（如过程技术、产品技术）和外部更改（如 ISO 9001、IATF 16949、核心工具及顾客特殊要求）对相关要求的知识。也就是说，内审员知识要适时更新，以满足内部更改和外部更改的要求。

（11）IATF 16949 附加的"第二方审核员能力"

1）组织应保留从事第二方审核的审核员的资质证明，以证实从事第二方审核的审核员具备相应能力。比如组织对供应商进行审核的审核员，组织应证明其具有相应能力。

2）第二方审核员应符合顾客对审核员资质的特定要求，并至少具备以下核心能力，包括：

① 了解汽车行业审核过程方法，包括基于风险的思维。汽车行业的审核包括质量管理体系审核、过程审核和产品审核。作为一名审核员，应掌握相关的审核方法，应了解审核中的风险。

② 了解适用的顾客特殊要求和组织特殊要求。比如组织中对供应商进行

审核的审核员，应了解顾客对组织的特殊要求（这些特殊要求可能需组织的供应商去实现），也应了解组织对其供应商的特殊要求。

③ 了解 ISO 9001 和 IATF 16949 中适用的与审核范围有关的要求。应具备与审核范围有关的知识和能力。

④ 了解待审核制造过程，包括 PFMEA 和控制计划。

⑤ 了解与审核范围有关的适用的核心工具要求。如 AIAG（美国汽车工业行动集团）的 APQP、FMEA、SPC、MSA、PPAP 五大工具等。

⑥ 了解如何策划审核、实施审核、编制审核报告并关闭审核发现。

（12）记录保留

应保留每个员工的教育、培训、经历的记录。这些记录应是与证实人员能力有关的，例如员工的学历证书、培训合格证书、培训成绩单、技能考核记录、资格证书、工作经验证实材料等。

2.6.8 意识（标准条款：7.3）

1. 标准条文

7.3 意识

组织应确保在其控制下工作的人员知晓：

a）质量方针。

b）相关的质量目标。

c）他们对质量管理体系有效性的贡献，包括改进绩效的益处。

d）不符合质量管理体系要求的后果。

7.3.1 意识——补充

组织应保持成文信息，证实所有员工都认识到其对产品质量的影响，以及他们所从事的活动在实现、保持并改进质量中的重要性，还包括顾客要求及不合格品带给顾客的风险。

7.3.2 员工激励和授权

组织应保持形成文件的过程，激励员工实现质量目标、进行持续改进，并建立一个促进创新的环境。该过程应包括在整个组织内提高质量和技术的意识。

2. 理解要点

（1）培养员工质量意识的目的

应对员工进行质量意识方面的培养，使员工：

1）理解公司的质量方针，并意识到个人岗位的活动与实现组织质量方针的紧密联系以及如何为之做出努力。

2）了解与其有关的质量目标，并知道应用什么方法、应做出何种努力才能实现质量目标。

3）认识到自己的工作对质量管理体系有效性的贡献，以及改进质量绩效的益处。认识到自己工作的相关性，自己从事的工作对其他工作的影响。

4）认识到自己对产品质量的影响，认识到自己所从事的活动在实现、保持并改进质量中的重要性。

5）认识到顾客要求，并知道如何使自己的工作满足顾客要求。认识到不合格品带给顾客的风险。

6）认识到不符合质量管理体系要求的后果。

（2）质量意识培训的要求

1）组织应制定培训文件，培训的内容应包含质量意识，要保留员工参加质量意识培训的记录。记录应证实达到了上述（1）的目的。

2）通过质量意识培训，将质量意识培养出来。质量意识，就是对质量的看法和态度。如果员工的质量意识不够，再完善的系统也做不出高质量的产品。表 2-8 列出了一些正确的和不正确的质量意识。

表 2-8　正确与错误的质量意识

正确的质量意识	错误的质量意识
1. 品质是制造出来的，而不是检验出来的。 2. "预防错误""第一次就做对"是最经济的。 3. 提高品质就是降低成本。 4. 执行标准，不可以打折扣。 5. 80%的品质不良是管理决策或组织制度造成的。 6. 预防甚于治疗，任何过失可以事先避免。 7. 品质必须超过顾客的期望。 8. 革除马虎之心，是追求品质的第一要务。 9. 本位主义是引起品质灾难的源头。 10. 品质是追求卓越及永无止境的学习，品质和每个人息息相关。 11. 品质不提高，公司会破产，员工会失业。 12. 不良品多，是件很不光荣的事。 13. 工作场地不讲究整洁，会造成更多的不良。 14. 机器、工具、模具平时不保养，生产不出好产品。 15. 不依照作业标准工作，不良率会增高。 16. 做正确的事，零缺陷是可以达到的	1. 大部分问题错在第一线人员。 2. 孰能无过，品质也不例外。 3. 出什么价，有什么品质。 4. 品质好一定投入的钱多。 5. 品质是检查出来的，不是做出来的。 6. 质量是品管部门的事。 7. 品质是一件很花钱的工作。 8. 99%的良品率意味着一个工厂品质水平很高了。 9. 品质是一线作业人员要控制的事。 10. 品质是需管理人员控制的，与作业员无关。 11. 品质是很抽象的东西，要有高深的知识才能掌握。 12. 经常返工造成交期延误

质量意识培训的重点是使员工形成对质量的正确看法和态度，理解本岗位

在质量管理系统中的作用和意义，理解其工作结果对产品质量、对顾客以及其他工作的影响，知道产品和服务是否合格的标准，知道当产品和服务不合格时如何去做，知道采用何种方法、做出何种努力才能承担本岗位的质量职能，为组织的质量目标做出贡献。质量意识培训的内容包括：质量的理念，质量法律、法规，质量责任，质量对组织和员工的意义和作用等。

> *（3） IATF 16949 附加的 "员工激励和授权"*
>
> *1） 组织应建立并保持一个形成文件的过程，包括以下几个方面的要求：*
> *① 激励员工实现质量目标。*
> *② 激励员工参加持续改进活动。*
> *③ 在整个组织内提高质量和技术的意识。*
> *④ 建立一个促进创新的环境。*
> *2） 应根据不同的行业特点、组织文化，通过激励因素分析，设计出适用的激励机制。*
>
> *在设计激励机制时要注意，报酬是重要的，但这只是工作中的 "保健因素"。所谓保健因素，就是说这些是员工本来就应该得到的，包括工资、合理的绩效考核、安全感等。保健因素不会为员工带来满足感，只会减少员工的不满情绪。作为管理者，搞好这些保健因素是必需的，但同时也要意识到仅仅靠增加报酬这些保健因素，对提高员工的积极性的作用是有限的。*
>
> *管理者在搞好保健因素的同时，要考虑工作中的 "激励因素"，包括认可和赞美、参与管理、升职、授权等，这些因素满足了人性最本质的需求，能给人带来满足感、成就感，因而对员工积极性的提高能够产生不可思议的作用。所以管理学家罗莎贝斯·莫斯·坎特说：报酬是一种权力，而赞美和认可则是一件礼物。*
>
> *一句赞美的话语，一个鼓励的眼神，一个拍拍肩膀的动作，一个伸出大拇指的手势，一个善意的微笑，都会在员工内心深处激起美好的涟漪，都会使员工保持长久的干劲。希望每一位渴望提高员工积极性的管理者牢牢记住这一点。*

2.6.9　沟通（标准条款：7.4）

1. 标准条文

> **7.4　沟通**
>
> 组织应确定与质量管理体系相关的内部和外部沟通，包括：
>
> a） 沟通什么。

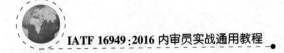

b）何时沟通。

c）与谁沟通。

d）如何沟通。

e）谁来沟通。

2. 理解要点

（1）沟通的目的

沟通就是信息的交换、传递。沟通的目的在于使相关人员获得所需的信息，以达到相互了解，相互信任，共同参与的目的。

沟通的过程是信息在发出者与接受者之间传送的过程。沟通可以是单向的，也可以是双向的、多向的。

（2）沟通的内容与范围

沟通的内容是质量管理体系，即质量管理体系的所有内容都可能会需要沟通。

沟通的范围包括内部沟通和外部沟通。内部沟通就是在组织内部进行的沟通；外部沟通包括与顾客的沟通、与供应商的沟通、与其他相关方（如政府监管部门、消费者协会等）的沟通。

（3）沟通的时机、对象、方式

沟通的时机应根据组织的特点而定，正常情况要定期沟通，出现异常情况应立即沟通。沟通的时机可以是适时、每天、每周、月度、季度、年度等。

沟通的对象因其内容不同而不同。可以是个别沟通、多人沟通、全员沟通等。

可采用多种方式进行沟通，如电子邮件、QQ、微信、会议、通知、备忘录、声像和面对面交流等。应注意沟通方式的有效性，应便捷、有效、生动、易交流、易理解，要重视对信息的反馈和处理。

（4）建立沟通的过程

应在组织内建立适当的沟通过程，对沟通的五要素（沟通的内容、时机、对象、方式和责任人）进行明确。

（5）沟通的管理

根据需要，建立必要的沟通制度，包括确定哪些人员之间需要沟通以及谁负责沟通、沟通的内容、沟通的方式、沟通的时机、沟通所需的记录等。

沟通方面的规定，可结合各个条款来写，如管理评审报告，由谁来发放、发放给谁等可写在管理评审程序中，也可单独形成文件。表2-9所示为某公司的数据和信息传输要求一览表的部分内容。

表 2-9　数据和信息传输要求一览表

序号	类别	信息表单	具体内容	密级	发出岗位	周期	具体时间	接收岗位
1	质量	物料入厂检验合格报告	来料检验合格数据	普通	检验室来料检验	每天	报检后2h内	仓管
2	质量	物料入厂检验不合格报告	来料检验不合格数据	普通	检验室来料检验	每天	报检后2h内	仓管、工艺、品保、采购
3	质量	来料不合格情况日报表	每天来料不合格处理情况汇总	普通	检验室来料检验	每天	次日9:00前	工艺、品保、计划、采购
4	质量	来料质量分析月报	来料批次合格率、趋势、不合格原因分析等	秘密	检验室质量统计	每月	5日前	品保
5	质量	总装不良项目记录表	总装不良项目、数量	普通	总装车间质量主管	每天	次日9:00前	检验室/质量统计
6	质量	物料使用过程批量不合格处理单	使用过程物料批量不合格数据	普通	总装车间、配件车间质量主管	不定	处理完毕1个工作日内	品保
7		……						

2.6.10　成文信息（标准条款：7.5）

1. 标准条文

7.5　成文信息

7.5.1　总则

组织的质量管理体系应包括：

a）本标准要求的成文信息。

b）组织所确定的、为确保质量管理体系有效性所需的成文信息。

注：对于不同组织，质量管理体系成文信息的多少与详略程度可以不同，取决于：

——组织的规模，以及活动、过程、产品和服务的类型；

——过程及其相互作用的复杂程度；

——人员的能力。

7.5.1.1　质量管理体系文件

组织的质量管理体系应形成文件，文件由包括质量手册在内的一系列文件构成，文件的格式可以是电子格式或硬拷贝格式。

质量手册的形式和结构由组织自行决定，取决于组织的规模、文化和复杂性。如果采用一系列文件，则应保留一份构成组织质量手册的文件的清单。

质量手册应至少包括以下内容：

a）质量管理体系的范围，包括任何删减的细节和正当的理由。

b）为质量管理体系建立的形成文件的过程或对其引用。

c）组织的过程及其顺序和相互作用（输入和输出），包括任何外包过程控制的类型和程度。

d）一个显示组织质量管理体系内哪些地方满足了顾客特殊要求的文件（例如：表格、清单或矩阵）。

注：一个显示组织的过程如何满足本汽车质量管理体系标准要求的矩阵，可以帮助组织建立起组织的过程与本汽车质量管理体系标准之间的联系。

7.5.2 创建和更新

在创建和更新成文信息时，组织应确保适当的：

a）标识和说明（如标题、日期、作者、索引编号）。

b）形式（如语言、软件版本、图表）和载体（如纸质的、电子的）。

c）评审和批准，以保持适宜性和充分性。

7.5.3 成文信息的控制

7.5.3.1 应控制质量管理体系和本标准所要求的成文信息，以确保：

a）在需要的场合和时机，均可获得并适用。

b）予以妥善保护（如防止泄密、不当使用或缺失）。

7.5.3.2 为控制成文信息，适用时，组织应进行下列活动：

a）分发、访问、检索和使用。

b）存储和防护，包括保持可读性。

c）更改控制（如版本控制）；

d）保留和处置。

对于组织确定的策划和运行质量管理体系所必需的来自外部的成文信息，组织应进行适当识别，并予以控制。

对所保留的、作为符合性证据的成文信息应予以保护，防止非预期的更改。

注：对成文信息的"访问"可能意味着仅允许查阅，或者意味着允许查阅并授权修改。

7.5.3.2.1 记录保存

组织应有一个确定的形成文件的并且被执行的记录保存政策。对记录的控制应满足法律法规、组织及顾客的要求。

应保留生产件批准文件、工装记录（包括维护和所有权）、产品和过程设计记录、采购订单（如适用）或者合同及其修正，保留时间为产品在现行生产和服务中要求的在期限，再加一个日历年，除非顾客或监管机构另有特殊要求。

注：生产件批准成文信息可包括已批准产品、适用的试验设备记录或已批准的试验数据。

7.5.3.2.2　工程规范

组织应有形成文件的过程，以保证按顾客要求的时间安排及时评审、发放和实施所有顾客工程标准/规范及其更改。

当工程标准/规范更改导致产品设计更改时，请参见 ISO 9001 之 8.3.6 条款的要求。当工程标准/规范更改导致产品实现过程更改时，请参见第 8.5.6.1 条款的要求。组织应保留每项更改在生产中实施日期的记录。实施应包括对文件的更新。

应当在收到工程标准/规范更改通知后 10 个工作日内完成评审。

注：当设计记录引用这些规范，或这些规范影响生产件批准过程的文件时，例如，控制计划、风险分析（如 FMEAs）等，这些标准/规范的更改将引起对顾客的生产件批准记录进行更新。

2. 理解要点

（1）ISO 9001:2015、IATF 16949:2016 "成文信息" 说明

1）IATF 16949:2016 要求组织应将其质量管理体系形成文件，文件由包括质量手册在内的一系列文件构成。

2）ISO 9001:2015 减少了对管理体系文件的 "限定性" 要求，用 "成文信息（documented information）" 取代了老版本中 "文件" 和 "记录" 的表述，不再硬性提出 "形成文件的程序" "质量手册" "记录" 等规定要求，文件可以有多种表现形式。

需注意的是，IATF 16949:2016 对 "质量手册" "记录" 提出了明确的规定。

① 在 ISO 9001:2008 中使用特定的术语，例如文件、形成文件的程序、质量手册或质量计划的地方，ISO 9001:2015 以 "保持（maintain）成文信息" 的形式加以表达。

IATF 16949:2016 针对规范性文件，既有 "保持（maintain）成文信息" 的表述，又有使用特定术语的表述，例如文件。

② 在 ISO 9001:2008 中使用术语 "记录" 以指明所需提供满足要求证据的文件的地方，ISO 9001:2015 则以 "保留（retain）成文信息" 的形式加以表达。

IATF 16949:2016 针对证据性文件，既有 "保留（retain）成文信息" 的表述，又有使用 "记录" 这一特定术语的表述。

③ "保持" 成文信息的要求并不排除组织可能因为特定的目的同时也需要 "保留" 相同的成文信息，例如保留以往的版本。

④ ISO 9001:2015、IATF 16949:2016 提及 "信息" 而非 "成文信息" 的地方，并不

要求将此信息形成文件。在此情况下，组织可以决定是否有必要适当保持成文信息。

> *IATF 16949：2016 提及"建立××过程"而非"形成文件的过程"的地方，并不要求将此过程形成文件。在此情况下，组织可以决定是否将此类过程形成文件。*

3）"成文信息（documented information）"是一个笼统的概念，企业从方便管理出发，有必要对"成文信息"进行分类、分层。至于"成文信息"分类、分层后叫什么名字，由企业自定。也就是说，你仍然可以把文件分成质量手册、程序文件、作业指导书；你可以把文件叫作制度，也可以叫作程序文件；你同样也可以把证据类文件叫作记录。总之，只要有效、方便就行。

> *对于推行 IATF 16949：2016 的企业，应按标准的要求使用"质量手册""记录"这样的文件、记录名称。*

4）"成文信息"从作用上分，可分为规范性文件、证据性文件。我们平常所说的质量手册、程序文件、作业指导书等都是规范性文件，而记录属于证据性文件（表格是规范性文件，当表格填写了内容后，变为证据性文件，则称为记录）。

5）很多企业，企业制度写一套文件，推行 ISO 9001 或 IATF 16949 时写一套文件，推行标准化时写一套文件，推行 3C 认证时写一套文件，产品出口商检时又写一套文件，整个企业文件系统乱七八糟。实际上应该对这些文件进行整合，形成一套完整的文件系统。

按管理对象来分，可将文件分为技术标准、管理标准、工作标准；按文件层次来分，可将文件分为质量手册、程序文件、其他作业文件。一份文件，比如"供应商管理程序"，在 ISO 9001 或 IATF 16949 系统内是"程序文件"，在标准化系统内是"管理标准"，但都是同一份文件，只是从不同的角度来区分而已。就像一位少女，从性别看，她是女性；从年龄看，她是少年。

不要认为写有"标准"字样的东西才是标准，"××管理程序""××作业指导书"等，都可以是"标准"。

6）为了使质量管理体系文件统一协调，达到规范化和标准化要求，企业应就文件的要求、内容、体例和格式等作出规定。

（2）IATF 16949：2016 要求的成文信息

IATF 16949：2016 要求的成文信息包括：

1）IATF 16949 标准明确要求的成文信息。在标准中凡是有"保持（maintain）成文信息（保持记录）""保留（retain）成文信息""形成文件（成文信息）""形成文件的过程"的地方，则需根据标准要求形成成文信息（见表 2-10）。这些成文信息中，有些是必需的，有些根据需要设置。

表2-10　IATF 16949:2016标准明确要求的成文信息

序号	条款	要求的成文信息	保持成文信息（保持记录）	保留成文信息	形成文件（成文信息）	形成文件的过程
1.	4.3	组织的质量管理体系范围应作为成文信息，可获得并得到保持	√			
2.	4.3.1	删减应以成文信息（见ISO 9001之7.5）的形式进行证明和保持	√			
3.	4.4.1.2	组织应有形成文件的过程，用于与产品和制造过程有关的产品安全管理				√
4.	4.4.2	在必要的范围和程度上，组织应： a) 保持并形成文件信息以支持过程运行； b) 保留成文信息以确信其过程按策划进行	√	√		
5.	5.2.2	质量方针应： a) 可获得并保持成文信息	√			
6.	5.3.1	最高管理者应指定人员，赋予其职责和权限，以确保顾客的要求得到满足。这些指定应形成成文件……			√	
7.	6.1.2.1	组织应保留成文信息，作为风险分析结果的证据		√		
8.	6.1.2.2	d) 所采取措施的成文信息		√	√	
9.	6.1.2.3	g) 将应急计划形成文件，并保留描述修订以及更改授权人员的成文信息		√	√	
10.	6.2.1	组织应保持有关质量目标的成文信息		√		
11.	7.1.5.1	组织应保留适当的成文信息，作为监视和测量资源适合其用途的证据		√		
12.	7.1.5.1.1	替代方法的顾客接受记录应与测量系统分析结果一起保留		√		
13.	7.1.5.2	a) 对照能溯源到国际标准或国家标准的测量标准，按照规定的时间间隔或在使用前进行校准和（或）检定，当不存在上述标准时，应保存作为校准或验证依据的成文信息		√		
14.	7.1.5.2.1	组织应有一个形成文件的过程，用于管理校准/验证记录。用以提供符合内部要求、法律法规要求及顾客要求及顾客规定要求规定的测量设备（包括员工所有的所有量具、测量和试验设备、法律法规设备、顾客所有的设备或驻厂供应商所有的设备），其校准/验证活动的记录应予以保留。 …… d) 当在计划验证或校准期间，或在其使用期间，检验、测量和试验设备被查出偏离校准或存在缺陷时，应保留这些检验、测量和试验设备有效性方面的成文信息，包括校准报告上最后一次校准合格的日期和下一次校准到期日		√		√

（续）

序号	条款	要求的成文信息	保持成文信息（保持记录）	保留成文信息	形成文件（成文信息）	形成文件的过程
15.	7.2	保留适当的成文信息，作为人员能力的证据		√		
16.	7.2.1	组织应建立并保持形成文件的过程，识别包括意识（见7.3.1）在内的培训需求，并使所有从事影响产品要求和过程要求符合性活动的人员具备能力		√		√
17.	7.2.3	组织应有一个形成文件的过程，在考虑顾客特殊要求的基础上，验证内部审核员的能力。…… 在通过培训来取得人员能力的情况下，应保留成文信息，证实培训师的能力符合上述要求		√		√
18.	7.3.1	组织应保持成文信息，证实所有员工都认识到其对产品质量的影响……	√			
19.	7.3.2	组织应保持形成文件的过程，激励员工实现质量目标，进行持续改进，并建立一个促进创新的环境				√
20.	7.5.1.1	组织的质量管理体系应形成文件，文件由包括质量手册在内的一系列文件构成，文件的格式可以是电子格式或硬拷贝格式			√	
21.	7.5.3.2.1	组织应有一个确定的形成文件的并且被执行的记录，对记录保存政策。对记录保存的控制应满足法律法规、组织及顾客保存的要求。 应保留生产件批准文件……		√	√	
22.	7.5.3.2.2	组织应有形成文件的过程，以保证按顾客要求的时间安排及时评审、发放和实施所有顾客工程标准/规范及其更改。实施应包括对文件的更新 组织应保留每项更改在生产中实施日期的记录，确定并保持，保留成文信息，以……	√	√		√
23.	8.1	e）在必要的范围和程度上，确定并保持进行： 1）确信过程已经按策划进行； 2）证实产品和服务符合要求	√	√		

序号	条款	要求			
24.	8.2.3.1.1	组织保留形成文件的证据，证明对ISO 9001之8.2.3.1中正式评审要求的放弃有顾客授权		√	
25.	8.2.3.2	适用时，组织应保留与下列方面有关的成文信息： a) 评审结果； b) 产品和服务的新要求		√	
26.	8.3.1.1	组织应将设计和开发过程形成文件	√		
27.	8.3.2	j) 证实已经满足设计和开发要求所需的优先级的成文信息			√
28.	8.3.2.3	组织应按照风险和对顾客潜在影响的先级，为软件开发能力自评估保留成文信息		√	
29.	8.3.3	组织应保留有关设计和开发输入的成文信息		√	
30.	8.3.3.1	组织应对合同评审结果的产品设计输入要求进行识别，形成文件并进行评审			√
31.	8.3.3.2	组织应对制造过程设计输入要求进行识别，形成文件并进行评审			√
32.	8.3.3.3	组织应采用多方法验证方法来建立、形成文件实施用于识别特殊特性的过程	√		
33.	8.3.4	f) 保留这些活动的成文信息		√	
34.	8.3.4.4	如顾客有所要求，组织应在发运之前获得形成文件的产品批准。此类批准的记录应予以保留		√	
35.	8.3.5	组织应保留有关设计和开发输出的成文信息		√	
36.	8.3.5.2	组织应将制造过程设计输出形成文件		√	
37.	8.3.6	组织应保留下列方面的成文信息： a) 设计和开发变更； b) 评审的结果； c) 变更的授权； d) 为防止不利影响而采取的措施		√	

（续）

序号	条款	要求的成文信息	保持成文信息（保持记录）	保留成文信息	形成文件（成文信息）	形成文件的过程
38.	8.3.6.1	如顾客有所要求，组织应在生产实施之前，从顾客处获得形成文件的批准或弃权。对于带有嵌入式软件的产品，组织应对软件硬件的版本等级形成文件，作为更改记录的一部分			√	
39.	8.4.1	对于这些活动和由评价引发的任何必要的措施，组织应保留保留成文信息		√		
40.	8.4.1.2	组织应有一个形成文件的供应商选择过程				√
41.	8.4.2.1	组织应有一个识别外包过程并选择控制类型和程度的文件化的过程，以验证外部提供的产品、过程和服务对内部（组织的）要求和外部顾客要求的符合性				√
42.	8.4.2.2	组织应有形成文件的过程，确保所采购的产品、过程和服务符合收货国、发运国和顾客确定的目的国（如有）的现行适用法律法规要求				√
43.	8.4.2.3.1	组织应按照风险和对顾客潜在影响的优先级，要求供应商对软件开发能力进行自我评估并保留保留成文信息		√		
44.	8.4.2.4	组织应为供应商绩效评价制定形成文件的过程和准则				√
45.	8.4.2.4.1	基于风险分析，包括产品安全/法规要求、供应商绩效和质量管理体系认证水平，组织至少将第二方审核的需求、类型、频率和范围固的确定准则形成文件。组织应保留第二方审核报告的记录		√	√	
46.	8.5.1	a) 可获得成文信息，以规定以下内容： 1) 拟生产的产品、提供的服务或进行的活动的特征； 2) 拟获得的结果 b)	√		√	
47.	8.5.1.3	e) 保留作业准备和首件/末件确认后过程和产品批准的记录	√	√		

序号	条款号	标准要求			
48.	8.5.1.5	组织应制定、实施并保持一个形成文件的全面生产维护系统。 …… f) 形成文件的维护目标		√	
49.	8.5.2	当有可追溯要求时，组织应控制输出的唯一性标识，且应保留所需的成文信息以实现可追溯	√		
50.	8.5.2.1	组织应对所有汽车产品的组织内部、顾客及法规要求的可追溯性进行分析，包括根据风险或严重程度、顾客的严重级或失效等级，制定可追溯性方案并形成文件 …… d) 确保成文信息被保留，保留的形式（电子、硬拷贝、档案）能够使组织满足响应时间要求	√	√	
51.	8.5.3	若顾客或外部供方的财产发生丢失、损坏或发现不适用情况，组织应向顾客或外部供方报告，并保留所发生情况的成文信息	√		
52.	8.5.6	组织应保留成文信息，包括有关更改评审的结果，授权进行更改的人员以及根据评审所采取的必要措施	√		
53.	8.5.6.1	组织应有一个形成文件的过程，对影响产品实现的更改进行控制和反应。 …… c) 将相关风险分析的证据成文件； d) 保留验证和确认的记录。 …… f) 在实施更改之前获得形成文件的批准	√	√	√

（续）

序号	条款	要求的成文信息	保持成文信息（保持记录）	保留成文信息	形成文件（成文信息）	形成文件的过程
54.	8.5.6.1.1	组织应识别过程控制手段，包括检验、测量、试验准则以及控制以及备用或备用装置，形成文件的清单并予以保持，清单应包含基本过程控制以及经批准方法的使用进行管理。 组织应有一个形成文件的过程，对替代控制方法的使用进行管理。 …… 基于严重程度，并在确认防错装置或过程重新启动期间对所有特征均得以有效恢复的基础上，在规定时期内对重新启动期间对其进行验证形成文件			√	√
55.	8.6	组织应保留有关产品和服务放行的成文信息。成文信息应包括： a) 符合接收准则的证据； b) 可追溯到授权放行人员的信息		√		
56.	8.6.1	组织应将验证产品和服务要求以满足策划安排纳入控制计划中，并按照控制计划的要求形成成文信息	√		√	√
57.	8.7.1.1	组织应保持授权的期限或数量方面的记录			√	√
58.	8.7.1.4	组织应有一个形成文件的符合控制计划对原有返工确认过程，或者其他形成文件的相关信息，用于验证对原有返工产品规范的符合性。 组织应保留与返工产品处置有关的成文信息，包括数量、处置日期及适用的可追溯性信息		√	√	√
59.	8.7.1.5	组织应有一个形成文件的符合控制计划的返修确认过程，或者其他形成文件的相关信息。 组织应获得顾客对待返修产品的形成文件的让步授权。 组织应保留与返修产品处置有关的成文信息，包括数量、处置日期及适用的可追溯性信息		√	√	√
60.	8.7.1.7	组织应有一个形成文件的过程，用于不进行返工或返修的不合格品的处置			√	√

序号	条款	要求	栏1	栏2	栏3
61.	8.7.2	组织应保留下列成文信息： a) 描述不合格； b) 描述所采取的措施； c) 描述获得的让步； d) 识别处置不合格的授权		√	
62.	9.1.1	组织应评价质量管理体系的绩效和有效性。组织应保留适当的成文信息，以作为结果的证据		√	
63.	9.1.1.1	应记录重要的过程事件，如更换工装或修理机器等，并将其当作成文信息予以保留。…… 组织应保持过程更改生效日期的记录	√	√	
64.	9.2.2	f) 保留成文信息，作为实施审核方案以及审核结果的证据		√	
65.	9.2.2.1	组织应有一个形成文件的内部审核过程			√
66.	9.3.3	组织应保留成文信息，作为管理评审结果的证据		√	
67.	9.3.3.1	当未实现顾客绩效目标时，最高管理者应建立一个文件化的措施计划并予实施			√
68.	10.2.2	组织应保留成文信息，作为下列事项的证据： a) 不合格的性质以及随后所采取的措施； b) 纠正措施的结果		√	
69.	10.2.3	组织应有形成文件的问题解决过程			√
70.	10.2.4	组织应有一个形成文件的过程，以确定使用适当的防错方法。所采用方法的详细信息，应在过程风险分析中（如 PFMEA）形成文件，试验频率应规定在控制计划中。过程应包括错装或模拟失效的试验。应保持记录……	√	√	√
71.	10.3.1	组织应有一个形成文件的持续改进过程			√

2）组织为确保质量管理体系有效运行而适当增加的成文信息。除上述 1）提到的成文信息外，组织可以根据自身产品、服务及过程的实际情况增加成文信息。这类成文信息包括质量管理体系策划和运行所需的外来文件的信息。

（3）质量管理体系成文信息的多少和详略程度的依据

质量管理体系成文信息的范围和详细程度取决于组织的规模，活动、过程、产品和服务的类型，过程及其相互作用的复杂程度，人员的能力等。

（4）成文信息的存在形式与载体

成文信息可以任何形式和载体出现。成文信息的形式可以是视频、音频、图像、文字等，载体可以是硬拷贝形式（纸质等）、电子形式等。一般而言，当资料经由打印机输出至纸上称为硬拷贝（hard copy），若资料显示在荧幕上则称为软拷贝（soft copy）。

（5）IATF 16949 对"质量管理体系文件"的补充要求

1）组织的质量管理体系应形成文件，文件由包括质量手册在内的一系列文件构成。

2）质量手册的形式和结构由组织自行决定，取决于组织的规模、文化和复杂性。如果组织的质量管理体系文件包括质量手册、程序文件等一系列文件，则应编制一份文件清单作为质量手册的一部分。

3）质量手册的内容。质量手册应至少包括以下内容：

① 质量管理体系的范围，包括覆盖的 IATF 16949 的要求、覆盖的产品、覆盖的部门。如有删减，则应明确说明并陈述理由。

② 为质量管理体系建立的形成文件的过程或对其引用。为此，一般要建立 IATF 16949 标准条款与过程文件对应表，或过程与 IATF 16949 标准条款矩阵表（此表可以帮助组织建立起组织的过程与 IATF 16949 标准之间的联系）。

③ 组织的过程及其顺序和相互作用（输入和输出），包括任何外包过程控制的类型和程度。为此，一般要建立过程分析表（参考第 1 章 1.4.12 节）、过程网络图（详见第 1 章 1.4.6 节）、过程关联矩阵图（详见第 1 章 1.4.7 节）。

④ 顾客特殊要求与质量管理体系过程的矩阵图（也可使用表格、清单等方式）。此图显示了组织质量管理体系内哪些地方满足了顾客特殊要求。

（6）成文信息创建和更新的要求

1）规范性文件创建和更新的要求。

① 文件的标识和说明，如名称标识、部门标识、编号标识、版本标识、分类标识、重要程度标识、时间标识、颜色标识、文件作者、内容摘要、索引编号等。标识和说明的繁简程度，视具体情况而定。标识和说明的目的是便于检索、识别、使用。

② 文件的形式和载体。形式可以是视频、音频、图像、书面文件等，载体可以是纸质版、电子版等。

③ 文件的审查和批准。规范性文件发布前应由授权人员进行审查和批准，以确保文件的适宜性（适宜性：指文件符合组织的实际，可操作）和充分性（充分性：就是说该规定的都作了规定）。审查是保证文件的正确性，批准意味着从行政上赞同文件的实施。

④ 文件的评审。文件在实施中可能会由于各种情况发生变化（如标准换版，组织结构、产品、过程、法律法规等发生变化），这时有必要对文件进行评审。组织也可根据需要（如持续改进的需要）进行定期评审，以确定是否需要修改或更新以保持文件的充分性、适宜性，若修改需再次批准。

2）证据性文件（记录）创建和更新的要求。

① 证据性文件的标识和说明，如名称标识、部门标识、编号标识、分类标识、重要程度标识、时间标识、使用说明等。标识和说明的繁简程度，视具体情况而定。证据性文件标识的目的是便于检索，唯一可追溯。

② 证据性文件的形式和载体。形式可以是视频、音频、图像、书面表格记录、书面文件等，载体可以是纸制版、电子版等。

③ 证据性文件的签署。证据性文件中会包含各种类型的签署，有作业后的签署，有认可、审定、批准等的签署。只有签署完整的记录才可以按要求发出。

④ 证据性文件的更正。证据性文件应真实、准确、清晰，容易辨认。证据性文件不得随意涂改。在填写记录出现笔误以后，不要在笔误处乱涂乱画，甚至抹成黑疙瘩或用修正液加以掩盖。正确处置笔误的方法，是将笔误的文字或数据上，用原使用的笔墨画一横线，再在笔误处的上行间或下行间填上正确的文字和数值。

（7）成文信息的控制的目的

1）在需要的场合和时机，都能得到适用的文件（获取的方便性）。

2）使文件得到充分保护，防止泄密、误用、缺失等。

（8）规范性文件的控制

适当时，应实施以下的文件控制活动，确保文件得到充分的保护，防止泄密、误用、残损。

1）文件的发放。质量体系文件应按其应用范围和保密级别，事先确定每种文件的发放范围、发放数量和发放手续。文件发放均需办理签收手续，重要的和密级高的文件上均需按发放数量编顺序号，在发放时对号登记持有或负责保管者的部门和姓名。文件发放要有专人负责。

将文件分为"受控文件（受到更改控制的文件）"和"非受控文件"两类。对"受控文件"，要作受控标记，例如加盖"受控"图章或其他自定的方式。

为了投标或其他目的而外发的文件，且不准备对这些文件进一步控制时，则应在文件上标明"非受控"字样。

2）文件的贮存和防护（包括保持可读性）。文件应贮存在适宜的环境中，采取防潮、防火、防霉、防蛀等防止损坏和遗失的措施，确保文件清晰可读。文件的贮存应便于存取、检索、使用。

3）文件的检索与访问。可按名称、部门、产品、编号进行检索。对访问的权限作出规定，如规定纸质文件的查阅权限、规定电子文件的变更、查阅和打印等权限。

4）文件的使用管理。不得在受控文件上乱涂乱画，不得私自更改、外借。

5）文件的更改。文件更改时需注意下列事项：

① 更改影响的评估。文件的更改可能对体系或产品/服务带来影响。如是这样，则需在实施更改前评估更改的影响并通知有关部门。

② 更改必须有书面更改单，记录更改的缘由、会签、审批、更改内容、更改标识、更改执行人等事项。书面更改单应当随被更改文件保留相同期限。

③ 文件的更改和修订情况决定了文件的有效和无效状态，应有适宜可行的方法识别这些状态。通常的方法有编制并发布表明文件名称、编号及现行修订状态的控制清单；在文件上做出状态标识，如版本号（A、B、C……）、修订号（0、1、2……）等。

④ 更改审批。更改文件应由原审批部门进行审批，保持连续性。如由于原审批部门撤并或职能调整，需指定其他部门审批时，该部门应获得审批所需依据的有关背景材料。

背景资料包括：原文件审批时依据的资料，本次提出更改所依据的资料，与本次更改文件相关的其他文件等。

⑤ 更改协调。更改时，必须注意某一文件更改是否会引起其他有关文件作相应的更改。如设计图样更改，可能会引起工艺文件更改。

⑥ 更改时间的安排。更改实施的关键是时间的安排。设计更改的实施应考虑到更改前库存的所有配件、材料（包括采购途中的材料）的利用。

⑦ 更改执行。更改后，应注意及时将更改内容同步发放到需要的场所，或规定同步执行的时间、对象。

6）作废文件的保留与处置。为了防止使用作废文件，应及时将作废或失效文件从使用场所收回或处置。若要保留作废文件时，应采用适当的标识方法，例如在作废文件上加盖"作废保留"章。

（9）规范性外来文件的控制

外来文件一般可包括：与产品有关的法律法规、标准、规范、顾客图样等。应就外来文件的识别、收集、审查、批准、归档、编目、标识、发放、使用、评审、更新、补充和作废等作出规定，以保持外来文件的适宜性。

应该建立一个渠道（如参加标准化协会等），以便及时收集到文件的最新版本或修改信息。

（10）证据性文件（记录）的控制

1）记录的作用。

① 为要求得到满足，为质量管理体系有效进行提供客观证据。

② 为有追溯性的场合提供证实。

③ 为数据分析，为采取纠正和预防措施提供客观证据。

2）记录控制的要求。

① 记录控制要满足法规、组织及顾客的要求。

② 记录编制时，要目的明确、功能健全、项目全面、填写简便、形式规范、整理方便。

③ 记录应真实、准确、清晰，容易辨认。质量记录不得随意涂改，即使笔误必须更改时，也只能是画线更改并在画线处签署更改者姓名。

3）记录控制的管理。

应制定记录控制的文件，文件中应就记录的分发、接收、贮存、保护、检索、使用、保存期限和处理作出规定。

① 分发与接收。应按规定的时间和分发范围进行分发；接收时应办理必要的签收手续。

② 贮存和防护。记录应贮存在适宜的环境中，采取防潮、防火、防霉、防蛀等防止损坏和遗失的措施，确保记录清晰可读。对于字迹自然消失的传真纸，应将内容复印到字迹不易消失的纸上进行保存。为了保护质量记录，使其不丢失和损坏，应就质量记录的收集、传递、归档、保管作出规定。

③ 检索、访问与使用。可按名称、部门、产品、编号进行检索。应规定记录可以接触的范围（必要时，规定保密级别）、人员和手续，以防止无关人员接触、篡改，等等。查阅时应由主管人员检索提供，不得由外人随意翻找索取。记录查阅时若需复制，需经相关负责人批准，无论是查阅还是复制，都应确保记录的完整无损。查阅或复制完毕后应由主管人员摆放回原位。对借阅的权限、借阅中的注意事项、归还的时间与要求作出规定并严格执行。

④ 保留与处置。记录的归档、保留方式应便于存取和查阅，应按流水号依次排列存放并做好相应的分类、编目工作，等等。应规定记录的保留期限。规定记录的保留期限时应考虑下列因素：

a）法律、法规及产品责任的有关要求。

b）顾客要求。

c）产品的寿命周期/责任期/保修（质）期/有效期。

d) 设备报废时间。

e) 人员在职时间。

f) 有效的追溯期。

g) 认证审核周期，等等。

IATF 16949 特别要求：生产件批准文件（可包括已批准产品、适用的试验设备记录或已批准的试验数据）、工装记录（包括维护和所有权）、产品和过程设计记录、采购订单/合同及其修正，其保存时间必须是产品在现行生产和服务中要求的在用期（产品的在用期是指不再生产该产品并不再提供对该产品的售后服务的最后时限）再加上一个日历年（"再加一个日历年"是指不论产品的在用期到哪个月份结束，都要将保存时间推迟到下一年的 12 月 31 日），除非顾客或监管机构另有特殊要求。

对到期的记录进行销毁或对有长期保留价值的记录进行归档。最好规定销毁的审批手续和执行方法，以免造成无法挽回的损失。

(11) IATF 16949 附加的"顾客工程规范的管理"

1）建立一个形成文件的过程，以保证按顾客要求的时间安排及时评审、发放和实施所有顾客工程标准/规范及其更改。顾客工程规范是指顾客的产品标准、图样、设计文件等。

这一过程包括：

① 顾客工程标准/规范及其更改的接收、评审、登记、发放、实施、反馈等。

② 组织应在收到顾客工程标准/规范更改通知后 10 个工作日内，对收到的顾客工程标准/规范及其更改进行评审。

③ 组织应记录并保留更改的实际实施日期。工程更改通知单上的生效日期不一定是更改实际实施日期。比如，工程更改通知单上要求某零件尺寸更改的生效日期为 5 月 6 号，但更改通知单下发后直到 5 月 6 号并不生产该零件，而是在 5 月 8 号才开始生产，这样更改的实际实施日期就应该是 5 月 8 号。

④ 应考虑到对相关文件进行更新，如特殊特性、FMEAs、控制计划、作业指导书等。

2）当顾客工程标准/规范更改导致产品设计更改时，请参考 ISO 9001/IATF 16949 第 8.3.6 条"设计和开发更改"的要求执行（见本书 2.7.3 节）。当顾客工程标准/规范更改导致产品实现过程更改时，请参见 IATF 16949 第 8.5.6.1 条"更改控制——补充"的要求执行（见本书 2.7.10 节）。

3）当顾客工程标准/规范的更改影响到设计记录（设计记录就是我们平常所说的图样及设计文件）或PPAP生产件批准文件时，例如，控制计划、风险分析（如FMEAs）等，则应对设计记录或PPAP生产件批准文件做相应的更新。当顾客有要求时，更新后的控制计划、风险分析（如FMEAs）等需送顾客批准。

2.7　运行（标准条款：8）

2.7.1　运行的策划和控制（标准条款：8.1）

1. 标准条文

8　运行

8.1　运行的策划和控制

为满足产品和服务提供的要求，并实施第6章所确定的措施，组织应通过以下措施对所需的过程（见4.4）进行策划、实施和控制：

a）确定产品和服务的要求。

b）建立下列内容的准则：

1）过程。

2）产品和服务的接收。

c）确定所需的资源以使产品和服务符合要求。

d）按照准则实施过程控制。

e）在必要的范围和程度上，确定并保持、保留成文信息，以：

1）确信过程已经按策划进行。

2）证实产品和服务符合要求。

策划的输出应适合于组织的运行。

组织应控制策划的变更，评审非预期变更的后果，必要时，采取措施减轻不利影响。

组织应确保外包过程受控（见8.4）。

8.1.1　运行的策划和控制——补充

在对产品实现进行策划时，应包含以下内容：

a）顾客产品要求和技术规范。

b）物流要求。

c）制造可行性。

d）项目策划（参见 ISO 9001 之 8.3.2）。

e）接收准则。

ISO 9001 之 8.1c）中的资源与所要求的产品特定的验证、确认、监视、测量、检验和试验活动以及产品接收准则有关。

8.1.2 保密

组织应确保顾客委托的正在开发的产品、项目和有关产品信息的保密。

2. 理解要点

（1）运行策划和控制的说明

运行过程是指产品和服务实现的过程。本条款是对产品和服务实现的策划和控制的总体要求。要求组织按照标准 4.4 条款对质量管理体系过程的要求，策划、实施和控制产品和服务所需的过程，并实施标准第 6 章策划中所确定的应对风险和机遇的措施以及实现质量目标的措施。

运行过程从识别并确定顾客需求开始，涉及产品和服务的设计和开发、采购、生产、检验、交付及后续服务、不合格输出的控制一系列过程，以及这一系列过程的风险应对、绩效实现所需的过程。通过这一系列运行过程，将产品和服务要求转化为向顾客提供的产品和服务。

在向顾客提供产品和服务之前，组织应当针对运行过程进行认真的策划，然后依据策划的结果实施，确保最终向顾客提供满足要求的产品和服务。

（2）运行策划和控制的内容

运行策划和控制的内容包括：

1）确定产品和服务的要求。产品和服务的要求的信息来源于标准"8.2 产品和服务的要求"。组织应该根据顾客的要求和技术规范、物流要求、制造可行性、国家的法律法规等，针对产品和服务制定具体的、有针对性的产品和服务要求。这些要求可以在技术文件、工艺文件、检验规范、生产指令单等文件中明确。

2）建立保证过程有效运行的控制准则，以及产品和服务的接收准则。可以是程序文件、作业指导书、工艺标准、检验规范、服务规范，也可以是样板或模板等。

3）确定为达到符合产品和服务的要求所需的资源。如人力资源、基础设施、运行环境、知识、监视和测量资源等，该条款是 IATF 16949 标准 7.1 条款的要求在运行过程中的体现。

资源应满足产品特定的验证、确认、监视、测量、检验和试验活动以及产品接收准则的需要。

4）IATF 16949 特别强调，在进行产品实现策划时，应包含以下内容：

① 顾客产品要求和技术规范。要将顾客产品要求和技术规范体现在组织的产品和服务的要求中。

② 物流要求。组织的产品和服务的要求中应体现物流要求。

③ 制造可行性。组织在进行产品实现策划时，应明确制造可行性的分析方法和判定准则。

④ 项目策划。项目策划，主要是设计和开发策划，包括产品设计和开发策划、过程设计和开发策划。项目策划是产品实现策划的一部分，在进行产品实现策划时，考虑如何做好项目策划是必须进行的工作。代工企业可能不需要产品设计和开发策划，但过程设计和开发策划是必需的。

⑤ 接收准则。在进行产品实现策划时，必须确定产品和服务的接收准则。

⑥ 在进行产品实现策划时，应保证资源能满足产品特定的验证、确认、监视、测量、检验和试验活动以及产品接收准则的需要。

5）按照策划的准则要求实施过程并对过程进行控制，确保过程处于受控状态。

6）确定并保持、保留必要的成文信息，为过程的有效实施提供信心，为证实产品和服务符合要求提供证据。成文信息的多少取决于：

① 成文信息能给过程已按策划的要求实施提供信心。

② 成文信息能够证实产品和服务符合要求。

通俗地讲，就是要明确每一过程需要使用什么文件，需要保留什么记录。

（3）运行策划和控制的要求

1）运行策划的输出形式应适合组织的运作方式，可以是口头的形式（小型组织或简单产品），可以是文件的形式，也可以是实物的形式。关键是能否证实策划的结果。

2）运行过程，是整个质量管理体系过程中的一个重要组成部分。因此，对运行的策划和控制，应该注意与组织质量管理体系的其他过程的有关要求相协调，并满足 IATF 16949 之 4.4 条款（质量管理体系及其过程）、6 条款（策划）的有关要求。

3）当内、外部环境发生重大变化时，运行过程可能需要变更。组织应对运行过程的变更进行控制，以确保运行正常。变更要符合标准"6.3 变更的策划"的要求。

对于非预期变更（计划外的变更、临时变更、实施纠正措施和改进需要的变更），在实施变更前要进行评审。如果评审发现非预期变更可能造成不利影响，那么在实施变更的同时就需采取必要措施以减轻或消除其影响。

4）按标准 8.4 条款（外部提供的过程、产品和服务的控制）的要求对外包过程进行控制。"外包"是指安排外部组织承担组织的部分职能或过程。

（4）IATF 16949 附加的"保密"

1）策划时，必须考虑如何对顾客委托的产品、项目和有关产品信息进行保密，应制定相关的保密措施。

2）按照策划的保密措施实施保密工作。未经顾客允许组织不得将顾客信息泄露给第三方。

2.7.2 产品和服务的要求（标准条款：8.2）

1. 标准条文

8.2 产品和服务的要求
8.2.1 顾客沟通
与顾客沟通的内容应包括：

a) 提供有关产品和服务的信息。

b) 处理问询、合同或订单，包括变更。

c) 获取有关产品和服务的顾客反馈，包括顾客投诉。

d) 处置或控制顾客财产。

e) 关系重大时，制定应急措施的特定要求。

8.2.1.1 顾客沟通——补充

应按顾客同意的语言进行书面或口头沟通。组织应有能力按顾客规定的语言和方式（如计算机辅助设计数据、电子数据交换等）沟通必要的信息，包括数据。

8.2.2 产品和服务要求的确定

在确定向顾客提供的产品和服务的要求时，组织应确保：

a) 产品和服务的要求得到规定，包括：

1) 适用的法律法规要求。

2) 组织认为的必要要求。

b) 提供的产品和服务能够满足所声明的要求。

8.2.2.1 产品和服务要求的确定——补充

此要求包括再利用、对环境的影响以及根据组织对产品和制造过程所掌握知识的结果所识别的特性。

符合 ISO 9001 之 8.2.2 a) 1) 的要求应包括但不限于：

所有适用的政府、安全和环境法规，适用于材料的获取、贮存，搬运、再利用，销毁或废弃。

8.2.3　产品和服务要求的评审

8.2.3.1 组织应确保有能力向顾客提供满足要求的产品和服务。在承诺向顾客提供产品和服务之前，组织应对如下各项要求进行评审：

a）顾客规定的要求，包括对交付及交付后活动的要求。

b）顾客虽然没有明示，但规定的用途或已知的预期用途所必需的要求。

c）组织规定的要求。

d）适用于产品和服务的法律法规要求。

e）与以前表述不一致的合同或订单要求。

组织应确保与以前规定不一致的合同或订单要求已得到解决。

若顾客没有提供成文的要求，组织在接受顾客要求前应对顾客要求进行确认。

注：在某些情况下，如网上销售，对每一个订单进行正式的评审可能是不实际的，作为替代方法，可评审有关的产品信息，如产品目录。

8.2.3.1.1　产品和服务要求的评审——补充

组织应保留形成文件的证据，证明对 ISO 9001 之 8.2.3.1 中正式评审要求的放弃有顾客授权。

8.2.3.1.2　顾客指定的特殊特性

组织应证实在特殊特性的指定、形成文件和控制方面符合顾客的要求。

8.2.3.1.3　组织制造可行性

组织应采用多方论证方法来进行分析，以确定组织的制造过程是否可行，是否能够始终生产出符合顾客规定的全部工程和产能要求的产品。组织应对任何对其而言新的制造或产品技术，以及任何更改过的制造过程或产品设计进行可行性分析。

此外，组织应当通过生产运行、标杆研究或其他适当的方法，确认其能够以所要求的速度生产出符合规范的产品。

8.2.3.2 适用时，组织应保留与下列方面有关的成文信息：

a）评审结果。

b）产品和服务的新要求。

8.2.4　产品和服务要求的更改

若产品和服务要求发生更改，组织应确保相关的成文信息得到修改，并确保相关人员知道已更改的要求。

2. 理解要点

（1）与顾客的沟通

1）沟通的内容。

沟通是组织与顾客之间的双向行为。组织应建立一个沟通过程，做好与顾客的售前（签订合同、接受订单之前——提供产品和服务之前）、售中（签订合同、接受订单之后——在产品和服务提供过程中）、售后（产品销售后——提供产品和服务之后）的沟通，沟通的内容包括：

① 提供给顾客的产品和服务的信息。

② 问询、合同或订单的处理包括其更改。

③ 顾客对产品和服务的反馈，包括其抱怨、投诉。

④ 顾客财产的处理或控制。ISO 9001、IATF 16949 标准 8.5.3 条款要求"若顾客或外部供方的财产发生丢失、损坏或发现不适用情况，组织应向顾客或外部供方报告"。比如发现顾客提供的模具损坏了，此时就需要与顾客进行沟通，看看如何处理损坏的模具。

⑤ 针对重大事项的应急措施。当出现了对满足顾客要求有负面影响的问题时，组织应与顾客就可能的事宜和可采取的措施进行沟通。比如在顾客的生产线上发现组织提供的零件轴径偏大，此时组织可与顾客沟通协商，采取在顾客处对零件轴径进行再加工的应急措施，所产生的费用由组织承担。

组织应考虑事先为重大事件制定应急措施，以确保一旦出现紧急情况时有章可循，及时与顾客沟通，最大限度地降低风险。

2）沟通的目的。

使组织与顾客之间建立良好的联系，达到相互了解，相互信任，防止并及时解决可能出现的差错和误解。

3）沟通的管理。

① 组织应建立一个沟通过程，并对沟通的责任、方式、渠道、内容、时机、要求、内部协调、结果的处理利用等进行适当的规定，形成文件并实施。

② 组织应有能力按顾客规定的语言和方式沟通必要的信息（包括数据）。

（2）产品和服务要求的确定

在确定向顾客提供的产品和服务的要求时，即签订合同或确认订单，以及在招投标状态下提交标书时，组织应确保：

1）产品和服务的要求得到规定。产品和服务的要求包括法律法规规定的要求以及组织认为的必要要求。*法律法规应包括与材料的获取、贮存、搬运、再利用、销毁或废弃有关的所有适用的政府、安全和环境法规。*

> 产品和服务的要求还包括再利用，以及对环境影响的要求。也包括对产品和过程特性的要求，尤其是对特殊特性的要求。

这里确定的产品和服务要求是设计和开发输入、产品和服务提供输入的主要内容，其准确性、合理性和可实现性将直接影响后续的最终产品和服务。

确定产品和服务的要求的方法有：

① 市场调查。

② 查阅法律法规文件。

③ 合同评审。

④ 与客户的沟通交流。

⑤ 对自身能力的评估，等等。

2）组织能够满足其所声称的产品和服务的要求。比如承诺顾客购买后 7 天内无条件退货，那组织就要满足这一要求。

（3）产品和服务要求的评审

1）评审的目的。评审的目的是确保组织在向顾客做出提供产品和服务的承诺之前，准确理解和确定产品和服务的要求，并且确保组织有足够的能力实现这些要求。

2）评审的时机。在向顾客做出提供产品和服务的承诺之前进行，即合同签订前、订单确定前、服务提供前、投标标书提交前、合同或订单更改前，等等。

3）评审的内容。评审的内容包括：

① 顾客明确规定的要求。既有产品和服务本身的要求（如功能性能、可靠性、外观、价格、数量等），也包括交付的要求（如交付方式、交货期、包装等），以及交付后活动的要求（如三包、培训、售后服务等）。

顾客明确规定的要求可以是书面的，也可以是非书面的。书面的如招标书、合同、订单等，非书面的如口头、电话订购。非书面的要求一般应转化为书面的形式加以体现。

② 顾客没有明确规定，但预期或规定用途所必要的要求。这类要求也称"通常隐含的要求"，是指组织、顾客和其他相关方的惯例或一般做法。这类需求或期望一般来说是不言而喻的。如餐饮服务应考虑等候时间等。

③ 组织自己确定的附加要求，如组织在广告、说明书、合同等文件中明确的责任义务，这些责任义务不是法律强制规定的。如组织承诺对抽油烟机中的电动机进行 10 年保修。

④ 与产品和服务有关的法律法规的要求，如产品的安全性，食品的卫生要求等。

⑤ 与以前表述存在差异的合同或订单的要求。在与顾客的多次洽谈中，顾

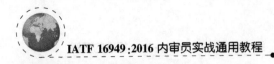

客的要求可能表述得不一致。

4）评审的要求。评审的要求包括：

① 确保与以前表述不一致的合同或订单要求得到解决。在与顾客的多次洽谈中，顾客的要求可能表述得不一致，通过评审，确保表述不一致的条款已得到解决。如在签订通过招投标所确定的项目的合同之前，要对以往投标书上发生了变化的内容进行及时评审与调整。

② 如果顾客没有提供书面的要求，组织应确保在接受顾客的要求前对顾客的要求进行确认。也就是说，对顾客口头订单或要求的评审方式是对其进行确认。例如：组织在接受电话订单时，可以采取在电话洽谈时复述客户要求、请其确认的方式评审，并做好记录；客运站售票员在出票之前向旅客口头核实时间、地点、等级等，得到顾客的确认后才可以出票；餐厅的服务员在顾客点完菜并将其记录在点菜单上后，再向顾客复述记录下的菜品，得到顾客的确认后下单。

③ 评审的结果，包括任何针对产品和服务新增的要求应形成成文信息并保留。评审活动可能存在两种结果，一是没有出现什么分歧，通过了评审，就可以签订合同、协议等，做出提供产品和服务的承诺；另一种情况是评审中发现分歧意见，这些分歧是如何解决的，采取了哪些措施（如新增了哪些要求），其结果如何，应提供必要的记录。评审的记录可以比较简单，比如对一些简单清晰的订单，在能够履行的订单上做注释，加上授权评审人的签名和评审日期就可以了。如果需要进行较为复杂的评审，组织可以自己制定专门的评审记录单，通常至少应包括与评审相关的主要细节。

④ 组织应确保产品和服务的要求被正确、完整地传达给有关的职能部门。

⑤ 组织应进行产品制造的可行性分析，确保能够生产出符合顾客技术要求和数量要求的产品。制造可行性分析的要求见下面（4）。

⑥ 组织能证实在特殊特性的指定、形成文件和控制方面符合顾客的要求。特殊特性的定义见本章2.1节。

⑦ 对标准条款8.2.3.1中正式评审要求的放弃应得到顾客授权。比如网上销售汽车配件，如感觉免除对订单的评审，而直接对目录和宣传资料进行评审更有意义的话，则应得到顾客的书面授权。

5）评审的方式。方式多种多样，如传递会签评审、会议评审、审查批准等，视公司具体情况而定。对于大批量的常规产品，可以委托一般销售人员进行产品型号、规格、数量、交货期的评审；如果是非常规产品，如客户有特殊要求的产品，组织就需要根据客户的特殊要求，组织相关人员进行评审。

（4）IATF 16949 附加的"组织制造可行性"

1）所谓制造可行性是指能否按顾客的质量、价格要求，按顾客规定的生产节拍（产量要求），按顾客规定的过程能力等进行制造生产。

2）组织应采用多方论证方法对制造可行性进行分析，以确保组织的制造过程能够按顾客要求的技术和数量生产出合格的产品。

3）对所有新的工艺和产品，以及所有工艺和产品的更改，都要进行可行性分析。

4）在进行可行性分析时，组织可通过生产运行分析、标杆研究或其他适当的方法，确认其能够以所要求的速度生产出符合要求的产品。

（5）产品和服务要求更改的控制

组织要对变更的部分进行评审，以确保变更后组织有能力满足要求。要确保相关文件信息及时修改，相关人员知道变化的内容，以便按照新的产品和服务要求进行设计、生产及交付。

产品和服务要求变更时的处理要注意：

① 顾客提出更改时，组织宜请顾客出具书面凭证。

② 组织提出更改时，应根据需要通知顾客，得到顾客确认（如签字确认）后执行。对已实现的部分产品，应与客户协商，妥善处理。

2.7.3　产品和服务的设计和开发（标准条款：8.3）

1. 标准条文

8.3　产品和服务的设计和开发

8.3.1　总则

组织应建立、实施和保持适当的设计和开发过程，以确保后续的产品和服务的提供。

8.3.1.1　产品和服务的设计和开发——补充

ISO 9001 之 8.3.1 的要求应适用于产品和制造过程的设计和开发，并且应关注于错误预防而不是探测。

组织应将设计和开发过程形成文件。

8.3.2　设计和开发策划

在确定设计和开发的各个阶段和控制时，组织应考虑：

a）设计和开发活动的性质、持续时间和复杂程度。

b）所需的过程阶段，包括适用的设计和开发评审。

c）所需的设计和开发验证、确认活动。

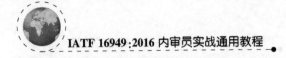

d) 设计和开发过程涉及的职责和权限。

e) 产品和服务的设计和开发所需的内部、外部资源。

f) 设计和开发过程参与人员之间接口的控制需求。

g) 顾客及使用者参与设计和开发过程的需求。

h) 对后续产品和服务提供的要求。

i) 顾客和其他有关相关方所期望的对设计和开发过程的控制水平。

j) 证实已经满足设计和开发要求所需的成文信息。

8.3.2.1 设计和开发策划——补充

组织应确保设计和开发策划涵盖组织内部所有受影响的利益相关者及其（适当的）供应链。使用多方论证方法的方面包括但不限于：

a) 项目管理（例如：APQP 或 VDA-RGA）。

b) 产品和制造过程设计活动（例如：DFM 和 DFA），例如，考虑使用替代的设计和制造过程。

c) 产品设计风险分析（FMEA）的开发和评审，包括降低潜在风险的措施。

d) 制造过程风险分析（如 FMEA、过程流程、控制计划和标准的工作指导书）的开发和评审。

注：多方论证方法通常包括组织的设计、制造、工程、质量、生产、采购、供应、维护和其他适当职能。

8.3.2.2 产品设计技能

组织应确保具有产品设计责任的人员有达到设计要求的能力，且熟练掌握适用的工具和技术。组织应识别适用的工具和技术。

注：基于数据的精确的数字化应用便是一种产品设计技能。

8.3.2.3 带有嵌入式软件的产品的开发

组织应有一个质量保证过程，用于其带有内部开发的嵌入式软件的产品。应采用软件开发评估方法来评估组织的软件开发过程。组织应按照风险和对顾客潜在影响的优先级，为软件开发能力自评估保留成文信息。

组织应将软件开发纳入其内部审核方案的范围（见 9.2.2.1）。

8.3.3 设计和开发输入

组织应针对所设计和开发的具体类型的产品和服务，确定必需的要求。组织应考虑：

a) 功能和性能要求。

b) 来源于以前类似设计和开发活动的信息。

c) 法律法规要求。

d) 组织承诺实施的标准或行业规范。

e) 由产品和服务性质所导致的潜在的失效后果。

针对设计和开发的目的，输入应是充分和适宜的，且应完整、清楚。

相互矛盾的设计和开发输入应得到解决。

组织应保留有关设计和开发输入的成文信息。

8.3.3.1　产品设计输入

组织应对作为合同评审结果的产品设计输入要求进行识别、形成文件并进行评审。产品设计输入要求包括但不限于：

a) 产品规范，包括但不限于特殊特性（见8.3.3.3）。

b) 边界和接口要求。

c) 标识、可追溯性和包装。

d) 对设计替代选择的考虑。

e) 对输入要求风险的评估，以及对组织缓解/管理风险（包括来自可行性分析的风险）的能力的评估。

f) 产品要求符合性的目标，包括防护、可靠性、耐久性、可服务性、健康、安全、环境、开发时程安排和成本等方面。

g) 顾客确定的目的国（如有提供）的适用法律法规要求。

h) 嵌入式软件要求。

组织应有一个过程，将从以往的设计项目、竞争产品分析（标杆）、供应商反馈、内部输入、使用现场数据和其他相关资源中获取的信息，推广应用于当前和未来相似性质的项目。

注：使用权衡曲线是考虑设计替代选择的一种方法。

8.3.3.2　制造过程设计输入

组织应对制造过程设计输入要求进行识别、形成文件并进行评审，包括但不限于：

a) 产品设计输出的数据，包括特殊特性。

b) 生产率、过程能力、时程安排及成本的目标。

c) 制造技术替代选择。

d) 顾客要求（如有）。

e) 以往的开发经验。

f) 新材料。

g) 产品搬运和人体工学要求。

h) 可制造性设计和可装配性设计。

制造过程设计包括采用防错方法，其程度与问题的重要性和所存在风险的程度相适应。

8.3.3.3 特殊特性

组织应采用多方论证方法来建立、形成文件并实施用于确定特殊特性的过程，包括顾客确定的以及组织风险分析所确定的特殊特性，应包括：

a) 将特殊特性记录进产品和/或制造文件（按要求）、相关的风险分析（如 PFMEA）、控制计划和标准的工作/操作说明书；特殊特性应用特定的标记进行标识，制造过程文件中要包括对特殊特性的产生和控制的要求。

b) 为产品和生产过程的特殊特性开发控制和监视策略。

c) 顾客规定的批准，如有要求。

d) 遵守顾客规定的定义和符号或组织的等效符号或标记，建立顾客和组织的特殊特性符号转换表。如有要求，应向顾客提交符号转换表。

8.3.4 设计和开发控制

组织应对设计和开发过程进行控制，以确保：

a) 规定拟获得的结果。

b) 实施评审活动，以评价设计和开发的结果满足要求的能力。

c) 实施验证活动，以确保设计和开发输出满足输入的要求。

d) 实施确认活动，以确保形成的产品和服务能够满足规定的使用要求或预期用途。

e) 针对评审、验证和确认过程中确定的问题采取必要措施。

f) 保留这些活动的成文信息。

注：设计和开发的评审、验证和确认具有不同目的。根据组织的产品和服务的具体情况，可以单独或以任意组合进行。

8.3.4.1 监视

产品和过程的设计和开发期间特定阶段的测量应被确定、分析，以汇总结果的形式来报告，作为对管理评审的输入（见9.3.2.1）。

在顾客有所要求时，应在顾客规定或同意的阶段向顾客报告对产品和过程开发活动的测量。

注：在适当的情况下，这些测量可包括质量风险、成本、前置期、关键路径和其他测量。

8.3.4.2 设计和开发确认

应根据顾客要求，包括适用的行业和政府机构发布的监管标准，对设计和开发进行确认。设计和开发确认的时程安排应与顾客规定的适用时程相符。

在与顾客有合同约定的情况下，设计和开发确认应包括评价组织的产品，包括嵌入式软件在最终顾客产品系统内的相互作用。

8.3.4.3　原型样件计划

当顾客要求时，组织应制定原型样件计划和控制计划。组织应尽可能地使用与正式生产相同的供应商、工装和制造过程。

应监视所有的性能试验活动的及时完成和要求符合性。

当服务被外包时，组织应将控制的类型和程度纳入其质量管理体系的范围，以确保外包服务符合要求（见 ISO 9001 之 8.4）。

8.3.4.4　产品批准过程

组织应建立、实施并保持一个符合顾客规定要求的产品和制造批准过程。

在向顾客提交其零件批准之前，组织应根据 ISO 9001 之 8.4.3 对外部提供的产品和服务进行批准。

如顾客有所要求，组织应在发运之前获得形成文件的产品批准。此类批准的记录应予以保留。

注：产品的批准应当是制造过程验证的后续步骤。

8.3.5　设计和开发输出

组织应确保设计和开发输出：

a）满足输入的要求。

b）满足后续产品和服务提供过程的需要。

c）包括或引用监视和测量的要求，适当时，包括接收准则。

d）规定产品和服务特性，这些特性对于预期目的、安全和正常提供是必需的。

组织应保留有关设计和开发输出的成文信息。

8.3.5.1　设计和开发输出——补充

产品设计输出应以能够对照产品设计输入要求进行验证和确认的形式来表示。产品设计输出应包括但不限于（如适用）：

a）设计风险分析（FMEA）。

b）可靠性研究结果。

c）产品特殊特性。

d）产品设计防错结果（如 DFSS、DFMA 和 FTA）。

e）产品定义，包括三维模型、技术数据包、产品制造信息，以及几何尺寸与公差（GD&T）。

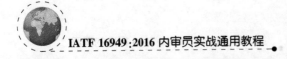

f) 二维图样、产品制造信息以及几何尺寸与公差（GD&T）。

g) 产品设计评审结果。

h) 服务诊断指南及修理和服务性说明。

i) 服务件要求。

j) 运输的包装和标签要求。

注：临时设计输出应当包含通过权衡过程正在解决的工程问题。

8.3.5.2 制造过程设计输出

组织应将制造过程设计输出形成文件。制造过程设计输出应以能够对照制造过程设计输入要求进行验证的形式来表示。组织应对照制造过程设计输入的要求对输出进行验证。制造过程设计输出应包括但不限于：

a) 规范和图样。

b) 产品和制造过程的特殊特性。

c) 对影响特性的过程输入变量的识别。

d) 用于生产和控制的工装和设备，包括设备和过程的能力研究。

e) 制造过程流程图/制造过程平面布置图，包括产品、过程和工装的联系。

f) 产能分析。

g) 制造过程 FMEA。

h) 维护计划和指导书。

i) 控制计划（见附录 A）。

j) 标准作业和工作指导书。

k) 过程批准的接收准则。

l) 质量、可靠性、可维修性和可测量性的数据。

m) 适用时，防错识别和验证的结果。

n) 产品/制造过程不符合的及时发现、反馈和纠正的方法。

8.3.6 设计和开发更改

组织应对产品和服务在设计和开发期间以及后续所做的更改进行适当的识别、评审和控制，以确保这些更改对满足要求不会产生不利影响。

组织应保留下列方面的成文信息：

a) 设计和开发更改。

b) 评审的结果。

c) 更改的授权。

d) 为防止不利影响而采取的措施。

8.3.6.1 设计和开发更改——补充

组织应评价初始产品批准之后的所有设计更改，包括组织或其供应商提议的更改，评价这些更改对可装配性、结构、功能、性能和/或耐久性的影响。这些更改应对照顾客要求进行确认，并在生产实施之前得到内部批准。

如顾客有所要求，组织应在生产实施之前，从顾客处获得形成文件的批准或弃权。

对于带有嵌入式软件的产品，组织应将软硬件的版本等级形成文件，作为更改记录的一部分。

2. 理解要点

（1）产品和服务的设计和开发的说明

1）"设计和开发"是指"将对客体的要求转换为对其更详细的要求的一组过程"。客体是指"可感知或可想象到的任何事物"，可以是产品、服务、过程、人员、组织、体系、资源等。设计和开发的性质可用修饰词表述，如产品的设计和开发，或制造过程的设计和开发。

2）如果产品和服务的详细要求没有被确定或未被顾客或其他相关方规定，而后续的生产和服务提供过程又需要这些产品和服务的详细要求时，组织就应该建立和实施产品和服务的设计和开发过程，将顾客的要求或/和其他相关方的要求转化为可供生产和服务提供过程使用的产品和服务的详细要求。

3）IATF 16949 所讲的设计和开发包括产品的设计和开发、制造过程的设计和开发（也即平常所说的工艺准备）。如果没有产品设计责任，可以删减产品设计过程，但制造过程的设计和开发是不可删减的。

4）设计和开发过程中应重点关注于预防错误的发生，而不是探测错误的发生。

5）应将设计和开发过程形成文件，并按文件的要求对设计和开发过程进行控制。AIAG（美国汽车工业行动集团）为了使产品设计和开发工作更加规范化和更具可操作性，特以参考手册《产品质量先期策划和控制计划（APQP——Advanced Product Quality Planning and Control Plan）》的形式对产品设计和开发工作进行了规定。APQP 的理解与运行详见本人所著《IATF 16949 质量管理体系五大工具最新版一本通》。

（2）设计和开发策划

1）设计和开发策划应考虑的事项。

① 确定设计和开发过程的阶段、周期。

根据产品类型（批量生产、小批量生产、一次性生产的合同产品）、复杂程度、开发方式（如新产品设计、派生产品设计、老产品改进设计等），明确设计和开发的阶段、周期。

硬件产品的设计和开发阶段一般包括：决策阶段、设计阶段、试制阶段、投产鉴定阶段，持续改进阶段。

企业应制定产品和服务的设计和开发的程序，对各阶段的工作内容和要求作出规定。一个企业之内，不同的产品和服务、不同的设计和不同的生产类型，可以而且应该采用不同的工作程序。但是，必须强调，一个企业任何一种新产品的开发设计和老产品的改进设计，都必须首先规定明确的工作程序。这样做的目的是为了制订产品设计和开发计划和加强产品开发设计和开发过程的质量管理，防止工作中的随意性，保证开发设计工作的质量。

APQP手册将产品设计和开发分成5个阶段，含49个要素（见后面图2-8）。五个阶段是：

a）计划和确定项目阶段。

这一阶段是了解顾客的需要和期望，决定要开发的产品/项目并确定产品/项目开发计划的阶段。

b）产品设计和开发阶段。

这一阶段要完成全部产品图样和设计文件，并通过样件试制和试验，验证产品图样和设计文件的正确性、产品的适用性和可靠性、产品满足顾客要求的程度。

c）过程设计和开发阶段。

过程设计和开发，就是我们平常所说的工艺准备。这一阶段的工作是开发一个有效的制造系统，包括编制工艺文件、试生产控制计划等。

d）产品和过程确认阶段。

产品和过程确认的阶段，是通过小批量试制对制造过程进行确认的工作阶段。通过小批量试制，验证工艺文件、工装图样的正确性，产品的适用性和可靠性，并完成产品的最终确认工作。

e）反馈、评定和纠正措施阶段。

反馈、评定和纠正措施阶段，是根据生产过程、产品使用、交付服务中得到的信息，改进产品设计中的不足，提高顾客满意程度的阶段。

企业的类型不同，产品开发的阶段及各阶段的活动内容也不同。APQP手册将企业分为三种类型，第一种类型的企业，含有产品设计的责任，活动范围包含产品设计——生产——交付——服务。第二种类型的企业，不从事产品设计工作，只是按顾客提供的图样进行生产、交付和服务。第三种类型的企业，只向顾客提供某种服务，如热处理、贮存、运输等。表2-11明确了各类企业产品开发的覆盖面。

表 2-11　产品开发责任矩阵图

企业类型 设计阶段	第一类企业 （有设计责任）	第二类企业 （仅限制造）	第三类企业 （服务型企业）
确定产品开发小组的活动内容	√	√	√
计划和确定项目	√		
产品设计和开发	√		
过程设计和开发	√	√	√
产品和过程确认	√	√	√
反馈、评定和纠正措施	√	√	√

注："√" 表示与之相关。

APQP 产品设计和开发过程中，上一阶段的输出是下一阶段的输入。五个阶段及其 49 个要点的关系如图 2-8 所示。

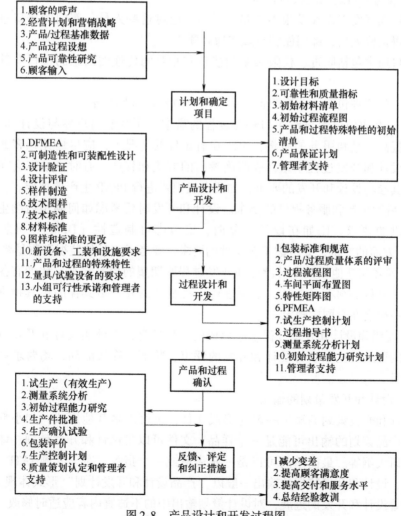

图 2-8　产品设计和开发过程图

② 确定在适当的阶段进行必要的设计和开发评审，对输入的充分性、输出的符合性以及各阶段满足要求的能力进行评审。

③ 确定在适当的阶段开展设计和开发验证、确认。对设计和开发验证、确认活动的时间、参加人员、方式、要求等作出规定。

根据产品和组织的具体情况，设计和开发评审、验证和确认可以单独或任意组合的形式进行。

④ 确定设计和开发过程中的职责和权限。

明确设计和开发过程中各项活动的职责和权限，并采取措施让参与设计开发的有关部门、人员都了解他们在整个设计和开发工作中的职责和权限。

⑤ 确定设计和开发过程所需的内、外部资源。

⑥ 参与人员之间的接口控制。

设计和开发工作涉及很多人员、部门，应对这些人员、部门的接口进行管理，使得这些人员、部门能够有效沟通和联络。

接口通常包括职责、权限关系的接口和相互间传递的信息的接口及其运行关系。

接口的管理包括：明确职责，确定沟通的方式和要求等。

⑦ 顾客或用户参与设计和开发过程的需求。顾客或用户参与设计和开发，有利于提高产品和服务的质量，组织在有条件的情况下，应尽量让顾客或用户参与到设计和开发过程中来，要明确参与的方式和程度。有时，顾客会在合同中规定其参与设计和开发的要求，如要求组织要进行 PPAP 生产件批准。

⑧ 后续生产和服务提供的要求。设计和开发时要考虑如何满足后续生产和服务提供的要求。比如在设计产品时，要考虑可制造性（DFM）/可装配性（DFA）方面的要求，要考虑工艺条件的要求，要考虑产品的监视和测量要求。

⑨ 顾客和其他相关方对设计和开发过程所期望的控制水平。比如有些顾客要求设计确认必须有其参加，必须进行小批量试制并送给其样品供其批准。这些要求一般会在合同中规定。

⑩ 要明确设计和开发过程中应形成的文件信息，以证实设计和开发过程符合相应的要求。比如所有设计和开发的评审、验证、确认活动，均要求做好必要的记录。

2) 设计和开发策划的输出。

设计和开发策划的输出一般应形成文件，也可以是其他形式，如小型组织或简单产品策划的输出可能是一个样品。文件可以是设计和开发计划、课题计划、科研大纲等。最简单的可以是一张表格或一个指令。对于实施 IATF 16949 的企业，设计和开发策划的输出一般以"产品设计和开发计划"形式体现。

随着设计和开发的进展，对设计策划输出中的不适宜内容应适时修改。

3）IATF 16949 附加的 "设计和开发策划——补充"。

组织在进行设计和开发策划时，应考虑与设计和开发相关的所有相关方，包括供应链。应考虑这些相关方如何参与到设计和开发过程中来。

在设计和开发的过程中，应采用所谓 "多方论证方法"。多方论证方法就是在设计开发过程中一种团队协作的方法，采用由不同部门的人员组成的项目开发设计小组，由小组承担设计开发过程的主要工作。目的是为了科学决策和运用同步工程，提高效率。因为在产品和制造过程的设计和开发过程中个人的经验和知识不全面，需要利用开发小组或团队所有相关知识和技能进行决策。另外对于多部门参与的工作，多方论证小组可以起到协调作用。多方论证小组可以包括设计、制造、设备、质量、生产和其他适当的人员。还可以包括顾客的采购、质量、设计、工艺人员和供方等。组织的设计和开发过程中，以下工作，应采用多方论证的方法完成：

① 项目管理。如 APQP《产品质量先期策划和控制计划》、德国汽车工业联合会 VDA - RGA《新产品成熟度等级保证》都要求在进行产品设计和开发时，采用多方论证的方法。

② 在进行产品和制造过程的设计活动时，如在进行 DFM 可制造性、DFA可装配性设计时，要采用多方论证的方法。在考虑使用替代的设计和制造过程时，比如考虑用螺钉固定取代扣位固定时，也要采用多方论证的方法。

③ 产品设计风险分析（如 DFMEA）的开发和评审，包括采取降低潜在风险的措施。

④ 制造过程风险分析（如 PFMEA、过程流程、控制计划和标准的工作指导书）的开发和评审。

4）IATF 16949 附加的 "产品设计技能"。

组织在进行设计和开发策划时，也应做好下列工作：

① 识别设计和开发所需要的工具和技术。这些工具和技术可包括计算机辅助设计（CAD）、可制造性设计（DFM）/可装配性设计（DFA）、试验设计（DOE）、计算机辅助工程（CAE）、潜在失效模式及后果分析（FMEA）、有限元分析（FEA）、几何尺寸和公差（GD&T）、质量功能展开（QFD）、可靠性技术、数字化应用等。

② 确保设计人员具有设计工作要求的能力，且熟练掌握设计所需的工具和技术。

5）IATF 16949 附加的 "带有嵌入式软件的产品的开发"。

嵌入式软件是指嵌入在硬件中的操作系统和开发工具软件。如果组织的产品中带有嵌入式软件，那么组织在进行设计和开发策划时，应考虑做好下列工作：

① 建立一个质量保证过程，对带有嵌入式软件的产品的开发过程进行管理。

② 建立一个适当的评估方法对软件的开发过程进行评估并保留评估记录。应根据软件开发的风险以及对顾客潜在影响的大小（优先级），对软件开发的过程进行评估。一般采用 CMMI 软件能力成熟度集成模型（Capability Maturity Model Integration，英文缩写为 CMMI）对软件的开发和维护过程进行评估、管控，确保软件的质量并降低软件开发的风险。关于 CMMI 的知识，请读者参考相关书籍。

也可采用汽车行业 Automotive SPICE 软件过程改进和能力测定（software process improvement and capability determination）模型对软件的开发和维护过程进行评估、管控。

③ 应将软件开发过程纳入内部审核方案的范围内，在进行内部质量管理体系审核时，应对软件开发过程进行审核。

（3）设计和开发输入

1）确定设计和开发输入的意义。

为设计和开发活动提供必需的信息。组织正确地确定设计和开发输入是保证设计和开发质量的必要前提，也是评审、验证、确认设计和开发输出的依据。设计和开发的输入信息主要来自于 ISO 9001、IATF 16949 标准之 8.2 条款"产品和服务的要求"。

2）设计和开发输入的内容。

组织应确定拟设计和开发的具体类型产品和服务的基本要求，这些要求可包括：

① 产品和服务的功能和性能要求。功能是产品在使用条件下的作用，如电冰箱的功能是冷冻和冷藏物品。性能是产品达到功能应具有的特性，如冰箱的制冷效果与效率是其性能的表现。不同的冰箱的功能是相同或相近的，但其性能可能是千差万别的。

② 过去类似的设计的有关信息。新产品开发时可以借鉴这些信息。

③ 适用的法律和法规的要求。特别是涉及产品正常使用及与产品有关的健康、安全和环境等方面的要求。例如生产汽车的组织，必须考虑到该汽车所使用国家或地区环境法规和环境标准中关于汽车尾气排放的要求。

④ 组织承诺实施的标准和行业规范。有些标准和行业规范不是国家强制性规定的，但企业为了超越顾客的期望，愿意遵守这些标准和行业规范。这些标准和行业规范也就成了设计输入的一部分。

⑤ 因产品和服务的性质可能导致的潜在失效后果。将因产品和服务的性质可能导致的潜在失效后果作为设计和开发的输入，可以提醒设计者在设计和开发过程中引入避免这些失效后果的措施。

IATF 16949 增加的设计输入要求见下面 3)、4)。

3）IATF 16949 对 "产品设计输入" 的补充。

组织应在合同评审中识别产品设计输入的要求，将这些要求形成文件并进行评审。产品设计输入要求包括但不限于：

① 产品规范，包括但不限于特殊特性。

② 边界和接口要求。包括产品使用的限制条件、环境条件以及与其他产品的接口等。

③ 标识、可追溯性和包装要求。

④ 可考虑的设计替代方案。所谓替代设计，就是用一种设计替代另一种设计。有材料替代、方法替代等。比如可用螺纹连接替代卡扣连接、液压传动替代气压传动、塑料板替代钢板等。将替代方案作为设计输入，可以使设计师在设计中有多种选择。

⑤ 输入要求中可能的风险，以及组织缓解/管理这些风险（包括来自可行性分析的风险）的能力。

⑥ 产品要求符合性的目标，包括防护、可靠性、耐久性、可服务性、健康、安全、环境、开发时程安排和成本等方面的目标。

⑦ 顾客确定的目的国（如有提供）的适用法律法规要求。

⑧ 嵌入式软件要求。

⑨ 从有关信息中获得的设计输入要求。组织应有一个过程，从以往类似设计项目、竞争对手分析、供方反馈、组织内部的输入、使用现场数据等资源中获取信息，推广应用于当前或未来相似性质的项目。

4）IATF 16949 对 "制造过程设计输入" 的补充。

组织应识别制造过程设计输入的要求，将这些要求形成文件并进行评审。制造过程设计输入的要求包括但不限于：

① 产品设计输出的数据，包括特殊特性。

② 生产率、过程能力（Cpk、Ppk）、时程安排及成本目标。

③ 可替代的制造技术。

④ 顾客要求（如有）。

⑤ 以往的开发经验。

⑥ 新材料的使用。

⑦ 产品搬运要求以及人体工学要求（也即产品要符合人体工学要求）。所谓人体工学，在本质上就是使产品的使用方式尽量适合人体的自然形态，这样就可以使人在工作时，身体和精神不需要任何主动适应，从而尽量减少因使用产品而造成的疲劳。

⑧ 可制造性设计和可装配性设计要求。

⑨ 在设计输入中应有对防错技术运用的要求。在制造过程设计时，应进行防错设计。防错设计的程度应与问题的重要性及存在风险的程度相适应。

5) IATF 16949 增加的对"特殊特性"的要求。

组织应采用多方论证的方法建立一个形成文件的过程，用来确定特殊特性。特殊特性包括顾客规定的特殊特性，以及组织进行风险分析（FMEA）后确定的特殊特性。

组织在设计输出文件中应确定特殊特性，而且：

① 应在图样、设计文件、FMEA、控制计划、作业指导书以及操作说明书等文件中对特殊特性进行确定。在这些文件中，应用特定的符号对特殊特性进行标识。要保证特殊特性标识在所有的文件中保持一致。制造过程文件中应包括对特殊特性产生和控制的要求。

② 应制定对产品和生产过程的特殊特性进行控制和监视的规则并实施。

③ 如果顾客对特殊特性规定了批准的要求，则特殊特性的确定、改变应按要求得到顾客的批准。

④ 用来标识特殊特性的符号应与顾客规定的定义和符号相符合。或者使用组织的等效符号或标记。提供给顾客的文件中，特殊特性要按顾客规定的符号进行标识；内部使用的文件中，一般使用组织内部的特殊特性标识符号。为此要建立组织标识符号与顾客标识符号的对照转换表。必要时，要将对照转换表提交给顾客。

当然，可同时使用顾客规定的特殊特性符号和组织规定的特殊特性符号，即对顾客指定的特殊特性，使用顾客规定的特殊特性符号；对组织自己开发的特殊特性，使用组织规定的特殊特性符号。

6) 设计和开发输入的体现形式。

应将设计和开发输入形成文件信息并保留。设计输入通常以"产品要求说明书"或"设计和开发任务书"的形式体现。

7) 设计和开发的输入的要求。

设计和开发的输入应充分满足设计和开发的目的，应完整、清楚，并且不能自相矛盾。为了达到这些要求，应对设计和开发的输入进行评审。评审中应特别注意那些不完整的、含糊或矛盾的要求，应与提出者一起澄清和解决。评审的方法可以根据组织的情况和产品的特点不同而有所不同，可以通过会议，也可以是校对、审核、批准等。

(4) 设计和开发的控制

1) 设计和开发控制的要求。对设计和开发进行控制，以确保：

① 拟获得的结果得到明确规定。

② 按策划的要求进行设计和开发的评审，以评价设计和开发结果满足要求的能力。

③ 开展设计和开发验证，以确保设计和开发输出满足设计和开发输入的要求。

④ 开展设计和开发确认，以确保所获得的产品和服务能够满足规定用途或预期用途的要求。

⑤ 对评审、验证和确认活动中所确定的问题采取必要的措施。

⑥ 保留上述活动的成文信息。

2）设计和开发评审。"评审"是"对客体实现所规定目标的适宜性、充分性或有效性的确定"。评审也可包括确定效率。设计和开发的评审是指为了确保设计和开发结果的适宜性（设计和开发结果对企业内外部资源的适宜性）、充分性（设计和开发结果满足设计输入要求的充分性）、有效性（设计和开发结果达到设计目标的程度）以达到规定的目标所进行的系统的活动。

① 设计评审的目的：

a）对设计和开发结果满足设计和开发输入要求的能力作出评价。设计和开发的结果满足要求的能力不仅仅是指设计活动满足要求的能力，还包括与设计和开发结果有关的其他活动的能力（如实现该设计和开发结果的生产能力、设备能力、监测能力等）。通过设计和开发的评审来评价组织是否有能力使设计和开发的结果满足要求。

b）识别和发现设计和开发中的问题和不足，并提出解决措施。通过设计和开发的评审来识别可能存在的任何导致设计和开发的结果不能满足要求的问题，并提出必要的措施加以解决。

② 设计评审的对象。设计评审的对象是阶段性的设计和开发结果，也包括与该结果相关的内容，通常为文件形式。

③ 设计评审的时机及内容：

a）设计评审可以在设计过程的任何阶段进行，通常在已取得阶段性的结果之后，也可在总的设计和开发活动完成时。一般有方案设计评审、样机鉴定评审（与设计和开发确认一起进行）、产品定型鉴定评审（与设计和开发确认一起进行）等。

b）组织应在设计和开发策划的输出文件中规定在什么阶段进行设计评审。

c）评审的次数应视具体的产品而定。如对简单产品或服务，一次评审可能就足够了，对大型复杂项目可能进行多次分级分阶段的评审。

d）设计评审的内容因产品的类别不同、评审的阶段不同而不同。组织应对设计评审的内容作出专门的规定或在设计和开发的策划中规定。读者可参见本人所著《IATF 16949:2016 文件编写实战通用教程》。

④ 参与评审的人员。参与评审的人员应包括与所评审的设计和开发阶段有关的职能部门的代表。包括开发人员、营销人员、产品制造及提供服务的人员，必要时，邀请客户、供应商代表参加。组织应对参加设计评审人员的职责作出规定。

⑤ 设计和开发评审的形式。评审的形式可以根据具体情况而定，可以是会议、会审、分级审查、同行评审等。简单的项目请一个有能力的人评审就可以了，对于复杂的大型功能过程设计可能需要组织一个专家团队进行会审。

⑥ 设计和开发评审的要求：

a) 按设计和开发策划的计划安排进行。

b) 必要时，考虑在计划外的适当阶段进行评审。

c) 应将评审的结果及任何必要的措施记录下来。

3) 设计和开发验证。验证是指"通过提供客观证据对规定要求已得到满足的认定"。验证所需的客观证据可以是检验结果或其他形式的确定结果，如变换方法进行计算或评审文件。

设计和开发验证是指：通过一定的方法取得客观证据，确定设计和开发输入所给出的规定要求已得到满足。

① 设计和开发验证的目的。设计验证的目的是通过认定和提供客观证据，证明设计输出是否满足设计输入的要求。

② 验证的对象。验证的对象是设计和开发过程中的结果，可以是图样、文件、样机、样件。

③ 设计和开发验证的时机。在设计的适当阶段进行，通常应在设计和开发的结果输出之前进行验证活动。组织应在设计和开发策划的输出文件中规定在什么阶段进行设计和开发验证，由谁进行验证。

④ 设计和开发验证的方法。组织应对设计和开发验证的方法作出专门的规定或在设计和开发的策划中规定。验证的方法包括下述方法的一种或几种的组合：

a) 设计输出文件发布前的校对、审核，或对设计输出全套文件包括产品零件图、装配图、材料定额表等的全部输出文件的评审。在这种情况下，设计评审和设计验证可以一起进行。

b) 试验和演示，包括模拟试验、型式试验、模型试验等。电子、机械产品的设计验证一般采取产品型式试验的方式进行，通过试验结果证实设计输出满足设计输入的要求。

c) 用其他的方法来计算。如设计师用查表法进行齿轮强度计算，而校对人员用公式进行验算。

d）将新设计的结果与已证实的类似设计结果进行比较。

组织应根据产品的具体情况对验证方法作出规定（8.3.2 条款中策划的安排）并实施。如在零件图、装配图阶段采用计算的方法，在样机阶段采用试验证实的方法等。

⑤ 验证的人员。通常由设计和开发人员来完成验证，有时可能会有其他辅助人员参加。

⑥ 设计和开发验证的要求：

a）按设计和开发策划的计划安排进行。

b）应将验证的结果及任何必要的措施记录下来。比如设计验证要求改进产品结构，那么就应该将这一措施记录下来，并在后续工作中落实。

4）设计和开发确认。"确认"是指"通过提供客观证据对特定的预期用途或应用要求已得到满足的认定"。确认所需的客观证据可以是试验结果或其他形式的确定结果，如变换方法进行计算或文件评审。确认所使用的条件可以是实际的或是模拟的。

设计和开发确认是通过某些手段获取证据，对产品能够满足特定用途或最终使用要求的一种认定。

① 设计和开发确认的目的。通过检查和提供客观证据，确保产品能够满足预期的或规定的使用要求。使用要求包括已知的顾客和最终用户要求，或者当用于实际情况时是否满足了顾客和最终用户的要求。设计确认的关注点是设计的最终结果能否符合使用要求。

② 确认的对象。通常是最终产品，也可能是过程中的产品，也可能是模拟的样品、样件等。

③ 确认的时机及要求：

a）一般情况下应是在具有一定的使用功能的条件下或在设计开发完成后、批量产品投产或服务正式提供之前进行。

b）如果对设计和开发的确认在交付或实施之前进行是不可行时，也可以采取在适当阶段进行局部的确认，而后再进行总体确认，如发电机组可以先对部分组件进行确认，待正式安装完成后再整体确认。

c）针对所确定的预期或规定的使用要求进行有针对性的确认。

d）设计和开发确认通常是在规定的实际使用条件下进行，但有时只能在模拟的使用条件下进行。如一辆汽车的最高和最低的设计环境温度的极限性能，往往就无法或很难在真实的环境中确认。对于这种产品的设计确认可能就需要采取类似模拟条件确认。

e）在某些情况下，只能通过在产品的最初使用阶段对其进行观察的方式进行设计和开发确认。

确认的时机通常会在产品的设计和开发策划阶段予以规定。

f）IATF 16949 对设计和开发确认的补充要求见下面7）。

④ 确认的参加人员。包括设计和开发人员，营销人员，不一定必须有顾客参加（例如自行设计的产品），但必须明确产品的规定的用途或已知的预期用途。如顾客有要求则应有顾客参与。

⑤ 确认的方法。组织应对设计和开发确认的方法作出专门的规定或在设计和开发的策划中规定。

确认的方法有下面几种，组织根据具体情况进行选择：

a）用户试用/确认；PPAP 生产件批准。

b）产品的型式试验（生产确认试验）、产品的定型鉴定。

c）送国家认可的机构进行检测。

d）预期用户条件下的模拟和测试。

e）用户参加的评审（如审批方案设计、会审设计图样等）。

⑥ 设计和开发确认的要求：

a）按设计和开发策划的计划安排进行。

b）应将确认的结果及任何必要的措施记录下来。

5）设计和开发评审、验证、确认的区别与联系。从上面的论述中，我们不难发现设计和开发评审、验证、确认是有区别的（目的、对象、时机、方法均有区别），但必须指出的是，他们之间有关联，甚至有重叠。表 2-12 总结了设计和开发评审、验证、确认的区别，图 2-9 表明了设计和开发评审、验证、确认的关系。

表 2-12　设计和开发评审、验证、确认的区别

比较项目	设计和开发评审	设计和开发验证	设计和开发确认
目的	评价设计结果（包括阶段结果）满足要求的能力	证实设计输出（包括阶段输出）满足设计输入的要求	证实产品/服务满足特定的预期用途或使用要求
对象	阶段的设计结果	设计输出文件、图样、样品等	通常是向顾客提供的产品/服务
时机	在设计适当阶段	设计输出（包括阶段）前	只要可行，应在产品交付或产品和服务实施之前
方法	会议评审和（或）设计文件传递评审	与成功的类似设计比较；采用可替代的计算方法证实计算结果正确性；对照类似产品进行评价；试验，模拟或试用；设计开发输出放行前审批	模拟使用条件运作予以证实和（或）用户使用认定；鉴定会；生产件批准 PPAP
实施人员	与该设计阶段有关职能的代表	通常是设计和开发人员，也可以请顾客参加	可行时要有顾客或其代表参与
记录	评审结果及评审后的措施	验证结果及必要的措施	确认结果及必要的措施

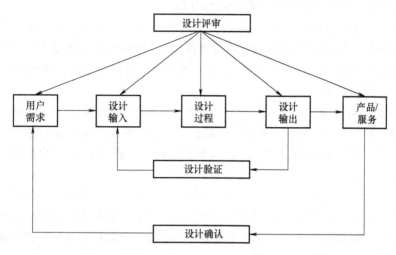

图 2-9　设计和开发评审、验证、确认关系简图

　　根据产品、服务和组织的具体情况，设计和开发评审、验证和确认可以单独或任意组合的形式进行。

　　6）IATF 16949 附加的 "设计和开发监视"。

　　① 监视是 "确定体系、过程、产品、服务或活动的状态"。确定状态可能需要检查、监督或密切观察。这里所讲的监视，是指对设计进行测量，也就是对设计过程进行检查、监督。测量的对象包括质量风险、成本、设计制造周期、关键路径、设计目标、进度及其他适宜的方面。

　　② 应规定在设计的特定阶段对设计进行测量。应对测量结果进行分析、汇总。汇总结果应报告给有关人员/部门，并作为管理评审的输入。

　　③ 在顾客有所要求时，应在顾客规定或同意的阶段向顾客报告对设计进行测量的情况。

　　7）IATF 16949 对 "设计和开发确认" 的补充。

　　① 应根据顾客要求，包括适用的行业和政府机构发布的监管标准，对设计和开发进行确认。比如汽车用安全玻璃需要通过 3C 认证。所谓 3C 认证，就是中国强制性产品认证制度，英文名称 China Compulsory Certification，英文缩写为 CCC。

　　② 应按顾客规定的时间进行设计和开发确认。

　　③ 在与顾客有合同约定的情况下，设计和开发确认应包括评价组织的产品（包括嵌入式软件）在最终顾客产品系统内与其他产品的相互作用、协调情况。

8) IATF 16949 附加的"原型样件计划"。

① 原型样件是指按图样、样板、模型或其他设计文件、使用指定的材料制造的样品。原型样件也被称为"设计样件"。原型样件制造过程中可以不使用正规生产要求的方法。原型样件主要用来验证设计的质量，考核产品的结构、工艺性和性能。

② 当顾客要求时，组织应制定原型样件计划（原型样件生产计划）和控制计划（质量控制计划）。原型样件制造时，应尽可能使用与正式生产中相同的供应商、工装和制造过程，以便及早获得过程数据和信息，为制定试生产控制计划作参考。

③ 应对所有的性能试验活动进行监视，以便及时完成并符合要求。当这些试验外包时，组织应将对外包进行控制的类型和程度纳入其质量管理体系的范围，具体按标准条款8.4"外部提供的过程、产品和服务的控制"要求执行，以确保外包服务符合要求。

9) IATF 16949 附加的"产品批准过程"。

① 汽车行业的顾客一般会对组织的产品和制造过程进行批准。因此组织应建立、实施并保持一个符合顾客规定要求的过程，用于顾客对组织的产品和制造过程进行批准。

② 顾客的批准有其特定的程序，如美国汽车工业行动集团（AIAG）的《PPAP 生产件批准程序》讲的就是组织如何通过顾客的产品和制造过程批准。

③ 产品和过程的验证确认过程完成后，如果满足了设计输入的要求，也就意味着满足了顾客对产品和制造过程的要求。此时就可以申请顾客的批准，以便投入生产。

④ 如顾客有要求，组织必须在向顾客正式发货之前获得顾客的书面批准。

⑤ 组织在申请顾客的批准之前，应根据标准条款之8.4.3"提供给外部供方的信息"的要求对外部提供的产品和服务进行批准。组织可以将顾客的产品和制造过程批准程序用在对其供应商的管理上，也可以自行规定对供应商的批准方法。

（5）设计和开发的输出

1）设计和开发输出的形式。

设计和开发的输出是对设计输入的转化，设计输出应满足设计输入的要求，所以应以能够对照设计输入进行验证和确认的方式提出，以便能检查是否满足了设计输入和顾客的要求。

设计和开发输出的形式多种多样，硬件制造业通常包括图样、技术要求。计算书、说明书、采购清单、验收标准、样机等；流程性材料通常包括产品配料、配比方案、技术要求等；服务项目通常包括服务过程规范、服务项目方案、服务大纲等。设计和开发输出的形式应考虑下一步的使用者。组织应根据产品特点，对设计和开发输出的形式作出专门规定或在设计和开发的策划中规定。

2）设计和开发输出文件的完整性。

若设计和开发是分阶段进行的，其设计和开发的输出也是阶段性的。上一阶段设计和开发的输出是下一阶段设计和开发的输入。每一个阶段输出文件的多与少，视产品的特点而定。

组织应根据产品的特点，对产品图样及设计文件（含工艺文件）的完整性作出规定。IATF 16949 对设计和开发输出的完整性进行了补充，见下面 3)、4)。

3）IATF 16949 对"产品设计和开发输出"的补充。

组织的产品设计和开发输出应至少包括（如适用）：

① 设计风险分析（DFMEA。DFMEA 只是风险分析方法中的一种）。

② 可靠性研究结果。可靠性研究的结果一般是可靠性的度量指标，如平均故障间隔时间（mean time between failures，缩写 MTBF）、平均维修间隔时间（mean time between maintenance，缩写 MTBM）等。

③ 产品特殊特性。规定对产品的安全和正常使用所必需的产品特殊特性，以便在产品实现过程实施有效的控制，确保满足顾客和法律法规的要求。

④ 产品的防错设计，如 DFSS（Design For Six Sigma）六西格玛设计、DFMA（Design for Manufacturing and Assembly）面向制造和装配的设计、FTA（Fault Tree Analysis）故障树分析。

⑤ 产品定义。以图样、设计文件等形式体现，包括三维模型、技术数据包、产品制造信息，以及几何尺寸与公差（GD&T）。

⑥ 二维图样、产品制造信息以及几何尺寸与公差（GD&T）。

⑦ 产品设计评审的结果。

⑧ 服务诊断指南及修理和服务性说明。

⑨ 服务件要求。

⑩ 运输的包装和标签要求。

对于临时设计输出，还应包含正在解决的工程问题。

4）IATF 16949 对"制造过程设计输出"的补充。

组织应将制造过程设计输出形成文件。组织应对照制造过程设计输入的要求对输出进行验证。制造过程设计输出应包括但不限于：

① 工艺规范和图样。

② 产品和制造过程的特殊特性。

③ 识别出的影响特性的过程输入变量（影响产品特性的工艺参数）。

④ 用于生产和控制的工装和设备，包括设备和过程的能力研究。

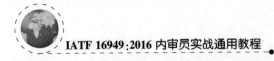

⑤ 制造过程流程图/制造过程平面布置图，包括产品、过程和工装的联系。

⑥ 产能分析（生产能力分析）。

⑦ 制造过程 FMEA（PFMEA。PFMEA 只是风险分析方法中的一种）。

⑧ 设备维护计划和设备维护作业指导书。

⑨ 控制计划。

⑩ 标准作业和工作指导书。

⑪ 过程批准的接收准则，如 Cpk、Ppk 等。

⑫ 有关质量、可靠性、可维修性和可测量性的数据。

⑬ 适用时，防错识别和验证的结果，如带有防错功能的专用工装和检具。

⑭ 产品/制造过程不符合的及时发现、反馈和纠正的方法。

5）设计和开发输出的要求。

设计和开发的输出应满足以下要求：

① 满足设计和开发输入的各项要求（即设计和开发输入的每项要求均已实施并有结果，要对照输入信息进行评审。可以提供设计和开发输入与设计和开发输出对照表）。

② 能够充分地满足后续的产品和服务提供过程的需要。设计和开发输出必须给出采购、生产和服务的适当的信息，如物料清单 BOM、采购规范、生产用图样、工艺文件，服务用的产品使用说明书、安装维修手册等，其中包括产品防护方面的具体要求，如对于电子元器件的防静电的具体要求、包装规范、储存要求等。

③ 应包含或引用监视和测量方面的要求，适用时，包含接收准则。如产品的检验标准、过程检验作业指导书、服务验收规范。

④ 规定对于产品和服务的预期目的及其安全和正常使用（提供）所必要的产品和服务的特性。如安全、操作、贮存、维护、搬运、处置等方面特性。最好用醒目的方式将那些对产品正常使用至关重要的特性和对产品安全性有影响的安全特性标识出来。如机电产品，在图样上用分级标志将重要质量特性标识出来；药品使用说明书中，对药品的禁忌作醒目的说明。

（6）设计和开发更改

1）引起设计和开发更改的原因。一般来说，设计和开发的更改可能由"8.2 产品和服务的要求"的变更引发，可能由法规中新增或更改了的要求引发，可能由市场需要改进产品要求引发，也可能是因为设计开发结果有错误或制造过程有变化等引发。如：

① 在后续阶段发现了前一阶段发生的遗漏或错误。

② 所设计的产品难以制造、检验、维护等。

③ 应供应商、组织内部、客户的要求进行改进。

④ 产品的功能或性能需改进。

⑤ 有关健康、安全、使用方面的法规要求发生了变化。

⑥ 设计评审、验证、确认后，就存在的问题进行改进。

⑦ 纠正措施要求改进，等等。

2）设计和开发更改的控制：

① 识别。设计和开发的更改通常针对已完成的设计和开发的输出进行，也可能针对设计和开发某阶段的输出进行，这种阶段性的输出应该是已经过评审和批准的。组织需要根据实际准确识别设计和开发的更改。

② 对更改的必要性及影响进行评审。不但应评审更改的必要性，还应该评审更改对产品其他组成部分的影响和对已交付产品的影响。如对设备中某一部件尺寸的更改，将会导致与之配合的其他部件尺寸的更改，以至于影响到设备性能的改变；同时也可能会影响到已交付的同型号设备对这一部件的互换性。更改的影响可能会涉及合同、工艺、采购、售后服务，评审时应予以注意。

③ 控制。适当时，对设计更改实施评审、验证和确认活动。应根据产品特点，更改类型、复杂程度及内容、更改影响大小等，决定采取哪些活动。如简单的更改，可能不需要评审、验证和确认三种活动都有。

④ 批准：更改经批准后才能实施。

⑤ 记录：应保持与设计和开发的更改相关的记录。记录中包括更改的原因，更改的内容、更改的评审、采取的防止不利影响的措施、更改的批准人等。

3）*IATF 16949 对"设计和开发更改"的补充。*

① 对于初始产品批准（产品批准见上面（4）之9））之后的所有设计更改（包括组织或其供应商提议的更改），组织应进行评价。评价这些更改对可装配性、结构、功能、性能和/或耐久性的影响。

② 应对照顾客要求对更改进行确认，应保证更改在实施前得到内部批准。

③ 如顾客要求更改必须得到其批准，那么更改在实施前应得到顾客的书面批准，除非顾客放弃了该要求（此时，组织必须取得顾客放弃批准的书面授权）。

④ 对于带有嵌入式软件的产品，组织应将软硬件的版本等级形成文件，作为更改记录的一部分。

2.7.4 外部提供的过程、产品和服务的控制（标准条款：8.4）

1. 标准条文

8.4 外部提供的过程、产品和服务的控制

8.4.1 总则

组织应确保外部提供的过程、产品和服务符合要求。

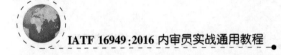

在下列情况下，组织应确定对外部提供的过程、产品和服务实施的控制：

a) 外部供方的产品和服务将构成组织自身的产品和服务的一部分。

b) 外部供方代表组织直接将产品和服务提供给顾客。

c) 组织决定由外部供方提供过程或部分过程。

组织应基于外部供方按照要求提供过程、产品和服务的能力，确定并实施对外部供方的评价、选择、绩效监视以及再评价的准则。对于这些活动和由评价引发的任何必要的措施，组织应保留成文信息。

8.4.1.1 总则——补充

组织应将影响顾客要求的所有产品和服务，例如分装、排序、分选、返工和校准服务，纳入其外部提供的产品、过程和服务的定义范围。

8.4.1.2 供应商选择过程

组织应有一个形成文件的供应商选择过程。选择过程应包括：

a) 对所选供应商产品符合性以及影响本组织向其顾客不间断供应产品的风险评估。

b) 相关质量和交付绩效。

c) 对供应商质量管理体系的评价。

d) 多方论证决策。

e) 对软件开发能力的评估（如适用）。

应当考虑的其他供应商选择准则包括：

——汽车业务量（绝对值，以及占总业务量的百分比）；

——财务稳定性；

——采购的产品、材料或服务的复杂性；

——所需技术（产品或过程）；

——可用资源（如人员、基础设施）的充分性；

——设计和开发能力（包括项目管理）；

——制造能力；

——更改管理过程；

——业务连续性规划（如防灾准备、应急计划）；

——物流过程；

——顾客服务。

8.4.1.3 顾客指定的货源（亦称"指定性购买"）

当顾客指定时，组织应从顾客指定的货源处采购产品、材料或服务。

本标准8.4的所有要求（除了IATF 16949之8.4.1.2中的要求）适用于组织对顾客指定货源的控制，除非组织与顾客之间的合同另有特殊约定。

8.4.2　控制类型和程度

组织应确保外部提供的过程、产品和服务不会对组织稳定地向顾客交付合格产品和服务的能力产生不利影响。

组织应：

a）确保外部提供的过程保持在其质量管理体系的控制之中。

b）规定对外部供方的控制及其输出结果的控制。

c）考虑：

1）外部提供的过程、产品和服务对组织稳定地满足顾客要求和适用的法律法规要求的能力的潜在影响。

2）由外部供方实施控制的有效性。

d）确定必要的验证或其他活动，以确保外部提供的过程、产品和服务满足要求。

8.4.2.1　控制类型和程度——补充

组织应有一个识别外包过程并选择控制类型和程度的形成文件的过程，以证实外部提供的产品、过程和服务对内部（组织的）要求和外部顾客要求的符合性。

该过程应包括根据供应商的绩效以及产品、材料或服务的风险评估，增加或减少控制类型和程度以及开发活动的准则和措施。

当某些特性或零件未经确认或控制就通过组织的质量管理体系时，组织应确保这些特性或零件在其制造地点得到适当的控制。

8.4.2.2　法律法规要求

组织应有形成文件的过程，确保所采购的产品、过程和服务符合收货国、发运国和顾客确定的目的国（如有的话）的现行适用法律法规要求。

如果顾客为特定产品符合法律法规要求确定了特殊控制，组织应确保按照规定实施并保持这些控制，包括在供应商处。

8.4.2.3　供应商质量管理体系开发

组织应要求其汽车产品和服务供应商开发、实施和改进质量管理体系（QMS），并促进具备条件的供应商最终通过本汽车质量管理体系标准认证。

基于风险，针对每一个供应商，组织应确定最低可接受的质量管理体系水平以及质量管理体系开发的目标。

除非顾客另行授权，否则通过 ISO 9001 认证是最低的可接受质量管理体系水平。应基于当前绩效和对顾客的潜在风险，有目的地推动供应商遵守以下质量管理体系开发步骤：

a) 经由第三方审核通过 ISO 9001 认证；除非顾客另有规定，组织的供应商应通过保持认证机构出具的第三方认证证明来证实对 ISO 9001 的符合性，证明上应有被 IAF/MLA（国际认可论坛多边承认协议）承认的成员的认可标志。认可机构的主要范围包括 ISO/IEC 17021 管理体系认证。

b) 通过 ISO 9001 认证，并经由第二方审核符合其他顾客确定的质量管理体系要求（如分供方最低汽车质量管理体系要求（MAQMSR）或等效要求）。

c) 通过 ISO 9001 认证，同时经由第二方审核符合 IATF 16949。

d) 经由第三方审核通过 IATF 16949 认证（IATF 认可的认证机构进行的有效的供应商 IATF 16949 第三方认证）。

注：如果顾客认可，通过第二方审核的 ISO 9001 质量管理体系可作为最低的可接受水平。

8.4.2.3.1 汽车产品相关软件或带有嵌入式软件的汽车产品

组织应要求其汽车产品相关软件或带有嵌入式软件的汽车产品的供应商为各自产品实施并保持一个软件质量保证过程。

应采用软件开发评估方法来评估供应商的软件开发过程。组织应按照风险和对顾客潜在影响的优先级，要求供应商对软件开发能力进行自我评估并保留成文信息。

8.4.2.4 供应商监视

组织应为供应商绩效评价制定形成文件的过程和准则，以便确保外部提供的产品、过程和服务符合内部要求和外部顾客要求。

至少应监视以下供应商绩效指标：

a) 已交付产品对要求的符合性。

b) 在收货工厂对顾客造成的干扰，包括产品滞留和停止出货。

c) 交付进度绩效。

d) 附加运费发生次数。

如顾客有所规定，组织还应视情况在供应商绩效监视中包括：

e) 与质量或交付有关的特殊状态顾客通知。

f) 经销商退货、保修、现场实施的措施以及召回。

8.4.2.4.1 第二方审核

组织在其供应商管理方法中应包括一个第二方审核过程。第二方审核可用于：

a) 供应商风险评估。

b) 供应商监视。

c) 供应商质量管理体系开发。

d) 产品审核。

e) 过程审核。

基于风险分析，包括产品安全/法规要求、供应商绩效和质量管理体系认证水平，组织应至少将第二方审核的需求、类型、频率和范围的确定准则形成文件。

组织应保留第二方审核报告的记录。

如果第二方审核的范围是评估供应商的质量管理体系，则方法应与汽车过程方法相符。

注：可从 IATF 审核员指南和 ISO 19011 中获得审核指导。

8.4.2.5　供应商开发

组织应为其现行供应商确定所需供应商开发行动的优先级、类型、程度和时程安排。用于确定的输入应包括但不限于：

a) 通过供应商监视识别出的绩效问题（见 8.4.2.4）。

b) 第二方审核发现（见 8.4.2.4.1）。

c) 第三方质量管理体系认证状态。

d) 风险分析。

组织应采取必要措施，以解决未解决的（不符合要求的）绩效问题并寻求持续改进的机会。

8.4.3　提供给外部供方的信息

组织应确保在与外部供方沟通之前所确定的要求是充分和适宜的。

组织应与外部供方沟通以下要求：

a) 需提供的过程、产品和服务。

b) 对下列内容的批准：

1) 产品和服务。

2) 方法、过程和设备。

3) 产品和服务的放行。

c) 能力，包括所要求的人员资格。

d) 外部供方与组织的互动。

e) 组织使用的对外部供方绩效的控制和监视。

f) 组织或其顾客拟在外部供方现场实施的验证或确认活动。

8.4.3.1　提供给外部供方的信息——补充

组织应将所有适用的法律法规要求以及产品和过程的特殊特性向其供应商传达，并要求供应商沿着供应链直至制造，贯彻所有适用的要求。

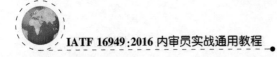

2. 理解要点

（1）外部提供过程、产品和服务的范围

1）外部提供过程、产品和服务的范围包括：

① 外部提供的产品和服务构成组织自己的产品和服务的一部分。此种情况对组织而言，一般称作外购和外协。外购的产品一般都是供应商按照国家、部委或其企业标准生产的。外协的产品一般是供应商按照采购企业技术要求进行定制生产的。

② 外部供应商代表组织直接提供产品和服务给顾客。此种情况对组织而言，一般称作转包。转包不能免除组织向顾客提供合格产品和服务的责任。

③ 过程或部分过程由外部供应商提供。此种情况对组织而言，一般称作外包。如零件的电镀外包、委托设计院进行产品设计、委托货运公司交付产品等。

以下叙述中，为方便起见，将"外部提供的过程、产品和服务"统一称为"外部供应"，将外部供应单位统一称为"供应商"。

2）IATF 16949 对外部供应范围的补充说明。

组织应将外部供方提供的分装、排序、分选、返工和校准服务，纳入其外部供应的范围。

3）IATF 16949 对顾客指定的货源的控制作了明确说明。

① 当顾客指定货源时（包括指定材料和指定供应商），组织应从顾客指定的货源处采购产品、材料或服务。

② 除非组织与顾客之间的合同另有特殊约定，否则组织应按本标准 8.4 条款（也即本条款）的所有要求（除了 IATF 16949 之 8.4.1.2 "供应商选择过程"中的要求）对顾客指定的货源进行控制。

（2）外部供应管理上的要求

1）外部供应管理内容上的要求。

对外部供应管理的主要内容包括：

① 组织应针对不同的外部供应确定不同的控制类型和程度；

② 组织应建立对外部供应进行评价、选择、绩效监视以及再评价的准则并实施。组织应保留对外部供应进行评价、选择、绩效监视以及再评价的记录。

③ 组织应对外部供应确定并采取必要的验证活动，以确定外部供应满足组织的要求。

2）外部供应的分类及其控制类型和程度。

① 供应商分类。影响供应商分类的因素很多，一般可根据企业获得零部件的难易程度，以及零部件对企业产品的重要程度来分类。不过多考虑一些影响分类的因素，可以使供应商分类更合理。

② 对外部供应的控制类型和程度。为了确保外部供应不会影响组织向顾客持续提供合格产品和服务的能力，组织应做到：

a）组织的质量管理体系应包括对外部供应的过程进行控制的内容。

b）组织既要对外部供方本身实施控制，如进行第二方质量管理体系审核；也要对外部供方的输出结果实施控制，如对供应商的产品进行检验。

c）确定并实施对外部供应提供的过程、产品和服务进行验证和其他活动（如监造、检验、评审等），以确保其满足要求。

对外部供应可以实施分类分级差异性控制，用什么方法控制、控制到什么程度，由下列因素决定：

a）外部供应对组织稳定地提供满足顾客要求和适用法律法规要求的能力的潜在影响。

b）外部供应商自身控制的有效性。

一般而言，对于一些对最终产品或过程有重要影响的，或价值较高的材料、零部件，或重要的外包的过程，或管理水平较差的供应商的控制应适当从严。

对重要物资供应商，在选择评定时，一般要进行书面调查、现场能力评估、样品测试、小批量试用（或生产件批准）。而对一般物资供应商，则只需进行书面调查、样品测试即可。

对重要物资，可能要求供应商随发运的货物提交质量检验证明，而对一般物资，无此需要。

对重要物资，可能要求供应商应进行 100% 检查，而一般物资只需进行批次抽检。

在进料的抽样检查方案中，重要物资的接收质量限——AQL 值小一些或是零缺陷，一般物资的接收质量限——AQL 值大一些。

外购零件的质量发生波动时，进货检验可能要增加抽样量；外购零件质量稳定时，其控制方式可能改变，抽样的频次和范围可能减少，等等。

3）IATF 16949 对"外部供应控制类型和程度"的补充。

IATF 16949 明确要求组织应有一个文件化的过程，用于识别外部供应（外包过程），并根据外部供应的性质选择不同的控制类型和程度，以确保并证实外部供应对组织要求和顾客要求的符合性。

在文件中要明确规定下列工作的准则和措施：

① 供应商开发活动。

② 根据供应商的绩效，以及对所采购的产品、材料或服务的风险评估，调整（增加或减少）对供应商进行控制的类型和程度。

如果在组织内部对某些特性或零件不进行确认或控制，那么组织就应该要求其供应商在这些特性或零件的制造地点对其进行适当的控制。组织应适时对这些特性或零件进行抽检。这类特性被称作"传递特性"。

4）IATF 16949 附加的"法律法规要求"。

①组织应有一个识别、获取、使用、更新法律法规的文件化过程，确保所采购的产品、过程和服务符合收货国、发运国和顾客确定的目的国（如有的话）的现行适用法律法规要求。

②如果顾客为特定产品符合法律法规要求确定了特殊控制，组织应确保按照特殊控制的要求实施。如果特殊控制涉及组织的供应商，则应对供应商实施特殊控制。

5）IATF 16949 附加的"供应商质量管理体系开发"。

①组织应促进具备条件的供应商最终通过 IATF 16949。

②组织应基于风险评估，针对每一个供应商，确定最低可接受的质量管理体系水平以及质量管理体系开发的目标。

③除非顾客另行授权，否则通过 ISO 9001 认证是最低的可接受质量管理体系水平。如果顾客认可，通过第二方审核的 ISO 9001 质量管理体系可作为最低的可接受水平。

④应根据供应商的绩效以及供应商所提供的产品/服务对顾客的潜在风险，有目的地推动供应商按以下步骤进行质量管理体系开发：

a）供应商经由第三方审核通过 ISO 9001 认证。除非顾客另有规定，否则供应商应提供认证机构出具的 ISO 9001 认证证书（认证证明一般以认证证书的方式体现）。认证证书上应带有被 IAF/MLA（国际认可论坛多边承认协议）承认的认可机构的标志，如 CNAS（中国合格评定国家认可委员会）、ANAB（美国国家标准协会 – 美国质量学会认证机构认可委员会）、UKAS（英国皇家认可委员会）等。认证证书上有认可机构的标志说明提供认证证书的认证机构是被认可的。认可机构本身的认可范围包括按 ISO/IEC 17021《合格评定 对管理体系提供审核和认证的机构的要求》认可认证机构可以进行管理体系认证。简单地说，就是发 ISO 9001 证书的认证机构必须得到认可机构的认可，而认可机构必须是 IAF/MLA 认可的成员，并且认可机构的认可范围要包括对管理体系认证的认可。

比如说，给你发 ISO 9001 证书的认证机构是 CQC（中国质量认证中心），CQC 是得到 CNAS（中国合格评定国家认可委员会）认可的。CNAS 是被 IAF/MLA 承认的成员，并且 CNAS 的认可范围包括对管理体系认证的认可。只有这样，你的 ISO 9001 证书才是有效的。

b）供应商通过 ISO 9001 认证，并经由第二方审核符合其他顾客确定的质量管理体系要求，比如分供方最低汽车质量管理体系要求（MAQMSR）或等效要求。

c）供应商通过 ISO 9001 认证，同时经由第二方审核符合 IATF 16949。

d）供应商经由第三方审核通过 IATF 16949 认证。认证机构必须是 IATF（国际汽车工作组）认可的认证机构，比如 SGS 瑞士公证行（中国分支机构叫通标标准技术服务有限公司）、CASC 北京九鼎国联认证有限公司等。

ISO 9001、IATF 16949 认证证书上的认可机构标志见图 2-10。

图 2-10　认可机构标志（示意）

6）IATF 16949 附加的"汽车产品相关软件或带有嵌入式软件的汽车产品"。

① 组织应要求其汽车产品相关软件或带有嵌入式软件的汽车产品的供应商，建立并保持一个保证软件质量的过程。

② 应采用软件开发评估方法来评估供应商的软件开发过程。一般采用 CMMI 软件能力成熟度集成模型（Capability Maturity Model Integration，英文缩写为 CMMI）对供应商软件的开发过程进行评估。也可采用汽车行业 Automotive SPICE 软件过程改进和能力测定（software process improvement and capability determination）模型对供应商软件的开发过程进行评估。

③ 组织应按照供应商管理中的风险和供应商对顾客潜在影响的优先级，要求供应商对其软件开发能力进行自我评估并保留记录。

7）IATF 16949 附加的"第二方审核"。

① 组织对供应商进行管理的方法中，应包括一个第二方审核过程。第二方审核可用于：

a）供应商风险评估。供应商风险评估是指组织通过对供应商的产品分析及其管理过程的诊断，判断出供应商管理体系的综合水准，以规避供应商选择的风险。如潜在供应商的评审。

b）供应商监视。如定期对供应商进行审核。

c）供应商质量管理体系开发。包含对供应商质量管理体系的审核。

d）对供应商进行产品审核。

e）对供应商进行过程审核。

② 组织应将第二方审核的需求、类型、频率和范围的确定准则形成文件。与第二方审核有关的准则应建立在对产品安全/法规要求、供应商绩效和质量管理体系认证水平进行风险分析的基础之上。

也就是说，要有文件明确规定：通过风险分析，决定在什么情况下开展第二方审核、第二方审核的类型（质量管理体系、过程审核、产品审核等）、第二方审核的频率、第二方审核的范围等。

③ 如果第二方审核是审核供应商的质量管理体系，则应采取按过程进行审核的方式进行质量管理体系审核。

④ 组织应保留第二方审核的记录，如审核计划、审核检查表、审核报告等。

8）IATF 16949 附加的"供应商开发"。

供应商开发是指组织为帮助供应商提高运营绩效和供应能力以适应自身的采购需求而采取的一系列活动。供应商开发是有效降低组织总成本的战略举措。供应商开发也就是对供应商进行辅导和支援。组织应采取必要措施，以解决未解决的（不符合要求的）供应商绩效问题并寻求持续改进的机会。

对供应商的支援包括：质量教育培训，质量管理咨询，设计、工艺、测试仪表等方面的支援，帮助供应商导入先进的管理模式，共同研讨问题（与供应商共同进行现场诊断，找出问题的根源，提出整改措施并跟踪验证），等等。

组织应根据下列情况，确定对供应商进行辅导和支援的优先级、类型、程度和时间安排：

　　① 供应商监视中发现的绩效问题。比如说一次交货合格批率低于设定目标，等等。

　　② 第二方审核发现。审核中发现的不符合项的性质、数量等。

　　③ 第三方质量管理体系认证状态。比如供应商被暂停和撤销质量管理体系认证证书。

　　④ 对供应商进行的风险分析与评估。

　　9）对外部供应的验证。

　　"验证"是指"通过提供客观证据对规定要求已得到满足的认定"。验证所需的客观证据可以是检验结果或其他形式的测定结果。组织对外部供应进行验证的目的是确保外部供应满足组织的要求。组织应对这些验证或其他必要的活动进行规定并实施。

　　① 验证的方式。根据外部供应的重要性，确定合适的验证方式和验证程度。验证方式一般有检查、检验、测量、观察、查验合格证明文件，等等。

　　对于一般办公用品的验证可以核对一下所定购的数量并做一些直观的外观检查就可以了；对于一些常规的产品且多年合作、产品信誉高的产品，可以直接验证供方提供的合格证或检验报告；对于一些重要零件与材料可以采取对产品全部或部分性能进行检验。

　　检验是指"对符合规定要求的确定"。显示合格的检验结果可用于验证的目的。检验的结果可表明合格、不合格或合格的程度。检验是验证方法之一。对于采购回来的物料一定要进行"验证"，但不一定要进行"检验"或"试验"。验证的方法有多种多样，如通过查验供应商提供的质量凭证决定是否接收，等等。

　　"免检"，又称"无试验检验"，并不意味着不进行"验证"，而是以供应商提供的合格质量凭证作为依据，决定接收与否。"免检"是"验证"的一种方式的通俗表达。

　　② 验证实施的主体与场所一般有：

　　a）由组织在组织的场所实施验证。

　　b）由顾客在组织的场所实施验证。

　　c）由组织在供应商的场所实施验证。

　　d）由顾客在供应商的场所实施验证。

　　对于第 c）、d）种情况（即组织或其顾客在供应商的场所进行验证），组织应在采购文件中规定验证的计划安排、放行方法等。

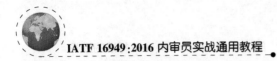

注意，不管顾客有否对供应商的产品进行验证，组织都必须始终保证从供应商处得到的产品和服务符合顾客的要求。

（3）供应商的评价与选择

组织应对供应商满足组织要求的能力进行评价，根据评价结果，选择合格供应商。组织应建立评价、选择的准则和程序并实施。

IATF 16949 对供应商的选择过程进行了明确的要求。IATF 16949 明确要求组织就供应商的选择过程建立文件。对供应商进行评价与选择的准则要考虑以下因素：

1）对供应商所供产品符合性的风险评估，以及对供应商影响本组织向其顾客不间断供应产品的风险评估。简单地说，就是在选择供应商时，要评估供应商产品质量、交货及时性等方面的风险。

2）供应商的供货业绩，包括产品质量情况（如一年内的一次交货合格批率等）、交货的及时性（如一年内的准时交货率等）等。

3）对供应商质量管理体系的评价。如对供应商的质量管理体系要进行第二方审核。

4）要用多方论证的方法进行供应商的评价与选择。

5）适用时，对供应商的软件开发能力进行评估。

此外，还应考虑以下因素：

6）供应商在汽车行业的业务量（绝对值，以及占总业务量的百分比）。

7）供应商的财务稳定性。

8）所采购的产品、材料或服务的复杂性。

9）所采购产品在技术（产品或过程）方面的要求。比如需要对供应商的产品和过程进行批准。

10）供应商可用资源（如人员、基础设施）的充分性。

11）供应商的设计和开发能力（包括项目管理）。

12）供应商的制造能力。

13）供应商对更改过程的管理。包括供应商对组织更改的响应，以及供应商对本身更改的控制。

14）供应商的业务连续性规划，如防灾准备、应急计划，以保证出现紧急情况时，不影响对组织的供货。

15）物流过程。是海运、公路运输或是铁路运输，在对供应商进行选择时，都要加以考虑。

16）供应商对其顾客的服务情况。

（4）供应商绩效监视与评价

IATF 16949 明确要求组织要为供应商绩效监视与评价建立文件化的过程和准则，以确保外部提供的产品、过程和服务符合组织及其顾客的要求。

　　1）供应商绩效监视与评价的主要指标。IATF 16949 对供应商绩效监视与评价指标有明确要求，至少包括以下方面的指标：

　　① 交付产品的质量，如供应商交货批不合格率、供应商交货批退率、供应商产品不合格率 PPM 等。

　　② 由于供应商的原因造成对顾客的干扰，包括产品滞留候检、停止出货。比如说，发现供应商生产的部分安全气囊有缺陷，而这些安全气囊已经装在顾客的整车上。此时顾客就会将其整车滞留在车库里，只有在确认安全气囊无问题时，才能将整车发出。如问题严重，则停止出货。

　　由于供应商的原因造成顾客产品滞留、停止出货的次数可作为供应商的绩效指标。

　　③ 交付进度绩效，如准时交付率等。

　　④ 附加运费发生次数。比如说，海运改为空运，一次交货变成多次交货，运费就会增加。

　　如顾客有所规定，组织还应视情况在供应商绩效监视中包括以下指标：

　　⑤ 由于供应商的原因，导致就质量和交付异常问题，顾客对组织实施特殊状态管理（比如红牌警告、福特汽车公司的 Q1 撤销）。

　　⑥ 由于供应商的原因，导致经销商退货、产品保修、产品现场维护、产品召回的情况。

　　表 2-13 所示为一企业的供应商绩效监视与评价表。

表 2-13　供应商绩效监视与评价表

供应商：					
供货类别/名称：					
考核季度：第二季度（4 月~6 月）				考核日期：	
项目	配分	考　核　方　法			得分	考核人
质量	40	质量评价由质量部打分。 质量得分 = [1 −（进料不合格批数/总进料批数）] × 40 − 扣分。 扣分计算如下： 1）来料特采一批扣 1 分。 2）导致生产线停产一次扣 3 分。 3）整批退货，一次扣 3 分。 4）因供应商质量问题，导致本公司通知顾客，一次扣 3 分。 5）由于供应商的原因造成本公司或本公司顾客产品滞留/停止出货，一次扣 5 分。				

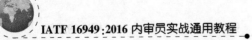

（续）

供应商：				
供货类别/名称：				
考核季度：第二季度（4月~6月）			考核日期：	
项目	配分	考核方法	得分	考核人
交期	30	交期评价由采购部打分。 交期得分 = [1 – （逾期批数/总进料批数）] ×30 – 扣分。 扣分计算如下： 1）单项物料连续延误交期3天以上（含3天），扣2分。 2）当月出现三项以上物料延迟交期3天以上（含3天），扣3分。 3）来料异常处理超过7天，发生一次，加扣3分。 4）因供应商交付问题，导致本公司通知顾客，一次扣3分。 5）每发生一次附加运费（超过正常运输费用的，均视为有附加运费产生，如海运改为空运，一次交货变成多次交货等），扣3分。		
价格	10	价格评价由采购部打分。打分规则如下： 1）供应商的价格具有竞争力，且能主动提出降价，得10分。 2）价格基本保持稳定，不会主动提出降价，但如果我公司要求，能配合降价，得8分。 3）价格基本保持稳定，但不愿配合我公司降价要求，不过价格还是可以保持在能接受的水平，得4分。 4）价格经常上涨，而且经常不合理地提价，得0分。		
服务	20	服务评价由采购部、质量部共同打分。 服务得分 = 服务得分Ⅰ + 服务得分Ⅱ。 1）"服务得分Ⅰ"由质量部打分。质量部对供应商改进质量问题的积极性进行评判，得出"服务得分Ⅰ"。评分规则如下： ① 积极整改，按时完成"供应商质量反馈单"：10分。 ② 尚能积极整改：8分。 ③ 整改不积极：4分。 ④ 置之不理：0分。 2）"服务得分Ⅱ"由采购部打分。评分如下： ① 供应商积极配合处理物料异常、本公司的急单以及交期调整，并能保证按时交货，得10分。 ② 能较好地给予配合，但出现交货延迟，得7分。 ③ 多次出现不配合，得3分。 ④ 均不配合，得0分。		
总分				—

2）供应商绩效评价频次。供应商业绩评价的频次由企业根据实际情况而定，一般包括月度评价、季度评价和年度评价。

3）供应商绩效评价结果与供应商动态管理。根据供应商的最后得分，评定出供应商的级别，并根据级别对供应商进行动态管理，以奖优汰劣、推动供应商不断提高产品质量和服务质量。

供应商的动态管理应以供应商业绩评定等级为依据，对不同等级的供应商采取不同的奖惩措施，这样才能达到动态管理、优化供应商的目的。

表 2-14 所示为某公司对供应商实施的动态管理措施。

表 2-14　供应商动态管理措施

供应商得分	供应商级别	动态管理措施	备注
90 ~ 100	A 级	对 A 类供应商，增加 10% ~ 20% 的供货份额；付款方式上执行 1 个月滚动；出现问题后的罚款金额可以降低 50%	
80 ~ 90	B 级	对 B 类供应商，增加 5% ~ 10% 的供货份额；出现问题后的罚款金额可以降低 20%	
60 ~ 80	C 级	对 C 类供应商，通知供应商整改存在的问题，必要时可帮助供应商整改。整改验证有效时保留供应资格，无效时取消供应资格。在供应商整改期间，降低供货份额 30% ~ 50%，付款方式在原三个月滚动期限上进行延迟，出现问题后的罚款金额可以上升 20%	
0 ~ 60	D 级	对 D 类供应商，原则上应取消其供应资格	

（5）供应商的再评价

组织应建立对供应商进行再评价（重新评价）的准则。当供应商供货中出现严重异常或供应商的质量管理体系发生较大的变更时，需要对其进行再评价。也可定期实施再评价。

1）当供应商的企业组织结构和质量管理体系发生重大变化而有可能调整了生产结构或有可能涉及提供产品的质量和交货时，应根据评价准则对供应商进行重新评价。

2）当由于供应商的供货发生连续多次不合格而退货或因供应商提供的产品质量问题而严重影响组织向顾客提供的产品质量时，组织应对供应商进行重新评价。

3）当供应商被撤销合格供应商资格，经过整改而要求重新供货时，应对其进行重新评价。

（6）提供给外部供应商的信息（采购信息）

1）信息的内容。信息的内容，适当时可包括：

① 需要外部供应商提供的产品、服务或过程的详细说明。如采购零部件时，应向供应商说明零部件名称、规格、型号、数量、交付方式、技术要求、索赔和解决争端的方法等。

② 对供应商的批准要求：

a）产品和服务批准的要求，如要求供应商提供样品供组织认可，汽车行业要求供应商进行 PPAP 生产件批准。

b）方法、过程和设备的批准要求。举例：涉及采购双方约定的应遵守的要求，如要求供应商的电镀、焊接工艺必须按指定的工艺守则进行并得到批准；要求供应商必须通过客户的过程审核或 IATF 16949 认证；为保证产品一致性或符合规定要求指定供应商使用哪些设备或设施。

c）产品和服务放行的要求。如规定在什么条件下才能放行产品和服务。

③ 对供应商人员的能力要求，包括必要的资格要求。例如：特殊工种的人员必须持证上岗，或某道工序的人员必须具备某项技能，等等。对于重要的产品关键的工序，可明确具体的操作人员的名单。

④ 供应商与组织之间互动的要求。比如要求供应商的 ERP 供货系统与组织的 ERP 订单系统对接；要求供应商用中文与组织交流。

⑤ 对供应商绩效的控制和监视要求。比如要求供应商及时供货率应达到 95%（每季度考核一次）。

⑥ 组织或其顾客打算在供应商的场所进行验证或确认活动时，组织应将此信息传达给供应商。

传达给外部供应商的信息可能是上述内容的全部，也可能是其中的一部分，根据具体采购的对象决定。通常情况下，在采购硬件时要把所需要的物品或服务的所有相关要求都表述清楚，如产品名称及型号、数量以及需要交付的时间和地点等。

2）信息的形式。信息可以是书面的（如采购合同、订单、协议、图样等），也可以是口头的，也可以是实样。

信息是否需要形成文件，组织可以根据具体情况而定，对于采购产品对最终产品的影响程度较高、顾客有要求、产品有可追溯性要求的，应该形成文件。

3）信息发出前，应确保其充分性（即所提出的要求是全面的）和适宜性。

组织在向供应商传达信息之前，应该通过适当的方式对信息进行评审、批准，以保证信息的充分性和适宜性。

组织可以根据对外部供应的控制程度要求和信息的具体内容，确定审批的方式和执行人。对于一般性的采购可能就指定某人做一下核对就可以，对于一些重要的采购可能还需要有关方面进行核定后逐级审批。

4）IATF 16949 对"提供给外部供方的信息"的补充。

① 组织应将所有适用的法律法规要求以及产品和过程的特殊特性向其供应商传达。

② 组织应要求其供应商将这些要求向其次级供应商转达，并沿供应链传达下去直至制造环节。

2.7.5　生产和服务提供——生产和服务提供的控制

（标准条款：8.5—8.5.1）

1. 标准条文

8.5　生产和服务提供

8.5.1　生产和服务提供的控制

组织应在受控条件下进行生产和服务提供。

适用时，受控条件应包括：

a) 可获得成文信息，以规定以下内容：

1) 拟生产的产品、提供的服务或进行的活动的特性。

2) 拟获得的结果。

b) 可获得和使用适宜的监视和测量资源。

c) 在适当阶段实施监视和测量活动，以验证是否符合过程或输出的控制准则以及产品和服务的接收准则。

d) 为过程的运行提供适宜的基础设施，并保持适宜的环境。

e) 配备胜任的人员，包括所要求的资格。

f) 若输出结果不能由后续的监视或测量加以验证，应对生产和服务提供过程实现策划结果的能力进行确认，并定期再确认。

g) 采取措施防范人为错误。

h) 实施放行、交付和交付后的活动。

注：适宜的基础设施包括确保产品符合性所需的制造设备，监视和测量资源包括确保对制造过程进行有效控制所需的适宜的监视和测量设备。

8.5.1.1　控制计划

组织应针对相关制造现场和所有提供的产品，在系统、子系统、部件和/或材料各层次上（根据附录 A）制定控制计划，包括那些生产散装材料和零件的过程。采用相同制造过程的散装材料和相似零件可使用同一个控制计划（也即族控制计划 Family control）。

组织应制定试生产控制计划和生产控制计划。制定控制计划时要考虑设计风险分析（如果顾客提供了）、过程流程图以及制造过程风险分析（如 FMEA）的输出，并在控制计划中包含从这些方面获得的信息。

如果顾客要求，组织应提供在试生产或生产控制计划执行期间收集的测量和符合性数据。组织应在控制计划中包含以下内容：

a) 用于制造过程的控制手段，包括作业准备的验证。

b) 首件/末件确认（如适用）。

c) 包括对由顾客和组织确定的特殊特性（见附录 A）所采取的控制进行监视的方法。

d) 顾客要求的信息（如有）。

e) 在检测到不合格品、过程变得不稳定或从统计的角度不具备能力时启动规定的反应计划（见附录 A）。

组织应针对如下任一情况对控制计划进行评审，并在需要时更新：

f) 当组织确定其已经向顾客发运了不合格品。

g) 发生影响产品、制造过程、测量、物流、供应货源、生产量或风险分析（FMEA）的变更（见附录 A）。

h) 在收到顾客投诉并实施了相关纠正措施之后（适用时）。

i) 基于风险分析的设定频率。

如果顾客要求，组织应在控制计划评审和修订后获得顾客批准。

8.5.1.2 标准化作业——作业指导书和可视化标准

组织应确保标准化作业文件：

a) 被传达给负责相关工作的员工，并被员工理解。

b) 是清晰易读的。

c) 用有责任遵守这些文件的人员能够理解的语言表述。

d) 在指定的工作区域易于得到。

标准化作业文件还应包含操作员安全规则。

8.5.1.3 作业准备的验证

组织应：

a) 当作业初次运行、材料更换、作业更改时，均应进行作业准备的验证。

b) 为验证人员保持成文信息。

c) 适用时，应使用统计方法进行验证。

d) 适用时，进行首件/末件确认。适当时，应当保留首件用于与末件比较；适当时，应当保留末件用于与后续运行中的首件比较。

e) 保留作业准备和首件/末件确认后过程和产品批准的记录。

8.5.1.4 停工后的验证

组织应确定并采取必要的措施，确保产品在计划或非计划生产停工期之后符合要求。

8.5.1.5 全面生产维护

组织应制定、实施并保持一个形成文件的全面生产维护系统。

该系统应至少包含：

a）对按照要求产量生产合格产品所必需的过程设备的识别。

b）上述 a）项中被识别设备的替换件的可用性。

c）机器、设备和设施维护的资源提供。

d）设备、工装和量具的包装和防护。

e）适用的顾客特殊要求。

f）形成文件的维护目标，如 OEE（设备综合效率）、MTBF（平均故障间隔时间）和 MTTR（平均维修时间），以及预防性维护符合性指标。维护目标的绩效应作为管理评审的输入（见 ISO 9001 之 9.3）。

g）定期评审维护计划、目标及其形成文件的措施计划，以便在未达到目标时采取纠正措施。

h）预防性维护方法的使用。

i）预见性维护方法的使用（如适用）。

j）周期性检修。

8.5.1.6 生产工装及制造、试验、检验工装和设备的管理

组织应针对生产和服务材料以及散装材料（如适用），为工装和量具的设计、制造和验证活动提供资源。

组织应建立并实施生产工装的管理系统（无论归组织或顾客所有），包括：

a）维护和修理的设施与人员。

b）贮存和修复。

c）工装准备。

d）易损工装的更换计划。

e）工装设计修改的文件，包括工程更改等级。

f）工装的修改和文件的修订。

g）工装标识，例如：序列号或资产编号；状态，如在用、修理或废弃；所有权，以及位置。

组织应验证顾客拥有的工装、制造设备和试验/检验设备是否在明显可见的位置有永久性标记，以便能够确定每个工装或设备的所有权和用途。

如果任何一项工作被外包，组织应实施监视这些活动的系统。

8.5.1.7 生产排程

组织应确保为满足顾客订单/需求来安排生产，如准时生产（JIT），并且确保生产由一个信息系统支持，该系统允许在过程的关键阶段取得生产信息，并且是由订单驱动的。

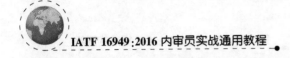

> 组织应在生产计划期间包含相关策划信息，例如：顾客订单、供应商准时交付绩效、产能、共享负荷（共线工位）、前置期、库存水平、预防性维护及校准。

2. 理解要点

（1）生产和服务提供过程的识别和策划

1）组织的类型不同，其生产和服务提供的过程也不同。对于提供有形产品的组织，是指其产品加工、制造、安装、交付或包括交付后的过程；对于服务性的组织，是指其服务的实现、交付，及其后续服务过程；对于提供计算机软件的组织，是指其软件制作、交付、安装、配套和维护过程。

2）生产和服务提供的控制范围，不仅指对生产过程的控制，也包括对产品放行（包括内部各工序的放行）、交付（指交付给顾客）、交付后活动（包括售后服务等）的控制。

3）组织必须首先识别本组织的生产和服务提供的过程，并对这些过程进行策划。策划时应考虑过程中人、机、料、法、环的控制要求，对其中的关键过程和特殊过程的控制尤其要重点关注。策划确定的控制措施通常可以以工艺文件、操作指南、图样、生产计划、服务规范、服务质量标准以及作业指导书等来实现。具体采取哪些措施应与组织的产品和服务、组织的实际情况相适应。

生产和服务提供过程的策划的内容已包含在 IATF 16949 之 8.1 条款中。

（2）生产和服务提供的控制

组织应在受控条件下进行产品生产和服务提供。适用时，受控条件包括：

1）要确保相关人员或部门及时获得成文信息：

① 要确保相关人员或部门及时获得表述产品、服务或活动特性的成文信息。产品、服务或活动特性的信息描述了产品、服务和活动的要求，生产和服务人员只有获得了这些信息才会明白自己应该做什么，应该达到什么要求。

应规定信息的来源、获得信息的途径。信息来源有：运行策划的输出（8.1）、设计和开发的输出（8.3.5）、产品和服务要求评审的输出（8.2.3）等。

图样、产品标准、工艺规程、作业指导书、服务规范、生产指令单等文件以及样板、图片、视频中包含产品、服务和活动特性的信息，应向生产和服务人员提供这些文件、图片、样板和视频。

② 要确保相关人员或部门及时获得表述结果的成文信息。生产和服务人员必须获得表述产品和服务提供的结果的文件信息。这些信息的形式可以是程序、图样、规范、工艺文件、服务提供规范、作业指导书、视频等。

不是每种作业活动都必须有指导文件，这与作业的复杂性、所形成产品特征的重要性及人员的技能有关，但当缺少这些指导文件就可能影响产品或服务质量时，则必须保证编制并使用这些文件。

2）获得和使用适宜的监视和测量资源，对过程特性和产品特性进行监控。例如：配置一些工艺参数要求的温度表、压力表、温控仪或作为测量用的计算机硬件和软件；在一些服务行业，也可以使用红外线监控仪、摄像头等。

IATF 16949 特别强调监视和测量资源要包括确保对制造过程进行有效控制所需的适宜的监视和测量设备。

3）实施监视和测量活动以保证过程及其输出满足控制准则与产品和服务的接收准则。生产和服务过程的监视测量活动包括对产品特性、过程特性、作业人员、作业过程活动、过程运行环境等方面的监控。如按照工艺文件规定对热处理过程的温度、时间等参数进行监控，在检验工序对产品进行检查，等等。

4）为过程的运行提供适宜的基础设施和环境。基础设施和过程环境应能满足实现产品和服务特征及过程能力的要求，应对基础设施和过程环境进行有计划的维护、保养、维修，以使它们保持规定的运行能力。标准条款中"适宜"的含义指基础设施和过程环境的实际状态和各种参数能力满足过程要求的程度。

IATF 16949 特别强调适宜的基础设施包括确保产品符合性所需的制造设备。

这里讲的设备和过程环境与 IATF 16949 标准 7.1.3 "基础设施"、7.1.4 "过程运行环境" 有关联性也有一定的区别。关联性表现为，本条款要求是 IATF 16949 标准 7.1.3、7.1.4 条款的展开，区别体现在关注点上，IATF 16949 标准 7.1.3、7.1.4 条款是从设备和过程环境的配置和管理维护角度提出的要求，而这里讲的基础设施和过程环境的 "适宜" 是从设备和过程环境的功能、精度及运行状况角度提出的要求。

5）提供有能力的人员，适用时，要对人员的资格提出要求。

6）当过程的输出不能由后续的监视或测量加以验证时，应在这类过程正式运行前对其进行确认，并定期进行再确认，以确保这类过程有能力达到过程策划的结果。

这类过程一般称为 "特殊过程"，在下面（3）中会详细讲解。

7）实施措施防止人为错误。对于那些主要依赖人的过程，组织要识别并制定必要的防错措施，比如提醒、报警装置、防呆法等（防呆法，其义即是防止呆笨的人做错事。亦即，连愚笨的人也不会做错事的方法，故又称为愚巧法）。有了防错技术，即使想做错都很难。比如，某个插头，只能插进唯一的孔位，其他孔位都插不进。

8）对产品和服务的放行、交付和交付后的活动进行控制：

① 产品放行指企业内部的产品转序、入库。应对产品放行进行控制，控制措施一般包括对放行和交付前的产品和服务进行检验。应按标准条款 8.6 "产品

和服务的放行"的要求实施。

② 交付是指组织与顾客交接产品的有关活动。应规定向顾客交付产品的方式，保质保量地按时向顾客提交产品。对交付中的各种中间环节（如托运、运输、装卸），应通过签订合同、投保等方式，明确保护产品的质量责任。

③ 交付后的活动包括售后服务、法律、合同所规定的相关活动，如合同规定的维修服务，以及回收或最终报废处置服务。应按标准条款8.5.5"交付后活动"的要求实施。

(3) 特殊过程的控制

1) 特殊过程的含义。

过程的输出不能由后续的监视或测量加以验证的过程，称为"特殊过程"。特殊过程一般有下列几种情况：

① 过程的特征要在后续过程或使用时才能反映出来。如焊接有延迟裂缝现象。

② 过程的特征无法或不能经济地检测，或者只能破坏性检测。如地下室防水工程，冰箱制作中的灌浆过程。

③ 过程的结果不能通过后续的检验和试验测得。如灌注桩工程。

2) 常见的特殊过程。

常见的特殊过程有：焊接、铸造、注塑、粘合、铆接、表面防护处理（电镀、磷化、喷丸、油漆等）、热处理等。

3) 特殊过程确认的目的。

证实特殊过程的能力能够达到过程策划中预期的要求（如确定为需确认的特殊过程，则应给出该过程的能力）。

特殊过程只有通过确认，才能投入作业。

4) 特殊过程确认的管理。

适用时，特殊过程确认的管理可包括：

① 规定过程确认的准则。一般包括确认的方法、确认的时机、确认的内容（通常涉及人、机、料、法、环、测等因素）、确认的人员、过程结果应达到的要求、在怎样的条件下才能确认通过等。

② 对设备进行认可，对人员进行资格鉴定。有些过程主要是靠设备起作用，就要重点对设备进行确认，确保设备有能力满足过程要求，而不是简单的设备"完好"。有的主要是靠人来保证，就要对人予以重点确认，确保人有能力满足过程要求，而不是一般意义上的通过社会通用技术培训所取得的"上岗资格证"。同时需要设备和人来保证的，就要对设备和人同时进行确认。

③ 要求特殊过程使用特定的方法和程序。比如激光焊接，要严格按照激光焊接工艺守则的要求进行操作。

222

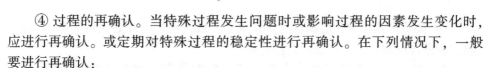

④ 过程的再确认。当特殊过程发生问题时或影响过程的因素发生变化时，应进行再确认。或定期对特殊过程的稳定性进行再确认。在下列情况下，一般要进行再确认：

a）加工用的主要原材料改换时。

b）主要加工设备大修后。

c）加工用的工艺文件或作业指导书更改时。

d）产品特征更改时。

e）加工质量出现问题其原因已被消除时。

f）停工时间过长再开始加工前。

⑤ 记录的要求。应规定特殊过程运行需要什么记录。如设备认可记录、人员鉴定记录、过程确认记录、过程参数连续监视记录等。

5）特殊过程的日常管理。

① 由具备资格的人员去进行。

② 对过程参数进行必要的连续监视和控制。

③ 对影响过程质量的全部因素（人、机、料、法、环、测——5M1E）进行控制。

（4）IATF 16949 附加的 "控制计划"

1）组织应针对相关制造现场和所提供的产品，在系统、子系统、部件和/或材料层次上制定控制计划。控制计划应包括散装材料及零件的生产过程，应包括从进货至出厂的全过程。

如果散装材料和相似零件的共同性已经过组织的评审，那么采用相同制造过程的散装材料和相似零件可以用同一个控制计划—— "零件家族" 控制计划。

2）组织应制定试生产控制计划和生产控制计划。制定时应考虑设计风险分析（DFMEA）、过程流程图以及制造过程风险分析（PFMEA）并从中获取相关信息。

3）控制计划应包括下列内容：

① 制造过程的控制方法，包括作业准备验证（见下面（6））。

② 首件/末件确认（如适用）。

③ 对由顾客和组织确定的特殊特性所采取的控制进行监视的方法。

④ 顾客要求的信息（如果有）。

⑤ 在检测到不合格品、过程变得不稳定或从统计的角度不具备能力时所采取的反应计划。反应计划包括：将偏离的过程参数调回正常状态；对不合格品进行标识、隔离和处理（如返工、报废、再加工、回用等）。

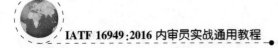

4）如果顾客要求，组织应提供在试生产或生产控制计划执行期间收集的测量和符合性数据，如产品检验报告等。

5）当出现下列情况时，应重新评审控制计划，并在需要时更新控制计划：

① 当组织确定其已经向顾客发运了不合格品。

② 发生影响产品、制造过程、测量、物流、供货来源、生产量或风险分析（FMEA）的变更。

③ 在收到顾客投诉并实施了相关纠正措施之后（适用时）。

④ 基于风险分析的固定周期，也就是定期对控制计划进行评审，并在需要时更新控制计划。

6）顾客有要求时，评审和更新后的控制计划应得到顾客批准。

（5）IATF 16949 附加的"标准化作业——作业指导书和可视化标准"

1）组织应确保标准化作业文件：

① 被传达给负责相关工作的员工，并被员工理解。

② 是清晰易读的。

③ 用使用这些文件的人员能够理解的语言表述。理解后才容易遵守、执行。

④ 在工作岗位上应容易得到。

2）标准化作业文件应包含操作员安全规则。

（6）IATF 16949 附加的"作业准备的验证"

1）作业准备验证，也就是生产准备状态检查，只不过相对平常所说的生产准备状态检查，作业准备验证还增加了一些方法，比如首件/末件确认。进行作业准备的验证，是为了确保生产条件的充分性或/和过程的持续一致性。

2）为做好作业准备验证，组织应做到：

① 在作业初次运行、材料更换、作业更改（工艺更改或场地更改等）时，均应进行作业准备的验证。

② 作业准备人员应得到相应的作业指导书。

③ 适用时，组织应规定使用何种统计方法进行作业准备的验证。比如使用 SPC 控制图。

④ 适用时，组织应采用首件/末件确认的方式进行作业准备验证。适当时，应当保留本批的首件用于与本批的末件进行比较（首末件比较）。或保留末件用于与后续运行中的首件进行比较（末首件比较）。

⑤ 只有作业准备验证通过或首件/末件确认通过，才能继续作业。要保留作业准备验证或首件/末件确认的记录。

（7）IATF 16949 附加的"停工后的验证"

1）在计划或非计划停产之后，恢复生产时，要进行验证。只有验证合格，才能继续生产。

2）验证的方法可以参照作业准备验证的方法。

3）停工后的验证一般针对产品停产后再生产、放假后再生产、设备大修停产后再生产、热处理、镀锡等连续流特殊过程断电停机后再生产等情况。如果仅仅是休息或歇班，可以免除停工后的验证。

（8）IATF 16949 附加的"全面生产维护"

1）TPM 全面生产维护（Total Productive Maintenance）是以提高设备综合效率为目标，以全系统的预防维护为过程，全体人员参与为基础的设备保养和维护体制。TPM 倡导全员参与，引导员工的自主维护，追求最高的设备综合效率，努力实现故障为零、事故为零和缺陷为零的管理目标。

2）TPM 全面生产维护中的几个重要指标。

① OEE（Overall Equipment Effectiveness，设备综合效率）。设备综合效率反映了从时间上、速度上和质量上对在用设备的综合管理，反映了设备真正能产生价值的运转状况。计算见下面 3）。

② MTBF（Mean Time Between Failure，平均故障间隔时间）。可修复产品的一种基本可靠性参数。其度量方法为：在规定的条件下和规定的期间内，产品寿命单位总数与故障总次数之比。

③ MTTR（Mean Time To Repair，平均维修时间）。产品维修性的一种基本参数。其度量方法为：在规定的条件下和规定的期间内，产品在规定的维修级别上，修复性维修总时间与该级别上被修复产品的故障总数之比。

3）设备综合效率 OEE 的计算。

设备综合效率 = 时间利用率 × 性能利用率 × 合格品率

其中：

① 时间利用率。时间利用率（也称时间开动率，时间稼动率）反映了故障、换模、质量问题等各种停机所造成的损失。

$$时间利用率（时间稼动率）= \frac{开动时间（稼动时间）}{负荷时间}$$

说明：

a）负荷时间 = 日历工作时间 − 计划停机时间。

计划停机时间包含早晚例会、中间休息时间、设备点检、其他计划停机时间。

b）开动时间 = 负荷时间 − 停机时间。

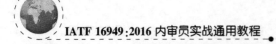

停机时间：指因设备故障、换模、质量问题、物流滞后、刀具更换、预热起动等各种因素所造成的损失时间。

② 性能利用率。性能利用率（也称性能开动率、性能稼动率）反映了生产中的设备空转损失、无法统计的小停机损失。

$$性能利用率 = \frac{理论生产节拍时间 \times 加工数量}{开动时间}$$

③ 合格品率。合格品率反映了生产不合格品造成的损失。

$$合格品率 = \frac{合格品数量}{加工数量}$$

实际上，OEE 的本质内涵，其实就是计算周期内用于加工合格品的理论时间和负荷时间的百分比：

$$OEE = \frac{理论生产节拍时间 \times 合格数量}{负荷时间}$$

$$= \frac{合格产品的理论加工总时间}{负荷时间}$$

4）组织应建立、实施并保持一个文件化的全面生产维护系统。该系统应至少包括：

① 识别按照要求产量生产合格产品所必需的过程设备。也就是说要保证设备的充分性。

② 备件管理。做好备件管理，满足设备维修需要。应根据企业的性质、设备的拥有量、管理水平、维修水平及企业所处地区有无备件集中供应的公司等因素，确定备件储备的原则，以决定储备什么备件，储备多少。一般而言：

a）易购备件：无须库存、直接购买。

b）常用备件：按照消耗的速度定期采购。

c）关键备件：维持少量的固定库存。

d）专项备件：根据维修计划，事前购买。

③ 为机器、设备和设施维护提供充分的资源。

④ 做好设备、工装和量具的包装和防护。

⑤ 如果顾客有特殊要求，按顾客的特殊要求做好设备的保养维护。

⑥ 将维护目标形成文件。维护目标的实现情况（绩效）应作为管理评审的输入。常用的维护目标有 OEE、MTBF、MTTR，以及设备预防性维护符合性指标，如设备可利用率、设备故障停机率、设备故障率、设备故障频率等。

a）设备可利用率。

$$设备可利用率 = \frac{设备实际开动时间}{设备实际开动时间 + 故障停机时间} \times 100\%$$

b）设备故障停机率。

$$设备故障停机率 = \frac{设备故障停机台时}{设备实际开动台时 + 故障停机台时} \times 100\%$$

c）设备故障率。

$$设备故障率 = \frac{故障停机时间}{设备实际开动时间} \times 100\%$$

d）设备故障频率。

$$设备故障频率 = \frac{故障发生次数}{设备实际开动时间} \times 100\%$$

⑦ 应编制设备维护目标及其实施措施计划，以及设备年度、月度等维护保养计划。应定期对设备维护目标及其实施措施计划、设备维护保养计划进行评审。当发现目标未达成、计划未实现时，应采取纠正措施。

⑧ 组织应使用预防性维护方法，包括日常保养、定期保养等。

⑨ 适用时，组织应采用预见性维护方法，保证有的放矢地进行维护活动，提高设备维护的效率。预见性维护、预防性维护的区别见第 1 章 1.6.11 节。

⑩ 做好设备的周期性检修（设备大修）。

（9）IATF 16949 附加的"生产工装及制造、试验、检验工装和设备的管理"

1）组织应针对生产和服务材料以及散装材料（如适用），为工装和量具的设计、制造和验证活动提供资源。

2）组织应建立并实施生产工装的管理系统（无论归组织或顾客所有）。这个系统包括：

① 配备工装维护和修理的设施与人员。

② 工装的贮存、失效工装的修复。

③ 做好工装的准备，包括工装的设计、制造和验证。

④ 制定易损工装的更换计划，确保易损工装配件的可提供，以防止影响产品质量和生产中断。要做好易损工装的更换，有必要确定工装的使用寿命，并对工装进行周期检定，以确定替换工装的时间。

⑤ 控制工装设计的更改并保存更改文件，包括工装更改等级。

⑥ 控制工装的修改，防止因修改不当而导致的不合格。顾客有要求时，应通知顾客。在进行工装的修改时应对有关文件进行修订。

⑦ 做好工装的资产标识，一般在工装上钉一"工装铭牌"，上面一般有工装编号（序列号或资产编号）、工装名称、保管部门/人、使用地点、适用范围等。做好工装的状态标识，状态标识应明确工装的工作状态，诸如在用、修理或废弃。做好工装的工作状态标识是为了防止误用导致不合格。

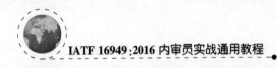

3）对顾客提供的工装，应做好永久性标识（如打钢印等），标识上注明所有者名称、工装用途。

4）以上其中任何一项工作被外包，组织应对外包进行监视。组织可按照标准条款8.4"外部提供的过程、产品和服务的控制"的要求对外包进行监视。

图2-11概括说明了工装管理基本任务的范围。

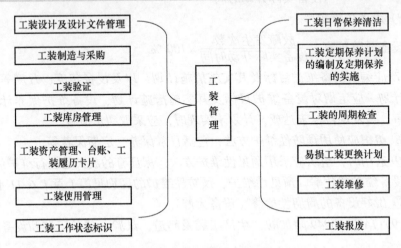

图2-11　工装管理的范围

（10）IATF 16949附加的"生产排程"

1）组织应制定满足顾客要求的、准时的（JIT）、由订单驱动的生产计划。

2）应建立支持生产计划的信息系统（如ERP企业资源计划），这个系统能在生产过程的关键阶段提供生产信息。

3）组织应在生产计划期间掌握相关信息，例如：顾客订单、供应商准时交付情况、产能、共享负荷（共线工位）、前置期、库存水平、预防性维护及校准。掌握这些信息，以便发现其中的异常，进而调整生产计划，确保生产计划的实现。

2.7.6　标识和可追溯性（标准条款：8.5.2）

1. 标准条文

8.5.2　标识和可追溯性

需要时，组织应采用适当的方法识别输出，以确保产品和服务合格。

组织应在生产和服务提供的整个过程中按照监视和测量要求识别输出状态。

当有可追溯要求时，组织应控制输出的唯一性标识，且应保留所需的成文信息以实现可追溯。

> 注：在生产流程中产品所处的位置并不能表明其检验、试验状态，除非产品本身状态明显，如自动化生产流转过程中的材料。如果状态能清楚地识别、形成了文件且达到了预定的目的，也可以采用替代的方法。

8.5.2.1　标识和可追溯性——补充

可追溯性的目的在于支持对顾客所收产品的开始点和停止点的清楚识别，或者用于发生质量和/或安全相关不符合的情况。因此，组织应按照下文的描述实施标识和可追溯过程。

组织应对所有汽车产品的组织内部、顾客及法规要求的可追溯性进行分析，包括根据风险水平或失效对员工、顾客的严重程度，制定可追溯性方案并形成文件。这些方案应按产品、过程和制造位置明确适当的可追溯系统、过程和方法，应：

a）使组织能够识别不合格品和/或可疑产品。

b）使组织能够隔离不合格品和/或可疑产品。

c）确保能够满足顾客要求和/或法规对响应时间的要求。

d）确保成文信息被保留，保留的形式（电子、硬拷贝、档案）能够使组织满足响应时间要求。

e）如顾客或监管标准有要求，各单个产品要做好序列化标识。

f）确保标识和可追溯性要求被扩展应用至外部提供的具有安全/监管特性的产品。

2. 理解要点

（1）标识的分类

标识是指识别过程输出的特征或状态的标志、标记或记录。过程输出是产品还是服务，取决于其主要特性，见第1章1.6.2节。这里提到的产品不仅是最终产品，而且也包括采购产品，加工过程中的半成品、成品，及库房或周转区的产品。

标识包括特征标识（包括在有可追溯性要求时的唯一性特征标识）与监视和测量状态标识：

1）特征标识：为了防止过程输出的混淆，导致混用或误用，对不同特征（如类型、材质、尺寸、形状、批次、生产厂家等）的过程输出加以区分时，采用适当的方法加以标识。这类标识称为"特征标识"。"特征标识"也称为"产品标识"。

标识的内容，因企业的类型、规模等不同会有所差异。比如，制造企业的

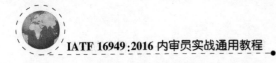

产品名称、类别、规格、批号、日期号、工作令号、操作者代码等；商贸企业的商品名称、规格、产地、价格等；服务企业的服务人员身份标识、服务名称标识、服务编号标识、服务对象标识、服务设施标识、服务项目标识、服务过程标识（如宾馆标识卫生间正在清洁中、茶具已消毒）、设施指向标识、警示标识等。

特征标识的形式是多种多样的，没有统一的规定。除非顾客指定。标识的形式有很多，可以是标签、标牌、标记、钢印、条码、铭牌、流程卡、编号、区域、文件、证件、记录等。

2）监视和测量状态标识：表明过程输出处于什么监视和测量状态的标识，称为"监视和测量状态标识"。

监视和测量状态（检验和试验状态）一般分为：待检、已检待判定、检验合格、检验不合格等。区分监视和测量状态，是为了防止不同状态的混淆，尤其要防止未经检验或不符合要求的产品被错误地放行或使用。

状态标识的方法是多种多样的，没有统一的规定。除非顾客指定。状态标识可采用标记、标签、印章、颜色（如红色箱只装不合格品）、流转卡、记录等形式，还可以划分存放地点，用不同区域表明不同的检验状态。有些行业不适合用标签之类表明其检验状态，而需采用记录的方式。如物业公司对小区卫生进行检查后，用记录表明其卫生状态。

> IATF 16949 特别强调：产品在正常生产流程中所处的位置，并不能表明其检验和试验状态。但如果状态明显，在相关文件中做了规定也是可以的，如产品通过自动检测机检测后进行"合格"与"不合格"分流，分流后流入 A、B 生产线。分流后生产线上产品的检验状态就很明显，此时就可明确规定，分流后 A 线产品是合格品，B 线产品是不合格品。

（2）标识的区别

标识的区别见表 2-15。

表 2-15　特征标识与监视和测量状态标识的区别

比较项目	特征标识	监视和测量状态标识
目的	防止不同特征的过程输出（如产品）混淆，必要时可追溯	防止不同监视和测量状态的过程输出（如产品）混淆，防止误用不合格品
可变性	标识不发生改变，有可追溯性要求时要有唯一性标识	监视和测量状态变化，标识也相应变化
必要性	特征标识不是必需的，只在可能发生混淆和有可追溯性要求的情况下采用 注意：对于实施 IATF 16949 的企业，要在生产和服务的全过程对产品进行标识	只要有监视和测量活动，就必须有监视和测量状态标识

（3）标识的管理

最好编制一份文件，对特征标识、监视和测量状态标识的方法，以及标识的转移、记录、控制要求作出规定，并严格按规定实施。

（4）可追溯性的控制

1）可追溯性的定义。

可追溯性是指"追溯客体的历史、应用情况或所处位置的能力"。当考虑产品或服务时，可追溯性可涉及原材料和零部件的来源、加工的历史、产品或服务交付后的发送和所处位置。

实现可追溯性的两个基本条件是标识的唯一性以及保留实现可追溯性所需的记录。通过对产品的唯一性标识及其转移进行记录实现可追溯性。

2）可追溯性的管理。

① 明确可追溯性要求。

实现可追溯性可能会增加成本，但是出于合同要求、法规要求或组织自身质量控制的考虑，组织应明确规定需追溯的产品、追溯的起点和终点、追溯的范围与程度、标识及记录的方式。追溯程度可以是分段追溯或全过程追溯、单个追溯或批次追溯、组织追溯或人员追溯等。

② 采用唯一性标识。

为使产品具有可追溯性，应采用唯一性标识来识别产品的个体或批次。可追溯性标识对汽车行业是很普遍的要求。如汽车车身、发动机都有唯一的编号，涉及安全性、法规性的底盘零件也有产品或批次的编号。

③ 记录唯一性的标识。

通过记录可以了解到产品过程条件、人员状态等，一旦发现问题，可以迅速查明原因，采取相应措施。

为了实现可追溯性，标识应与原始凭证一致，如产品型号、批号、序号、日期等，同时应对需追溯的情况做出相应记录。如食品厂追溯原材料的路线：成品生产批号——生产日期——原材料出库单——原材料入库单——原材料的台账——原材料的生产厂家。

④ 建立专门的控制系统。

一般由质量管理部门负责建立和实施可追溯性管理网络以实现对产品的可追溯性控制。

（5）IATF 16949 对"标识和可追溯性"的补充

1）进一步明确了可追溯性的目的：在于支持对顾客所收产品的开始点和停止点的清楚识别，或者用于发生质量和/或安全相关不符合的情况。也就是说，通过记录、标识，追溯到原材料和零部件的来源、加工过程的历史、产

品交付后的分布和场所。当发生质量、安全问题时，能够顺利地对产品进行追踪、追回，对问题进行溯源。

2）组织应针对汽车产品，对组织本身、顾客及法律法规规定的可追溯性要求进行分析，并考虑可追溯性管理中的风险水平或失效对顾客、员工造成的危害程度，制定文件化的可追溯性方案。在这些可追溯性方案中，要按产品、过程和制造位置明确适当的可追溯系统、过程和方法。保证做到：

① 使组织能够识别不合格品和/或可疑产品。

② 使组织能够隔离不合格品和/或可疑产品。

③ 确保能够满足顾客和/或法规对追溯时间的要求。

④ 保留追溯性记录，记录的形式（电子版、硬拷贝——纸质版、档案）要满足顾客和/或法规对追溯时间的要求。

⑤ 如顾客或监管标准有要求，每个产品要做好序列化标识。一般而言，每个产品要有一个序列号。

⑥ 确保标识和可追溯性要求被扩展应用至外部提供的具有安全/监管特性的产品。

2.7.7 顾客或外部供方的财产（标准条款：8.5.3）

1. 标准条文

8.5.3 顾客或外部供方的财产

组织应爱护在组织控制下或组织使用的顾客或外部供方的财产。

对组织使用的或构成产品和服务一部分的顾客和外部供方财产，组织应予以识别、验证、保护和防护。

若顾客或外部供方的财产发生丢失、损坏或发现不适用情况，组织应向顾客或外部供方报告，并保留所发生情况的成文信息。

注：顾客或外部供方的财产可能包括材料、零部件、工具和设备以及场所、知识产权和个人资料。

2. 理解要点

（1）顾客或外部供方的财产的定义

顾客或外部供方的财产是指顾客或外部供方所拥有的，为满足合同要求交由组织控制或提供给组织使用的产品、设施、财物、场所和信息资料等。

使用"顾客或外部供方"这个概念，表明这种产品的所有权属于顾客或外部供方，只是提供给组织使用或代为保管，而不是顾客或外部供方指定组织使用的产品。

（2）顾客或外部供方的财产的范围

1）顾客或外部供方提供的原材料，零部件、包装材料。

2）顾客或外部供方提供的加工或监测设备、工艺装备、运输工具、软件。

3）顾客或外部供方的知识产权，包括顾客或外部供方提供的专利、商标使用权、图样、样品、技术规范等文件。

4）顾客的个人信息。如银行应对顾客的财产信息进行保管与保密。

5）代顾客提供的服务，如将顾客的财产运到第三方。

6）超级市场中顾客寄存的小包。

7）建筑业中，顾客提供的参与辅助施工的工人。

8）顾客或外部供方提供的用于维修、维护或升级的产品。

9）相片冲印业中，顾客提供给冲印店的 U 盘。

10）服务提供过程中涉及的顾客的场所、环境，如家用电器的上门维修时涉及顾客房屋、环境的爱护。

11）物业管理中业主委托保管的车辆，等等。

（3）顾客或外部供方的财产的管理

1）识别顾客或外部供方的财产。要充分识别在组织的产品和服务提供过程中涉及的顾客或外部供方的财产，并告知组织的相关部门。

2）签订合同，明确责任。必要时，就顾客或外部供方财产，组织应与顾客或外部供方之间签订明确的合同协议，以明确双方的责任。

3）专门标识，防止误用。组织最好对顾客或外部供方的财产进行必要的专门标识，以防止误用或不恰当处置。

可参照 IATF 16949 之 8.5.2 条款（标识和可追溯性）的内容进行管理。

4）接收时进行验证。

① 组织在接收顾客或外部供方的财产时应进行验证，验证内容包括产品类型、数量、运输中的损坏或丢失情况，必要时安排检验以确定其质量状况。可参照 IATF 16949 之 8.6 条款（产品和服务的放行）的规定进行管理。

② 如顾客提供的是服务，组织应确认服务的适用并做好记录。

5）保护和维护顾客或外部供方的财产。保护和维护的内容可包括：

① 提供适当的贮存条件，规定贮存期限，在贮存期间定期检查以防损坏。

② 对顾客或外部供方的财产专管专用，与组织自行采购的产品隔离存放。

③ 对顾客或外部供方提供的设备进行必要的定期维护和校准，等等。

可参照 IATF 16949 之 8.5.4 条款（防护）的内容进行管理。

6）记录并报告顾客或外部供方的财产的丢失、损坏或不适用的情况。

① 若顾客或外部供方的财产发生丢失、损坏或不适用的情况，应加以记录并及时通报顾客。

② 最好规定专门的方法处置不适用的顾客或外部供方的财产。

2.7.8 防护（标准条款：8.5.4）

1. 标准条文

8.5.4 防护

　　组织应在生产和服务提供期间对输出进行必要防护，以确保符合要求。

　　注：防护可包括标识、处置、污染控制、包装、储存、传输或运输以及保护。

8.5.4.1 防护——补充

　　防护应包括标识、搬运、污染控制、包装、储存、传输或运输以及保护。

　　防护应用于对外部和/或内部供方提供的材料、部件，从接收到处理，包括装运并直至交付给顾客/被顾客接收。

　　应按策划的适宜的时间间隔评估库存品状况、储存容器放置/类型以及存储环境，以便及时发现变质情况。

　　组织应使用一种库存管理系统，以优化库存周转期，确保货物周转，如"先进先出"（FIFO）。

　　组织应以对待不合格品的类似方法控制过期产品。

　　组织应满足其顾客规定的防护、包装、运输和标签要求。

---

2. 理解要点

（1）防护的目的与范围

　　防护的目的是保持过程输出符合要求。防护的范围是产品生产和服务提供过程中的所有输出，也就是说防护的范围包括内部处理和交付到预定的地点期间的所有产品和服务，包括采购产品、中间产品、成品等。

（2）防护的内容

　　防护可以是标识、处置、污染控制、包装、储存、传输或运输以及保护活动的全部或任意组合。

　　1）标识。建立并保持适当的防护标识，如：

　　① 收发货标识。

　　② 储存期/保质期标识。

　　③ 小心轻放标识。

　　④ 请勿倒置标识。

　　⑤ 易损、防淋、防压标识。

　　⑥ 堆码标识。

　　⑦ 食品的生产日期和有效期。

⑧ 高速公路上的限速标识。

⑨ 易燃易爆品的标识。

⑩ 高级时装上的洗涤符号（如"不可手拧"等符号），等等。

注意：此处"标识"是指防护标识，请注意与 IATF 16949 之 8.5.2 条款（标识和可追溯性）中"标识"的区别。

2）处置。某些产品和服务在提供的不同阶段，需要进行防护性的处置。如在机加件上涂防锈油，防止零件生锈；在交付的产品上设置保护膜，防止划伤等。产品过保质期后的报废或复检。

3）污染控制。对于那些生产和服务提供过程的输出会产生产品污染、造成产品质量问题的组织（如食品生产企业），应关注对产品污染的控制。食品行业防止食品被污染的措施有：

① 建立食品原材料隔离制度，防止交叉污染。

② 建立食品加工设备和器具的定期清洗消毒制度，防止食品的二次污染。

③ 每年对从业人员进行健康检查，保证从业人员的健康状况良好，符合食品从业人员的健康要求。

④ 进入食品生产场所前应整理个人卫生，防止污染食品。

⑤ 使用卫生间、接触可能污染食品的物品或从事与食品生产无关的其他活动后，再次从事接触食品、食品工器具、食品设备等与食品生产相关的活动前应洗手消毒。

⑥ 在运输时不得将食品与污染物同车运输。

⑦ 仓库要保持清洁、无霉斑、蚊虫；仓库应通风良好，禁止存放有毒、有害物品。

⑧ 应采取设置筛网、捕集器、磁铁、金属检查器等有效措施降低金属或其他异物污染食品的风险，等等。

4）包装。对产品进行适当的包装，为此需考虑：

① 根据产品特点、储存及运输中的情况进行包装设计，确定包装规范。

② 选用合适的包装材料，包装材料不能对产品产生不良影响。

③ 对包装过程进行控制，编制适当的包装作业指导书等。

④ 在产品的外包装上，标出发运中的注意事项。

⑤ 包装箱外应有按技术条件规定的标识，箱内有必要的文件如包装清单、检验合格证等。

⑥ 某些产品的包装容器和包装标识涉及国家有关强制性要求，应引起足够的重视，如易燃易爆物品的包装要求使用特定的容器，否则不允许运输。

5）储存。这里涉及储存环境和设施条件如：场所的选择、确定，选择露天场地或库房是否需要空调等；还涉及储存活动的管理，例如出入库规定、出入

库手续、先进先出、库存物品的检查、物品的摆放、标识等。有关的措施可包括：

① 提供安全、可靠的储存区域、场所和设施，储存条件（如通风、防潮、控温、采光、清洁等）符合产品要求，防止储存期间产品变质或损坏。

② 做好防锈、防潮、防变质、防腐蚀、防失效、防虫蛀、防鼠咬、防老化、防破碎、防火、防盗、防水等工作。

③ 对储存品做好适当标识、隔离，防止产品误用。

④ 有特殊储存条件的，应做特别的保管，如有防毒要求的物资应隔离存放。

⑤ 制定入库、保管、出库的管理规定，如检查合格的产品才可入库，定期盘点，储存记录完整准确，账、卡、物相符等。

⑥ 制定必要的监控制度，如规定储存期限，实行先进先出原则，定期检查等。

6）传输或运输。

针对不同产品的特性，选用适宜的运输方式、运输工具，采取妥善的运输方法，防止产品损坏。无论是组织自运还是委托运输，都要有严格的质量控制。当委托运输时，应对运输单位的质保能力进行评定，并通过签订合同、投保等方式，明确保护产品的质量责任。对运输体积超大、超重的特殊产品，应事先制定专门的控制计划，并协调承运单位共同配合执行。

当组织的"输出"是数据和信息时（例如：网站内容、网上信息、电子邮件附带的数据、电子邮件中信息等），就应当注意到数据和信息在传输过程中有丢失的风险，应采取有效措施防止在传输过程中失窃、失密或损坏。

7）保护。采取保护措施，包括适当的隔离、分类存放、维护等，使产品不变质、损坏、丢失或错用等。例如：

① 对有保质期的产品，应注意储存时间控制。

② 规定堆层高度。防止底层产品被压坏。

③ 易碎器皿搬运时加防震措施。

④ 隔离保护。如新楼销售过程中，往往会对电梯内部加装一些保护层，防止电梯内饰受到损坏。

⑤ 对交付中的各种中间环节（如托运、运输、装卸），通过签订合同、投保等方式，明确保护产品的质量责任。

(3) IATF 16949 对"防护"的补充要求

1) IATF 16949 明确规定防护应包括标识、搬运、污染控制、包装、储存、传输或运输以及保护。

2) IATF 16949 明确规定防护的范围是从进货到最终将产品交付给顾客（或产品被顾客接收）的全过程。

3）组织应按策划的适宜的时间间隔评估库存品状况、储存容器放置/类型以及存储环境，以便及时发现变质情况。

4）建立库存管理系统，优化库存周转期以使其库存量最底，并逐步与准时化生产（JIT）相结合，实现"零库存"。要保证合理的周转空间，做到"先进先出"（FIFO）。

5）根据产品特性制定最长贮存期限或保质期，产品贮存一旦过期，就要按不合格品对待，即对其进行评审，确定处理方案。

6）组织应满足其顾客规定的防护、包装、运输和标签要求。

2.7.9　交付后的活动（标准条款：8.5.5）

1. 标准条文

8.5.5　交付后的活动

组织应满足与产品和服务相关的交付后活动的要求。

在确定所要求的交付后活动的覆盖范围和程度时，组织应考虑：

a）法律法规要求。

b）与产品和服务相关的潜在不良的后果。

c）产品和服务的性质、使用和预期寿命。

d）顾客要求。

e）顾客反馈。

注：交付后活动可包括保证条款所规定的措施、合同义务（如维护服务等）、附加服务（如回收或最终处置等）。

8.5.5.1　服务信息的反馈

组织应确保建立、实施并保持一个在制造、材料搬运、物流、工程和设计活动之间沟通服务问题信息的过程。

注1：将"服务问题"增加到本条款，是为了确保组织知晓可能在顾客处或使用现场被识别的不合格品和材料。

注2：适用时，"服务问题"应当包括使用现场失效的试验分析的结果（见10.2.6）。

8.5.5.2　与顾客的服务协议

当与顾客达成服务协议时，组织应：

a）验证相关服务中心符合适用要求。

b）验证任何特殊用途的工具或测量设备的有效性。

c）确保对所有服务人员进行了适用要求的培训。

2. 理解要点

（1）关于"交付后的活动"的说明

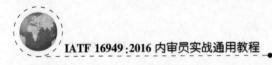

这里讲的"交付后的活动"与 IATF 16949 标准 8.5.1h)条款中的"交付后的活动"的区别体现在关注点上,IATF 16949 标准 8.5.1 条款关注的是交付后的活动要在受控条件下进行,而这里关注的是组织应满足交付后的活动的要求。在本条款中重点强调的是在确定交付后活动的程度时,组织应充分考虑相关因素,以确保产品和服务的交付后活动满足要求。

"交付后的活动",在很多组织里称为"售后服务"。

(2)交付后的活动的范围和程度

保修条款、销售合同、组织的自我申明等文件中可能包括交付后的活动的范围和程度。适用时,交付后的活动可包括:

1)组织保证条款所规定的措施。

2)合同规定的维护服务、附加服务。

3)废旧产品的回收或报废处置。

4)在产品安装调试过程中,提供承包或给予必要的指导。

5)在产品使用过程中,为用户提供易损备件、维修配件以及检测、修理等服务。

6)在全过程中履行制造者的产品责任,以提供优质产品,优质配件和优质服务为前提,对产品质量问题实行"包修、包退、包换"及赔偿经济损失的承诺。

7)建立售后服务网点,为顾客提供服务。

8)主动承担用户需要的培训产品使用、维修等有关人员的任务,等等。

组织必须按承诺的要求、法律法规的要求做好交付后的活动。

(3)决定交付后的活动的范围和程度的因素

组织提供的交付后的活动多,成本就高,风险也高;提供的交付后的活动少,又会让顾客对组织失去信心。所以组织应根据自身情况提供适宜的交付后的活动。提供的交付后的活动的多与少,取决于以下几个因素:

1)法律法规要求。有些售后活动,是法律法规规定的,组织必须严格执行。

2)与产品和服务相关的潜在不良的后果。如对易损坏的零配件,组织可以随设备多配置一些。

3)产品和服务的性质、用途和预期寿命。比如对 VIP 用户,售后服务的项目就多一些。

4)顾客要求。"交付后活动"的要求可以是组织向顾客承诺提供的售后服务和维护,也可以是顾客向组织提出的要求,这些要求也是合同的一部分。如果组织答应了顾客的这些要求,就要按这些要求提供售后服务。

5)顾客反馈。顾客反馈多的问题,如果组织承诺免费解决,将有助于提高顾客的满意度、忠诚度。

(4) IATF 16949 附加的"服务信息的反馈"

1) 为使组织了解其外部发生的不合格（顾客的投诉、产品失效、退货等），组织应建立并保持一个信息沟通过程，使组织在服务过程中获得的外部信息能够与组织内部的制造、工程和设计部门进行沟通，以确保采取有效的措施。

2) IATF 16949 特别指出，将"服务问题"增加到本条款，就是为了保证让组织知道发生在顾客处或使用现场的不合格品和材料。所以组织必须有措施保证，当顾客处或使用现场出现不合格品和材料时，组织能及时知道并处理。

3) 适用时，"服务问题"应当包括使用现场失效的试验分析的结果。应将现场失效分析／试验的结果通知相关部门，以便采取改进措施。

(5) IATF 16949 附加的"与顾客的服务协议"

当与顾客达成服务协议时，为了确保服务质量，组织应做好下列工作：

1) 对给顾客提供服务的服务中心（售后服务点、服务中心、办事处等）进行验证，确保其服务符合要求。验证的内容包括服务的及时性、处理问题的能力、信息传递的速度及准确性等。

2) 对顾客服务中使用的工具或测量设备的有效性进行验证，确保其满足服务要求。验证的内容包括可用性、适用性、测量设备的校准状态等。

3) 就顾客服务的要求，对服务人员进行培训，保留培训记录。

2.7.10　更改控制（标准条款：8.5.6）

1. 标准条文

8.5.6　更改控制

　　组织应对生产和服务提供的更改进行必要的评审和控制，以确保持续地符合要求。

　　组织应保留成文信息，包括有关更改评审的结果、授权进行更改的人员以及根据评审所采取的必要措施。

8.5.6.1　更改控制——补充

　　组织应有一个形成文件的过程，对影响产品实现的更改进行控制和反应。任何更改的影响，包括由组织、顾客或任何供应商所引起的更改，都应进行评估。

组织应：

a) 明确验证和确认活动，以确保与顾客要求相一致。

b) 在实施前对更改予以确认。

c) 将相关风险分析的证据形成文件。

d) 保留验证和确认的记录。

应当对更改（例如：对零件设计、制造地点或制造过程的更改），包括供应商做出的更改，进行以验证为目的的试生产，以便确认更改对制造过程带来的影响。

当顾客要求时，组织应：

e) 通知顾客最近一次产品批准之后任何计划进行的产品实现的更改。

f) 在实施更改之前获得形成文件的批准。

g) 完成额外验证或标识要求，例如：试生产和新产品确认。

8.5.6.1.1 过程控制的临时更改

组织应识别过程控制手段，包括检验、测量、试验和防错装置，形成文件化的清单并予以保持。若存在备用和替代方法，则过程控制清单应包括主要过程控制以及经批准的备用或替代方法。

组织应有一个形成文件的过程，对替代控制方法的使用进行管理。组织应基于风险分析（例如 FMEA）和严重程度，在本过程中包含要在生产中实施控制方法之前获得的内部批准。

在发运采用替代方法检验或试验的产品之前，如有要求，组织应获得顾客批准。组织应保持一份控制计划中提及的经批准的替代过程控制方法的清单并定期评审。

应有每个替代过程控制方法的标准的作业指导书。组织应至少每日评审替代过程控制手段的运行，以核实标准作业的实施，其目的旨在尽早返回控制计划规定的标准过程。方法包括但不限于以下示例：

a) 以质量为关注点的每日审核（如分层过程审核，如适用）。

b) 每日领导会议。

基于严重程度，并在证实防错装置或过程的所有特征均得以有效恢复的基础上，在规定时期内对重新启动验证形成文件。

在使用替代过程控制装置或过程期间，组织应实现生产的所有产品的可追溯性（如验证并保留每个班次的首件和末件）。

2. 理解要点

（1）关于本条款"更改控制"的说明

6.3 条款"变更的策划"讲的是质量管理体系的变更；8.3.6 条款"设计和开发更改"讲的是产品和服务设计的更改；本条款讲的是在生产和服务提供期间发生的影响符合要求的变更，例如原材料变更、设备和工装变更、工艺方法变更、工艺参数变更等。组织应充分识别相应的变更。

（2）更改的控制

① 识别。更改通常是针对已策划好的生产和服务提供过程，应首先识别引起更改的各种契机，如设计更改带来工艺更改、工艺优化的需要等。

② 评审、验证或确认。评审更改部分是否满足相关的要求，是否产生非预期的不良结果，有无采取必要的措施减少更改带来的任何不利影响，更改是否对其他方面产生了影响，是否需要同步更改。当做重大更改，对产品和服务质量有较大影响时，还需进行过程验证、确认。

③ 批准。更改经批准后才能实施。

④ 记录。应保留与更改相关的记录。记录中包括更改的内容、更改的评审结果以及根据评审所采取的必要措施、更改的授权人（批准人）等。

（3）IATF 16949 附加的"更改控制——补充"

1）组织应有一个对影响产品实现的更改（包括由组织、顾客、供应商引起的更改）进行控制并做出反应的文件化过程。更改包括：

① 设计文件、技术规范或材料发生了变化。

② 已批准的零件使用了其他不同的加工方法或材料。

③ 使用了新的或改进的工装（不包括易损工装）、模具、铸模、模型等，包括备用的工装。

④ 在对现有的工装或设备进行翻新或重新布置之后进行生产。

⑤ 生产是在工装和设备转移到不同的工厂（车间）或在一个新增的厂址进行的。

⑥ 组织分包出去的零件、材料或服务（如热处理、电镀）发生了变化。

⑦ 组成产品的零部件（可能由组织制造，也可能由组织的供应商制造）及其制造过程发生了变化。

⑧ 试验和检验的方法发生了变化，等等。

本条款可以结合标准条款"8.3.6 设计和开发更改"一起实施。

2）对任何更改的影响，都应进行评估。并规定对更改进行验证和确认的活动（如进行试验、提交样件经顾客确认等），以确保与顾客要求相一致。

3）应保证更改在实施前得到确认。

4）对更改进行风险分析（如 FMEA 分析），并将分析的结果形成文件。

5）保留对更改进行验证和确认的记录。

6）应当对更改（例如：对零件设计、制造地点或制造过程的更改），包括供应商做出的更改，进行以验证为目的的试生产，以便确认更改对制造过程带来的影响。

7）当顾客要求时，组织应：

① 通知顾客最近一次产品批准之后任何计划进行的产品实现的更改。

② 在实施更改之前，得到顾客的书面批准。如果顾客放弃了批准要求，此时，组织一般也需取得顾客放弃批准的书面授权。

③ 有能力满足顾客附加的验证/标识要求，如试生产和新产品确认（如 PPAP 生产件批准），或对更改后的产品进行特别标识。

（4）IATF 16949 附加的"过程控制的临时更改"

1）所谓"替代过程（方法）"，是指由于某种原因，组织不能按规定的路径进行某个过程或活动，需要换个路径进行或用备用的活动替代。比如组装机器人坏了，只能改由人工组装；焊缝探伤设备坏了，只能用拉力测试焊缝强度的方法替代，等等。

2）组织应该识别替代过程或装备（包括备用过程或装备，装备包括设备、工装、模具等。下同），这些替代过程或装备可能用于生产、检验和防错。应建立并保持文件化的替代过程或装备的清单。清单里面的替代过程或装备必须是经过批准的。

3）组织应有一个形成文件的过程，对替代过程或装备的使用进行管理，比如编制一份《替代过程或装备管理指南》。编制《替代过程或装备管理指南》时，应对替代过程或装备进行风险分析（例如 FMEA）以确定其风险的严重程度，以便在指南中采取控制措施。替代过程或装备实施前必须得到内部批准。

4）替代过程或装备应包含在 PFMEA、控制计划中。

5）如果采用替代过程或装备生产和/或检验产品，那么在将产品发运给顾客前，如顾客有要求，则应得到顾客的批准。

6）应定期对替代过程或装备的清单进行评审，适时进行修正。要将无效、无用的替代过程或装备从清单中取消。

7）应为替代过程或装备的实施编制作业指导书，比如人工组装是机器人组装的替代过程，那么就要编制一份《人工组装作业指导书》指导工人的组装作业。

8）使用替代过程或装备期间，应至少每日对其运行进行评审，以核实其按标准进行作业，同时也评估一下能否早日返回控制计划规定的标准过程。评审的方法包括但不限于：

① 以质量为关注点的每日审核（如分层过程审核，如适用）。分层过程审核是由组织的各个级别定期按频率进行的一种标准化的审核，用来确认组织内操作标准的符合情况。

② 每日召开领导会议，对替代过程或装备进行评审。

9）应基于问题的严重程度，决定恢复正常过程或装备的日期。恢复前，应对防错装置进行验证或对过程或装备的所有特征进行验证并保留验证记录，只有验证合格，才能恢复到正常过程或装备。

10）对使用替代过程或装备期间生产的产品，组织要做好唯一性标识并记录，以实现产品的可追溯性。如验证并保留每个班次的首件和末件。

2.7.11　产品和服务的放行（标准条款：8.6）

1. 标准条文

8.6　产品和服务的放行

组织应在适当阶段实施策划的安排，以验证产品和服务的要求已得到满足。

除非得到有关授权人员的批准，适用时得到顾客的批准，否则在策划的安排已圆满完成之前，不应向顾客放行产品和交付服务。

组织应保留有关产品和服务放行的成文信息。成文信息应包括：

a）符合接收准则的证据。

b）可追溯到授权放行人员的信息。

8.6.1　产品和服务的放行——补充

组织应确保验证产品和服务要求得以满足的策划安排围绕控制计划进行，并按照控制计划的要求形成文件（见附录A）。

组织应确保为产品和服务初始放行所策划的安排围绕产品或服务批准进行。

根据 ISO 9001 之 8.5.6，组织应确保初始放行后的任何更改，都应完成产品或服务批准。

8.6.2　全尺寸检验和功能试验

应根据适用的顾客工程材料及性能标准，按控制计划的规定，对每一种产品进行全尺寸检验和功能验证，其结果应可供顾客评审。

注1：全尺寸检验是对设计记录上显示的所有产品尺寸进行完整的测量。

注2：全尺寸检验频率由顾客确定。

8.6.3　外观项目

若组织生产的零件被顾客指定为"外观项目"，则组织应提供：

a) 适当的资源，包括评价用的照明。

b) 适当时，颜色、纹理、光泽、金属亮度、结构、鲜映性（DOI）、触感技术的标准样品。

c) 外观标准样品及评价设备的维护和控制。

d) 对从事外观评价人员的能力和资格的验证。

8.6.4 外部提供的产品和服务的符合性的验证和接受

组织应有一个采用以下一种或多种方法保证外部提供的过程、产品和服务质量的过程：

a) 组织接收供应商提供的统计数据，并对其进行评价。

b) 进货检验和/或试验，如根据业绩的抽样。

c) 结合可接受的已交付产品对要求的符合性记录，对供方现场进行第二方或第三方评定或审核。

d) 由指定的实验室进行的零件评价。

e) 与顾客达成一致的其他方法。

8.6.5 法律法规的符合性

在放行外部提供的产品进入生产流程之前，组织应确认并能够提供证据证明外部提供的过程、产品和服务符合制造国以及顾客确定的目的国（如有提供）最新的适用法律、法规和其他要求。

8.6.6 接收准则

组织应规定接收准则，要求时，由顾客批准。对于计数型数据抽样，接收水平应是零缺陷（见9.1.1.1）。

2. 理解要点

（1）产品和服务验证的概念、目的

此条款中所说的产品和服务的放行控制，就是平常所说的产品和服务验证。验证是通过提供客观证据对规定要求已得到满足的认定，检验则是通过观察和判断，适当时结合测量、试验所进行的符合性评价，是验证的方式之一。

产品和服务验证，既包括了制造业常见的检验和试验活动，也包括了其他行业（如服务业）实施的检查、验证、监视活动。这些验证活动，经常被通俗地称为"质量检验"。以下是一些产品和服务验证的例子：

1）对产品的性能、功能进行检验。

2）编辑对出版物进行校对。

3）餐馆用探头对服务质量进行监视，等等。

组织应按策划的安排在适当阶段对产品和服务进行验证，检查产品和服务是否合格，以确保产品和服务的要求得到满足。产品和服务验证的对象不仅包括最终产品和服务，还应包括采购的产品和服务、中间产品和服务。

（2）产品和服务验证的策划与实施

1）产品和服务验证的策划。产品和服务验证的策划在对运行过程策划时就已经进行（见 IATF 16949 之 8.1 条款）。策划时应规定：

① 确定验证站点。对于制造类企业，一般按购入、过程中和最终三个阶段设置检验站点，进行进货检验、过程检验、成品检验。

对于服务业，上述三个阶段的区别有时不是很清晰，组织应视具体情况设置监视和测量点。如饭店，其实施的监视和测量活动的时机、内容及实施监视和测量的人员都会和制造业有很大差别，对其所购买的用于制作菜肴的原材料和配料要进行检验和检查；在食品加工和准备阶段也要进行监视和测量，此时的对象和范围不仅包括食物的质量，还包括干净程度和卫生情况；在把饭菜端给顾客之前，还要检查一下饭菜以确保端给顾客的是顾客所点的；饭菜的制作和上菜的方式也要符合饭店的标准等。这些检查可以由厨师完成，也可以由服务员完成。

② 确定每个阶段需要验证的产品和服务项目及接收准则。接收准则应考虑合同、法律、法规、强制性标准的要求。不同的组织、不同的产品，接收准则是不同的，可以是产品标准（包括国际标准、国家标准、行业标准和企业标准等）、验收细则、检验规程、顾客在合同中的要求等。在服务业，对服务过程的要求也可以是接收准则，如服务规范、规则、规章、制度等。

③ 确定验证的方法。如对进货是采用检验还是对供方提供的证明材料进行验证的方式，是全检还是抽检。在确定验证的方法时，应考虑使用适当的统计技术，如 GB/T 2828.1—2012《计数抽样检验程序 第1部分：按接收质量限（AQL）检索的逐批检验抽样计划》。

④ 确定验证的设备和工具。

⑤ 确定验证的频次。

⑥ 确定验证的实施者，明确其职责和权限。检验人员以及决定工作的完成、决定产品和服务可以放行或交付给顾客的人员，其职责和权限一定要明确。

⑦ 确定验证需要的文件以及验证形成的证据（记录）。

文件可包括产品验证程序、检验作业指导书等，文件中应规定例外放行如何进行。符合接收准则的证据包括：检验和试验报告、检验和试验记录、质量合格证明；对"有权放行产品和服务的人员"要予以记录。

⑧ 验证结果的处理。根据接收准则判定产品的符合性，判断为合格的放行，不合格的执行 IATF 16949 之 8.7 条款"不合格输出的控制"。

2）按验证策划的要求实施产品和服务的验证。

（3）放行产品和交付服务的条件

1）只有策划的验证安排已圆满完成，验证的结果符合规定的产品和服务要求时，才能放行产品和交付服务。

2）例外放行：产品的放行和服务的交付应在完成所规定的各个阶段的验证，而且结果符合规定的要求后进行。但当得到组织内部授权人批准，或在适用的场合下由顾客批准，对产品和服务规定的验证未全部完成之前，也可以例外放行产品和交付服务。应当注意的是，例外放行不得违反法律法规。有些产品，如血站提供的血液制品等，是不允许例外放行的；建筑业对水泥和钢材也是不允许例外放行的，因为一旦不进行检验就放行，若之后水泥或钢材的质量出现问题，将无法追回，会对后续的过程和产品质量带来巨大影响，造成严重后果。

例外放行往往有风险，而且也不意味着放行后可以不完成必要的验证或不满足规定要求，包括适用的法律法规要求。

例外放行的前提是有可靠的追回程序。一般在下列情况下才能允许例外放行：产品发现的不合格在技术上可以纠正，并且在经济上不会发生较大损失，也不会影响相关、连接、相配的零部件质量。

例外放行的具体操作步骤：

① 对需要例外放行的产品，由责任部门的责任人提出申请，报经授权人审批。

② 对例外放行的产品做出可追溯性标识，同时做好识别记录，记录中应详细记载例外放行产品的规格、数量、时间、地点、标识方法。

③ 适用时，在例外放行的同时，应留取规定数量的样品进行检验，且检验报告必须尽快完成。根据需要，应设置适当的例外放行的停止点（停止点：相应文件规定的某点，未经指定组织或授权批准，不能越过该点继续活动），对于流转到停止点上的例外放行产品，在接到证明该批产品合格的检验报告后，才能将产品放行。若发现例外放行的产品经检验不合格，要立即根据可追溯性标识及识别记录，将不合格品追回。

（4）验证的记录要求

应保留验证的记录。验证的记录包括符合接收准则的证据，记录要真实、清楚，记录上应标明负责产品和服务放行的授权责任者。授权最终放行产品或服务的人员应可追溯。

（5）IATF 16949 附加的"产品和服务的放行——补充"

1）对产品和服务验证的策划应围绕控制计划进行，控制计划的格式在本标准的附录 A 中有说明。要想详细了解控制计划，可参见本人所著《IATF 16949 质量管理体系五大工具最新版一本通》。

2）控制计划不能代替作业指导书。控制计划主要是给工程师使用的，一般不能直接指导生产，因此要根据控制计划中要控制的项目和要求，编制一系列作业指导书，供现场的具体操作人员使用。

3）产品和服务初始放行的策划和实施应围绕产品或服务批准进行。产品或服务批准详见本人所著《IATF 16949 质量管理体系五大工具最新版一本通》第 3 章。

4）根据本标准之 "8.5.6 更改控制" 条款，组织应确保初始放行后的任何更改，都应完成产品或服务批准。

（6）IATF 16949 附加的 "全尺寸检验和功能试验"

1）全尺寸检验是对设计图样上显示的所有需要检验的产品尺寸进行完整的测量。功能试验是指确保零件符合顾客和组织的所有技术性能和材料要求进行的试验。

2）应按控制计划的规定，依据顾客工程材料及性能标准对所有产品进行全尺寸检验及功能验证。全尺寸检验和功能试验的结果应能供顾客评审。

3）全尺寸检验频率由顾客确定。

（7）IATF 16949 附加的 "外观项目"

"外观项目" 是指在产品完工后即可见的零部件。也就是构成产品外露部分的零部件。一般来说，顾客会在工程图样上标注外观项目。对于外观项目，一般要求在生产零件提交前，对外观（颜色、纹理和光泽等）进行专门的批准。

有外观项目产品生产的组织，应做到：

1）有适当的资源，包括评价用的照明。照明条件应满足相关标准的要求。

2）适当时，有颜色、纹理、光泽、金属亮度、结构、鲜映性（DOI）、触感技术的标准样品，以便进行比对。

3）外观标准样品和外观评价设备应得到了充分的维护和控制，以保持其质量水准。

4）由于在外观件的检验中 "人为" 因素较大，对外观评价人员的资格要进行验证，特别是目视能力和经验的要求。

5）必要时，编制 "外观项目" 检验、评价的作业指导书，对目视距离、目视角度以及目视时间等做出必要的规定。

（8）IATF 16949 附加的 "外部提供的产品和服务的符合性的验证和接受"

组织应建立一个过程以保证外部提供的过程、产品和服务的质量。这一过程就是对外部提供的过程、产品和服务进行验证，经常被通俗地称为 "进货检验"。

对外部供应的验证可采用以下一种或多种方法进行：

1）组织接收并评价供应商提供的统计数据，并据此做出是否放行产品和服务的决定，以及是否要求供应商进行整改，是否去供应商处进行第二方审核等。

我们平常所说的"免检"，又称"无试验检验"，并不意味着不进行"验证"，而是以供应商提供的合格质量凭证作为依据，决定接收与否。"免检"是"验证"的一种方式的通俗表达。

2）进行进货检验和/或试验，并根据供应商的业绩调整抽样方案，如正常检验变成加严检验。

3）结合可接受的已交付产品的质量记录，对供方现场进行第二方或第三方评定或审核。比如供应商交付的产品在某一时段交付合格品率较差，那么可以去供应商处进行第二方审核，审核的重点可以放在供应商的产品出货检验上。

4）由组织指定的实验室对供应商的零件进行评价。

5）与顾客达成一致的其他方法。

(9) IATF 16949 附加的"法律法规的符合性"

组织应确保外部提供的过程、产品和服务符合生产和销售国的法律法规要求。组织可要求供应商提供相关的证明文件。

(10) IATF 16949 附加的"接收准则"

1）组织应规定接收准则。顾客要求时，接收准则应得到顾客批准。

2）对于计数型数据抽样，接收水平应是零缺陷。通俗地讲，就是说无论抽样数量是多少，只要有一件产品不合格，则判该批产品不能接受。零缺陷抽样检验方案详见本人所著《IATF 16949 质量管理体系五大工具最新版一本通》中的附录。

2.7.12 不合格输出的控制（标准条款：8.7）

1. 标准条文

8.7 不合格输出的控制

8.7.1 组织应确保对不符合要求的输出进行识别和控制，以防止非预期的使用或交付。

组织应根据不合格的性质及其对产品和服务符合性的影响采取适当措施。这也适用于在产品交付之后，以及在服务提供期间或之后发现的不合格产品和服务。

组织应通过下列一种或几种途径处置不合格输出：

a）纠正。

b）隔离、限制、退货或暂停对产品和服务的提供。

c）告知顾客。

d）获得让步接收的授权。

对不合格输出进行纠正之后应验证其是否符合要求。

8.7.1.1　顾客的让步授权

无论何时，只要产品或制造过程与当前批准的不同，在继续生产之前，组织应获得顾客的让步或偏离许可。

组织应在进一步加工之前，获得顾客对不合格品"照现状使用"和返修（见 8.7.1.5）处置的授权。如果在制造过程中有子部件的再使用，应在让步或偏离许可中向顾客清楚传达该子部件的再使用。

组织应保持授权的期限或数量方面的记录。当授权期满时，组织还应确保符合原有的或替代的规范和要求。经授权的材料装运时，应在每一集装箱上做恰当的标识。此规定同样适用于采购的产品。在提交给顾客之前，组织应批准由供应商所提出的请求。

8.7.1.2　不合格品控制——顾客规定的过程

组织应遵守适用的顾客规定的不合格品的控制。

8.7.1.3　可疑产品的控制

组织应确保对无标识的或可疑状态的产品按照不合格品进行归类和控制，组织应确保所有适当的制造人员接受过关于可疑品或者不合格品遏制的培训。

8.7.1.4　返工产品的控制

组织应在决定对产品进行返工之前，利用风险分析（如 FMEA）方法来评估返工过程中的风险。如顾客有要求，组织应在开始产品返工之前获得顾客批准。

组织应有一个形成文件的符合控制计划的返工认可过程，或者其他形成文件的相关信息，用于验证对原有规范的符合性。

包含了重新检验和可追溯性要求的拆卸或返工指导书，应易于被适当的人员取得和使用。

组织应保留与返工产品处置有关的成文信息，包括数量、处置、处置日期及适用的可追溯性信息。

8.7.1.5　返修产品的控制

组织应在决定对产品进行返修之前，利用风险分析（如 FMEA）方法来评估返修过程中的风险。组织应在开始产品返修之前获得顾客批准。

组织应有一个形成文件的符合控制计划的返修认可过程，或者其他形成文件的相关信息。

包含了重新检验和可追溯性要求的拆卸或返修指导书，应易于被适当的人员取得和使用。

组织应获得顾客对待返修产品的形成文件的让步授权。

组织应保留与返修产品处置有关的成文信息，包括数量、处置、处置日期及适用的可追溯性信息。

8.7.1.6 顾客通知

当不合格品被发运时，组织应立刻通知顾客。初始通知应附上事件的详细说明文件。

8.7.1.7 不合格品的处置

组织应有一个形成文件的过程，用于不进行返工或返修的不合格品的处置。对于不符合要求的产品，组织应验证待报废产品在废弃之前已变得没有用处。

若无顾客提前批准，组织不得将不合格品用于服务或其他用途。

8.7.2 组织应保留下列成文信息：

a）描述不合格。

b）描述所采取的措施。

c）描述获得的让步。

d）识别处置不合格的授权。

2. 理解要点

（1）几个重要的术语解释与理解

1）不合格、缺陷。

① 不合格是指"未满足要求"。缺陷是指"与预期或规定用途有关的不合格"。

② 可以看出，"缺陷"是一种特定范围内的"不合格"，往往涉及产品责任，有法律内涵，应当慎用。

2）返修、返工。

① 返修是指"为使不合格产品或服务满足预期用途而对其采取的措施"。不合格产品或服务的成功返修未必能使产品符合要求。返修可能需要连同让步。返修包括对以前是合格的产品或服务，为重新使用所采取的修复措施，如作为维修的一部分。

返工是指"为使不合格产品或服务符合要求而对其采取的措施"。

② 返修与返工不同，返修后通常还是不合格品，但可以使用。比如一台电视返修后能够收看，但其外观可能在返修时刮花了。

③ 返工的目的是使不合格品成为合格品，但返工后的结果并不一定达到预期的目的，所以应对返工品进行验证，以证实其是否符合规定的要求。

3）偏离许可、让步。

① 偏离许可是指"产品或服务实现前，对偏离原规定要求的许可"。偏离许可通常是在限定的产品和服务数量或期限内并针对特定的用途。

让步是指"对使用或放行不符合规定要求的产品或服务的许可"。通常，让步仅限于在商定的时间或数量内及特定的用途，对含有不合格特性的产品和服务的交付。

②"偏离许可"是在产品生产前，允许其偏离原规定的许可。而"让步"是在产品生产后，对其中的不合格品的一种处理措施。

③"偏离许可""让步"都是一次性的，并限定一定的数量和时间期限。"偏离许可""让步"的结果一定不能影响预期的使用目的。"偏离许可""让步"不能违反适用的法律法规的规定。例如，锅炉压力容器的耐压强度是不允许偏离许可或让步的，因为这可能导致人身和财产的安全问题。

4）降级、报废。

① 降级是指"为使不合格产品或服务符合不同于原有的要求而对其等级的变更"。

② 报废是指"为避免不合格产品或服务原有的预期使用而对其所采取的措施"。回收、销毁均属此范畴。在服务行业，对不合格服务的情况，是通过终止服务来避免其使用。

（2）不合格输出的控制的目的

对不合格的输出进行识别和控制，以防止其非预期的使用或交付。不合格输出包括不合格产品、不合格服务。

（3）不合格输出的控制的措施

1）识别不合格输出。组织应在生产和服务实现的各个阶段识别不合格输出，包括采购、生产、检验、售后等阶段。

2）标识、隔离不合格输出。对于发现不合格品，应及时做出标识以示与合格品的区别。可能时，对不合格品进行隔离。

3）评审不合格输出。对不合格输出进行必要的评审，决定应作哪种处置。处置方式有返工、返修、降级、让步接收、召回、回用、报废等。

对不合格输出进行评审的方式视组织的具体情况而定。比如，对不合格品，有的组织只需质量部做出评审结论即可，而有的组织则由多个部门（技术、质量、生产、物控等部门）组成评审组进行。质检员有不合格品的判断权，但一般不授予他们不合格品的评审处置权。评审处置权应授予质量工程师等上级人员。

进行不合格品评审的人员应有能力判别不合格品的处置决定，诸如互换性，进一步加工、性能、可信性、安全性及外观质量的影响。

当发现的不合格品可能需要追溯以前的批量时，应立即对以前已判合格的产品进行返工等处理，对流入市场的产品，必要时要采取召回措施或委托销售方处理。

4）对不合格输出进行处置。按照评审所决定的处置方式对不合格输出进行处置。不合格输出的处置方式应与不合格的性质及其对产品和服务的影响相适应。也就是说，对不合格输出处置时一定要结合实际，选择适宜的方式。

处置方式包括下列的一种或多种方式：

① 对不合格输出进行纠正。例如：通过返工使不合格品成为合格品、调换已供产品、将不合格品进行报废、将不合格品改作他用或降级使用（降级的产品必须符合降低等级后的规定）、召回不合格品、赔偿、致歉、和顾客协商使顾客接受修理后的产品、更换已供产品、重新提供服务等。

② 隔离、限制、退货或暂停产品和服务的提供。例如：对不合格品进行隔离、限制，以防误用；将供应商提供的不合格零件退回；停止发货，不让不合格品流出；停止服务，不让不合格服务继续发生等。

③ 将不合格输出情况通知顾客，防止其使用不合格品。

④ 经授权人员批准（有合同规定时，必须得到顾客的批准），让步接收不合格品。

5）对不合格输出进行纠正后，组织应对其再次进行验证，以证实其是否符合规定的要求或使用要求。因为采取措施后，不合格的产品不一定就变成了合格品或可以使用，某些时候，采取的措施不当，结果可能反而更糟糕。对此如不验证就予以放行或使用，必将造成严重后果。

6）对不合格的描述（可能涉及时间、地点、批次、产品编号、缺陷描述等）、处理情况（返工、返修、降级等）、让步许可应予以记录，记录上应标明对不合格做出处理决定的责任人。

（4）IATF 16949 附加的"顾客的让步授权"

1）当产品或制造过程与现行批准的产品或过程不同时，在继续生产之前，组织应获得顾客的让步或偏离许可。

2）如果对不合格品进行"照现状使用"和返修处置，应获得顾客的授权。

如果在制造过程中有零部件（子部件）的重新使用（该零部件可能是从产品上拆下来的，要重新回用），那么应该在向顾客提出让步或偏离许可申请时，向顾客说明白。

3）组织应保存顾客特许的产品授权的期限和数量的记录。

4）当授权期满时，应确保符合原有的或替代的规范和要求。

5）经授权的产品发运时，组织应在每一外包装箱（或集装箱）上作恰当的标识，以保证顾客能够识别出让步或偏离许可的产品。

6）本条款的要求同样适用于采购的产品。如供方材料的变更影响到顾客产品，也应获得顾客授权。但在提交给顾客之前，组织应批准由供应商所提出的请求。

（5）IATF 16949 附加的"不合格品控制——顾客规定的过程"

如果顾客对不合格品的控制有特别的规定，则组织应遵守这些规定。

（6）IATF 16949 附加的"可疑产品的控制"

1）状态未经标识或可疑的产品，应归类为不合格产品。按不合格品进行控制。这些产品包括无标识或标识不清的产品、仪器失准时测量的产品、过程参数异常品、受外力作用时所生产的产品、过保存期限的库存品等。

2）组织应确保所有适当的制造人员接受过关于限制可疑品或者不合格品输出的培训。

（7）IATF 16949 附加的"返工产品的控制"

1）组织在决定对产品进行返工之前，应利用风险分析方法（如 FMEA，也可以是其他风险分析方法）来评估返工过程中的风险。在返工指导书中要明确对风险的控制。

2）如顾客有要求，组织应在开始产品返工之前获得顾客批准。

3）组织应建立一个符合控制计划的文件化的返工认可过程，以验证返工后的产品符合原有的规范要求。如控制计划中的"反应计划"是"返工"，那么组织就应建立文件化的返工认可过程。

4）对拆卸或返工应编制拆卸或返工作业指导书。作业指导书应包括重新检验和可追溯性要求。有关操作者在工作场所应易于得到并使用作业指导书。

5）组织应保留与返工产品处置有关的成文信息，包括数量、处置、处置日期及适用的可追溯性信息。比如说，返工产品的数量、批号、序列号、返工情况、返工日期、返工人员、返工后检验情况等应记录并保留。

（8）IATF 16949 附加的"返修产品的控制"

1）组织在决定对产品进行返修之前，应利用风险分析方法（如 FMEA，也可以是其他风险分析方法）来评估返修过程中的风险。在返修指导书中要明确对风险的控制。

2）组织应在开始产品返修之前获得顾客批准。

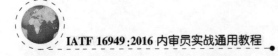

3) 组织应建立一个符合控制计划的文件化的返修认可过程。如控制计划中的"反应计划"是"返修"，那么组织就应建立文件化的返修认可过程。

4) 对拆卸或返修应编制拆卸或返修作业指导书。作业指导书应包括重新检验和可追溯性要求。有关操作者在工作场所应易于得到并使用作业指导书。

5) 组织应获得顾客接受返修产品的形成文件的让步授权。

6) 组织应保留与返修产品处置有关的成文信息，包括数量、处置、处置日期及适用的可追溯性信息。比如说，返修产品的数量、批号、序列号、返修情况、返修日期、返修人员、返修后检验情况等应记录并保留。

(9) IATF 16949 附加的"顾客通知"

1) 如果有不合格品被发运时，应立即通知顾客。并根据需要与顾客协商处理办法。

2) 初始通知（就某事的第一次通知）应附上事件的详细说明文件。

(10) IATF 16949 附加的"不合格品的处置"

1) 组织应有一个形成文件的过程，用于不进行返工或返修的不合格品的处置。对于不符合要求的产品，组织应验证待报废产品在废弃之前已变得没有用处。

2) 若无顾客提前批准，组织不得将不合格品用于服务或其他用途。

2.8 绩效评价（标准条款：9）

2.8.1 监视、测量、分析和评价——总则（标准条款：9.1—9.1.1）

1. 标准条文

9 绩效评价

9.1 监视、测量、分析和评价

9.1.1 总则

组织应确定：

a) 需要监视和测量什么。

b) 需要用什么方法进行监视、测量、分析和评价，以确保结果有效。

c) 何时实施监视和测量。

d) 何时对监视和测量的结果进行分析和评价。

组织应评价质量管理体系的绩效和有效性。

组织应保留适当的成文信息，以作为结果的证据。

9.1.1.1　制造过程的监视和测量

组织应对所有新的制造过程（包括装配和排序）进行过程研究，以验证其过程能力并为过程控制提供附加的输入，包括有特殊特性的过程。

注：在一些制造过程中，可能无法通过过程能力证实产品的符合性。对于这些过程，可采用替代方法，如批次对规范的符合性。

组织应保持顾客零件批准过程要求中规定的制造过程能力或性能。组织应验证已实施了过程流程图、PFMEA 和控制计划，包括遵守规定的：

a）测量技术。

b）抽样计划。

c）接收准则。

d）计量数据实际测量值和/或试验结果的记录。

e）当不满足接收准则时的反应计划和升级过程。

应记录重要的过程事件，如更换工装或修理机器等，并将其当作成文信息予以保留。

组织应对统计能力不足或不稳定的特性启动已在控制计划中规定，并且经过规范符合性影响评价的反应计划。适当时，反应计划应包括对产品的限制和100%检验。为保证过程变得稳定且具有统计能力，组织应制定并实施一份明确进度、时间安排和责任要求的纠正措施计划。要求时，此计划应与顾客共同评审并经顾客批准。

组织应保持过程更改生效日期的记录。

9.1.1.2　统计工具的确定

组织应确定统计工具的适当使用。组织应证实适当的统计工具属于产品质量先期策划（或等效策划）过程的一部分，并且包含在设计风险分析（如 DFMEA）（适用时）、过程风险分析（如 PFMEA）和控制计划中。

9.1.1.3　统计概念的应用

从事统计数据收集、分析和管理的员工应了解和使用统计概念，如变差、控制（稳定性）、过程能力和过度调整后果。

2. 理解要点

（1）策划和实施监视、测量、分析和评价活动的意义

组织应策划并实施监视、测量、分析和评价活动，以了解质量绩效及质量管理体系的符合性、有效性，并为改进提供输入。

监视是指"确定体系、过程、产品、服务或活动的状态"。可以通过检查、监督或密切观察等方式了解体系、过程、产品、服务的状态。常用的监视方法有调查、观察、绩效考评、监督、评审、检查等。在一个组织的质量管理体系

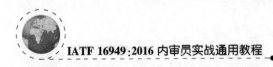
中有很多过程是需要进行监视的，如监视顾客满意的信息。

测量是指"确定数值的过程"。通过测量活动，通常可以获得具体的数值或量值，在一个组织的质量管理体系中有很多活动是需要测量的，如在生产过程中测量恒温炉的温度。

本条款是对 IATF 16949 之 9.1 条款"监视、测量、分析和评价"的总体要求，要求组织策划监视、测量、分析和评价的对象、方法和时机，以确保监视、测量、分析和评价活动的有效性。

（2）策划和实施监视、测量、分析和评价活动的要点

1）策划时，应确定：

① 监视、测量、分析和评价活动的对象。IATF 16949 标准的其他各条款的要求都有可能成为监视、测量、分析和评价的对象，如体系的有效性、过程绩效、顾客满意度等。要针对监视、测量、分析和评价活动的对象，确定具体的监视和测量的项目。

② 监视、测量、分析和评价活动的方法，尤其是评价质量管理体系绩效和有效性的方法。方法应能确保结果有效。

③ 监视、测量、分析和评价活动的准则。

④ 监视、测量、分析和评价活动的地点（阶段）。

⑤ 监视、测量、分析和评价活动的频次（时机）。包括何时进行监视、测量活动，何时对监视、测量的结果进行分析和评价（包括评价质量管理体系的绩效和有效性）。

⑥ 监视、测量、分析和评价活动的实施者。

⑦ 监视、测量、分析和评价活动需要的资源和装置。

⑧ 监视、测量、分析和评价活动需要的文件、记录。组织实施的监视、测量、分析和评价活动应保持适当的记录，以证实其结果的有效性。

⑨ 监视、测量、分析和评价活动结果的利用等。

2）策划的输出应形成必要的文件并严格实施。

（3）IATF 16949 附加的"制造过程的监视和测量"

1）组织应对所有新的制造过程（尤其是有特殊特性的过程）进行过程研究，以验证其过程能力，为过程控制提供附加的输入要求。这种研究一般在试生产中完成，主要包括运用计量值控制图进行过程稳定性和过程能力的研究、测量系统分析 MSA 以及顾客生产节拍要求的研究。过程能力的研究结果，可用来确定过程控制手段，并在控制计划、作业指导书、检验指导书、设备维护保养规定等文件中体现。过程能力的接收准则见表 2-16（仅供参考）。

表 2-16　过程能力研究接受准则

研 究 结 果	判 定 说 明
指数值 > 1.67	该过程目前能够满足要求
1.33 ≤ 指数值 ≤ 1.67	该过程目前可被接受，但是可能会要求进行一些改进。此时需要与顾客联系，对研究结果进行评价
指数值 < 1.33	该过程目前不能接受。此时需要与顾客联系，对研究结果进行评价

注：1. 对于稳定的过程，指数值使用过程能力指数 Cpk。
　　 2. 对于输出满足规范要求且过程存在的特殊原因可判断的不稳定过程，指数值应使用过程绩效指数 Ppk。
　　 3. 此接收准则是基于正态分布和双侧规范（目标位于中心）的假设。

有些过程，比如喷漆过程外观质量的检查，是采用目测的方式，只能通过计数值控制图对过程稳定性和过程能力进行研究，此时不能计算过程能力指数 Cpk，只能用平均不合格品率是否满足规定的质量指标的要求，来判断过程能力是否充足。

2）组织应保持顾客 PPAP 生产件批准时的过程能力或性能。一般只有通过顾客的 PPAP 生产件批准，才能进行批量生产。量产后，过程能力必须达到 PPAP 时顾客认可的能力要求。

3）组织应对过程流程图、PFMEA 和控制计划的实施情况进行验证，确保这些要求得到了落实，包括遵守质量控制计划中规定的：

① 测量技术。

② 抽样计划。

③ 接收准则。

④ 计量数据实际测量值和/或试验结果的记录。

⑤ 当未满足接收准则时的反应计划和升级过程。反应计划是针对不合格产品或操作失控所采取的纠偏措施（也即异常处理措施）。纠偏措施包括：将偏离的过程参数调回正常状态；对不合格品进行标识、隔离和处理（如返工、报废、再加工、回用等）。升级过程，简单地讲就是将问题提交给有权利的上一级管理者或法定的人员去处理。

4）将重大过程事件，如更换工装、修理机器等记录下来。一般直接记录在控制图上，这样，当过程不稳定时，可提供分析问题的线索。

5）当过程不稳定，或过程能力不足时，组织应启动控制计划中的反应计划（此反应计划要经过规范符合性影响评价，能够满足顾客规定的要求）。反应计划应包含限制过程输出或对输出的产品进行 100% 的检查。

与此同时，为保证过程变得稳定和有能力，组织随后应制定并实施有明确进度、时间安排和责任要求的纠正措施计划（顾客有要求时，该计划应与顾客共同评审并得到顾客批准），以便让过程尽快恢复稳定并有能力。

6）当过程发生更改时，组织应保持过程更改生效日期的记录。

（4）IATF 16949 附加的"统计工具的确定"

1）组织应在产品质量先期策划（产品设计和开发策划，或等效策划）过程中确定使用适当的统计工具。表 2-17 所示为常用的统计技术。

表 2-17　常用的统计技术

序号	工具和技术	应　用
1	调查表	系统地收集数据，以获取对问题的明确认识
		适用于非数字数据的工具和技术
2	分层图	将大量的有关某一主题的观点、意见或想法按组归类
3	水平对比法	把一个过程与那些公认的占领先地位的过程进行对比，以识别质量改进的机会
4	头脑风暴法	识别可能的问题解决办法和潜在的质量改进机会
5	因果图	◆ 分析和表达因果关系 ◆ 通过识别症状、分析原因、寻找措施，促进问题的解决
6	流程图	◆ 描述现有的过程 ◆ 设计新过程
7	树图	表示某一主题与其组成要素之间的关系
		适用于数字数据的工具和技术
8	控制图	◆ 诊断：评估过程的稳定性 ◆ 控制：决定某一过程何时需要调整及何时需要保持原有状态 ◆ 确认：确认某一过程的改进
9	过程能力分析	◆ 初始过程能力研究，目的是为了了解过程能力状况能否满足质量要求，为经济合理的过程设计、质量检验方式提供依据 ◆ 后续研究，则是为了分析过程能力的变化情况。以便对过程能力较差的过程实行重点管理，对过高的过程能力进行削减，以使过程的成本保持在合理水平
10	直方图	◆ 显示数据波动的形态 ◆ 直观地传达有关过程情况的信息 ◆ 决定在何处集中力量进行改进
11	排列图	◆ 按重要性顺序显示每一项目对总体效果的作用 ◆ 排列改进的机会
12	散布图	◆ 发现和确认两组相关数据之间的关系 ◆ 确认两组相关数据之间预期的关系
13	MSA 测量系统分析	◆ 测量系统分析（MSA）是对测量系统进行有效监管的一个重要手段 ◆ 应用 MSA 技术，通过研究测量系统产生的变差，计算这些变差对测量结果影响的程度，进而得出测量系统是否有能力满足测量要求的结论

2) 确定了的统计工具应包含在设计风险分析（如 DFMEA）（适用时）、过程风险分析（如 PFMEA）和控制计划中。

（5）IATF 16949 附加的"统计概念的应用"

组织应确保从事统计数据收集、分析和管理的员工理解和使用基础统计概念，如变差、控制（稳定性）、过程能力和过度调整后果等。

1）变差：过程输出之间的差别或差异，也就是产品质量的波动。

2）控制（稳定性）：指过程的统计稳态。影响过程质量的因素根据来源不同，可以分为人（Man）、机（Machine）、料（Material）、法（Method）、环（Environment）等多个方面，但从对质量影响的大小来看，可分为普通因素和特殊因素。普通因素（common cause）在生产过程中始终存在，人们无法控制或难以控制，如机器开动时的轻微振动。在普通因素的作用下，过程质量会产生经常性的波动，这种波动不可能从根本上消除，但波动的幅度往往比较小，对质量的影响很轻微，一般可以把这种正常波动看作背景噪声而听之任之。我们经常所说的"公差"就是承认这种波动的产物。当一个过程只有普通因素时，过程输出的结果将呈现统计规律性并可预测，我们称这个过程处于统计控制状态（statistically in control），也即受控状态（统计稳态）。处于统计控制状态的过程称为受控过程（process in control）或稳定过程（stable process）。

3）过程能力：过程能力（process capability, PC）是指在受控或稳定状态下过程产生变差的大小，反映了过程在控制状态下所表现出来的保证过程质量的能力。通常用统计控制状态下的 6 倍标准差（6σ）表示过程能力。显然，它的数值越小越好。

4）过度调整：没有针对影响过程的特殊原因，而采取的对过程调整的措施，即误把普通原因引起的变差，当成是特殊原因引起的变差，导致采取了错误地消除原因的措施。

2.8.2　顾客满意（标准条款：9.1.2）

1. 标准条文

9.1.2　顾客满意

组织应监视顾客对其需求和期望已得到满足的程度的感受。组织应确定获取、监视和评审该信息的方法。

注：监视顾客感受的例子可包括顾客调查、顾客对交付产品或服务的反馈、顾客座谈、市场占有率分析、顾客赞扬、担保索赔和经销商报告。

9.1.2.1　顾客满意——补充

应通过对内部和外部绩效指标的持续评价来监视顾客对组织的满意度，以确保符合产品和过程规范及其他顾客要求。

绩效指标应基于客观证据，包括但不限于：

a）已交付零件的质量绩效。

b）顾客中断。

c）使用现场退货、召回和保修（在适用情况下）。

d）按计划交付的绩效（包括附加运费的情况）。

e）与质量或交付问题有关的顾客通知，包括特殊状态。

组织应监视制造过程的绩效以证明符合顾客对产品质量和过程效率的要求。监视应包括对顾客绩效数据的评审，这些数据，顾客在针对其供应商的门户网站和记分卡中可能有提供。

2. 理解要点

（1）顾客满意概念

顾客满意指"顾客对其要求已被满足程度的感受"。感受必须来自顾客的亲自体验，用推测、估计来监视顾客满意是不真实的。

直到产品或服务交付之前，组织有可能不知道顾客的要求，甚至顾客自己对其要求也不很明确。为了实现较高的顾客满意度，可能有必要满足那些顾客既没有明示，而且，通常还是隐含的或必须履行的要求。

投诉是一种满意程度低的最常见的表达方式，但没有投诉并不一定表明顾客很满意。

即使规定的顾客要求符合顾客的愿望并得到满足，也不一定确保顾客很满意。

（2）顾客满意监视、分析和评价的意义

顾客满意可以作为测量质量管理体系绩效的指标之一。顾客满意程度可以用来度量质量管理体系的有效性，也可以为实现改进提供信息。

（3）顾客满意监视、分析和评价的实施

顾客对其要求和期望得到满足的程度的感受，都会通过某种方式反映出来。组织应对顾客反映的这些信息进行收集、整理、分析和利用。

1）明确要收集的顾客满意信息。组织首先要明确收集哪些与顾客满意程度有关的信息。与顾客满意程度有关的信息一般包括：

① 与产品要求符合性有关的信息。

② 与满足顾客的需求和期望有关的信息。

③ 与产品的价格和交付方面有关的信息，等等。

2）明确顾客满意信息的来源。可以来自组织的外部，也可以来自组织内部不同的部门，例如：

① 来自顾客或媒体反馈的信息。

② 来自竞争对手的信息。

③ 来自经销商的报告。

④ 由外部专业的机构做的调查统计。

⑤ 来自组织内销售或售后服务部门反馈的信息。

⑥ 来自保修索赔记录等。

3）顾客满意信息的监视与收集。应规定信息收集的部门、信息的载体（可以是传递信息的表格、报告等）、信息收集的渠道、频次、方法，确保信息传递的连续性。信息收集的方法有：

① 对与顾客有接触的雇员进行内部询问。

② 发放书面顾客满意度调查表、用户意见调查表。

③ 回访、电话询问调查、召开顾客座谈会。

④ 委托中介机构调查。

⑤ 收集媒体报道、政府监督机构通报等。

4）顾客满意信息的整理与评审分析。应规定整理和评审分析信息的方法，并建立起这些信息与质量管理体系绩效之间的关系。

运用统计技术时，应建立合适的数学模型和指标系统，并将这些顾客满意的有关指标与质量目标建立起联系，以利用统计分析的结果评价质量管理体系的有效性。

5）顾客满意信息的利用。通过对信息整理和分析，得出顾客满意程度的定性（描述性）或定量（故障率、返修率、投诉率等）的结论，将这些结论与相应的质量管理体系绩效指标（如质量目标）进行对照，用以评价质量管理体系的有效性，并找出其中的差距，采取改进措施。

（4）IATF 16949关于"顾客满意"的补充

1）组织在利用上面的方式对顾客满意度进行监视和评价外，还应通过对内部和外部绩效指标的持续评价来监视顾客对组织的满意度，以确保符合产品和过程规范及其他顾客要求。

可以通过以下绩效指标衡量顾客满意度，这些绩效指标包括但不限于：

① 已交付零件的质量绩效：指向顾客供货的质量状况，如交货合格率。

② 由于组织原因，而造成顾客生产中断。可以用中断时间、次数、造成的损失金额来评价。

③ 由于组织的原因，导致现场退货、产品保修、产品召回的情况。可以用现场退货、产品保修、产品召回的次数或造成的损失金额来评价。

④ 按计划交付的绩效（包括附加运费的情况）。如交付及时率，包括交付中附加运费的情况。比如说，海运改为空运，一次交货变成多次交货，运费就会增加。可用附加运费发生次数、发生金额来评价。

⑤ 因质量和交付异常问题通知顾客的情况。由于组织产品质量不合格，而导致本组织向顾客提出让步接收产品的情况。可用让步接收的次数或数量来评价（如组织发现将不合格品发运给顾客后，立即通知顾客。可用通知的次数来评价）。或由于组织的原因而无法按期交付时，而导致本组织向顾客提出延期交付产品的情况。可用延期交付的次数或数量来评价。

⑥ 顾客对组织实施特殊状态管理，比如顾客向组织发出红牌警告、福特汽车公司的 Q1 撤销等。可用顾客发出的红牌警告的次数来评价。

2）组织应监视制造过程的绩效（如生产计划达成率、产品入库检验合格率等），以证明符合顾客对产品质量和过程效率的要求。组织应监视并评审顾客对其供货绩效的考核，以便适时采取改进措施满足顾客的要求。

顾客在针对其供应商的门户网站和记分卡（顾客对供应商供货情况的打分卡）中，可能提供各个供应商的供货绩效。组织可以从中知道顾客对自己的供货绩效的评价。

2.8.3 分析与评价（标准条款：9.1.3）

1. 标准条文

9.1.3 分析与评价

组织应分析和评价通过监视和测量获得的适当的数据和信息。

应利用分析结果评价：

a) 产品和服务的符合性。

b) 顾客满意程度。

c) 质量管理体系的绩效和有效性。

d) 策划是否得到有效实施。

e) 针对风险和机遇所采取措施的有效性。

f) 外部供方的绩效。

g) 质量管理体系改进的需求。

注：数据分析方法可包括统计技术。

9.1.3.1 优先级

质量和运行绩效的趋势应与实现目标的进展进行比较，并形成优先措施以支持提高顾客满意。

2. 理解要点

（1）分析与评价的目的

通过分析和评价，确定质量管理体系的现状，确定产品和服务是否满足了需求、质量管理体系是否适宜、运行效果是否有效，进而发现体系运行趋势，寻找持续改进质量管理体系绩效的机会和需求。

（2）分析与评价的管理

1）确定要收集的数据和信息。数据和信息来自对顾客、产品和服务、过程、体系进行监视和测量的结果。数据选择应确保可对顾客满意、组织正在实现的计划、外部供方运作的绩效、针对风险和机遇所采取措施的有效性等内容建立分析和评价。可能需要分析与评价的数据和信息有：

① 产品和服务的监视和测量记录。

② 不合格品记录。

③ 顾客投诉、售后维修记录。

④ 质量目标统计分析、过程绩效监测记录。

⑤ 产品交付及售后服务情况。

⑥ 生产计划达成、生产效率的数据。

⑦ 供应商交货记录。如准时交付率、交货合格率等。

⑧ 顾客满意度调查记录、市场调查记录。

⑨ 针对风险和机遇所采取措施的有效性的监管记录。

⑩ 项目进展记录，等等。

2）数据和信息的收集。应规定数据和信息收集的部门、数据和信息的载体（可以是传递数据的表格、报告等）、数据和信息收集的渠道、频次、方法，确保数据和信息传递的连续性。

数据和信息收集的方法包括直接采用已有的质量记录，也可采用交谈、调查等方式。

3）数据和信息的分析与评价。应规定什么时候由哪些部门对数据和信息进行分类整理、分析，分析形成的结论文件应怎样汇总、传递。

分析和评价的输出通常是趋势分析或报告，而且也是管理评审的输入。因此，其格式应该能够便于组织做出是否需要采取措施的决定。分析和评价的结果所提供信息应被用于确定质量管理体系的绩效和有效性以及需要的改进。

分析与评价数据和信息时，应使用适当的统计技术。运用统计技术时，可考虑建立合适的数学模型和指标系统，并将这些指标与组织的计划与目标之间建立起联系。

4）数据和信息分析与评价结果的利用。数据和信息分析与评价结果可用于：

① 评价产品和服务符合要求。如通过产品合格率、服务满意程度等的汇总分析，可以评价产品和服务是否符合要求。

② 评价顾客满意程度。如通过对顾客满意程度的汇总分析，得出顾客在哪些方面满意，哪些方面不满意，进而帮助组织改进顾客不满意的方面。

③ 评价质量管理体系的绩效和有效性。如通过对质量目标完成情况、过程绩效指标统计结论、内部审核结论等方面的分析，评价质量管理体系的绩效和有效性。

④ 评价策划是否得到有效实施。如通过监视过程及结果，评价策划是否得到有效实施。

⑤ 评价风险和机遇应对措施的有效性。如通过对风险和机遇应对措施的监测分析，评价风险和机遇应对措施的有效性。

⑥ 评价外部供应商的绩效。如通过分析来料合格率、及时率等，得出供应商的绩效，进而帮助组织对供应商实施更有效的控制。

⑦ 确定质量管理体系改进的需求。针对分析与评价中的问题，确定改进的需求。

> *(3) IATF 16949 附加的"优先级"*
>
> *应将质量和运行绩效趋势与策划中确定的目标进度进行比较，并根据比较结果确定优先措施以支持提高顾客满意。一般而言，与顾客满意差距大的项目，要优先解决。*

2.8.4 内部审核（标准条款：9.2）

1. 标准条文

9.2 内部审核

9.2.1 组织应按照策划的时间间隔进行内部审核，以提供有关质量管理体系的下列信息：

a）是否符合：

1）组织自身的质量管理体系要求。

2）本标准的要求。

b）是否得到有效的实施和保持。

9.2.2 组织应：

a）依据有关过程的重要性、对组织产生影响的变化和以往的审核结果，策划、制定、实施和保持审核方案，审核方案包括频次、方法、职责、策划要求和报告。

---

b) 规定每次审核的审核准则和范围。

c) 选择审核员并实施审核，以确保审核过程客观公正。

d) 确保将审核结果报告给相关管理者。

e) 及时采取适当的纠正和纠正措施。

f) 保留成文信息，作为实施审核方案以及审核结果的证据。

注：相关指南参见 ISO 19011。

9.2.2.1 内部审核方案

组织应有一个形成文件的内部审核过程。该过程应包括制定并实施一个涵盖整个质量管理体系的内部审核方案，其中包含质量管理体系审核、制造过程审核和产品审核。

应根据风险、内部和外部绩效趋势和过程的关键程度确定审核方案的优先排序。

在负责软件开发的情况下，组织应在其内部审核方案中包含软件开发能力评估。

应对审核频率进行评审，并在适当时，根据发生的过程更改、内部和外部不符合及/或顾客投诉进行调整。应对审核方案有效性进行评审，作为管理评审的一部分。

9.2.2.2 质量管理体系审核

组织应根据年度审核方案，每三个日历年采用过程方法审核一次全部的质量管理体系过程，以验证与本汽车质量管理体系标准的符合性。结合这些审核，组织应对顾客特殊的质量管理体系要求进行抽样，检查是否得到有效实施。

9.2.2.3 制造过程审核

组织应采用顾客特殊要求的过程审核方法，每三个日历年审核一次全部制造过程，以确定其有效性和效率。如果顾客未指定，组织应确定要采用的审核方法。

在每个审核计划内，每个制造过程的审核应涵盖所有发生的班次，包括适当的交接班抽样。

制造过程审核应包括对过程风险分析（如 PFMEA）、控制计划和相关文件有效执行的审核。

9.2.2.4 产品审核

组织应采用顾客特殊要求的方法，在生产及交付的适当阶段对产品进行审核，以验证对所规定要求的符合性。如果顾客未指定，组织应确定要采用的审核方法。

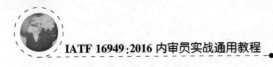

2. 理解要点

（1）审核的概念

为获得审核证据并对其进行客观的评价，以确定满足审核准则的程度所进行的系统的、独立的并形成文件的过程。

按审核的对象来分，可以将质量审核分为质量管理体系审核、产品审核、过程审核。按审核方与受审核方的关系来分，可以分为内部审核和外部审核。按实施审核的审核人员来分，可分为第一方审核（即内部审核）、第二方审核（如组织对供应商的审核、顾客对组织的审核）和第三方审核（认证机构对企业的审核）。

（2）内部审核的目的

1）质量管理体系审核的目的。质量管理体系审核的目的是确定质量管理体系是否：

① 符合组织自身的质量管理体系的要求。

② 符合 IATF 16949 标准的要求。

③ 得到有效的实施和保持。

2）过程审核的目的。过程审核的目的是检查受评审过程、过程步骤与要求和规范是否一致。

3）产品审核的目的。产品审核的目的是通过对产品的客观审核，验证产品是否符合所有规定的要求，以获得出厂产品的质量信息，进而确定产品质量水平（或质量指数）及其变化趋势。

（3）内部审核方案的策划

组织要进行内部审核方案的策划，策划时要考虑有关过程的重要性、对组织产生影响的变化以及以往审核的结果（尤其是审核发现问题的区域）。

如果拟审核的过程复杂、区域面积广、重要程度高、对质量管理体系的符合性和有效性影响大，或运行状况问题多，则应加大对这些区域和活动的审核力度，或增加审核频次，或延长审核时间，确保通过内审后，可提高质量管理体系的符合性和有效性。

对审核方案进行策划时，应至少包括这些内容：审核准则、审核范围、审核的职责、审核频次、审核方法、审核的要求（如要求审核人员不审核自己的工作）、审核结果的报告等。

审核方案的安排应确保审核过程的客观与公正（包括审核员的选择、审核的实施）。在安排开展审核的人员时，一般情况下，内审员不应审核自身工作。在某些情况下，尤其是小型组织或公司的领域需要特定的岗位知识时，内审员可能会审核自身的工作领域。在这种情况下，组织可让内审员与同事一起工作，或让同事/经理评审审核结果，以确保审核结果的公正性。

IATF 16949 强调过程方法，所以组织最好通过项目或过程而不是特定条款来实施依据质量管理体系要求的审核。

对企业而言，一般一年策划一次审核方案，策划的输出为"年度审核方案"。

IATF 16949 对内部审核的附加要求见下面 (6)、(7)。

（4）内部质量管理体系审核活动的实施

1）审核准备：

① 组成审核组。

② 编制审核实施计划。审核实施计划是安排审核日程、审核人员分工等内容的文件。每次审核时，都应编制审核实施计划。

审核实施计划是年度审核工作计划的细化。

审核实施计划包括：审核目的、审核范围、审核准则、审核组成员及其分工、审核时间及进度安排。

③ 编写检查表。

2）审核实施：

① 召开首次会议。

② 现场审核。

③ 不合格项的确定和不合格报告的编写。

④ 审核结果的汇总分析。

⑤ 召开末次会议。

⑥ 编写审核报告。审核报告包括审核结论等内容。审核报告应发放到与受审有关的部门、相关管理者。

3）纠正和纠正措施的实施与验证。审核期间发现不合格项部门的管理者必须针对该不合格项及时采取纠正和纠正措施。审核组成员应对纠正和纠正措施进行跟踪和验证。

（5）内部质量管理体系审核实施中的注意事项

1）审核人员最好是非从事受审活动的人员，并独立于受审核部门。

2）向相关管理者报告审核结果，审核结果应作为管理评审的输入。

3）应对纠正和纠正措施的实施进行验证并报告验证结果。

4）保留作为实施审核方案以及审核结果的证据的成文信息。这些文件信息有年度审核计划、审核实施计划、检查表、审核报告、不合格报告和纠正措施报告。

（6）IATF 16949 对"内部审核方案"附加的要求

1）明确要求组织要将内部审核过程形成文件。组织可以搞一份《内部审核管理程序》，包含质量管理体系审核、过程审核、产品审核的内容。也可以就质量管理体系审核、过程审核、产品审核，各搞一份程序文件。

2）内部审核方案应涵盖整个质量管理体系，包括质量管理体系审核、制造过程审核和产品审核。

3）在编制审核方案时，应根据风险、内部和外部绩效趋势和过程的关键程度，决定审核的优先排序。例如：是先进行产品审核，还是先进行过程审核；哪几个过程应放在年度第一次质量管理体系审核中进行，等等。

4）如果组织有软件开发，那么组织的内部审核方案中应包含对软件开发能力的评估。

5）组织应对审核频率进行评审，看看现有的审核次数能不能发挥有效的作用。如认为需增加审核次数，就应该适时修改审核方案。在出现过程更改、内部和外部不符合、顾客投诉的情况下，应根据严重程度，适当增加审核次数。

6）组织应对审核方案实施的有效性进行评审，评审的结果应作为管理评审的一部分。

（7）IATF 16949 对"质量管理体系审核"的附加要求

1）组织应根据年度审核方案，每三个日历年采用过程方法审核一次全部的质量管理体系过程，以验证与本汽车质量管理体系标准的符合性。

审核方式一般有两种，一种是按部门审核的方式，一种是按过程审核的方式。IATF 16949 特别强调，每三个日历年要用按过程审核的方式审核一次全部的质量管理体系过程。

2）结合组织开展的内审工作，组织应对顾客特殊的质量管理体系要求进行抽样，检查是否得到有效实施。也就是说，在进行内部质量管理体系审核时，对顾客特定的质量管理体系要求也要同时审核。

内部质量管理体系审核的实施详见本书第二部分。

（8）IATF 16949 附加的"制造过程审核"

1）组织应采用顾客特殊要求的过程审核方法，每三个日历年审核一次全部制造过程，以确定其有效性和效率。如果顾客未指定，组织应该自己确定要采用的审核方法。

现在，很多顾客要求按德国《VDA6.3 过程审核》的要求进行过程审核。

2）在每个审核计划内，每个制造过程的审核应涵盖所有的班次，包括适当的交接班抽样。

3）制造过程审核应包括对过程风险分析（如 PFMEA）、控制计划和相关文件有效执行的审核。

过程审核的实施详见本书第三部分。

（9）IATF 16949 附加的"产品审核"

组织应采用顾客特殊要求的方法，在生产及交付的适当阶段对产品进行审核，以验证对所规定要求的符合性。如果顾客未指定，组织应该自己确定要采用的审核方法。

现在，很多顾客要求按德国《VDA 6.5 产品审核》的要求进行产品审核。

产品审核的实施详见本书第四部分。

2.8.5　管理评审（标准条款：9.3）

1. 标准条文

9.3　管理评审

9.3.1　总则

最高管理者应按照策划的时间间隔对组织的质量管理体系进行评审，以确保其持续的适宜性、充分性和有效性，并与组织的战略方向保持一致。

9.3.1.1　管理评审——补充

管理评审应至少每年进行一次。应根据影响质量管理体系和绩效相关事宜的内部或外部变化造成的满足顾客要求符合性的风险，增加管理评审的频率。

9.3.2　管理评审输入

策划和实施管理评审时应考虑下列内容：

a）以往管理评审所采取措施的情况。

b）与质量管理体系相关的内外部因素的变化。

c）下列有关质量管理体系绩效和有效性的信息，包括其趋势：

1）顾客满意和有关相关方的反馈。

2）质量目标的实现程度。

3）过程绩效以及产品和服务的合格情况。

4）不合格以及纠正措施。

5）监视和测量结果。

6）审核结果。

7）外部供方的绩效。

d）资源的充分性。

e）应对风险和机遇所采取措施的有效性（见6.1）。

f）改进的机会。

9.3.2.1　管理评审输入——补充

管理评审输入应包括：

a）不良质量成本（内部和外部不符合成本）。

b）过程有效性的测量。

c）产品实现过程的过程效率的测量，如适用。

d）产品符合性。

e）对现有操作更改和新设施或新产品进行的制造可行性评估（见7.1.3.1）。

f）顾客满意（见 ISO 9001 之 9.1.2）。

g）对照维护目标的绩效评审。

h）保修绩效（在适用情况下）。

i）顾客记分卡评审（在适用情况下）。

j）通过风险分析（如 FMEA）确定的潜在现场失效的识别。

k）实际现场失效及其对安全或环境的影响。

9.3.3　管理评审输出

管理评审的输出应包括与下列事项相关的决定和措施：

a）改进的机会。

b）质量管理体系所需的变更。

c）资源需求。

组织应保留成文信息，作为管理评审结果的证据。

9.3.3.1　管理评审输出——补充

当未实现顾客绩效目标时，最高管理者应建立一个文件化的措施计划并实施。

2. 理解要点

管理评审的实施详见本书第五部分。

2.9　改进（标准条款：10）

2.9.1　总则（标准条款：10.1）

1. 标准条文

10　改进

10.1　总则

组织应确定和选择改进机会，并采取必要措施，以满足顾客要求和增强顾客满意。

> 这应包括：
>
> a）改进产品和服务，以满足要求并应对未来的需求和期望。
>
> b）纠正、预防或减少不利影响。
>
> c）改进质量管理体系的绩效和有效性。
>
> 注：改进的例子可包括纠正、纠正措施、持续改进、突破性变革、创新和重组。

2. 理解要点

（1）改进的目的

本条款是对改进的总体要求。改进的目的在于满足顾客要求和增强顾客满意。

（2）改进的范围

改进不仅指质量管理体系的改进，还包括对产品和服务的改进；不仅指对质量管理体系的有效性的改进，还包括对质量管理体系的绩效的改进。改进的范围包括：

1）改进产品和服务以满足要求并关注未来的需求和期望。

2）纠正、预防或减少不利影响。

3）改进质量管理体系的绩效和有效性。

绩效（performance）是指"可测量的结果"。绩效可能涉及定量的或定性的结果。绩效可能涉及活动、过程、产品、服务、体系或组织的管理。

有效性（effectiveness）是指"完成策划的活动并得到策划结果的程度"。有效性就是"所做的事情的正确程度"。首先，你是否完成了？其次，你是否达到了目的？两方面都做到了，有效性就好；否则，有效性就差。

（3）改进的方法

改进可以是纠正、纠正措施、持续改进、突变、创新和重组。

创新是指"实现或重新分配价值的、新的或变化的客体"。创新是产生新的客体或原客体有较大幅度变化、变更，是新的或变更的客体对原客体实现价值或重新分配价值的过程。创新通常具有重要影响。通常，以创新为结果的活动需要管理。

根据改进的起点与结果，可以将改进分为维持性改进与突破性改进。维持性改进是围绕实际不合格所开展的活动，是要"由坏变好"，维持现有水平。纠正措施、预防措施属于维持性改进。突破性改进是在合格基础上的持续改善，是"好上加好"，突破现有水平。二者的区别见表 2-18。

也可以根据改进的程度，将改进分为日常渐进式改进，如 QC 小组的活动，以及重大突破式改进，如年度的大规模技改项目。

表 2-18 各类质量改进活动的区别

对比项目	维持性改进		突破性改进
	纠正措施	预防措施	
类型	被动型	主动型	进攻型
起点	现存的不合格	潜在的不合格	目前的合格水平
目的	消除实际不合格原因，防止再发生不合格	消除潜在不合格原因，防止不合格出现	超出目前质量水平
结果	维持现有水平		突破现有水平

（4）改进的实施

1）组织应不断地主动去识别和选择改进的机会并实施必要的改进措施，而不是等出了问题才去改进。

2）建立改进的机制并实施。维持性改进——纠正措施的实施参见本章 2.9.2 节，预防措施的实施参见本章 2.5.1 节，突破性改进的实施过程见图 2-12。

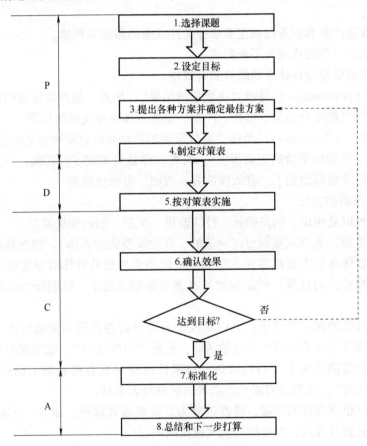

图 2-12 突破性改进的实施过程

2.9.2 不合格和纠正措施（标准条款：10.2）

1. 标准条文

10.2 不合格和纠正措施

10.2.1 当出现不合格时，包括来自投诉的不合格，组织应：

a) 对不合格做出应对，并在适用时：

1) 采取措施以控制和纠正不合格。

2) 处置后果。

b) 通过下列活动，评价是否需要采取措施，以消除产生不合格的原因，避免其再次发生或者在其他场合发生：

1) 评审和分析不合格。

2) 确定不合格的原因。

3) 确定是否存在或可能发生类似的不合格。

c) 实施所需的措施。

d) 评审所采取的纠正措施的有效性。

e) 需要时，更新在策划期间确定的风险和机遇。

f) 需要时，变更质量管理体系。

纠正措施应与不合格所产生的影响相适应。

10.2.2 组织应保留成文信息，作为下列事项的证据：

a) 不合格的性质以及随后所采取的措施。

b) 纠正措施的结果。

10.2.3 问题解决

组织应有形成文件的问题解决过程，包括：

a) 用于各种类型和规模的问题（如新产品开发、当前制造问题、现场失效、审核发现）的明确方法。

b) 控制不符合输出所必要的限制、临时措施及相关活动（见 ISO 9001 之 8.7）。

c) 根本原因分析、采用的方法、分析及结果。

d) 系统性纠正措施的实施，包括考虑对相似过程和产品的影响。

e) 对已实施纠正措施有效性的验证。

f) 对适当成文信息（如 PFMEA、控制计划）的评审，必要时进行更新。

若顾客对问题解决有特别规定的过程、工具或系统，组织应采用这些过程、工具或系统，除非顾客另行批准。

10.2.4 防错

组织应有一个形成文件的过程，以确定使用适当的防错方法。所采用方法的详细信息应在过程风险分析中（如 PFMEA）形成文件，试验频率应规定在控制计划中。

过程应包括防错装置失效或模拟失效的试验。应保持记录。若使用比照件，则应在可行时对比照件进行标识、控制、验证和校准。防错装置失效应有一个反应计划。

10.2.5 保修管理体系

当组织被要求为其产品提供保修时，组织应实施一个保修管理过程。组织应在该过程中包含一个保修件分析法，包括 NTF（未发现故障）。当顾客指定时，组织应实施所要求的保修管理过程。

10.2.6 顾客投诉和现场失效试验分析

组织应对顾客投诉和现场失效（包括退货零件）进行分析，并且应采取问题解决和纠正措施以防止再次发生。

在顾客要求的情况下，应对装入最终顾客产品系统内的组织产品中的嵌入式软件的相互作用进行分析。

组织应向顾客并且在组织内部传达试验/分析的结果。

2. 理解要点

（1）纠正与纠正措施

1）纠正是指"为消除已发现的不合格所采取的措施"。纠正可连同纠正措施一起实施，在其之前或之后。返工或降级可作为纠正的示例。

纠正措施是指"为消除不合格的原因并防止再发生所采取的措施"。一个不合格可以有若干个原因。采取纠正措施是为了防止再发生或者在其他场合发生。

这里的不合格包括不合格品和不合格项。

2）纠正和纠正措施是不一样的。纠正是针对不合格本身所采取的处置措施（就事论事，如对不合格品的返工、降级等），但该类不合格今后可能还会再发生。纠正是一种临时应急措施。而纠正措施则是为消除导致不合格的原因所采取的措施，采取纠正措施是为了防止再次出现同类不合格（举一反三）。两种措施最本质的区别在于原因，消除原因的措施是纠正措施，未涉及原因的措施只是纠正。纠正可以和纠正措施一同采取，也可以分开采取。

我们用一个案例说明纠正和纠正措施的区别：

有一个洗涤用品经销企业，经销沐浴露、洗发水和护发素。有一次他们的客户投诉，说仓库又把五箱护发素当成洗发水发过来了。这是一个错误，而且是重复性的错误，因为说到"又"字了。

相关人员经过证实，确实是发错了，然后把它们换回来，这就叫纠正。只是就事论事。

问题以前已经出现过，现在又出现了，以后还可能出现，那么如何才能确保以后不出现同类错误呢？就需要进行原因分析，找到根本性的解决之道。经过分析，企业发现，造成错误重复出现的原因是洗发水和护发素的包装相似、大小一样，且两样东西堆放在一起，员工平时工作量又比较大，一不小心就会发错。

找到原因后，就在洗发水和护发素的放置区域之间加了一个隔离板，并对包装箱进行了重新设计，采用不同的外观颜色，一下就能区分出来。同时对其他同类问题也进行了相应处理，从此以后再也没有发生产品发错的情况，这就叫纠正措施。遇到问题，举一反三，找到根本原因，采取措施，确保问题不再出现。

出现错误，仅仅就事论事地纠正是不行的，必须找到原因，采取纠正措施，这样犯重复性错误的概率才会大幅度降低，执行力才能提高。

我们很多员工只会纠正，而不会采取纠正措施。所以才会不断地出现重复性的错误。因此解决差错问题重点要放在纠正措施上。

（2）先纠正，还是先分析原因？

出现问题，到底是要先分析原因，还是要先纠正呢？很多人可能会说，只有分析了原因，才能对症下药。可是，如果一栋楼着火了，大家不去救火，而是先分析为什么会着火，应追究哪个员工的责任，肯定是不妥的。在这种情况下，哪怕找不到原因，追究不到责任人，都只能够先把火扑灭，只能先纠正。

那是不是所有问题都应该先纠正，再进行原因分析呢。也不见得。

有一家工厂，发现零件喷漆后，表面很粗糙，有沙粒一样的感觉，班长要求员工把原来喷的漆用砂纸磨掉后再重新喷漆，这可以叫纠正，但零件再喷上漆后还是一样粗糙。最后发现，引起表面粗糙的原因是喷枪里面有很多灰尘所致，清洗喷枪后，问题得到彻底解决。这是一个先分析原因，再对症下药的案例。

那么出现问题，到底是要先分析原因，还是要先纠正呢，可以按以下经验处理：

发现特殊情况时应先纠正，常规情况下应先分析原因。先纠正的特殊情况包括以下两点：

第一，错误在继续进行。比如火还在烧，甚至有蔓延趋势，一定要先扑灭火。

第二，重大紧急的对外事项。有一些对外事项如果处理得不及时，很可能

被客户"上纲上线"或者被竞争对手恶意利用。公司内部哪怕有一些问题，也有回旋的余地，而对外的事情一定要及时处理。

在很多情况下，是先纠正，还是先分析原因，问题解决者要权衡利弊得失后再定。一个问题解决者经过思考，权衡了利弊得失，认为先原因分析好，那就先原因分析，认为先纠正好，那就先纠正。但在现实工作中，很多问题解决者往往不经思考，想到什么就做什么，这样的问题解决者就不是很职业化的员工。

(3) 纠正措施的实施

1) 收集不合格信息。纠正措施始于不合格的识别。因此必须明确内外不合格信息源，规定其信息流程，使不合格问题发生或发现之后，以最快捷的速度，正确无误地传送到主管部门，及时地采取纠正和纠正措施，将不合格损失降低到最小限度。不合格信息可能源于下列几个方面：

① 顾客抱怨、投诉。

② 内外部审核发现。

③ 管理评审的输出。

④ 顾客满意度测量的输出。

⑤ 不合格输出。

⑥ 过程绩效的监控记录。

⑦ 外部供方问题。

⑧ 内部工作人员的意见和各种分析报告，等等。

2) 评审和分析不合格。应对收集来的各种不合格信息进行分析、评审，以确定不合格信息的正确与完整。之所以要评审不合格，是因为有的不合格信息可能不正确。如顾客投诉中表达的不满意可能是不正确的。还可以通过对不合格信息的评审，判断不合格的性质及其影响的严重程度，以便抓住重点，区别对待。

3) 决定是否先采取临时应急措施。看问题是否属于特殊情况（见本节之(2)），如属于特殊情况，则应先采取临时应急措施，否则先分析原因。

4) 实施临时应急措施。临时应急措施包括采取措施控制和纠正不合格，以及消除不合格产生的后果。控制和纠正不合格的措施有停产（停产了，当然没有不合格品流出了，自然不会对顾客和相关的各方产生影响）、挑选（挑出不合格品，不让不合格品流出）、停止发货、调换、追回返工等。与此同时，还应向顾客致歉、赔偿，以消除不合格造成的后果。

比如说，顾客反映某种规格的食品吃了拉肚子，那么公司就应该暂时封存该规格的食品，在问题没有弄清楚之前，不应该再向顾客发出该规格的食品，同时还应向顾客致歉。

临时应急措施虽然不能从根本上解决问题，但能够防止问题的进一步扩大，为下一步解决问题创造条件，争取时间。

5）分析并确定不合格产生的原因。调查不合格产生的原因，分析它们之间的因果关系，从中找出主导因素和根本原因。在分析并确定不合格产生的原因时，应考虑该不合格是否存在于其他区域/部门，以及发生的或可能发生的类似不合格。

原因有孤立的、偶然的和系统的，对于系统原因，要考虑采取纠正措施的需要。

不合格的原因是多方面的，如机制问题、资源问题、技术原因、过程能力或是文件规定的充分性与适宜性等。一般认为，影响生产环节质量的因素主要有五个，即人员、机器、材料、方法和环境，简称人、机、料、法和环（4M1E），如图2-13所示。因此应从这5个主要因素去寻找质量问题的原因。

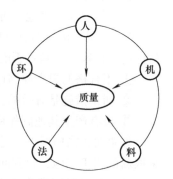

图2-13　影响生产环节质量的五大主要因素

6）纠正措施需求的评价。找到原因以后，并不是立即采取纠正措施。需不需要采取纠正措施，还需要进行综合评价。为什么呢？因为采取纠正措施是要发生费用的，因此应根据问题对组织所能承受的风险、成本、利益、产品安全和顾客满意等方面的影响，确定是否采取纠正措施，以及采取怎样的纠正措施。比如说，交给客户的零件，每批总是被客户退回一两个，如果要彻底解决这个问题，需投资500万元改进设备，而公司条件又不允许。此时，我们可以跟客户说好，每批多给他发两个零件就行了。

一般而言，如果已发生的不合格可能再次出现或可能出现在另一区域，并且不解决就会让组织面临较大的风险时，组织就应采取纠正措施。

纠正措施应与所遇到不合格的影响程度相适应，应避免大问题不抓，小问题大做文章。

7）制订纠正措施并在必要时更新以往策划时确定的风险和机遇。经过对纠正措施需求的评价，觉得需要采取纠正措施，此时，就要针对找到的原因，制订相应的纠正措施，纠正措施应明确实施的责任部门、实施的步骤、完成日期和进度。制订纠正措施时，要注意纠正措施的有效性、经济成本、可行性，不要把临时性和应急性的措施作为纠正措施。

采取的纠正措施可以涉及设备、工艺、过程、设计等方面的改进，也可以涉及程序文件、作业指导书以及任何其他相关的文件的修改。

在制订纠正措施时，应考虑以往策划的风险和机遇及其应对措施是不是不

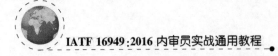

充分、不适宜。如果发现不充分、不适宜，则应更新这方面的内容。

纠正措施实施前，要进行风险、可行性评审，必要时要试运行一下，要避免拔出萝卜带出泥——旧问题解决了，新问题又出来了；或者在某个区域采取的纠正措施，对其他区域产生负面影响，等等。

8）实施纠正措施。

纠正措施制订完毕后，就要严格按照纠正措施计划的要求实施，并在实施过程中进行监控以确保纠正措施的及时性和有效性。

在实施过程中如遇到困难无法进行下去时，应及时讨论，如果确实无法克服，可以修改纠正措施，再按新纠正措施实施。

9）对纠正措施的有效性进行跟踪评审。每项纠正措施完成后，都要对其有效性进行评审，看其是否能够防止不合格继续发生。评审要证实下列内容：

① 不合格的根本原因已经消除。

② 纠正措施是有效的，能够防止同类不合格再次发生或在其他场合发生。

③ 没有产生其他副作用。

如果纠正措施经评审是无效的或者效果不明显，则应重新进行调查和分析，采取新的纠正措施，直到问题得到解决。这实际上形成了一个闭环。

10）制订巩固措施并实施，必要时对质量管理体系进行更新。对纠正措施的效果进行评审后，要把有效的措施和经验纳入有关的标准、制度中并严格执行。同时，要把这些有用的措施和经验普及到相关的员工，要对员工进行培训，使他们掌握这些措施和经验并应用到工作中去，以确保以后不再发生同样的错误。另外，还要考虑在相类似的过程中实现这个有效措施的可能性，以放大这个有效措施的作用。

巩固措施可能涉及质量管理体系、工作习惯的改变，需要统筹兼顾。巩固措施就是要把改进成果文件化、标准化，并在今后工作中认真执行。

（4）纠正措施中的一些注意事项

1）不合格发生后要处置/纠正，但并不是每次发生不合格都要立即采取纠正措施。纠正措施一般是针对那些带有普遍性、规律性、重复性或造成重大影响和后果的不合格采取的措施，而对于偶然的、个别的或需要投入很大成本才能消除原因的不合格，组织应综合评价这些不合格对组织的影响程度后，再做出是否需要采取纠正措施的决定。

2）纠正措施与不合格控制的区别。纠正措施是针对不合格的原因采取措施，防止不合格的再次发生（由表及里）。不合格控制是针对已有的不合格采取措施（就事论事）。

3）对纠正措施的实施情况，包括不合格性质、原因分析、纠正措施的内容、完成情况、有效性评审的结论等，都应进行记录，作为实施了纠正措施的证据。

4）纠正措施产生的永久性更改应归纳到作业指导书及有关的质量管理体系文件之中。

5）将纠正措施的情况提交管理评审。

图2-14所示为纠正措施实施流程图。

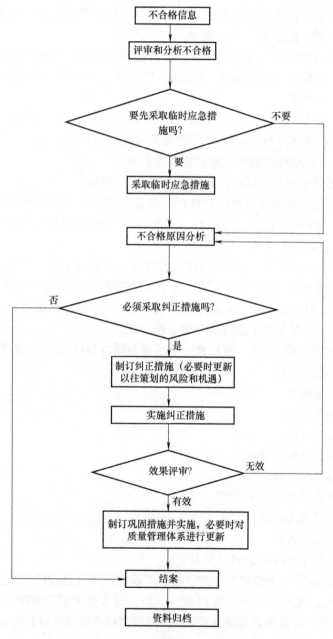

图2-14　纠正措施实施流程图

（5）IATF 16949 附加的"问题解决"

1）组织应将解决问题的过程形成文件，包括：

① 解决各种类型和规模的问题的方法，比如新产品开发中的问题、生产制造中的问题、现场产品失效、审核发现中的问题的解决办法。

② 控制不符合输出所必要的限制、临时措施及相关活动。可按标准条款"8.7 不合格输出的控制"开展活动。

③ 根本原因分析、分析的方法、分析得出的结论。分析的方法有：过程能力研究、鱼刺图（石川图）、FMEA、排列图、分层法、散布图、亲和图、系统图、矩阵图等。

④ 采取系统性纠正措施并实施，包括考虑对相似过程和产品的影响。也就是说，既要考虑将纠正措施运用到相似的过程和产品，也要考虑采取的纠正措施可能对相似的过程和产品产生负面影响。

⑤ 纠正措施实施完成后，要对其有效性进行验证。

⑥ 对纠正措施的效果进行验证后，可能需要把有效的措施和经验纳入有关文件中（如 PFMEA、控制计划）。此时应对现有的相关文件进行评审，根据评审结果适时更新文件。

2）若顾客对问题解决有特别规定的过程、工具或系统，组织应采用这些过程、工具或系统，除非顾客另行批准。如有的顾客要求用 8D 模式进行纠正措施的实施。8D（8 Disciplines）是福特公司解决问题的标准方法，现已普及到很多行业，尤其是汽车制造业与电子制造业。

8D 由 8 个步骤（D1～D8）和一个准备步骤（D0）组成（见图 2-15）：

D0：问题的反应。

D1：小组成立。

D2：问题描述。

D3：临时措施。

D4：原因分析及确认。

D5：制订纠正措施。

D6：实施并验证纠正措施。

D7：制订巩固措施并实施。

D8：总结与表彰。

（6）IATF 16949 附加的"防错"

1）组织应有一个形成文件的过程，以确定使用适当的防错方法。

2）进行过程风险分析（如 PFMEA）时，应考虑采用防错技术，并将防错技术形成文件。对防错装置进行验证试验的频率应在控制计划中做出规定。

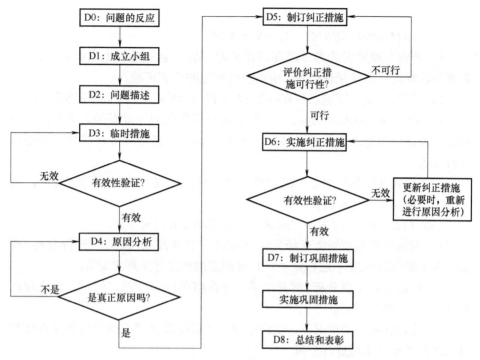

图 2-15　8D 模式工作程序

3）应进行防错装置失效试验或模拟失效试验，并记录试验情况。

4）若使用比照件对防错装置进行验证，那么在可行情况下，应对比照件进行标识、控制、验证和校准。可参照计量器具的管理方法，对比照件进行管理。

5）应针对防错装置的失效，制订一个反应计划。反应计划可以包含在控制计划中。

表 2-19 是常用的防错装置。

表 2-19　常用的防错装置

序号	防错装置	作　用	防错类型
1	检测定位销	检测零件是否漏加工	预防、探测
2	限位开关	检测零件装反、防止漏序、防止错误零件、机床或工装互锁	预防、探测—停机、报警、控制
3	计数器	检查数量	预防、探测—报警、控制
4	报警器	失控报警	预防—停机、报警
5	光电开关	检查遗漏零件	预防—控制
6	导向定位销	工件正确定位	预防
7	干扰定位销	工件正确定位	预防、探测
8	传感器	探测、检查漏装零件、检查临界物理量	探测—停机、控制、报警
9	目视化	实物或图片或色标	预防—控制

（7）IATF 16949 附加的 "保修管理体系"

1）当组织被要求为其产品提供保修时，组织应实施一个保修管理过程。如果顾客规定了保修管理过程，组织应按顾客的要求实施。

2）保修管理过程应包括对有问题的保修件进行分析，应明确规定分析方法。

3）NTF（no trouble found），一般是指服务保障期间被替换的零件，但经组织检查分析却是合格品的产品。对 NTF 产品，也应像对待保修件一样进行分析处理。

在与顾客共同最终确定产品合格与否之前，应视 NTF 产品为可疑品，按不合格品的要求进行控制。

（8）IATF 16949 附加的 "顾客投诉和现场失效试验分析"

1）对顾客投诉和顾客现场失效（包括退货零件），组织应进行分析/试验，并采取问题解决（见上面（5））和纠正措施以防止再次发生。

2）应记录并保留分析/试验结果，并在组织内部传达。同时，也应向顾客传达分析/试验结果。

3）在顾客要求的情况下，组织应对装入最终顾客产品系统内的嵌入式软件与产品的相互作用进行分析。

嵌入式软件是指嵌入在硬件中的操作系统和开发工具软件。嵌入式软件与其他部分的相互作用是非常重要的，在顾客要求时，需对其进行分析。

2.9.3 持续改进（标准条款：10.3）

1. 标准条文

10.3 持续改进

组织应持续改进质量管理体系的适宜性、充分性和有效性。

组织应考虑分析和评价的结果以及管理评审的输出，以确定是否存在需求或机遇，这些需求或机遇应作为持续改进的一部分加以应对。

10.3.1 持续改进——补充

组织应有一个形成文件的持续改进过程。组织应确保该过程包括以下内容：

a）对所采用方法、目标、测量、有效性和成文信息的识别。

b）一个制造过程改进措施计划，重点放在减少过程变差和浪费。

c）风险分析（例如 FMEA）。

注：持续改进是当制造过程具有统计上的能力且稳定或当产品特性可预测且满足顾客要求时实施的。

2. 理解要点

（1）持续改进的概念

1）改进是"提高绩效的活动"。活动可以是循环的或一次性的。

2）持续改进是指"提高绩效的循环活动"。为改进制定目标和寻找机会的过程是一个通过利用审核发现和审核结论、数据分析、管理评审或其他方法的持续过程，通常会产生纠正措施/预防措施或更新以往策划的风险和机遇及其应对措施。

持续改进是反复采取措施来实施商定的解决办法的过程，也是一个螺旋式提升的过程，是组织永无止境的追求、一个永恒的主题。持续改进的关键是改进的持续和循环。

（2）为什么要进行持续改进

由于组织要以顾客为关注焦点，而顾客的要求是不断变化的，所以一个组织要想持续地满足顾客的要求、不断增强顾客满意的程度，就必须持续改进质量管理体系的适宜性、充分性和有效性。

（3）持续改进的实施

1）组织要建立一个有效的改进机制，包括指定责任部门负责改进的策划、实施和控制，规定相应的改进过程、程序和要求，建立激励改进的机制，营造一个全员参与、主动实施改进的氛围和环境，确保改进过程的有效实施和运行，为组织带来改进的绩效。

2）组织应结合对风险和机遇的识别，从多个方面确定持续改进的需求或机会。尤其应考虑分析与评价的结果，以及管理评审的输出，以确定是否需要实施持续改进。

3）组织应注重持续改进活动的结果和效果，例如对产品、服务、过程的改进和对质量管理体系绩效与有效性的改进。

（4）IATF 16949 对"持续改进"的补充

1）组织应有一个形成文件的持续改进过程，内容包括：

① 采用的改进方法，改进目标的设置，改进过程中的检查、测量，改进有效性的验证，改进中使用的文件和记录。

② 对制造过程实施的改进措施计划，重点应放在减少过程变差和浪费。过程变差不断减少，过程能力就会不断提高；过程浪费不断减少，过程效益、效率就会不断提高。

③ 风险分析（例如 FMEA）。对改进措施进行风险分析，避免拔出萝卜带出泥——旧问题解决了，新问题又出来了；或者在某个区域采取的改进措施，对其他区域产生负面影响，等等。

2）制造过程持续改进是当过程稳定，且有能力满足顾客要求的情况下，组织为使过程能力更强而实施的活动。也就是说制造过程持续改进不是在过程失控时采取的纠正措施，而是在过程稳定且有能力的情况下采取的进一步提高的措施。这些措施可能使过程能力指数进一步提高，也可能使过程成本进一步降低，过程效率进一步提高，等等。

3）突破式的持续改进流程见2.9.1节图2-12；渐进式的持续改进流程见图2-16。

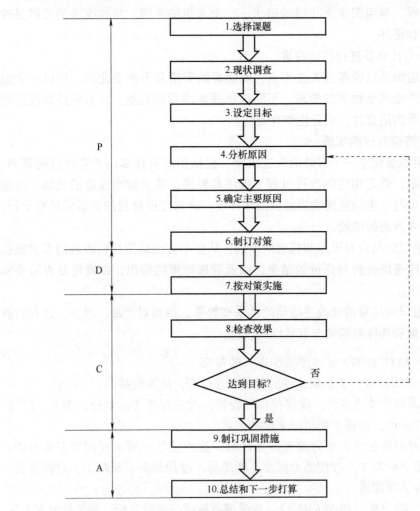

图2-16　渐进式持续改进的活动程序

第二部分

内部质量管理体系审核

第3章

审核概论

3.1 与审核有关的术语与定义

1. 审核

（1）定义

为获得审核证据并对其进行客观的评价，以确定满足审核准则的程度所进行的系统的、独立的并形成文件的过程。

注1：内部审核，有时称第一方审核，由组织自己或以组织的名义进行，用于管理评审和其他内部目的（例如确认管理体系的有效性或获得用于改进管理体系的信息），可作为组织自我合格声明的基础。在许多情况下，尤其在中小型组织内，可以由与正在被审核的活动无责任关系、无偏见以及无利益冲突的人员进行，以证实独立性。

注2：外部审核包括第二方审核和第三方审核，第二方审核由组织的相关方，如顾客或由其他人员以相关方的名义进行。第三方审核由独立的审核组织进行，如监管机构或提供认证或注册的机构。

注3：当两个或两个以上不同领域的管理体系（如质量、环境、职业健康安全）被一起审核时，称为结合审核。

注4：当两个或两个以上审核组织合作，共同审核同一个受审核方时，称为联合审核。

（2）理解要点

1）审核是获得审核证据并对其进行客观的评价，以确定满足审核准则的程度的过程。在审核过程中，审核员通过各种适宜的调查方法，收集与审核准则有关的定性或定量的审核证据，并依据审核准则对审核证据进行客观的评价，以判断其满足审核准则的程度，从而得出审核的结论。

2）审核的特点是系统的、独立的和形成文件的。"系统的"是指审核活动是一项正式、有序的活动。"正式"指按合同，有授权；"有序"指有组织有计划地按规定的程序（从策划、准备、实施到跟踪验证以及记录、报告）进行的审核。"独立的"是指对审核证据的收集、分析和评价是客观的、公正的，应避免任何外来因素的影响以及审核员自身因素的影响，例如，要求审核的人员与受审核的活动无责任关系；"形成文件的"是指审核过程要有适当的文件支持，形成必要的文件，如审核策划阶段应形成审核计划、审核实施阶段应做好必要的记录、审核结束阶段应编制审核报告等。

3）审核的类型有内部审核（第一方审核）和外部审核（第二方、第三方审核）两大类。第一方审核（内审）是由组织自己或以组织的名义进行的审核，用于组织内部进行体系评审的目的，也可作为组织自我合格声明的基础。第二方审核是组织对供方的审核，用于对供方选择、评价和重新评价的活动。第三方审核是由外部独立的，即独立于第一方和第二方之外的审核组织（如那些提供认证或注册服务的认证机构）对组织进行的审核。

4）结合审核和联合审核。当两个或更多的不同领域的管理体系被共同审核时，称为结合审核。当两个或两个以上审核组织合作，共同审核同一个受审核方时，称为联合审核。

2. 审核准则

（1）定义

用于与审核证据进行比较的一组方针、程序或要求。

注：如果审核准则是法律法规要求，术语"合规"或"不合规"常用于审核发现。

（2）理解要点

1）审核准则的作用是作为判断审核证据符合性和有效性的依据。

2）审核准则可以是适用的方针、程序、标准、法律法规、管理体系要求、合同要求或行业规范等。

3）如果审核准则是法律法规要求，术语"合规"或"不合规"常用于审核发现。

4）针对一次具体的审核，审核准则应形成文件。

3. 审核证据

（1）定义

与审核准则有关并能够证实的记录、事实陈述或其他信息。

注：审核证据可以是定性的或定量的。

（2）理解要点

1）审核证据包括记录、事实陈述或其他信息，这些信息可以通过文件的方式（如各种记录）获取，也可以通过陈述的方式（如面谈）或通过现场观察的方式等获取。

2）审核证据是能够被证实的信息，不能证实的信息不能作为审核证据。即这种信息应能够被证明是真实的、确实存在的。

3）审核证据是与审核准则有关的信息。例如对质量管理体系认证。审核准则包括质量管理体系要求，但不包括财务方面的要求，所以财务方面的信息不能构成审核证据。

4）审核证据可以是定性的，如员工的质量意识；也可以是定量的，如不合格品率。

4. 审核发现

（1）定义

将收集的审核证据对照审核准则进行评价的结果。

注1：审核发现表明符合或不符合。

注2：审核发现可引导识别改进的机会或记录良好实践。

注3：如果审核准则选自法律法规要求或其他要求，审核发现可表述为合规或不合规。

（2）理解要点

1）审核发现是将已收集到的审核证据对照审核准则进行比较，从而得出的评价的结果。需要注意的是审核发现中的"发现"是名词，而不是动词，评价的依据是审核准则，不能是其他，如某个人的看法或某单位的经验。

2）审核发现是一种符合性评价的结果，可能是符合，也可能是不符合。如果审核准则选自法律法规要求或其他要求，审核发现可表述为合规或不合规。

3）通过评价还可以发现哪些过程或活动需要改进或可以改进，因此当审核目的有规定时，审核发现可引导识别改进的机会或记录良好实践。

5. 审核结论

（1）定义

考虑了审核目标和所有审核发现后得出的审核结果。

（2）理解要点

1）审核准则、审核证据、审核发现和审核结论之间的关系。审核组通过收集和验证与审核准则有关的信息获得审核证据，并依据审核准则对审核证据进行评价获得审核发现，在综合汇总分析所有审核发现的基础上，考虑此次审核目的而做出最终的审核结论。由此可见，审核准则是判断审核证据符合性的依据，审核证据是获得审核发现的基础，审核发现是做出审核结论的基础。图3-1表示了审核证据、审核准则、审核发现和审核结论之间的关系。

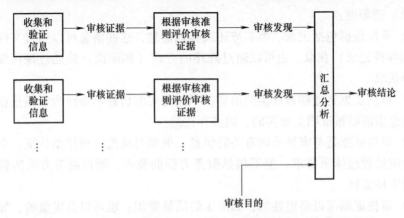

图 3-1　审核证据、审核准则、审核发现和审核结论之间的关系图

2）审核结论是审核组得出的有关该次审核的审核结果，而不是审核组的某一个审核人员得出的审核结果。

3）审核结论以审核发现为基础，是在考虑了（包括系统地分析、研究）审核目的和所有审核发现的基础上得出的综合的、整体的审核结果。

4）审核结论与审核目的有关，审核目的不同，审核结论也不同。如审核目的包括"识别管理体系潜在的改进方面"，审核结论则应包括提出改进的建议；如审核的目的是为了管理体系认证，审核结论则应确定管理体系符合审核准则的程度，提出是否推荐认证的建议。

5）管理体系的审核结论通常从符合性和有效性两方面做出。

6. 审核方案

（1）定义

针对特定时间段所策划并具有特定目标的一组（一次或多次）审核安排。

（2）理解要点

1）审核方案由审核方案管理人员制定，是指导审核的重要策划文件。

2）审核方案是审核策划的结果，是对具有特定时间段和特定目标的一组审核的安排。

3）审核方案具有以下特点：

①"特定时间段"，根据受审核组织的规模、性质和复杂程度，一个审核方案可以包括在某一时间段内发生的一次或多次审核，这个审核方案所覆盖的是这一时间段的一组审核。

②"特定目标"，每次审核都有其具体目标，一个审核方案要考虑的是针对这一特定时间段的一组审核所具有的总体目标。实现此目标的方式可以不同，可以针对受审核方某一管理体系的单一审核，也可以是结合审核或联合审核。

7. 审核计划

（1）定义

对审核活动和安排的描述。

（2）理解要点

1）审核计划描述的是一次具体的审核活动及活动的安排。审核计划是对一次具体的审核活动进行策划后形成的结果之一，通常应形成文件。

2）审核计划不同于审核方案，是每次审核活动的具体计划。审核计划的编制应满足审核方案的有关要求。

3）每次审核都要编制审核计划。审核计划由审核组长编制。审核计划的内容包括审核目标、审核范围、审核准则、审核组成员及分工、审核时间安排等。

8. 技术专家

（1）定义

向审核组提供特定知识或技术的人员。

注1：特定知识或技术是指与受审核的组织、过程或活动以及语言或文化有关的知识或技术。

注2：在审核组中，技术专家不作为审核员。

（2）理解要点

1）技术专家是指向审核组提供技术支持的人员。

2）技术专家可以在审核组中发挥其提供技术支持的作用，但应在审核员的指导下进行工作，技术专家是审核组成员，但不能作为审核员实施审核。

3）技术专家提供的技术支持的内容是指与受审核的组织、过程或活动，语言或文化有关的知识或技术，如提供有关专业方面的知识或技术，作为翻译提供语言（如少数民族语言）方面的支持等。

9. 向导

（1）定义

由受审核方指定的协助审核组的人员。

（2）理解要点

1）在第二方、第三方审核中受审核方应为每个审核小组配备一名向导。第一方审核视情况也可配备。

2）向导的作用有：建立联系；安排特定部分的访问；确保审核组了解和遵守有关场所的安全规则；代表受审核方对审核进行见证；在收集信息过程中做出澄清或提供帮助。

10. 受审核方

定义：被审核的组织。

11. 能力

定义：应用知识和技能获得预期结果的本领。

注：本领表示在审核过程中个人行为的适当表现。

12. 审核范围

（1）定义

审核的内容和界限。

注：审核范围通常包括对实际位置、组织单元、活动和过程，以及审核所覆盖的时期的描述。

（2）理解要点

1）审核范围是指审核的内容和界限，也就是审核所覆盖的对象。审核范围的大小与审核的目的、受审核方的规模、性质、产品、活动和过程的特点等多方面的因素有关。

2）审核范围通常包括实际位置、组织单元、活动和过程及所覆盖的时期。

①"实际位置"是指受审核方所处的地理位置或其活动发生的场所位置，包括固定的、流动的和临时的位置。例如：某化工厂坐落的地址；某航空公司

的航线；某施工单位的施工现场等。

②"组织单元"是指受审核的管理体系所涉及的组织的部门或职能或岗位，如组织的管理层、产品开发部、采购部、质量部、金工车间。或针对某一任务成立的某一项目部、课题组。

③"活动和过程"指的是受审核的管理体系所涉及的活动和过程，特别是管理体系所涉及的与产品有关的过程或活动，如设计、生产、安装、销售和服务等。

④"覆盖的时期"是指受审核的管理体系实施和运行的时间段，如某组织每年进行一次内审，则其每次内审所覆盖的时期至少为一年。

3）针对每一次具体的审核，审核范围应形成文件，包括对实际位置、组织单元、活动和过程以及所覆盖的时期的描述。

3.2 质量管理体系审核的目的

（1）第一方审核（内部审核）的目的

第一方审核又称为内部质量管理体系审核，是由组织的成员或其他人员以组织名义进行的审核。这种审核是组织建立的一种自我检查、自我完善的持续改进活动，可为有效的管理评审和纠正或持续改进措施提供信息。

内部质量管理体系审核的目的是：

1）保障质量管理体系正常运行和持续改进。组织在建立了文件化的质量管理体系之后，进入体系的正常运作。在运作过程中，文件化的体系能否正确实施，实施的效果如何，是否能达到方针目标的要求，这就需要组织建立一个自我发现问题、自我完善和自我改进的机制。事实证明，一个缺少监督检查机制的管理体系，不能保证持续有效运行，也不能持续改进提高。因此，有效的内部审核是克服组织内部的惰性、促使质量管理体系良性运作的动力。

2）为第二方和第三方审核做准备。在第二方或第三方审核前，组织安排进行内部审核，可及早发现不符合并进行整改，以便为顺利通过第二方或第三方审核扫清障碍，也可减少不必要的经济损失。

3）作为一种管理手段。内部审核通过对组织质量管理体系的运行情况进行评定，找出组织质量管理体系存在的问题，进而找出改进的途径，可为组织完善其质量管理体系提供依据。因而内部质量管理体系审核为组织的质量管理提供了有效的评价和检查手段。

（2）第二方审核的目的

第二方审核是在某种合同要求的情况下，由需方对供方实施的审核。

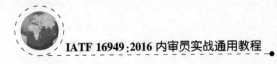

第二方审核的目的是：

1）选择合适的供应商或合作伙伴。随着顾客对质量的日益重视，有关法规也日益完善，组织为了自身的利益，在选择供应商或合作伙伴时，往往会对其提出质量管理的要求。一个拥有良好的质量管理体系的组织，将是顾客的优先选择对象。

2）证实供应商或合作伙伴满足规定要求。合同签订后，由组织或其委托的人员对供应商或合作伙伴的质量管理体系进行审核，以证实其质量管理体系持续满足规定要求，给组织以持续的信心。

3）促进供应商或合作伙伴改进质量管理体系。通过第二方审核，使供应商或合作伙伴了解组织对质量管理体系的要求，指出供应商或合作伙伴质量管理体系存在的不足之处，帮助其进行改进，使双方建立更为密切的互利关系。

（3）第三方审核的目的

第三方审核是由独立于受审核方且不受其经济利益制约或不存在行政隶属关系的第三方机构依据特定的审核准则，按规定的程序和方法对受审核方进行的审核。

在第三方审核中，由国家认可的认证机构依据认证制度的要求实施的以认证为目的的审核，又称为认证审核，有时简称认证。

第三方审核的目的是：

1）向外界展示组织的质量管理体系是符合要求的。通过第三方审核注册，为受审核方提供符合性的客观证明和书面保证，向所有的相关方证明组织的质量管理体系是符合规定要求的。这样可以为组织在社会上树立良好的形象，使组织在市场上更具有竞争力。

2）实施、保持和改进组织的质量管理体系。通过第三方的审核和年度的监督审核，促使组织坚持按照标准保持质量管理体系的有效运行，并可借助第三方专家的经验和专长，进一步改进和完善组织质量管理体系。

3）满足相关方的要求。当相关方要求组织通过质量管理体系认证时，组织通过认证审核，获得注册证书，以满足相关方的要求。

3.3 各类质量管理体系审核的区别

内部质量管理体系审核与外部质量管理体系审核从审核的目的、审核方组成、审核准则、审核人员以及审核后的处理均不同。表3-1列出了它们的区别。

表 3-1　内、外部质量管理体系审核的区别

比较项目	内部审核	外部审核	
	第一方审核	第二方审核	第三方审核
审核目的	审核质量管理体系的符合性、有效性，采取纠正措施，使体系正常运行和持续改进	选择合适的合作伙伴（供应商）；证实合作方持续满足规定要求；促进合作方改进质量管理体系	导致认证，注册
审核准则	ISO 9001（或 IATF 16949）标准；企业质量管理体系文件；适用于组织的法律法规及其他要求	需方指定的产品标准和质量管理体系标准及适用的法律法规等	ISO 9001（或 IATF 16949）标准；企业质量管理体系文件；适用于受审核方的法律法规及其他要求
审核计划	集中/滚动式审核	集中式审核	集中式审核
审核员	有资格的内审员，也可聘外部审核员	自己或外聘审核员	国家注册审核员
文件审查	根据需要安排	必须进行	必须进行
审核报告	提交不符合报告和采取纠正措施建议	只提不符合报告	只提不符合报告
纠正措施	重视纠正措施。内审员可对纠正措施的实施提供建议。对纠正措施完成情况不仅要跟踪验证，还要分析研究其有效性	可提出纠正措施的建议和要求；对纠正措施计划的实施要跟踪验证	对纠正措施不作建议；对纠正措施计划的实施要跟踪验证
争执处理	由质量管理体系负责人或最高管理者仲裁	按合同规定仲裁	由认证机构或国家认可委员会仲裁

3.4　质量管理体系审核的特点

（1）被审核的管理体系必须是正规的

ISO 9001（或 IATF 16949）标准强调组织的质量管理体系要文件化，只有建立文件化的管理体系，管理体系才能规范运作，才有比较和评价的可能。文件化的质量管理体系是审核对象的必要条件。

（2）管理体系审核必须是一种正式的活动

管理体系审核的"正式"性，主要体现在：

1）无论是外审还是内审，都需要经过相关的管理者/委托方授权和批准才能进行，第三方审核还需根据合同进行。

2）管理体系审核有规范的程序和方法。从审核的准备到审核的实施和审核

293

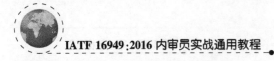

后的跟踪验证都有规范的程序和做法。

3）审核工作必须由经过培训且经资格认可的人员进行。不管是外部或是内部审核，审核人员都需经过正规的培训并取得相应的资格才能进行审核工作。

4）审核必须形成书面的文件。审核计划、审核表、审核记录、审核报告等都要形成书面文件。

（3）质量管理体系审核必须具有客观性、独立性和系统性

审核的客观性、独立性和系统性是开展审核的三个核心原则。

客观性是指审核员要以充分的证据为基础，公正、客观的评价审核对象，不能偏见、主观地给出审核结论。

独立性是指审核员要与被审核的领域无直接责任关系。在外部审核中，审核员应与受审核方无任何利益关系。在内部审核中，一般来说本部门人员不能审核本部门。

系统性是指审核员要按规定的程序全面地审核和评价与审核对象有关的各项活动和结果。

（4）质量管理体系审核采用抽样方法

由于时间和人员的限制以及体系运行的连续性，审核工作要在规定的时间内完成对体系各个方面的审核工作，只能采取抽样检查的方法。抽样应做到随机抽样，要有代表性。但部门和体系过程（或要素）不能抽样。

3.5 质量管理体系审核原则

审核的特征在于其遵循若干原则。这些原则有助于使审核成为支持管理方针和控制的有效与可靠的工具，并为组织提供可以改进其绩效的信息。遵循这些原则是得出相应和充分的审核结论的前提，也是审核员独立工作时，在相似的情况下得出相似结论的前提。

审核原则共有 6 项：诚实正直、公正表达、职业素养、保密性、独立性、基于证据的方法。

（1）诚实正直：职业的基础

审核员和审核方案管理人员应：

1）以诚实、勤勉和负责任的精神从事他们的工作。

2）了解并遵守任何适用的法律法规要求。

3）工作中体现他们的能力。

4）以不偏不倚的态度从事工作，即对待所有事务保持公正和无偏见。

5）在审核时，对可能影响其判断的任何因素保持警觉。

（2）公正表达：真实、准确地报告的义务

审核发现、审核结论和审核报告应真实和准确地反映审核活动。应报告在审核过程中遇到的重大障碍以及在审核组和受审核方之间没有解决的分歧意见。沟通必须真实、准确、客观、及时、清楚和完整。

（3）职业素养：在审核中勤奋并具有判断力

审核员应珍视他们所执行的任务的重要性以及审核委托方和其他相关方对他们的信任。在工作中具有职业素养的一个重要因素是能够在所有审核情况下做出合理的判断。

（4）保密性：信息安全

审核员应审慎使用和保护在审核过程获得的信息。审核员或审核委托方不应为个人利益不适当地或以损害受审核方合法利益的方式使用审核信息。这个概念包括正确处理敏感的、保密的信息。

（5）独立性：审核的公正性和审核结论的客观性的基础

审核员应独立于受审核的活动（只要可行时），并且在任何情况下都应不带偏见，没有利益上的冲突。对于内部审核，审核员应独立于被审核职能的运行管理人员。审核员在整个审核过程应保持客观性，以确保审核发现和审核结论仅建立在审核证据的基础上。

对于小型组织，内审员也许不可能完全独立于被审核的活动，但是应尽一切努力消除偏见和体现客观。

（6）基于证据的方法：在一个系统的审核过程中，得出可信的和可重现的审核结论的合理的方法

审核证据应是能够验证的。由于审核是在有限的时间内并在有限的资源条件下进行的，因此审核证据是建立在可获得信息的样本的基础上。应合理地进行抽样，因为这与审核结论的可信性密切相关。

3.6　内部质量管理体系审核的组织管理

组织在建立质量管理体系时，就应对内部质量管理体系审核做好总体安排和组织管理，在这方面有几个环节需要特别加以重视。

（1）领导重视是做好内部质量管理体系审核的关键

内部质量管理体系审核对一个组织的质量管理体系的改进和产品质量的提高都具有重要的作用。但是要做好内部质量管理体系审核，关键在于领导对内审的重视。领导的质量意识不应仅表现在控制不合格产品，使之不能出厂，或是出了不合格品及时采取措施；更重要的还在于全面建立和实施一个合乎标准要求的质量管理体系。其中尤其重要的是要充分运用内部质量管理体系审核这个重要的管理手段和改进机制，使体系得到保持和改进。领导对内审工作的重

视主要表现在领导层中认真研究如何建立内审的组织机构，任命干部，确定其职责和权限。其中重要一环是任命一个质量管理体系负责人（可以称为"管理者代表"）。

（2）质量管理体系负责人要亲自抓内部质量管理体系审核工作

质量管理体系负责人应是领导层的一名成员，所以一般不能任命一名中层干部作为质量管理体系负责人。质量管理体系负责人应确保按照 ISO 9001（或 IATF 16949）标准的要求建立、实施和保持质量管理体系。因此具体领导内审工作的就是质量管理体系负责人。他应当通过一个职能部门（如质管办）建立内审的组织和程序，培训人员，制订计划，实施内部质量管理体系审核和审批审核报告。当审核组与被审部门发生争执时，应由他或通过他报请最高领导来进行仲裁。他又是全组织的各部门和职工就质量管理问题向最高领导层反映各种意见的重要渠道。

（3）内部质量管理体系审核的具体工作需要有一个职能部门来管理

内部质量管理体系审核是一项长期的正规的工作，需要有一个常设机构来负责进行，而不能由一个临时性机构来从事此项工作。一般可由"质管办""质量管理部"这类职能机构来承担。这些机构可能还有许多其他的质量管理工作，但内审工作应是此部门的一项重要任务，而内审又完全可以与其他工作结合进行。

（4）要组建一支合格的质量管理体系内部审核员队伍

内部质量管理体系审核需要一批合格、称职的审核员，因此培训审核员是一项重要的工作。应在组织内与质量管理有关的部门中选择一批熟悉组织的业务、了解质量管理的基本知识、有一定的学历、职称和工作经验、有交流表达能力和正直的人员进行培训，使之成为质量管理体系内部审核员。质量管理体系内部审核员要有一定的数量，足以应付例行的和特殊的内部质量管理体系审核的任务，还要考虑派往本组织的供方去作第二方审核。人员的分布也要适当分散，不可全部集中在质量管理部门。因为当审核到质管部门时，这些质管部门中的内审员均不得参与，因此必须从其他部门派遣内审员。一般情况下最好在采购、销售、技术、检验和生产部门中均能培养若干名兼职内审员供工作需要之用。所有经过一定培训的内审员需经考核后由组织领导正式任命，授予进行审核的权力。

（5）内部质量管理体系审核需要有一套正规的程序

内部质量管理体系审核需要有一套正规的做法。为此质量管理体系负责人应组织有关人员编制一份"内部审核程序"，明确内部质量管理体系审核的目的、范围、执行者的职责以及具体的实施方法。

（6）建立质量管理体系时应考虑内部质量管理体系审核工作

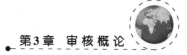

　　有许多企业和组织在建立质量管理体系时培养了一批骨干来编写质量管理体系文件，这批骨干同时也成为以后的内审员。或是在建立体系之初在培训骨干时就同时考虑建立内审组织并培训一批内审员，这些做法都是可以参考的。总之，内部质量管理体系审核工作需要本组织最高领导层的重视和支持，需要质量管理体系负责人和质量管理部门的精心策划和实施，需要有一批合格、称职的内审员的全力投入，也需要一套正规的、完善的程序和办法。

第4章

内部审核员

4.1 内审员的条件

1. 内审员的条件

内审员的注册不是强制性的，企业可以自己任命内审员，内审员一般应具备下列条件：

1）教育程度。具有大专以上学历。

2）培训。需接受有内审员培训资格的机构的培训，并取得培训合格证书。

3）工作经历。四年以上工作经验，最好有一年质量管理的经验。

4）个人素质。思路开阔，成熟，很强的判断和分析能力，看问题客观公正，坚持原则等。

5）基本能力。了解 ISO 9001、IATF 16949 标准，了解审核程序、方法和技巧，熟悉组织情况、管理体系文件，掌握基本的质量法规知识等。

IATF 16949:2016 对质量管理体系审核员、制造过程审核员和产品审核员，明确规定至少具备以下能力：

① 了解汽车行业审核过程方法，包括基于风险的思维。汽车行业的审核包括质量管理体系审核、过程审核和产品审核。作为一名审核员，应掌握相关的审核方法，应了解审核中的风险。

② 了解适用的顾客特殊要求。

③ 了解 ISO 9001 和 IATF 16949 中适用的与审核范围有关的要求。应具备与审核范围有关的知识和能力。

④ 了解与审核范围有关的适用的核心工具要求。如 AIAG（美国汽车工业行动集团）的 APQP、FMEA、SPC、MSA、PPAP 五大工具等。

⑤ 了解如何策划审核、实施审核、报告审核以及关闭审核发现。

⑥ 制造过程审核员应证实其具有待审核的相关制造过程方面的技术知识，包括过程风险分析（例如 PFMEA）和控制计划。产品审核员应证实其了解产品要求，并能够使用相关测量和试验设备验证产品符合性。

6）专业能力。对质量管理的原则和技术熟练，了解作业过程、产品和服务。

2. 第二方审核员的能力要求

在企业，内审员经常作为第二方审核员使用，对此，IATF 16949 对"第二方审核员能力"做了如下特别规定：

1）组织应保留从事第二方审核的审核员的资质证明，以证实从事第二方审核的审核员具备相应能力。比如组织对供应商进行审核的审核员，组织应证明其具有相应能力。

2）第二方审核员应符合顾客对审核员资质的特定要求，并至少具备以下核心能力，包括：

① 了解汽车行业审核过程方法，包括基于风险的思维。汽车行业的审核包括质量管理体系审核、过程审核和产品审核。作为一名审核员，应掌握相关的审核方法，应了解审核中的风险。

② 了解适用的顾客特殊要求和组织特殊要求。比如组织中对供应商进行审核的审核员，应了解顾客对组织的特殊要求（这些特殊要求可能需要组织的供应商去实现），也应了解组织对其供应商的特殊要求。

③ 了解 ISO 9001 和 IATF 16949 中适用的与审核范围有关的要求。应具备与审核范围有关的知识和能力。

④ 了解待审核制造过程，包括 PFMEA 和控制计划。

⑤ 了解与审核范围有关的适用的核心工具要求。如 AIAG（美国汽车工业行动集团）的 APQP、FMEA、SPC、MSA、PPAP 五大工具等。

⑥ 了解如何策划审核、实施审核、编制审核报告并关闭审核发现。

4.2　内审员的个人行为要求

审核员应具备必要的素质，能够按照审核原则（见3.5节）进行工作。审核员在从事审核活动时应展现职业素养，包括：

1）有道德，即公正、可靠、忠诚、诚信和谨慎。

2）思想开明，即愿意考虑不同意见或观点。

3）善于交往，即灵活地与人交往。

4）善于观察，即主动地认识周围环境和活动。

5）有感知力，即能了解和理解处境。

6）适应力强，即容易适应不同处境。

7）坚定不移，即对实现目标坚持不懈。

8）明断，即能够根据逻辑推理和分析及时得出结论。

9）自立，即能够在同其他人有效交往中独立工作并发挥作用。

10）坚韧不拔，即能够采取负责任的及合理的行动，即使这些行动可能是非常规的和有时可能导致分歧或冲突。

11）与时俱进，即愿意学习，并力争获得更好的审核结果。

12）文化敏感，即善于观察和尊重受审核方的文化。

13）协同力，即有效地与其他人互动，包括审核组成员和受审核方人员。

4.3 内审员的作用

1）对组织质量管理体系是否符合策划的安排、IATF 16949（或/和 ISO 9001）标准的要求以及组织确定的要求做出评价，对组织质量管理体系的有效实施和持续改进起监督和推动作用。

2）受组织委派对供方质量管理体系进行审核。

3）在组织接受外部审核时，担任向导或负责联络。

4.4 内审员的知识和技能

审核员应具有达到审核预期结果的必要知识与技能。所有审核员应具有通用的知识和技能，还应具有一些特定领域与专业的知识和技能。审核组长还应具备更多的领导审核组的知识和技能。

4.4.1 管理体系审核员的通用知识和技能

审核员应具有下列方面的知识和技能。

（1）审核原则、程序和方法方面的知识和技能

这方面的知识和技能使审核员能将适用的原则、程序和方法应用于不同的审核并保证审核实施的一致性和系统性。审核员应能够：

1）运用审核原则、程序和方法。

2）对工作进行有效地策划和组织。

3）按商定的时间表进行审核。

4）优先关注重要问题。

5）通过有效的面谈、倾听、观察和对文件、记录和数据的评审来收集信息。

6）理解并考虑专家的意见。

7）理解审核中运用抽样技术的适宜性及其后果。

8）验证所收集信息的相关性和准确性。

9）确认审核证据的充分性和适宜性，以支持审核发现和审核结论。

10）评定影响审核发现和审核结论的可靠性的因素。

11）使用工作文件以记录审核活动。

12）将审核发现形成文件，并编制适宜的审核报告。

13）维护信息、数据、文件和记录的保密性和安全性。

14）直接或通过翻译人员，进行口头或书面的有效沟通。

15）理解与审核有关的各类风险。

（2）管理体系和引用文件方面的知识和技能

这方面的知识和技能使审核员能理解审核范围并运用审核准则，应包括：

1）管理体系标准或用作审核准则的其他文件。

2）适用时，受审核方和其他组织对管理体系标准的运用。

3）管理体系各组成部分之间的相互作用。

4）了解引用文件的层次关系。

5）引用文件在不同的审核情况下的运用。

（3）组织概况方面的知识和技能

这方面的知识和技能使审核员能理解受审核方的结构、业务和管理实践，应包括：

1）组织的类型、治理、规模、结构、职能和相互关系。

2）通用的业务和管理概念，过程和相关术语，包括策划、预算和人员管理。

3）受审核方的文化和社会习俗。

（4）适用的法律法规要求、合同要求和适用于受审核方的其他要求方面的知识和技能

这方面的知识和技能使审核员能了解适用于组织的法律法规和合同要求，并在此环境下开展工作。与法律责任或受审核方活动和产品有关的知识和技能包括：

1）法律、法规及其主管机构。

2）基本的法律术语。

3）合约及责任。

4.4.2 管理体系审核员的特定领域与专业的知识和技能

审核员应具有特定领域和专业的知识与技能，以适应管理体系特定领域和专业的审核。

虽然不要求审核组成员都具有相同的能力，但审核组的整体能力应足以实现审核目标。

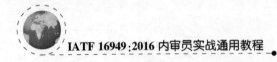

审核员的特定领域和专业的知识和技能包括：

1）特定领域管理体系的要求、原则及其运用。

2）与特定领域和专业有关的法律法规要求，如审核员应知晓与法律责任、受审核方的义务、活动及产品相关的要求。

3）与特定领域有关的相关方的要求。

4）特定领域的基础知识，业务经营的基础知识，特定技术领域的方法、技术、过程和实践，应足以使审核员能审核管理体系，并形成适当的审核发现及审核结论。

5）与被审核的特定专业、业务性质或工作场所有关的特定领域的知识，应足以使审核员能评价受审核方的活动、过程和产品（商品或服务）。

6）与特定领域与专业有关的风险管理原则、方法和技术，以使审核员能评估和控制与审核方案有关的风险。

4.4.3 质量管理领域审核员的专业知识和技能

质量管理的相关知识和技能及其方法、技术、过程和实践的应用，应足以使审核员能够审核该管理体系并形成适当的审核发现和结论。

1）与质量、管理、组织、过程及产品、特性、符合性、文件、审核和测量过程相关的术语。

2）以顾客为关注焦点、与顾客相关的过程、顾客满意的监视和测量、投诉处理、行为规范、争议解决。

3）领导作用（最高管理者的作用），追求组织的持续成功（质量管理方法），通过质量管理实现财务和经济效益、质量管理体系和卓越模式。

4）人员参与、人员因素、能力、培训和意识。

5）过程方法、过程分析、能力和控制技术、风险处理方法。

6）管理的系统方法（质量管理体系的原理、质量管理体系和其他管理体系的关注点、质量管理体系文件）、类型和价值、项目、质量计划、技术状态管理。

7）持续改进、创新和学习。

8）基于事实的决策方法、风险评估技术（风险识别、分析和评价）、质量管理评价（审核、评审和自我评价）、测量和监视技术、对测量过程和测量设备的要求、根本原因分析、统计技术。

9）过程和产品（包括服务）的特性。

10）与供方互利的关系、质量管理体系要求和对产品的要求、不同行业对质量管理的特定要求。

4.4.4 审核组长的通用知识和技能

审核组长应当具有管理和领导审核组的知识和技能,以便审核能有效地和高效地进行。审核组长应具有必备的知识和技能,以便:

1)平衡审核组成员的强项与弱项。

2)建立审核组成员间的和谐工作关系。

3)管理审核过程,包括:

① 对审核进行策划并在审核中有效地利用资源。

② 对达到审核目标的不确定性进行管理。

③ 在审核期间保护审核组成员的健康和安全,包括确保审核员遵守相关健康和安全、安保的要求。

④ 协调和指挥审核组成员。

⑤ 指导和指挥实习审核员。

⑥ 必要时,预防和解决冲突。

4)代表审核组与审核方案管理人员、审核委托方和受审核方进行沟通。

5)引导审核组得出审核结论。

6)编制和完成审核报告。

4.5 内审员的工作方法和技巧

4.5.1 审核工作方法

(1)面谈

面谈是一种重要的收集信息的方法,并且应以适于当时情境和受访人员的方式进行,面谈可以是面对面进行,也可以通过其他沟通方法。面谈时,审核员应考虑如下事宜:

1)受访人员应来自承担审核范围涉及的活动或任务的适当的层次和职能部门。

2)通常在受访人员正常的工作时间和工作地点(可行时)进行。

3)在面谈之前和面谈期间应尽量使受访人员放松。

4)应解释面谈和做笔记的原因。

5)面谈可以从请受访人员描述其工作开始。

6)注意选择提问的方式(例如:开放式、封闭式、引导式提问)。

7)应控制谈话方向,珍惜有限的时间,尽量按预定时间完成每次的谈话计划。

8）少说多听，捕捉要点。在面谈时应尽量把有限的时间让被审核方多说，审核员应仔细聆听，以便从中捕捉所需要的信息。逐一核对事先考虑的检查要点，并追问遗漏点，直至获得全部检查要点的信息为止。

9）应与受访人员总结和评审面谈结果。

10）有时对于交谈所得到的信息，特别是涉及数据的一些信息，还应该通过其他渠道获取支持信息予以核实，例如通过查阅记录、现场观察来核实面谈所得到的信息，以保证审核的客观性。

11）应感谢受访人员的参与和合作。

（2）查阅文件与记录

质量管理体系是一个文件化的体系，查阅文件和记录是现场审核中必须采用的方法，通过文件和记录可以了解体系的要求，可以追溯体系的发展及运行状况，审核中需查阅的主要记录包括：设计评审、验证、确认记录、供应商评价记录、培训记录、协商与沟通记录、文件控制记录、监测与测量记录、不符合记录、纠正措施记录、内审记录以及管理评审报告等。由于组织的同一类记录往往很多，不可能一一核查。审核员要善于从中选取代表性的样本进行审核。

（3）现场观察

审核员通过自己的眼睛看到的应是最真实的，所以审核员应当具备敏锐的观察力，现场观察的方法可用于判断组织在实际工作中是否遵守了程序文件和作业指导书的要求，这也要求审核员事先熟悉文件对现场的各项主要要求。同时，也不应拘泥于文件的要求，应善于自己发现问题。

现场观察中一个重要的内容是判断有无重要的生产过程被遗漏，要做好这一点，审核员就必须掌握有关的质量知识和法律、法规知识。

4.5.2 审核技巧

（1）提问的技巧

通过提问，有重点地收集和验证信息，采取不同的提问方式，灵活地运用合适的方法，从而获得满意的效果。

1）敞开式提问，以能得到较为广泛的信息为目的的提问方式。例如：你部门承担什么质量职能？如何进行质量控制的？缺点是花费较多时间。

2）封闭式提问，针对某项活动提出范围较狭窄的问题。例如：成品检验中有没有检验指导书，不合格品是否进行评审？这种提问方式容易使面谈对象紧张。有些问题并不是一个"是"和"不是"这样能简单定论的。

3）思考式提问，可围绕问题展开讨论以获得更多信息的提问方式，常有为什么？请告诉我……

4）刺激式提问，采用具有一定份量的语句和语气而又不失礼貌和仪态的提问方式，激发对方回答审核员想了解的问题。例如：经检验某外购件20%不合格，被退了回去，您不认为采购部门有严重失控吗？

此外还有侧面式提问、澄清式提问、重复式提问、表情式提问等，要结合审核对象灵活地加以应用，取得好的效果，在提问时还应注意考虑被问者的背景，观察其神态表情，努力理解回答的问题，适时地点头，用神态表示理解、肯定，不能诱导和暗示某种答案，不说有情绪的话，不要连珠炮似的发问，不要问与审核无关的话题，并适时表示谢意等。

提问免不了要用疑问词，在审核中常用的疑问词主要有6个，称之为5W1H：

1）什么（what）？

例如：你部门的质量职能是什么？

2）为什么（why）？

例如：为什么没有对供应商的质量保证能力进行评定？

3）何人（who）？

例如：工艺更改规定由谁负责审批？

4）何时（when）？

例如：多长时间对设备进行预保养一次？这台设备上一次预保养是在何时？

5）何地（where）？

例如：型式试验的样品抽自何处？

6）如何做（how）？

例如：这个特殊工序是如何控制的？

（2）倾听的技巧

要记住，信息是通过看、问、听获得的，不能从讲话中获得。

审核员要注意认真听取被访者的回答，并做出适当的反应。首先必须对回答表现出兴趣，保持眼神接触，用适当的口头认可的话语，如"是的""我明白了"来表明自己的理解，谈话时要注意观察对方的表情，在受审核方对提问产生误解或答非所问时，审核员应礼貌地加以引导，千万不要做出不恰当的反应。

（3）观察的技巧

常言道，耳听为虚，眼见为实，审核员判断某项质量活动的符合性和有效性，是以眼见的文件、记录、结果为客观证据的，观察和提问是审核中不可截然分开的调查方法，从提问中了解情况，从观察中获得证实。常有正向顺序观察法，按产品工艺路线去审核去观察，及逆向顺序观察法，先从产品最后一道过程向前推的观察方法，例如观察一个生产组织，先了解售后服务及用户的反映和投诉，然后再查检验、生产过程控制、采购、技术文件等反顺序进行观察。

（4）验证的技巧

在一般情况下，审核员在得到回答后，常采用"请给我看……"的语句，如果客观证据一时拿不出，审核员应记下此细节，以防遗忘。审核员不能凭某人说的就认为是客观事实而忽略对其进行验证。被访问人员（除当事人或负责人）的陈述，一般并不能作为客观证据。验证通常有以下思路：

1）有没有。不能因为回答得很圆满，审核就到此止步，还要按照审核依据验证应具备的文件、记录等是否存在，是否符合要求。

2）做没做。不能因文件、记录准备得好就认为符合要求了，还要进行现场观察、检查，判断实际上是否做了。

3）做得怎样。不能因为已按文件做了就认为符合要求，还要检查实际做的结果是否有效，是否真正进入了受控状态。

（5）记录的技巧

审核员应确保审核证据的可追溯性，为此必须详细地进行记录，如采用笔录、录音、照相等方式，所做的记录包括时间、地点、人物、事实描述、凭证材料、涉及的文件、各种标识。这些信息均应字迹清楚、准确具体，易于再查。只有所获取的记录准确、完整，才能为审核结果做出合理的判断。

（6）按过程方法审核的技巧

按过程方法审核时，要了解以下问题：

1）本过程有哪些主要活动？输入、输出是什么？

2）本过程由哪几个部门负责？

3）本过程的绩效指标是什么？

4）本过程有哪些风险？

5）实现本过程需要哪些资源？

6）过程运行依据哪些文件？

7）过程运行有效的证据有哪些？

8）本过程如何进行监视和测量？

9）出现不符合如何处理？

10）是否针对不符合的原因采取了纠正措施？效果如何？

11）本过程的绩效指标达成没有？

12）本过程的风险是否得到有效控制？

13）准备或已经实施哪些改进？效果如何？

4.6 现场审核活动的控制

1. 审核计划的控制

1）依照计划和检查表进行审核。

2）如确因某些原因需要修改计划，需与受审核方商量。

3）可能出现严重不符合时，经审核组长同意，可超出审核范围审查。

2. 审核进度的控制

1）按照规定的时间完成。

2）如果出现不能按预定时间完成的情况，审核组长应及时做出调整。

3. 审核气氛的控制

1）适当调节审核中出现的紧张气氛。

2）对于草率行事，应及时纠正。

4. 审核客观性的控制

1）审核组长每天对审核组成员发现的审核证据进行审查。

2）凡是不确实或不够明确的，不应作为审核证据予以记录。

3）审核组长经常或定期与受审核方代表交换意见，以取得对方对审核证据的确认。

4）对受审核方不能确认的证据，应再审查核对。

5. 审核范围的控制

1）内审时，常会发现扩大审核范围的情况。

2）改变审核范围时，应征得审核组长同意并与受审核方沟通。

6. 审核纪律的控制

1）审核组长关注审核员的工作。

2）及时纠正违反审核纪律的现象。

3）对不利于审核正常进行的言行及时纠正。

7. 审核结论的控制

1）做出审核结论以前，审核组长应组织全组讨论。

2）结论必须公正、客观和适宜。

3）避免错误或不恰当的结论。

4）审核目标无法实现时，审核组长应向委托方和受审核方报告原因，并采取适当措施。措施有终止审核和变更审核目标。

4.7 有利与有害的审核员特质

有利与有害的审核员特质见表4-1。

表 4-1　有利与有害的审核员特质

有助审核的特质	有害审核的特质
心胸开阔	心胸狭窄
态度委婉	随便
精力十足	懒惰
自律	主观
保密	泄密
公正、客观、廉洁	主观、不公正
诚实	不廉洁
善于倾听	渴望被喜欢
有耐心	胆怯
言辞清晰	无法沟通
善于沟通	没有耐性
好奇心	接受表面现象
不怕不受欢迎	不够专业
体谅	易受骗

4.8　内审员应克服的不良习惯

1）吹毛求疵。突出细小的缺点并喜欢深入无关紧要的细节。

2）"逮住你了"。千方百计寻找问题，非要找出问题不可。

3）傲慢。试图证明自己胜过其他审核员。

4）躲避生产车间，待在办公室里审核。

5）冲突。什么事都要争个你输我赢。

6）过多发表个人意见。

7）工作计划过多改动。

4.9　成功审核的几个要点

1）面谈时不应仅仅拘泥于所审体系的话题，要用其他话题引起对方兴趣。

2）要积极应对，在符合体系要求时要肯定对方。

3）以激励的方式交谈，让对方明白你已注意到对方的工作和作用。

4）提问时要求对方回答具体化。

5）不能为达到审核目的而对对方发出指示、命令。

6）要回避争论。

7）不要随意评价所得信息。

8）审核中发现不符合，应迅速记录，但不要过多评论，避免引起对方反感。

9）不能在说明审核情况时议论当事人。

10）要牢记发现不符合的目的是为了审核者和受审核者双方利益，目的是解决质量问题。

4.10　审核中可能见到的人物类型及对策

在现场观察中，有时会遇到一些人或出现一些情况，给现场检查工作带来一些困难，这时审核人员应坚定不移地继续工作，采取一些妥善措施，及时排除干扰。

下面介绍一些现场会遇到的一些人物类型及应采取的措施。

（1）"没问题"型

这类人只给审核人员看好的一面，对差的地方搪塞而过。

对这样的人采取的对策是：不要一带而过，要仔细并坚持对好的和差的逐点进行评估。

（2）"不用你告诉我如何做"型

这类人对审核人员的任何意见、疑问或发现的问题采取轻视、有时甚至是蔑视的态度，他们不接受任何批评或忠告，更不接受提供给他应该采取的纠正措施。

对这类人采取的对策是：保持冷静和坚强，清楚而详尽地报告检查中发现的不符合及证明其存在的证据。

（3）"真有那么大的关系吗？"型

这类人把审核看成是一种不得不应付的负担，对你发现的所有问题，都会用同样的回答："真有那么大的关系吗？这不会对我们的产品产生任何影响，你可以当成一个建议留给我们去研究，何必当成一个问题去处理呢！"

对这类人采取的对策是：对所有发现的问题，不论谁说什么，都要彻底处理。

（4）"生硬"型

这类人对审核人员只提供很少量情况，对问话只作简单回答，对人的态度很生硬。

对这类人采取的对策是：非常耐心地要求提供你需要的情况，一个问题要多问几遍，同类问题多换几个问法，要考虑到用三个问题得到一个回答就足够的情况。要耐心、容忍、坚持不懈、机动灵活。

（5）"不知道"型

有时候受审核方管理者，为审核组指派一名既不懂管理体系实施情况，又

不承认他不了解管理体系的人作陪同。这类人实际上对企业管理体系缺乏了解，因此他们通常提供一些含糊的、甚至会引人误入歧途的情况，使审核员浪费很多时间，影响审核工作的进程。

对这类人采取的对策是：说服他去找了解情况的人介绍其所不了解的情况，或者坚决要求换一个人作为陪同。在这种情况下，审核人员要坚持自己的意见，同时能正确地判断出现的情况。

（6）"专家"型

这类人不仅掌握质量管理的理论知识，而且有丰富的实践经验，他们往往认为审核人员的水平还没有他们高，因此他们总是想让审核人员听他们的话，按他们的意图去了解情况。这类人将使审核人员的工作停顿并彻底破坏原有的时间安排。

对这类人采取的对策是：明确的有意识的讲明你的问题和对情况进行调查的要求，毫不动摇地按审核计划的时间安排去做，决不能让这类人控制审核时间表。

（7）"停止一切"型

每次发现受检查部门的问题时，这类人都要求停止一切工作，并要求重新谈判审核项目，要求讨论因停工造成的大量额外成本问题。

对这类人采取的对策是：审核人员绝不介入合同、额外成本问题，将所有与审核无关的问题提给有关人员讨论，以便审核人员继续进行审核工作。

（8）"我正等着你来"型

这类人将立即向你倾诉受检查部门管理人员和同事们几十年来犯下的"错误"，把该部门说得一无是处。如不制止，他将会公布出无数的"错误"。

对这类人采取的对策是：不受影响，与陪同的人员讨论这些意见，避免个人恩怨，千万不要介入其中，只记录与审核有关的情况。

4.11 内审员能力评价

1. 建立内审员能力评价准则

内审员要完成审核工作，必须具备一定的能力。内审员的能力主要包括两方面的内容，即个人素质与应用知识和技能的本领。

内审员的个人素质体现在其个人行为上，是指内审员从事审核活动时展现的职业素养，见本章 4.2 节。内审员的知识和技能见本章 4.4 节。

内审员的能力评价准则要围绕内审员能力的两个方面制定。准则既有定性的（如在工作中或培训中经证实的个人行为、知识或技能表现），也有定量的（如工作年限、受教育年限、审核次数、审核培训小时数）。

表4-2 所示为某公司的内审员能力评价准则。

表4-2 内审员能力评价准则

项 目	内审员（体系）	审核组长（体系）	内审员（过程审核）	内审员（产品审核）
教育	大专以上学历	大专以上学历	大专以上学历	大专以上学历
全部工作经历	4 年	4 年	3 年	3 年
专业领域的工作经历	1 年	1 年	2 年	2 年
审核培训	40 学时培训	40 学时培训	40 学时培训	40 学时培训
审核经历	作为实习审核员，在能胜任审核组长的审核员的指导和帮助下完成 4 次完整审核且不少于 20 天的审核经历。审核应当在最近连续 3 年内完成	作为审核员，在能胜任审核组长的审核员的指导和帮助下完成 3 次完整审核且不少于 15 天的审核经历。审核应当在最近连续 2 年内完成	作为实习审核员，在能胜任审核组长的审核员的指导和帮助下完成 4 次过程审核	作为实习审核员，在能胜任审核组长的审核员的指导和帮助下完成 4 次产品审核
个人素质	被受审核方给 8 分以上（满分 10 分）	被受审核方给 8 分以上（满分 10 分）	被受审核方给 8 分以上（满分 10 分）	被受审核方给 8 分以上（满分 10 分）
对组织体系文件的熟悉程度	熟悉，培训考试 90 分以上	熟悉，培训考试 90 分以上	熟悉，培训考试 90 分以上	熟悉，培训考试 90 分以上
对组织运作的熟悉程度	熟悉，培训考试 90 分以上	熟悉，培训考试 90 分以上	熟悉，培训考试 90 分以上	熟悉，培训考试 90 分以上
对适用的法律法规和其他要求的掌握程度	熟悉，培训考试 90 分以上	熟悉，培训考试 90 分以上	熟悉，培训考试 90 分以上	熟悉，培训考试 90 分以上
对于与质量有关的方法和技术的掌握程度	熟悉，培训考试 90 分以上	熟悉，培训考试 90 分以上	熟悉，培训考试 90 分以上	熟悉，培训考试 90 分以上
对过程和产品的掌握程度	熟悉，培训考试 90 分以上	熟悉，培训考试 90 分以上	1）熟悉，培训考试 90 分以上；2）对过程有 2 年以上的管理经验	1）熟悉，培训考试 90 分以上；2）能使用检测设备对产品进行检查

(续)

项 目	内审员（体系）	审核组长（体系）	内审员（过程审核）	内审员（产品审核）
其他			1）有良好的质量工具和方法方面的知识（例如：DOE 实验设计、FMEA、FTA 故障树分析、PPA 生产过程和产品批准、SPC、SWOT 分析、8D 方法等）。 2）有相关顾客特殊要求的知识。 3）成功参与 VDA 6.3 培训	成功参与 VDA 6.5 培训

2. 内审员能力的评价方法

应选择表 4-3 中的两种或更多的方法来进行评价。在使用表 4-3 时，应注意下列事项：

1）列出的方法提供了一个可选范围，但可能不适用所有情况。

2）列出的各种方法在可信程度上可能有所不同。

3）应当结合运用多种方法进行评价以确保结果的客观、一致、公平和可信。

表 4-3　内审员能力评价方法

评价方法	目 标	示 例
对记录的评审	对审核员背景的验证	对教育、培训、工作经历记录，专业证书以及审核经历记录的分析
反馈	提供关于审核员表现的信息	调查表、问卷表、个人资料、证书、投诉、表现评价，同行评审
面谈	评价个人行为和沟通技巧，验证信息，测试知识，获得更多信息	个人交谈
观察	评价个人行为以及运用知识和技能的能力	角色扮演，见证审核，岗位表现
测试	评价个人行为、知识和技能及其应用	口试，笔试，心理测试
审核后的评审	提供有关审核员在审核活动期间的表现信息，识别优势和不足	评审审核报告，与审核组长、审核组成员交谈，受审核方的反馈信息（适用时）

3. 评价内审员能力的时机

对审核员的评价主要出现在以下三种情况时：

1）对未从事过审核工作的审核员候选人的初始评价。

2）对已取得相应资格的审核员的评价。这种评价的目的可以是为了组成审核组而选择审核员。

3）对已取得相应资格的审核员的审核工作表现的评价。这种评价的目的是为了确认审核员能继续满足要求以保持资格，或发现审核员知识和技能的不足或缺项，以便进一步提高他们的知识和技能。

4.12　内审员能力的保持与提高

审核员和审核组组长应不断提高他们的能力。审核员应通过定期参加管理体系审核和持续专业发展来保持他们的审核能力。持续专业发展应包括能力的保持和提高，获得的方式诸如：更多的工作经历，培训，个人学习，辅导，参加会议、研讨、论坛或其他相关活动。

审核方案管理人员应建立合适的运行机制，对审核组长和审核员的表现进行持续评价。

持续专业发展活动应考虑以下方面：

1）实施审核的组织和个人的需求变化。

2）审核实践。

3）相关标准以及其他要求。

IATF 16949:2016 明确要求：通过以下方法维持和改进内部审核员的能力：

1）每年要参加组织规定的最小数量的审核。

2）保持适应内部更改（如过程技术、产品技术）和外部更改（如 ISO 9001、IATF 16949、核心工具及顾客特殊要求）对相关要求的知识。也就是说，内审员知识要适时更新，以满足内部更改和外部更改的要求。

审核方案管理

5.1　审核方案管理概述

审核方案是"针对特定时间段所策划并具有特定目标的一组（一次或多次）审核安排"。为了使审核工作有组织、有计划、有系统地进行，建立审核方案并对其进行管理是非常必要的。本章将以 ISO 19011《管理体系审核指南》为蓝本，详细讲解审核方案的建立与管理。

5.1.1　审核方案的内容

审核方案应包括在规定的期限内有效和高效地组织和实施审核所需的信息和资源，并可以包括以下内容：

1）审核方案和每次审核的目标。审核方案的目标是为了确保受审核管理体系的有效性，每次审核的目标则因组织诉求的不同而不同，比如企业为了通过 IATF 16949，在认证前进行内审的目的是评价组织是否具备 IATF 16949 认证的条件；又比如某些组织在接收重大合同前对其质量管理体系进行审核，此时审核的目的是验证本组织对合同要求的符合性。

2）审核的范围与程度（审核所有部门或是部分部门，审核 IATF 16949 的全部过程或是部分过程等。详见 5.3.3 节）、数量（审核方案包括多少次审核）、类型、持续时间、地点、日程安排（集中式或滚动式审核日程计划，详见 5.3.3 节（4））。

3）审核方案的程序。对内部审核来说，审核方案程序可以包括：内部审核程序、审核人员管理程序等。

4）审核准则。审核类型不同，审核准则也不同，审核方案中要予以明确。如内部审核的准则是 IATF 16949 标准、组织的质量管理体系文件、组织适用的法律法规、顾客特殊要求及其他要求。详见 3.3 节表 3-1。

5）审核方法。包括审核方式、获取证据的方法。审核方式包括是按部门审核或是按过程审核（详见 5.3.3 节（3））。获取证据的方法包括听、查、看、访、问（详见4.5节）。

6）审核组的选择。包括审核组选择的原则、审核组基本要求，审核组组长确定、专业审核人员或专家的配备。

7）所需的资源。为顺利开展审核工作，需配置哪些资源。

8）处理保密性、信息安全、健康和安全，以及其他类似事宜的过程。包括在审核过程中获得的有关受审核方的经济和技术秘密的保密要求、对特定行业的信息安全要求，在审核中审核人员健康安全方面的要求等。

5.1.2　审核方案的管理流程

审核方案的管理与第6章所讲的审核实施是不一样的，审核方案的管理讲的是对组织一段时间内（一般是一年）的审核工作进行管理，而审核实施讲的是对一次具体的审核活动进行管理。审核方案的管理包括确立审核方案的目标、建立审核方案、实施审核方案、监视审核方案、评审和改进审核方案。图5-1所示为审核方案的管理流程。

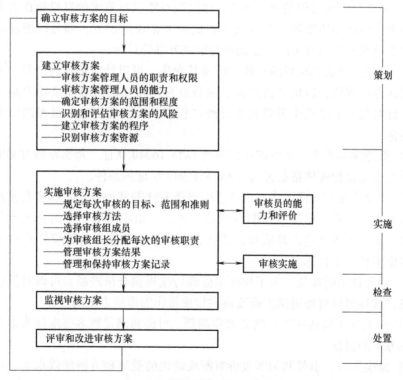

说明：图中"审核实施"见第6章。

图5-1　审核方案的管理流程

5.2 确立审核方案的目标

审核方案的目标是指通过实施审核方案中的一组审核所要达到的目的。由于审核方案是一组审核的策划与安排，所以审核方案的目标是一组审核的目标。组织在编制审核方案前，要明确确定有关审核方案的目标。

5.2.1 确定审核方案目标时考虑的因素

为了确保审核方案的有效实施，审核方案的目标应与质量管理体系的方针和目标相一致并支持方针和目标。

确定审核方案的目标时，可以考虑以下因素：

1）管理的优先事项和重点项目。不同的时期，会有不同的工作重点，有需要优先考虑的、需要突出解决的问题。如当年重点是改善生产过程控制，则可以将加强生产过程的控制确定为审核方案的目标。

2）商业意图和其他的业务意图。如组织经常以对重大项目投标作为工作重点，力图多中标和切实履行合同或争取成为大企业的供方，则可以把满足顾客要求以及检查与顾客有关的过程确定为审核方案的目标。

3）过程、产品和项目的特性，以及其变化。可以针对特定的产品、项目或合同开展专项审核，以确认该产品、项目或合同相关的管理体系要求是否得到满足；针对某一个或几个重要过程开展过程审核，以确定这些过程的要求是否得到满足。

4）管理体系要求。如组织计划获得 IATF 16949 认证，那么审核方案的目标可以是检查质量管理体系是否具备 IATF 16949 认证的条件。

5）法律法规和合同要求，以及组织承诺遵守的其他要求。国家有关规章规定组织生产的产品必须获得强制性产品认证，本组织决定当年内完成产品的认证工作，则可以将改进产品质量，建立符合产品认证规定的管理体系的要求确定为内审审核方案目标。

6）供方评价的需要。为了保证供应商持续提供合格产品，可以对供应商进行审核，这样可以将促进供应商改进供货质量作为审核方案的目标。

7）相关方（包括顾客）的需求和期望。可以将满足顾客要求作为本组织某项审核方案的目标。

8）发生失效、事件和顾客投诉时所反映出的受审核方的绩效水平。可以将改善组织的薄弱环节，提高顾客满意度确定为审核方案目标。

9）受审核方所面临的风险。

10）以往审核的结果。

11）受审核的管理体系的成熟度水平。可以将改善管理的薄弱环节，提高管理水平确定为审核方案目标。

5.2.2 审核方案目标示例

1）检查管理体系是否正常运行，评价管理体系的有效性和符合性。

2）促进管理体系及其绩效的改进。

3）验证本组织与合同要求的符合性。

4）满足外部要求，例如招投标对管理体系的要求。

5）获得和保持对供方能力的信心。

6）确定管理体系实现规定目标的有效性。

7）评价管理体系的目标与管理体系方针、组织的总体目标的兼容性和一致性。

8）确定受审核方质量管理体系或其一部分与审核准则的符合程度。

5.3 建立审核方案

对组织而言，一般一年编制一次审核方案，审核方案一般由质量管理体系负责人（管理者代表）编制，总经理批准。

编制、建立审核方案时应注意以下几个问题：

1）审核方案管理人员的作用和职责。

2）审核方案管理人员的能力。

3）确定审核方案的范围和详略程度。

4）识别和评估审核方案风险。

5）建立审核方案的程序。

6）识别审核方案资源。

5.3.1 审核方案管理人员的作用和职责

组织的最高管理者从组织的管理层中指定一名或多名审核方案管理人员。审核方案管理人员可以是质量管理体系负责人（管理者代表），也可以是负责内审归口管理部门的负责人员，其任务是负责建立、实施、监视、评审和改进审核方案。

审核方案管理人员应：

1）确定审核方案的范围和程度。

2）识别和评估审核方案的风险。

3）明确审核的责任。

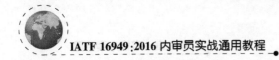

4）建立审核方案的程序。

5）确定所需的资源。

6）确保审核方案的实施，包括明确每次审核的目标、范围和准则，确定审核方法，选择审核组和评价审核员。

7）确保管理和保持适当的审核方案记录。

8）监视、评审和改进审核方案。

审核方案的管理人员应将审核方案内容报告最高管理者，并在必要时获得批准。

5.3.2 审核方案管理人员的能力

审核方案管理人员应具备有效和高效地管理审核方案及其相关风险的必要能力，并具备以下方面的知识和技能：

1）熟悉审核原则、程序和方法。

2）熟悉管理体系标准和引用文件。

3）了解受审核方的活动、产品和过程。

4）了解与受审核方活动、产品有关的适用的法律法规要求和其他要求。

5）了解受审核方的顾客、供方和其他相关方（适用时）。

审核方案管理人员应参加适当的持续专业发展活动，以保持管理审核方案所需的知识和技能。

5.3.3 确定审核方案的范围和详略程度

（1）确定审核方案的范围和详略程度

审核方案的范围是指审核所覆盖的过程、活动、产品、部门及场所，审核方案的详略程度是指审核方案内容的多与少、详细与简略。

审核方案管理人员应确定审核方案的范围和详略程度。审核方案的范围和详略程度取决于受审核方的规模和性质、受审核的管理体系的性质、功能、复杂程度和成熟度水平以及其他重要事项。在某些情况下，根据受审核方的结构或活动，审核方案可能只包括一次审核，例如一个小型项目活动。

影响审核方案范围和详略程度的其他因素包括：

1）每次审核的目标、范围、持续时间和审核次数，适用时，还包括审核后续活动。如对某部门审核次数较多，那么每次审核该部门的时间可以少一些。

2）受审核活动的数量、重要性、复杂性、相似性和地点。如对车间的审核比对人力资源部的审核复杂，审核方案中可要求增加审核车间的时间。

3）影响管理体系有效性的因素。如对管理体系中的关键因素，审核方案中可多安排审核次数、审核时间。

4）适用的审核准则，例如有关管理标准的安排、法律法规要求、合同要求以及受审核方承诺的其他要求。如公司要申请 3C 认证，那么审核方案中可要求对与 3C 有关的要求加严审核。

5）以往的内部或外部审核的结论。如往年审核中发现研发部问题较多，那么当年的审核方案中可要求增加对研发部的审核次数。

6）以往的审核方案的评审结果。如往年审核方案的评审结果中认为内审员水平不行，那么当年的审核方案中可增加对内审员培训的要求。

7）语言、文化和社会因素。如供应商是美资企业，那么最好安排懂英语的审核员。

8）相关方的关注点，例如顾客抱怨或不符合法律法规要求。相关方关心的问题，尤其是顾客关心的问题，应列为审核方案的内容，以便通过审核保证体系的实施，保证顾客满意。

9）受审核方或其运作的重大变化。如工艺有重大调整，那么审核方案中可增加对新工艺审核的要求。

10）支持审核活动的信息和沟通技术的可获得性，尤其是使用远程审核方法的情况。所谓远程审核是指在受审核方现场以外地方进行，审核方借助交互式的通信手段进行文件审核等。

11）内部和外部事件的发生，如产品故障、信息安全泄密事件、健康和安全事件、犯罪行为或环境事件。

IATF 16949 还特别强调：

1）内部审核方案应涵盖整个质量管理体系，包括质量管理体系审核、制造过程审核和产品审核。

2）如果组织有软件开发，那么组织的内部审核方案中应包含对软件开发能力的评估。

3）结合组织开展的内审工作，组织应对顾客特殊的质量管理体系要求进行抽样，检查是否得到有效实施。也就是说，在进行内部质量管理体系审核时，对顾客特定的质量管理体系要求也要同时审核。

4）在编制审核方案时，应根据风险、内部和外部绩效趋势和过程的关键程度，决定审核的优先排序。比如：是先进行产品审核，还是先进行过程审核；哪几个过程应放在年度第一次质量管理体系审核中进行，等等。

（2）审核的频次与时机

内部质量管理体系审核分为例行的常规审核和特殊情况下的追加审核。

例行的常规审核按预先编制的年度审核方案进行。质量管理体系建立之初，频次可以多一些。至于各部门、IATF 16949 各过程的审核频次，可以根据审核中发现问题的大小、多寡以及该部门、该过程的重要程度来决定。

在一年的审核中，应确保所有的部门、IATF 16949 的所有过程至少被审核一次。

在下列特殊情况下，应修正年度审核方案，追加进行内部质量管理体系审核的次数：

1）法律、法规及其他外部要求发生变化。

2）相关方（用户）的要求或投诉。

3）发生重大质量事故。

4）质量管理体系大幅度变更，等等。

IATF 16949 特别强调：

1）每三个日历年采用按过程审核的方式审核一次全部的质量管理体系过程，以验证与本汽车质量管理体系标准的符合性。

2）组织应对审核频率进行评审，看看现有的审核次数能不能发挥有效的作用。如认为需增加审核次数，就应该适时修改审核方案。在出现过程更改、内部和外部不符合、顾客投诉的情况下，应根据严重程度，适当增加审核次数。

（3）审核方式

1）按部门审核的方式。这种方式是以部门为单位进行审核，即在某一部门，针对涉及该部门的有关过程进行审核。这种方式为多数组织所采纳。这种审核方式强化了体系组织机构职能概念。例如对于生产型企业，其职能部门往往在质量管理体系当中担当某些过程的管理责任，而实施部门生产车间则承担若干运行操作工作，而这些管理职能和运行操作又存在着内在联系，通过部门审核则容易把握该部门的整体运行状况，而且由于审核时间较为集中，所以审核效率高，对受审核方正常的生产经营活动影响小，但缺点是审核内容比较分散，过程的覆盖可能不够全面。

2）按过程审核的方式。按过程审核是以过程为线索进行审核，即针对同一过程的不同环节到各个部门进行审核，以便做出对该过程的审核结论。

这种方式的优点是目标集中，判断清晰，较好地把握了体系中各个过程的运行状况。但缺点是审核效率低，对受审核方正常的生产经营活动影响较大，审核一个过程往往要涉及许多部门，因而各个部门要重复接受多次审核才能完成任务。

对比以上两种审核方式，为了提高审核效率，ISO 9001 质量管理体系审核常采用部门审核的方式，而在追踪某一过程实施情况时，又采用过程审核的方式。

IATF 16949 特别强调每三个日历年采用按过程审核的方式审核一次全部的质量管理体系过程。一般而言，实施 IATF 16949 的企业，要用按过程审核的方式进行质量管理体系的审核。

（4）审核日程计划

1）集中式年度审核日程计划。集中式年度审核日程计划（见表5-1）适用于第一、第二、第三方审核。其特点是：

① 一年1~2次集中式进行审核，即集中几天内把各部门、各过程都审核完。

② 每次审核可针对IATF 16949全部适用的过程及相关部门，也可针对某些过程及相关部门。但要保证在一年中，所有的过程和部门都得到审核。

③ 审核后的纠正行动及跟踪在限定时间内完成。

④ 特别适用于中、小型企业、无专职机构及人员的情况。

表5-1 集中式年度审核日程计划

序号	受审核过程代号	受审核过程	月 份											
			1	2	3	4	5	6	7	8	9	10	11	12
1.	C1	合同管理				★						★		
2.	C2	顾客投诉处理				★						★		
3.	C3	设计和开发				★						★		
4.	C4	生产管理				★						★		
5.	C5	产品交货				★						★		
6.	M1	风险控制				★						★		
7.	M2	经营计划管理				★						★		
8.	M3	顾客满意调查				★						★		
9.	M4	分析与评价				★						★		
10.	M5	内部审核				★						★		
11.	M6	管理评审				★						★		
12.	M7	改进管理				★						★		
13.	S1	设备管理				★						★		
14.	S2	工装管理				★						★		
15.	S3	监测设备管理				★						★		
16.	S4	知识管理				★						★		
17.	S5	培训管理				★						★		
18.	S6	文件管理				★						★		
19.	S7	供应商管理				★						★		
20.	S8	采购管理				★						★		
21.	S9	产品检验				★						★		
22.	S10	不合格品控制				★						★		

2）滚动式年度审核日程计划。滚动式年度审核日程计划（见表5-2）只适用于内审，不适用于第二、第三方审核。其特点是：

① 审核持续时间较长。逐月开展，每月对一个或几个部门或过程进行审核。

② 审核和审核后的纠正行动及其跟踪措施陆续展开。

③ 在一个审核周期内（一般为一年）应保证所有 IATF 16949 过程及相关部门得到审核。

④ 重要的过程和部门可安排多频次审核。

⑤ 适用于大、中型企业，设有专门内部审核机构或专职人员的情况。

表5-2　滚动式年度审核日程计划

序号	受审核过程代号	受审核过程	月　份											
			1	2	3	4	5	6	7	8	9	10	11	12
1.	C1	合同管理				★						★		
2.	C2	顾客投诉处理				★						★		
3.	C3	设计和开发				★						★		
4.	C4	生产管理				★						★		
5.	C5	产品交货				★						★		
6.	M1	风险控制						★						★
7.	M2	经营计划管理						★						★
8.	M3	顾客满意调查						★						★
9.	M4	分析与评价						★						★
10.	M5	内部审核						★						★
11.	M6	管理评审						★						★
12.	M7	改进管理						★						★
13.	S1	设备管理			★								★	
14.	S2	工装管理			★								★	
15.	S3	监测设备管理	★								★			
16.	S4	知识管理	★								★			
17.	S5	培训管理	★								★			
18.	S6	文件管理	★								★			
19.	S7	供应商管理		★								★		
20.	S8	采购管理		★								★		
21.	S9	产品检验		★								★		
22.	S10	不合格品控制		★								★		

5.3.4　识别和评估审核方案风险

在建立、实施、监视和评审审核方案过程中存在多种风险，这些风险可能影响审核方案目标的实现。审核方案管理人员在制订审核方案时应考虑这些风险并采取应对措施。这些风险可能与下列事项相关：

1）方案策划，例如未能设定合适的审核目标和未能确定审核方案范围和程度。

2）资源配置，例如没有足够的时间制订审核方案或实施审核。

3）审核组的选择，例如审核组不具备有效地实施审核的整体能力。

4）方案实施，例如没有有效地与受审核方沟通审核方案。

5）与审核方案有关的记录及其控制，例如未能适宜地保护用于证明审核方案有效性的审核记录。

6）监视、评审和改进审核方案，例如没有有效地监视审核方案的结果。

5.3.5　建立审核方案的程序

审核方案管理人员为了做好审核方案的管理，应建立一个或多个对审核方案进行管理的程序，用于规定下列事项（适用时）：

1）在考虑审核方案风险的基础上，策划和安排审核日程。

2）确保信息安全和保密性。

3）保证审核员和审核组长的能力。

4）选择适当的审核组并分配任务和职责。

5）实施审核，包括采用适当的抽样方法。

6）适用时，实施审核后续活动。主要是指纠正措施的验证。

7）向最高管理者报告审核方案的实施概况。

8）保持审核方案的记录。即有关内审审核方案制订、实施、评审、改进记录的管理。

9）监视和评审审核方案的绩效和风险，提高审核方案的有效性。

一般而言，应将对审核方案进行管理的程序形成规范性的文件，每次编制审核方案时，引用即可。对审核方案进行管理的程序包括内部审核程序、特殊事项审核程序、审核人员管理程序等。对中小企业而言，编制一份内部审核程序即可。

5.3.6　识别审核方案资源

识别审核方案资源时，审核方案管理人员应考虑：

1）开发、实施、管理和改进审核活动所必需的财务资源。

2）审核方法。指审核人员实施审核需要了解和掌握的审核技术和方法，如抽样技术、质量管理工具及运用、SPC 统计技术等。

3）能够胜任特定审核方案目标的审核员和技术专家。

4）审核方案范围和程度以及审核风险。如在美资企业审核时，可能需要英语翻译。

5）旅途时间和费用、食宿和其他审核需要。

6）信息和沟通技术的可获得性。

案例 5-1 是一年度审核方案。注意，这里的年度审核方案只有质量管理体系审核方案，IATF 16949 要求将质量管理体系审核方案、产品审核方案、过程审核方案写在一起，组成一个完整的内部审核方案。

案例 5-1：年度质量管理体系审核方案

2018 年度质量管理体系审核方案	
方案目的	1）检查本公司管理体系是否正常运行，评价管理体系的有效性和符合性。 2）评价主要供应商的质量管理体系是否有持续提供合格产品的能力。
审核范围	1）本公司质量管理体系覆盖的所有部门和过程。 2）主要供应商的合同评审、设计和开发、采购、生产、检验、防护、售后服务过程。
审核准则	1）本公司内部审核准则：IATF 16949 标准、质量手册、程序文件及其他相关文件、适用的法律法规、顾客特殊要求及其他要求。 2）供应商审核准则：采购合同、IATF 16949 标准。
审核的程序及文件记录	内部审核按 COP18《内部审核程序》执行；供应商审核执行《供应商管理办法》。
审核方式	按过程进行审核。
审核频次、日程、审核组安排	1）2018 年 5 月份进行第一次内部质量管理体系审核（集中式审核），审核所有过程。由曹祥、袁林、袁术组成审核组进行审核。 2）2018 年 11 月份进行第二次内部质量管理体系审核（集中式审核），审核所有过程。由刘洋、孙成、鲁肃组成审核组进行审核。 3）2018 年 6 月份对 A 供应商进行审核，由曹祥、袁林组成审核组进行审核。 4）2018 年 8 月份对 B 供应商进行审核，由刘洋、孙成组成审核组进行审核。
所需资源	质量管理部在 2018 年 3 月份前购买 30 本内审员培训教材。
审核方案的监视	1）审核计划的审核与批准。每次审核组长编制的审核计划，要由质量管理部经理负责审核，检查其与审核方案、审核程序的符合性以及策划的合理性，最后由管理者代表批准后予以实施。 2）审核实施过程的监视。每次审核时由质量管理部派体系专员监督审核实施情况，发现问题，及时解决。每次审核结束后，体系专员要对审核的实施情况进行总结并编写总结报告上交管理者代表、质量管理部经理。 3）审核结果的监视。管理者代表参加每次审核的末次会议，为审核结论把关，并对实施改进措施提供指导。 4）审核文件的监视。审核组完成审核后，要将审核的文件与记录交管理者代表，管理者代表按有关规定对其完整性和符合性进行评审。
审核方案的评审	1）每次内审结束后，管理者代表召集审核组成员及受审核部门代表对审核工作进行总结，对审核工作是否按《内部审核程序》执行以及审核的有效性进行评价。 2）12 月由管理者代表组织召集审核组长、部门负责人对一年来的审核方案实施情况进行总结，评审审核方案的合理性、审核方案实施的有效性以及审核工作对企业管理水平提高的贡献程度，并提出改进意见。

（续）

内审员的评价与管理	1）质量管理部经理负责对所有内审员进行一次考核。考核不合格者，送相关机构培训。 2）内审员数量不够。2018 年 4 月份之前由人力资源部请咨询公司的讲师来公司培训一批内审员，各部门主管要参加内审员培训。
审核报告的分发	每次的内审报告要发至受审核部门、质量管理部、管理者代表、正副总经理。
其他	1）鉴于 2017 年最后一次审核中在产品设计和开发过程（产品研发部）发现较多问题，因此 2018 年 5 月份进行本年度第一次内审时，需对产品设计和开发过程（产品研发部）加多审核时间，并由质量管理部经理审核。 2）应保证审核人员不审核自己的部门。

编制/日期：	审核/日期：	批准/日期：

5.4　实施审核方案

审核方案管理人员应通过开展下列活动实施审核方案：

1）向有关方面沟通审核方案的相关部分，并定期通报进展情况。如向与审核有关的人员发放审核方案；在实施审核过程中若出现需调整审核方案的情况时，应报最高管理者批准，等等。

2）确定每次审核的目标、范围和准则。

3）协调和安排审核日程以及其他与审核方案相关的活动。

4）确保选择具备所需能力的审核组。

5）为审核组提供必要的资源。

6）确保按照审核方案和协商一致的时间框架实施审核。

7）确保记录审核活动并且妥善管理和保持记录。

5.4.1　规定每次审核的目标、范围和准则

每次审核应基于形成文件的审核目标、范围和准则。这些应由审核方案管理人员加以规定，并与总体审核方案的目标相一致。

审核目标规定每次审核应完成什么，可以包括下列内容：

1）确定所审核的质量管理体系或其一部分与审核准则的符合程度。

2）确定活动、过程和产品与要求和质量管理体系程序的符合程度。

3）评价质量管理体系的能力，以确保满足法律法规和合同要求以及受审核方所承诺的其他要求。

4）评价质量管理体系在实现特定目标方面的有效性。

5）识别质量管理体系的潜在改进之处。

审核范围应与审核方案和审核目标相一致，包括诸如地址、组织单位、被审核的活动和过程以及审核覆盖的时期（审核覆盖的时期通常是指某次审核所覆盖的时间段）等内容。

审核准则作为确定合格的依据，可能包括适用的方针、程序、标准、法律法规要求、管理体系要求、合同要求、行业行为规范或其他策划的安排。

如果审核目标、范围或准则发生变化，应根据需要修改审核方案。

当对两个或更多的管理体系同时进行审核（结合审核）时，审核目标、范围和准则与相关审核方案的目标保持一致是非常重要的。

5.4.2 选择审核方法

审核方案的管理人员应根据规定的审核目标、范围和准则，选择和确定审核方法（包括面谈、文件查阅、现场观察等）以有效地实施审核。

当两个或多个审核组织对同一受审核方进行联合审核时，管理不同审核方案的人员应就审核方法达成一致，并考虑对审核资源和审核策划的影响。如果受审核方运行两个或多个领域的管理体系，审核方案也应包括结合审核的情况。

表 5-3 给出了适用的审核方法。

表5-3 适用的审核方法

审核员与受审核方之间的相互作用程度	审核员的位置	
	现　　场	远　　程
有人员互动	进行面谈； 在受审核方参与的情况下完成检查表和问卷表； 在受审核方参与的情况下进行文件评审； 抽样	借助交互式的通信手段： ——进行交谈； ——完成检查表和问卷； ——在受审核方参与的情况下进行文件评审
无人员互动	进行文件评审（例如记录、数据分析）； 观察工作情况； 进行现场巡视； 完成检查表； 抽样（例如产品）	进行文件评审（例如记录、数据分析）； 在考虑社会和法律法规要求的前提下，通过监视手段来观察工作情况； 分析数据
现场审核活动在受审核方的现场进行。远程审核活动在受审核方现场以外地方进行，无论距离远近。 互动的审核活动包括受审核方人员和审核组之间的相互交流。非互动的审核活动不存在与受审核方代表的交流，但需要使用设备、设施和文件。		

5.4.3　选择审核组成员

审核方案管理人员应指定审核组成员，包括审核组长和特定审核所需要的技术专家。

应在考虑实现规定范围内每次审核目标所需要的能力的基础上，选择审核组。如果只有一名审核员，该审核员应承担审核组长的适用的全部职责。

在确定特定审核的审核组的规模和组成时，应考虑下列因素：

1）考虑到审核范围和准则，实现审核目标所需要的审核组的整体能力。选择审核组时，要注意审核员的合理搭配，以确保审核组从整体上具备审核目的所需要的能力。

2）审核的复杂程度以及是否是结合审核或联合审核。越复杂的管理体系或组织对审核组的要求越高。

3）所选定的审核方法。

4）法律法规要求、合同要求和受审核方所承诺的其他要求。

5）确保审核组成员独立于被审核活动以及避免任何利害冲突的需要。也就是确保审核组的独立性与公正性，内审员不能审核自己有责任的部门。

6）审核组成员共同工作的能力以及与受审核方的代表有效协作的能力。

7）审核所用语言以及受审核方特定的社会和文化特性。这些方面可以通过审核员自身的技能或通过技术专家的支持予以解决。

为了保证审核组的整体能力，应采取下列步骤：

1）识别达到审核目标所需要的知识和技能。

2）选择审核组成员以使审核组具备所有必要的知识和技能。

如果审核组的审核员没有具备所有必要的能力，审核组应包含具备相关能力的技术专家。技术专家应在审核员的指导下工作，但不能作为审核员实施审核。

审核组可以包括实习审核员，但实习审核员应在审核员的指导和帮助下参与审核。初次参加审核的内审员一般不宜独立从事审核，要在一名有过一定审核经验的内审员的指导下进行审核。

在审核过程中，如出现了利益冲突和能力方面的问题，审核组的规模和组成可能有必要加以调整。如果出现这种情况，在调整前，有关方面（例如审核组长、审核方案管理人员、审核委托方或受审核方）应进行讨论。

5.4.4　为审核组长分配每次的审核职责

审核方案管理人员应向审核组长分配实施每次审核的职责。

应在审核实施前的足够时间内分配职责，以确保有效地策划审核。

为确保有效地实施每次审核，应向审核组长提供下列信息：

1）审核目标。

2）审核准则和引用文件。

3）审核范围，包括需审核的组织单元、职能单元以及过程。

4）审核方法和程序。

5）审核组的组成。

6）受审核方的联系方式、审核活动的地点、日期和持续时间。

7）为实施审核所配置的适当资源。

8）评价和关注已识别达到审核目标的风险所需的信息。

适用时，提供的信息还应包括下列内容：

1）在审核员和（或）受审核方的语言不同的情况下，审核工作和报告的语言。

2）审核方案要求的审核报告内容和分发范围。

3）如果审核方案有所要求，与保密和信息安全有关的事宜。

4）审核员的健康和安全要求。

5）安全和授权要求。

6）后续活动，例如来自以往的审核（适用时）。

5.4.5 管理审核方案结果

审核方案管理人员应确保下列活动得到实施：

1）评审和批准审核报告，包括评价审核发现的适宜性和充分性。

2）评审根本原因分析以及纠正措施和预防措施的有效性。

3）将审核报告提交给最高管理者和其他有关方面。

4）确定后续审核的必要性。

5.4.6 管理和保持审核方案记录

审核方案管理人员应确保审核记录的形成、管理和保持，以证明审核方案的实施。应建立过程以确保与审核记录相关的保密需求得到规定。记录的形式和详细程度应证明达到了审核方案的目标。

记录应包括下列各项内容：

1）与审核方案相关的记录，如：

① 形成文件的审核方案的目标、范围和程度。

② 阐述审核方案风险的记录。

③ 审核方案有效性的评审记录。

2）与每次审核相关的记录，如：

① 审核计划和审核报告。

② 不符合报告。

③ 纠正措施和预防措施报告。

④ 审核后续活动报告（适用时）。

3）与审核人员相关的记录，如：

① 审核组成员的能力和绩效评价。

② 审核组和审核组成员的选择。

③ 能力的保持和提高。能力保持一般可以通过内审员参与内审活动的记录予以证实，其能力提高的记录可以从对内审员的培训和其自学与内审和质量管理体系有关的知识的记录予以证实。

5.5　监视审核方案

5.5.1　审核方案监视的内容

审核方案管理人员应对审核方案的实施情况进行监视。监视的内容包括：

1）评价与审核方案、日程安排和审核目标的符合性。

2）评价审核组成员的绩效。

3）评价审核组实施审核计划的能力。

4）评价来自最高管理者、受审核方、审核员和其他相关方的反馈。

5.5.2　审核方案的修改

在对审核方案进行监视时，可能会发现审核方案与实际情况不相符，因此审核组织要考虑修改审核方案。下列因素可能决定是否需要修改审核方案，如：

1）审核发现。如审核时发现多个严重不符合，此时可能需要修改审核方案，增加审核次数。

2）经证实的管理体系有效性水平。

3）审核委托方或受审核方的管理体系的变化。如受审核方的组织结构进行了重大调整、企业进行了重组，此时都需修改审核方案。

4）标准要求、法律法规要求、合同要求和受审核方所承诺的其他要求的变化。

5）供方的变化。组织的供方发生可能影响产品质量的重大变化时，组织可能需要修改审核方案，增加对供应商审核的内容。

5.6　评审和改进审核方案

审核方案管理人员应评审审核方案，以评定是否达到目标。从审核方案评审中得到的经验教训应用于持续改进审核方案过程的输入。

审核方案评审应考虑下列各项：

1）审核方案监视的结果和趋势。

2）与审核方案程序的符合性。

3）相关方进一步的需求和期望。比如对审核效果的要求等。

4）审核方案记录。

5）可替代的或新的审核方法。

6）解决与审核方案相关风险的措施的有效性。如果与审核方案相关风险有关的应对措施没有效果，则需改进审核方案以降低风险程度。

7）与审核方案有关的保密和信息安全事宜。审核方案实施中如出现泄密事件，则必须改进审核方案以防止泄密事件再发生。

审核方案管理人员应评审审核方案的总体实施情况，识别改进区域，必要时修改审核方案，并向最高管理者报告审核方案的评审结果。

如果评审发现不能实现审核方案目标的原因是由于审核员的能力不足造成的，那么审核方案管理人员就要考虑采取措施以提高审核员的能力和素质。

IATF 16949 特别强调：

1）组织应对审核频率进行评审，看看现有的审核次数能不能发挥有效的作用。如认为需增加审核次数，就应该适时修改审核方案。在出现过程更改、内部和外部不符合、顾客投诉的情况下，应根据严重程度，适当增加审核次数。

2）组织应对审核方案实施的有效性进行评审，评审的结果应作为管理评审的一部分。

案例 5-2 是一内部质量管理体系审核控制程序。

案例 5-2：内部质量管理体系审核控制程序

内部质量管理体系审核控制程序

1. 目的

审核质量管理体系涉及的各部门所开展的质量活动及其结果是否符合要求，确保质量管理体系持续有效地运行，并为质量管理体系的改进提供依据。

2. 适用范围

本程序适用于公司内部质量管理体系审核工作。

3. 职责

3.1 管理者代表负责制订年度内部质量管理体系审核方案，负责组织对审核方案的监视、评审与改进。

3.2 审核组长负责编写本次内部审核实施计划，选定审核员，编写每次审核内审报告。

3.3 审核员接受审核组长的安排，按职责分工编制内审检查表，完成审核工作，做好记录，编写不合格报告，跟踪验证纠正措施。

3.4 各部门对审核中发现的不合格项，负责制订纠正措施并组织实施。

4. 过程分析乌龟图

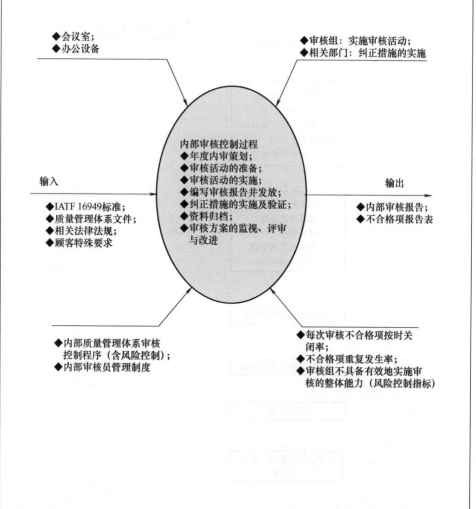

◆会议室；
◆办公设备

◆审核组：实施审核活动；
◆相关部门：纠正措施的实施

输入

内部审核控制过程
◆年度内审策划；
◆审核活动的准备；
◆审核活动的实施；
◆编写审核报告并发放；
◆纠正措施的实施及验证；
◆资料归档；
◆审核方案的监视、评审与改进

输出

◆IATF 16949标准；
◆质量管理体系文件；
◆相关法律法规；
◆顾客特殊要求

◆内部审核报告；
◆不合格项报告表

◆内部质量管理体系审核控制程序（含风险控制）；
◆内部审核员管理制度

◆每次审核不合格项按时关闭率；
◆不合格项重复发生率；
◆审核组不具备有效地实施审核的整体能力（风险控制指标）

5. 过程流程图

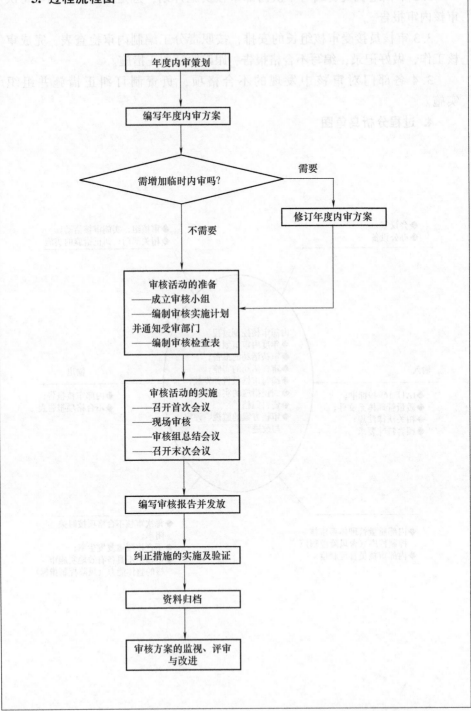

```
                    年度内审策划
                         │
                         ▼
                   编写年度内审方案
                         │
                         ▼
                                              需要
                  需增加临时内审吗? ──────────────┐
                         │                        │
                     不需要                        ▼
                         │                   修订年度内审方案
                         │                        │
                         ▼                        │
                   审核活动的准备                  │
                 ——成立审核小组                   │
                 ——编制审核实施计划 ◄──────────────┘
                 并通知受审部门
                 ——编制审核检查表
                         │
                         ▼
                   审核活动的实施
                 ——召开首次会议
                 ——现场审核
                 ——审核组总结会议
                 ——召开末次会议
                         │
                         ▼
                 编写审核报告并发放
                         │
                         ▼
                 纠正措施的实施及验证
                         │
                         ▼
                     资料归档
                         │
                         ▼
                 审核方案的监视、评审
                      与改进
```

6. 控制要求

程　　序	工　作　内　容	输 出 文 件	责任部门
6.1 年度内审方案的编写	6.1.1 年度内审方案的策划与编写。 1）每年 1 月 15 号前，由管理者代表策划并编制本年度的内审方案，策划时应根据风险、内部和外部绩效趋势和过程的关键程度，决定审核的优先排序；要考虑拟审核的区域和过程的状况、重要性，对组织有影响的变更，以及以往审核的结果。 2）应保证每个过程每年至少接受 2 次内部审核。年度内审方案的内容一般包括：审核目的、审核职责、审核准则、审核范围、审核频次、审核方法等。	年度内审方案	管理者代表
	6.1.2 年度内审方案经总经理批准后下发。		管理者代表
6.2 年度内审方案的修订	6.2.1 在质量管理体系发生重大变化、社会要求或环境条件发生变化、过程发生重大变化、顾客重大投诉或发生其他严重的质量问题等情况下，管理者代表应根据需要对年度内审方案进行修订，增加内审次数。	年度内审方案	管理者代表
	6.2.2 修订后的年度内审方案经总经理批准后下发。		管理者代表
6.3 审核活动的准备	6.3.1 由管理者代表指定审核组长，并成立审核组，审核组的构成必须符合《内部审核员管理制度》的要求。由审核组长分配审核小组成员的任务。在分配审核任务时应确保审核人员必须是与被审核领域无直接责任的人员。		管理者代表审核组长
	6.3.2 审核组长负责制订内部审核实施计划，经管理者代表批准后，在审核前 5 天下发给受审部门。 内部审核实施计划的内容包括： 1）受审核的部门、审核的目的、范围、日期。 2）审核准则。 3）审核的主要内容及时间安排。 4）审核员分工。	内部审核实施计划	审核组长

（续）

程　序	工作内容	输出文件	责任部门
6.3 审核活动的准备	6.3.3 受审部门收到内部审核实施计划以后，如果对审核日期和审核的主要项目有异议，可在两天之内通知审核组，经过协商可以再行安排。		受审部门
	6.3.4 审核组长组织审核组成员编制审核检查表。 1）由审核员负责编写评价质量管理体系要求的审核检查表。 2）审核组长协助审核员准备并最终审定审核检查表。	审核检查表	审核员
6.4 审核活动的实施	6.4.1 召开首次会议。召开有审核组全体人员、受审核部门代表、主要工作人员及其陪同人员、管理者代表、高层的管理者（必要时）参加的首次会议。首次会议由审核组长主持。 首次会议的内容包括： 1）审核组长介绍审核组成员及其分工。 2）重申审核的范围、准则和目的。 3）简要介绍审核采用的方法。 4）澄清审核实施计划中不明确的内容。	首次会议签到表、首次会议记录	审核组长
	6.4.2 现场审核。按审核实施计划的安排进行现场审核。 1）审核的具体内容按照"审核检查表"进行。 2）审核员通过交谈，查阅文件、记录，检查现场，收集证据，检查体系、过程的运行情况。 3）现场发现问题时应当场让该项工作负责人（或作业者）确认并记录在"审核检查表"中，以保证不合格项能够完全被理解，有利于纠正。	填写了审核记录的"审核检查表"	审核员
	6.4.3 审核组总结会议。现场审核结束后，末次会议召开前，审核组长召集审核组成员召开审核组总结会议，汇总审核发现，确定所有不合格项报告。	不合格项报告	审核组

（续）

程 序	工 作 内 容	输出文件	责任部门
6.4 审核活动的实施	6.4.4 末次会议。由审核组长主持召开有审核组全体人员、受审核部门代表、主要工作人员及其陪同人员、管理者代表、高层的管理者（必要时）参加的末次会议，会议内容包括： 1）重申审核的范围、准则和目的。 2）向受审核方说明审核发现，以使他们清楚理解审核结论。 3）宣读并发出"不合格项报告表"。 4）提出审核小组的结论和建议。 5）审核组长说明对纠正措施采取的监督工作。		审核组长
6.5 审核报告的编制与发放	6.5.1 由审核组长编写"审核报告"。"审核报告"的内容包括： 1）受审核的部门、审核目的、范围、日期。 2）审核准则。 3）审核员、受审部门主要参加人员。 4）审核概况（审核发现，不合格项的数量，不合格项分布情况等）。 5）审核结论。 6）不合格项及纠正要求。 7）今后质量管理体系改进的建议。	审核报告	审核组长
	6.5.2 "审核报告"经管理者代表批准后，由审核组长负责分发至正、副总经理、管理者代表、受审核部门、不合格项所涉及的相关部门。		审核组长
6.6 纠正措施的实施与验证	6.6.1 纠正措施的制订。责任部门负责人接到"不合格项报告"后，组织对不合格原因进行分析，针对问题产生的原因，拟定纠正措施，交审核员认可，若审核员对纠正措施不予认可，则要求不合格责任部门重新拟定纠正措施。	填写了纠正措施的"不合格项报告"	责任部门
	6.6.2 纠正措施的审批。纠正和预防措施经管理者代表批准后由责任部门执行。		管理者代表
	6.6.3 纠正措施的验证。审核员接到纠正措施计划已完成的通知后，应对所采取的纠正措施有效性进行验证，填写验证记录。纠正措施采取不力或无效时，审核员报告审核组长或管理者代表，责令责任部门重新制定和实施纠正措施。	填写了验证记录的"不合格项报告"	审核员
	6.6.4 验证有效的纠正措施，涉及文件修改时，应按《文件控制程序》的要求对文件进行修改控制。		责任部门

（续）

程　序	工作内容	输出文件	责任部门
6.7 资料归档	"审核报告"发出后的 5 天内，审核组长应将本次审核的全部记录（审核实施计划、首、末次会议的记录、签到表、审核检查表、不合格项报告及审核报告）全部移交给管理者代表保存，并执行《记录控制程序》。		管理者代表
6.8 审核方案的监视、评审与改进	6.8.1 审核方案的监视。 1）每次审核时，管理者代表派体系专员监督审核实施情况，发现问题，及时解决。 2）管理者代表参加每次审核的末次会议，为审核结论把关，并对实施改进措施提供指导。 3）审核组完成审核后，要将审核的记录交管理者代表，管理者代表对其完整性和符合性进行评审。		管理者代表
	6.8.2 审核方案的评审与改进。 1）每次内审的"不符合项报告"全部关闭后 3 天内，管理者代表召集审核组成员及受审核部门代表对审核工作进行总结，对审核工作是否按《内部质量管理体系审核程序》执行以及审核的有效性进行评价。 评审中，如认为有必要增加审核次数，那么管理者代表就应适时修改年度审核方案并监督实施。 2）每年 12 月底，由管理者代表组织召集各部门负责人对一年来的审核实施情况进行总结，评审审核的合理性、审核实施的有效性以及审核工作对企业管理水平提高的贡献程度，并提出改进意见。 总结评审的结论应作为管理评审输入的一部分提交给管理评审会议。		管理者代表

7. 过程绩效的监视

目标名称	计算公式（计算方法）	目标值	监视时机	监视单位
7.1 每次审核不合格项按时关闭率	（按计划时间关闭的不合格项/审核发现的总不合格项）×100%	≥98%	每次审核结束后的第 30 个工作日	管理者代表
7.2 不合格项重复发生率	（重复发生的不合格项/累计审核发现的不合格项）×100%	≤2%	每年 12 月底进行统计	管理者代表

8. 过程中的风险和机遇的控制

风　　险	应 对 措 施	其他事项	执行时间	负责人	监视方法
8.1 审核组不具备有效地实施审核的整体能力	选择审核员时，要保证审核员不仅具备 IATF 16949 的知识、审核知识，而且要对受审核过程很熟悉。应完全执行《内部审核员管理制度》		每次审核都要严格执行	审核组长	每次审核组成审核组时，管理者代表要对审核员的资格进行审查

9. 支持性文件

9.1《文件控制程序》

9.2《内部审核员管理制度》

10. 记录

10.1 内部审核方案

10.2 内部审核实施计划

10.3 内部审核检查表

10.4 不合格项报告表

10.5 内部审核报告

审 核 实 施

6.1 审核实施概述

审核实施是审核方案管理的一部分，讲的是对一次具体的审核活动进行管理。依据 ISO 19011《管理体系审核指南》，内部质量管理体系审核可以划分为以下六个阶段：

1）审核的启动。

2）审核活动的准备。

3）审核活动的实施。

4）审核报告的编制与分发。

5）审核的完成。

6）审核后续活动的实施。

图 6-1 所示为审核实施的一般流程。

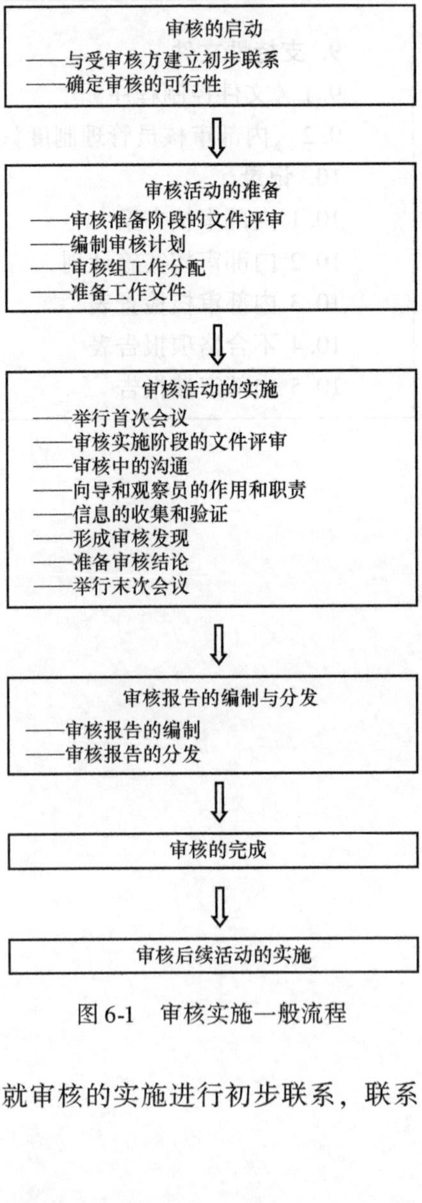

6.2 审核的启动

从审核开始直到审核完成，指定的审核组长都应对审核的实施负责。

启动一项审核应考虑图 6-1 中的步骤。不过，根据受审核方、审核过程和具体情形的不同，审核实施的顺序可以有所不同。

6.2.1 与受审核方建立初步联系

审核前 3~5 日，审核组长应与受审核方就审核的实施进行初步联系，联系

审核的启动
——与受审核方建立初步联系
——确定审核的可行性

⇩

审核活动的准备
——审核准备阶段的文件评审
——编制审核计划
——审核组工作分配
——准备工作文件

⇩

审核活动的实施
——举行首次会议
——审核实施阶段的文件评审
——审核中的沟通
——向导和观察员的作用和职责
——信息的收集和验证
——形成审核发现
——准备审核结论
——举行末次会议

⇩

审核报告的编制与分发
——审核报告的编制
——审核报告的分发

⇩

审核的完成

⇩

审核后续活动的实施

图 6-1 审核实施一般流程

可以是正式的也可以是非正式的。建立初步联系的目的是：

1）与受审核方的代表建立沟通渠道。

2）确认实施审核的权限。

3）提供有关审核目标、范围、方法和审核组组成（包括技术专家）的信息。

4）请求有权使用用于策划审核的相关文件和记录。

5）确定与受审核方的活动和产品相关的适用法律法规要求、合同要求和其他要求。

6）确认与受审核关于保密信息的披露程度和处理的协议。

7）对审核做出安排，包括日程安排。

8）确定特定场所的访问、安保、健康、安全或其他要求。

9）就观察员的到场和审核组向导的需求达成一致意见。

10）针对具体审核实施，确定受审核方的关注事项。

6.2.2 确定审核的可行性

审核组长应确定审核的可行性，以确信能够实现审核目标。

确定审核的可行性应考虑是否具备下列因素：

1）策划和实施审核所需的充分和适当的信息。比如，受审核方什么记录都没有，那么审核就没有意义。

2）受审核方的充分合作。比如，受审核方百般推脱，对审核抱抵触情绪，那么审核就不可行。

3）实施审核所需的足够时间和资源。比如，审核员能力不足，审核就不可行。

当审核不可行时，应向审核委托方（内审一般指管理体系负责人）提出替代建议并与受审核方协商一致。

6.3 审核活动的准备

审核活动的准备包括审核准备阶段的文件评审、编制审核计划、审核组工作分配、准备工作文件四项工作。

6.3.1 审核准备阶段的文件评审

审核之前，应评审受审核方的相关管理体系文件，以：

1）收集信息，例如过程、职能方面的信息，以准备审核活动和适用的工作文件（见本章6.3.4节）。

2）了解体系文件范围和程度的概况以发现可能存在的差距。

适用时，文件可包括管理体系文件和记录，以及以往的审核报告。文件评审

应考虑受审核方管理体系和组织的规模、性质和复杂程度以及审核目标和范围。

文件评审可由审核组长负责统一评审，也可由分工范围内的内审员评审自己分工范围的文件。

在进行文件评审时，审核员应该考虑：

1）文件中所提供的信息是否：

① 完整（文件中包含所有期望的内容）。

② 正确（内容符合标准和法规等可靠的来源）。

③ 一致（文件本身以及与相关文件都是一致的）。

④ 现行有效（内容是最新的）。

2）所评审的文件是否覆盖审核的范围，并提供足够的信息来支持审核目标。

3）依据审核方法确定的对信息和通信技术的利用，是否有助于审核的高效实施。应依据适用的数据保护法规对信息安全予以特别关注（特别是包含在文件中但在审核范围之外的信息）。

一般而言，内部审核是在本组织已经建立文件化的管理体系并正常运行的情况下进行的，所以一般不需要对已有的文件重新进行审核，也就是说此步骤可省略。

6.3.2　编制审核计划

1. 审核计划与审核方案的区别

审核计划是"对审核活动和安排的描述"，是安排审核日程、审核人员分工等内容的文件。审核计划不同于审核方案，审核计划是每次审核活动的具体计划。审核方案和审核计划的主要联系和区别见表6-1。

表6-1　审核方案和审核计划的主要联系和区别

项　　目	审核方案	审核计划
定义	针对特定时间段所策划并具有特定目标的一组（一次或多次）审核安排	对（一次）审核活动和安排的描述
审核目标	一项审核方案涉及多次审核活动的目标，不同的审核活动也会有不同的目标	一次审核活动的具体目标，是审核方案目标的一部分
范围	一项审核方案可涉及全部体系、所有产品、所有过程	一项计划可能涉及全部体系、所有产品、所有过程，也可能涉及部分的体系、过程和产品
内容	特定时间段内具有特定目的的一组审核的安排	描述一次具体的审核活动和安排
建立/编制	审核方案管理人员	审核组长
关系	审核方案包括对审核计划的要求	审核计划应符合审核方案的规定要求

2. 审核计划的编写要求

1）审核组长应根据审核方案和受审核方提供的文件中包含的信息编制审核计划。审核计划应考虑审核活动对受审核方的过程的影响，并为审核委托方、审核组和受审核方之间就审核的实施达成一致提供依据。审核计划应便于有效地安排和协调审核活动，以达到目标。

2）审核计划的详细程度应反映审核的范围和复杂程度，以及实现审核目标的不确定因素。在编制审核计划时，审核组长应考虑以下方面：

① 适当的抽样技术。

② 审核组的组成及其整体能力。

③ 审核对组织形成的风险。

例如，对组织的风险可以来自审核组成员的到来对于健康安全、环境和质量方面的影响，以及他们的到来对受审核方的产品、服务、人员或基础设施（如对洁净室设施的污染）产生的威胁。

3）对于结合审核，应特别关注不同管理体系的操作过程与相互抵触的目标以及优先事项之间的相互作用。

3. 审核计划的内容

1）对于初次审核和随后的审核，审核计划的内容和详略程度可以有所不同。审核计划应具有充分的灵活性，以允许随着审核活动的进展进行必要的调整。

审核计划应包括或涉及下列内容：

① 审核目标。

② 审核范围，包括受审核的组织单元、职能单元以及过程。

③ 审核准则和引用文件。

④ 实施审核活动的地点、日期、预期的时间和期限，包括与受审核方管理者的会议。

⑤ 使用的审核方法，包括所需的审核抽样的范围，以获得足够的审核证据，适用时还包括抽样方案的设计。

⑥ 审核组成员、向导的作用和职责。

⑦ 为审核的关键区域配置适当的资源。

2）适当时，审核计划还可包括：

① 明确受审核方本次审核的代表。

② 当审核员和（或）受审核方的语言不同时，审核工作和审核报告所用的语言。

③ 审核报告的主题。

④ 后勤和沟通安排，包括受审核现场的特定安排。

⑤ 针对实现审核目标的不确定因素而采取的特定措施。

⑥ 保密和信息安全的相关事宜。

⑦ 来自以往审核的后续措施。

⑧ 审核跟踪验证活动的安排。

审核计划可由审核委托方评审和接受，并应提交受审核方。受审核方对审核计划的反对意见应在审核组长、受审核方和审核委托方之间得到解决。

案例 6-1 是一内部审核计划。

在编制审核计划、审核检查表时，应该明确审核哪些过程，在哪个部门审核，以及涉及 IATF 16949 的哪些条款。这一工作是根据组织的 IATF 16949 标准条款——过程矩阵（见第 1 章 1.4.7 节表 1-9）、过程——职能部门矩阵（见第 1 章 1.4.7 节表 1-11）确定的。

案例 6-1：内部审核计划

2018 年第一次内部审核计划

编写/日期：张三（审核组长）/2018/3/10

批准/日期：李四（管理者代表）/2018/3/10

一、审核目的

检查质量管理体系是否正常运行，评价质量管理体系的有效性和符合性。

二、审核范围

质量手册所要求的过程及相关职能部门，包括公司高层（总经理、管理者代表、副总经理）、产品研发部、质量部、生产部、采购部、营销部、人事行政部（文控中心）、仓库、工艺设备部。

三、审核准则

1）IATF 16949 标准。

2）质量手册、程序文件及其他相关文件。

3）顾客特殊要求。

4）组织适用的法律法规及其他要求。

四、审核组成员：

审核组长：张三

审核员：

A 组：张三、王生。

B 组：刘生、赵生。

C 组：谢生、钱生。

D 组：姚奇、卢家。

五、审核时间

2018 年 3 月 21 日~2018 年 3 月 22 日

六、受审核者需提供的资源

每个部门确定 1 名联络人员，负责联络工作与现场审核见证。

七、跟踪措施要求

审核中发生的任何不合格项，由发生不合格项部门的负责人牵头按规定的时间制定纠正措施并组织措施，审核组将组织纠正措施的跟踪验证。

八、审核报告发布日期及范围

审核报告将于 2018 年 3 月 25 日发布，发放范围为公司正、副总经理、各部门经理、管理者代表及审核组各成员。

九、审核日程安排与分工

日期	时间	审核小组	受审过程及主要活动	涉及的主要部门	涉及的 IATF 16949 条款
3月21日	9：00～9：30	所有成员	首次会议	所有部门负责人	
	9：30～12：00	A C1	合同管理	营销部、生产部	8.2
		B C2	顾客投诉处理	质量部、营销部	8.2
		C C3	设计和开发	研发部、工艺设备部	8.1、8.3、8.5.6
		D C4	生产与物控管理	生产部	7.1.4、8.1、8.5.1、8.5.2、8.5.3、8.5.4、8.5.6
	13：00～15：00	A C5	产品交货	营销部、仓库	8.5.1、8.5.5
		B M1	风险控制	质量部、管理者代表	6.1
		C M2	经营计划管理	总经理	4.1、4.2、5.1、5.2、6.2
		D M3	顾客满意调查	营销部	9.1.2
	15：00～17：00	A M4	分析与评价	质量部	9.1.1、9.1.3
		B M5	内部审核	质量部	9.2
		C M6	管理评审	总经理、管理者代表	9.3
		D M7	改进管理	管理者代表、质量部	10.1～10.3
	17：00～17：30	所有成员	审核组内部会议（沟通一天审核情况）		

（续）

日期	时间	审核小组	受审过程及主要活动		涉及的主要部门	涉及的 IATF 16949 条款
3 月 22 日	8：00 ~ 10：00	A	S1	设备管理	工艺设备部	7.1.3、8.5.1
		B	S2	工装管理	工艺设备部	7.1.3、8.5.1
		C	S3	监测设备管理	质量部	7.1.5
		D	S4	知识管理	人事行政部	7.1.6
	10：00 ~ 12：00	A	S5	培训管理	人事行政部	7.1.2、7.2、7.3
		B	S6	文件管理	文控中心	6.3、7.5
		C	S7	供应商管理	采购部	8.4
		D	S8	采购管理	采购部	8.4
	13：00 ~ 15：00	A	S9	产品检验	质量部	8.6
		B	S10	不合格品控制	质量部	8.7
	15：00 ~ 16：00	所有成员	审核组内部总结会议（整理审核结果、开不符合项报告）			
	16：00 ~ 17：00	所有成员	末次会议		所有部门负责人	

注：IATF 16949 之 5.3、7.1.2、7.1.3、7.1.4、7.2、7.3、7.4 等条款，与每个过程都有关。

6.3.3 审核组工作分配

1. 审核组工作分配

审核组长可在审核组内协商，将对具体的过程、活动、职能或场所的审核工作分配给审核组每位成员。分配审核组工作时，应考虑审核员的独立性和能力、资源的有效利用。

适当时，审核组长应适时召开审核组会议，以分配工作并决定可能的改变。为确保实现审核目标，可随着审核的进展调整所分配的工作。

2. 对审核员的职责要求

1）在确定的审核范围内进行工作。

2）收集和分析与受审核的管理体系有关并足以对其下结论的证据。

3）将观察结果整理成书面资料。

4）报告审核结果。

5）验证由审核结果导致的纠正措施的有效性。

6）收存、保管和呈送与审核有关的文件。

7）保守审核文件的机密。

8）谨慎处理特殊的信息。

9）在任何时候遵守职业道德，保持客观公正。

10）配合和支持审核组长的工作。

3. 对审核组长的职责要求

1）审核组长全面负责审核各阶段的工作。

2）协助选择审核组的成员。

3）制订审核计划、起草工作文件、给审核组成员布置工作。

4）代表审核组与受审核方领导接触。

5）及时向受审核方报告关键性的不符合情况。

6）报告审核过程中遇到的重大障碍。

7）审核组长有权对审核工作的开展和审核观察结果做出最后的决定。

8）清晰、明确报告审核结果，不无故拖延。

6.3.4 准备工作文件

1. 准备工作文件的要求

审核组成员应收集和评审与其承担的审核工作有关的信息，并准备必要的工作文件，用于审核过程的参考和记录审核证据。这些工作文件可包括：

1）检查表。

2）审核抽样方案。

3）记录信息（如支持性证据、审核发现和会议记录）的表格。

检查表和表格的使用不应限制审核活动的范围和程度，因其可随着审核中收集信息的结果而发生变化。

工作文件，包括其使用后形成的记录，应至少保存到审核完成或审核计划规定的时限。审核组成员在任何时候都应妥善保管涉及保密或知识产权信息的工作文件。

当准备工作文件时，审核组应针对每份文件考虑下列问题：

1）使用这份工作文件时将产生哪些审核记录？

2）哪些审核活动与此特定的工作文件相关联？

3）谁将是此工作文件的使用者？

4）准备此工作文件需要哪些信息？

对于结合审核，准备的工作文件应通过下列活动避免审核活动的重复：

1）汇集不同准则的类似要求。

2）协调相关检查表和问卷的内容。

工作文件应充分关注审核范围内管理体系的所有要素，提供的形式可以是

任何媒介。

2. 检查表的编写

（1）检查表的作用

1）明确与审核目标有关的样本。审核采用的主要方法是抽样检查。抽什么样本、每种样本应抽多少数量、如何抽样等问题都要通过编写检查表解决，而且这一切都要为达到审核目标服务。因此明确与审核目标有关的样本是检查表的首要作用。

2）使审核员保持明确的审核目标。现场审核中会出现各种各样的问题，这些问题会影响审核员的注意力，使其偏离审核方向。借助检查表，审核员可以保持审核主题方向。即使有些偏离审核方向时，检查表也可起到提醒和警示的作用。

3）确保审核工作的系统和完整。在审核组内，审核任务各有分工，只有结合起来才构成系统和完整的审核。审核组长正是通过对检查表的审查，来把握审核的总体情况。现场审核时，审核员则依据检查表审核，保证审核内容没有遗漏，从而确保审核工作的系统性和完整性。

4）保证审核的节奏和连续性。现场审核是一项高节奏而紧张的活动，由于审核时间有限，不允许在某个问题上或某个区域逗留时间过长，依据检查表的安排，审核员可以控制时间，掌握节奏，使审核连续进行，而不是跳跃式审核。

5）确保审核的正规化。依据检查表提问题，易于使审核保持连续性和系统化，使所提问题有的放矢，且使受审核方感到审核员的审核有针对性和有充分的准备，体现出审核员的专业性和正规性。

6）作为审核记录存档。检查表中一般都设有"审核记录"栏，以供审核员现场审核记录有关事实。通过检查表可以反映审核员审核的内容、审核的证据。检查表是审核档案中的重要原始资料。

（2）检查表设计要点

在编制检查表之前，应认证阅读与受审过程（受审部门）有关的体系文件，了解受审核部门所从事的活动和体系文件对该部门的各项要求，查阅有关法律法规文件对有关活动的要求。

在编制检查表时，应注意以下要点：

1）要按照标准、法律法规的要求和质量管理体系文件的要求编制检查表。

2）要选择典型的问题。每个部门、每个过程的质量活动常有一些典型的质量问题。如销售部门忽视合同评审，采购部门不按满足质量要求选择供应商，设计部门不认真进行设计评审、设计验证和设计确认等。所以在检查表中可重点注意这些问题。有的过程在不同部门也有不同的典型问题。如文件控制在设计部门常发生的问题是过多地保留已作废但有参考价值的技术资料而未注意做好标志；在生产车间则表现为作废版本的图样文件不撤走，最新的有效版本未获得等。这些在编检查表时也是要特别注意的。

3）要结合受审过程（或部门）的特点。检查表的精华就在于突出受审对象的特点。有特点才有必要为每一个对象编制一份有特色的检查表。比如有的生产车间刚刚调整了生产线或采用某种新工艺，则可把工序控制和执行新的工艺规程或作业指导书作为检查重点。有的部门刚刚招收大批新职工，则在检查表中培训问题就应加以重点考虑等。

4）抽样要具有代表性。通常抽 3~4 个样本，最多以 12 个为限。样本的种类应有代表性，才能体现出检查的客观性和公正性。例如审核对象是一个小型电动机厂的采购过程（采购部门），那么在抽取订单样本时，对产品质量影响较大的原材料和零部件如硅钢片、电磁线、轴承、绝缘材料和铸件等的订单，可以每种选抽 5~10 张；而对胶木件、紧固件、锻件等订单，因其对产品影响较小，可各选 3~5 张。这样既有代表性，又有重点。

5）时间要留有余地。在编制检查表时，应估计所需的审核时间。此估计时间不但不应超过在一个部门的计划审核时间，而且还应留有一定的富裕时间，以便临时发生某些情况而需要增加审核内容或增加审核深度时可利用这些时间。这样不用修改审核计划或延长审核时间。

6）检查表应有可操作性。最好有具体的抽样方法和检查方法，如选择什么样本，数量多少，问什么问题，问什么人，观察什么事物等。

7）检查表要注意审核的全面性。对于 IATF 16949 审核，按过程编制审核检查表时，要考虑所涉及的部门。对于 ISO 9001 审核，可以按部门编制审核检查表，此时要考虑涉及的 ISO 9001 质量管理体系的过程（条款）。

8）应用过程方法的思路设计检查表。无论是要审核哪一过程，都可以采取以下思路：先查其是否确定过程和规定过程，再查其规定的程序是否得到实施，再查其规定的实施效果是否达到预期规定的目标，最后查证是否识别了改进的机会并予以实施。

（3）检查表的内容

一般包括以下内容：

1）受审核部门、审核时间、审核员。

2）审核内容。即查什么（列出审核要点，要保证审核覆盖面的完整性，不要遗漏）。

3）审核思路。即怎么查，包括审核步骤和方法，也就是要明确去哪查、找谁查、怎么查（如提问、查阅记录、现场观察、抽样量等）。

4）审核记录。供现场审核时记录审核结果。

（4）检查表的类型

1）按过程审核的检查表。对实施 IATF 16949 的企业，一般按过程编制检查表。凡编制过程检查表，对某一过程进行审核时，则检查表中要包括此过程所涉及的部门，有的是负责该过程的部门（如产品设计和开发过程是由产品开发部负责的），有的是协助办理的部门（如产品设计和开发过程，质量部是协办的部门），都应审核到。

2）按部门审核的检查表。对实施 ISO 9001 的企业，一般按部门编制检查表。凡去一个部门审核时，对此部门所涉及的过程（ISO 9001 条款）要加以审核，其中该部门负责实施的过程（如设计部门实施设计控制，销售部门负责合同评审等）是必须包括的；其他相关过程（如设计部门对于质量目标，销售部门对于文件控制等），则可有选择地加以审核。如何选择视具体情况而定，在审核计划中规定。

（5）使用检查表的注意事项

1）防止机械呆板，随时注意检查表以外有助于审核结论的内容。

2）询问、观察、验证相结合。

3）不应只采用是/否回答的方式。

4）不应机械地逐条照本宣科，应把提问、评价、记录结合起来。

5）根据实际情况，可以对检查表的内容进行调整和补充。

6）应把检查表的内容放在脑子里。

3. 审核检查表案例

（1）按部门方式审核的检查表（ISO 9001 审核用）

ISO 9001 标准的一些条款对各部门都适用，如 5.3 组织岗位、职责和权限、6.1 应对风险和机遇的措施、6.2 质量目标及其实现的策划、7.1.2 人员、7.1.3 基础设施、7.1.4 过程运行环境、7.1.6 组织的知识、7.2 能力、7.3 意识、7.4 沟通、7.5.3 成文信息的控制、9.1.3 分析与评价、10.2 不合格和纠正措施、10.3 持续改进。案例 6-2 就是针对这些条款设计的检查表，该检查表可用于对各部门的检查。

案例 6-3 模式适合于企业按部门进行 ISO 9001 质量管理体系审核。案例 6-3 模式使用说明如下：

① 在设计某部门的审核检查表时，应包括与所审核部门有关的所有条款（过程）。这些与所审部门有关的条款（过程）在 ISO 9001 条款——职能部门矩

阵表中有说明。

② 在一次审核中，也不一定要对这些有关的条款（过程）进行全部审核，具体要审核多少条款（过程），应在每一次的审核计划中规定。但要保证在一年中，与该部门有关的所有条款（过程）都得到审核。

③ 在每次审核时，如果审核计划中安排要审核某个条款（过程），此时要在审核检查表的"是否适用"栏目中打上"√"符号，表示这一条款（过程）在此次审核中要审核。

④ 检查表中"参考文件"栏目一般填写程序文件代号，必要时填写作业指导书代号及其名称。表中的"文件查阅"是指对所提出的问题，应查阅相关的文件、记录；表中的"现场检查"是指对所提出的问题，应通过现场观察、实地抽检去验证。

（2）按过程方式审核的检查表（ISO 9001、IATF 16949 审核用）

案例6-4、案例6-5、案例6-6 以及附录4 中的案例附4-1～案例附4-15 是用过程方法编制的审核检查表。

1）按 PDCA 模式编制的审核检查表。

案例 6-4 是按 PDCA 模式编制的审核检查表，按照策划——实施——检查——改进的思路编制。

2）按乌龟图中的过程要素编制的审核检查表。

案例 6-5 是按乌龟图中的过程要素编制的检查表，按照过程输入、人力资源、物质资源、过程管理、过程输出、过程绩效 6 大要素编制。

3）按企业的实际流程编制的审核检查表。

案例 6-6 以及附录 4 中的案例附 4-1～案例附 4-9 是按企业的实际流程编制的审核检查表。在按此类审核检查表进行审核时，要同时检查人的资质、过程需要的资源、过程管理的职责、过程运行的环境是否满足要求。案例 6-6 模式使用说明如下：

① 表中的"标准条款"填写与所提问题相对应的 IATF 16949（ISO 9001）标准条款，"文件条款"填写与所提问题相对应的文件代号及条款（一般指程序文件），"文件查阅"是指对所提出的问题，应查阅相关的文件、记录；表中的"现场检查"是指对所提出的问题，应通过现场观察、实地抽检去验证。这些栏目应在编制审核检查表时就应该完成。

② 表中"检查结果"一栏记录审核时发现的不符合项及潜在不符合项，在现场审核时填写。

案例 6-2：各部门通用审核检查表（ISO 9001 审核用）

各部门通用审核检查表

受审核部门：各部门					编制/日期：		批准/日期：
审核准则：ISO 9001、体系文件、适用法律法规					审核日期：		审核员：

ISO 9001 条款	检查内容	是否适用	参考文件	提问（检查方法）	文件查阅	现场检查	检查结果记录
5.3 组织的岗位、职责和权限	◆ 职责、权限是否得到规定？有无形成文件			◆ 是否有清晰的部门组织结构图？ ◆ 受审部门的职责是什么？是否完整？ ◆ 部门岗位的职责是否得到规定并规定并形成文件？	√ √ √	 √ √	
	◆ 职责、权限的沟通、理解情况			◆ 各有关人员（抽 3～5 位）是否明确各自的职责、权限及与其他相关人员的相互关系？ ◆ 抽 3～5 位员工，看其是否知道向专门人员汇报与质量管理体系有关的问题？ ◆ 有无职责不明或部门间职责互不协调的情况？		√ √ √	
6.1 应对风险和机遇的措施	◆ 风险的识别、分析与评价以及有关的风险应对措施			◆ 是否对本部门面临的风险进行了识别分析评价？有无风险应对措施？采取的风险应对措施是否与风险对产品、服务的潜在影响相适应？ ◆ 本部门面临哪些风险？	√ √	√ √	
	◆ 风险应对措施的监控与改进			◆ 是否对风险应对措施进行了监督检查，并根据检查结果，适时对措施进行了改进？	√	√	

（续）

受审核部门：各部门			编制/日期：	审核日期：	批准/日期：		
审核准则：ISO 9001、体系文件、适用法律法规						审核员：	

ISO 9001 条款	检查内容	是否适用	参考文件	提问	检查方法		检查结果记录
					文件查阅	现场检查	
6.2 质量目标及其实现的策划	◆ 质量目标的建立			◆ 受审部门及其必要的岗位、过程是否有明确的质量目标？质量目标是否具有可测量性？有无测量质量目标的方法？	√		
				◆ 质量目标的内容是否包括产品、服务的符合性，以及增强顾客满意方面的内容？	√		
				◆ 有无实施质量目标的措施计划？措施计划内容是否完善？	√		
	◆ 质量目标的实现			◆ 质量目标是否达到？	√		
				◆ 质量目标没有达到时？是否采取了改进措施？	√		
7.1.2 人员	◆ 人员的充足性			◆ 人员是否足够满足工作的需要？		√	
				◆ 人员不足时，采取了哪些补充措施？		√	
7.1.3 基础设施	◆ 基础设施的充足性			◆ 配备的设施设备是否足够？有无设施设备台账？是否存在因基础设施不足造成或可能造成产品和服务的不符合？	√	√	
	◆ 基础设施的维护			◆ 有无必要的设施设备维护的规定？设施和设备是否得到了维护？	√	√	
7.1.4 过程运行环境	◆ 过程运行环境的适宜性			◆ 过程运行环境是否满足工作的需要？是否存在由于过程运行环境不适宜而造成产品和服务不符合的现象？		√	
	◆ 过程运行环境的管理			◆ 有无必要的过程运行环境管理的规定？过程运行环境是否得到了维护？	√	√	

351

受审核部门：各部门 审核准则：ISO 9001、体系文件、适用法律法规					编制/日期： 审核日期：	批准/日期： 审核员：		（续）
ISO 9001 条款	检查内容	是否适用	参考文件	检查方法/提问	文件查阅	现场检查	检查结果记录	

ISO 9001 条款	检查内容	是否适用	参考文件	提问（检查方法）	文件查阅	现场检查	检查结果记录
7.1.6 组织的知识	◆ 知识的确定与保持			◆ 是否确定了过程运行以及达到产品和服务符合性所必要的知识？	√		
				◆ 组织如何收集知识并将知识整理成可使用的信息？员工是否能方便地获取知识？	√	√	
	◆ 知识的使用			◆ 知识是否得到合理的使用和共享？	√	√	
	◆ 知识的评估与更新			◆ 是否对知识适时进行评估与更新？	√		
7.2 能力	◆ 人员的能力要求			◆ 岗位描述中是否对人员的能力要求（包括教育、培训、经验的要求）做出了规定？	√		
				◆ 人员的能力是否满足要求？是否针对能力的需求提供相应培训或采取其他措施？是否对所采取措施的有效性进行了评价？	√	√	
				◆ 是否保存证实人员能力的证据？	√		
	◆ 人员培训情况			◆ 受审部门负责人如何对其部门员工进行培训？	√	√	
				◆ 员工上岗前，受审部门负责人是否对其人员进行了上岗前培训（抽3~12名员工，查看其培训记录）？有无开展高员工技能的培训？	√	√	
7.3 意识	◆ 员工是否有良好意识			◆ 询问员工，看其是否理解公司的质量方针？		√	
				◆ 询问员工，看其是否了解与其有关的质量目标？是否知道实现质量目标的措施？是否按绩效措求工作？		√	
				◆ 员工是否知道自己的工作对质量管理体系有效性的贡献，以及改进质量绩效的益处？	√		
				◆ 员工是否知道偏离质量管理体系要求的后果？		√	

（续）

受审核部门：各部门							
审核准则：ISO 9001、体系文件、适用法律法规			编制/日期：		审核日期：	批准/日期：	审核员：
ISO 9001 条款	检查内容	是否适用	参考文件	检查方法 提问	文件查阅	现场检查	检查结果记录
7.4 沟通	◆沟通的管理			◆受审部门哪些方面需要进行内部沟通或外部沟通？受审部门是否就内外部的沟通建立了沟通过程？沟通过程是否明确了沟通的对象、内容、方法、时机和实施者？	√		
				◆受审部门的成员能否得到其所需要的任何质量信息。		√	
				◆信息通报采取何种方式？重要信息是否用"信息联络单"通报？"信息联络单"内容是否完善（抽3~5份）？	√		
				◆实际沟通过程是否有效？		√	
7.5.2 创建和更新	◆规范性文件的标识和说明，形式和载体			◆文件的标识和说明，如名称标识、编号标识、版本标识、时间标识、文件作者等，识别和使用？	√	√	
				◆文件的形式（文件、图像、视频等）和载体（纸质、电子格式等）是否便于文件的利用？	√	√	
	◆规范性文件的评审和批准			◆规范性文件发布前是否进行了审查和批准？	√		
				◆规范性文件是否适宜和充分？	√	√	
				◆是否规定了规范性文件对机审评审并实施评审？是否根据评审结果对规范性文件进行必要的修改与更新？	√	√	
				◆规范性文件修改后是否重新批准？	√	√	

（续）

受审核部门：各部门				编制/日期：			
审核准则：ISO 9001、体系文件、适用法律法规				批准/日期：			
				审核日期：		审核员：	
ISO 9001 条款	检查内容	是否适用	参考文件	检查方法（提问）	文件查阅	现场检查	检查结果记录
	◆证据性文件（记录）的标识和说明、形式和载体			◆ 证据性文件的标识和说明，如名称标识、部门标识、编号标识等，是否便于检索、能否做到唯一可追溯？ ◆ 证据性文件的形式和载体是否适宜？	√	√ √	
7.5.2 创建和更新	◆证据性文件的签署、更正			◆ 是否只有签署完整的证据性文件（记录）才可以按要求发出？ ◆ 填写记录出现笔误以后如何更改？是否符合要求？	√	√	
7.5.3 成文信息的控制	◆规范性文件的控制			◆ 文件是否发至使用场所或岗位？使用处是否都使用适用文件的有效版本？ ◆ 文件的查找是否方便？ ◆ 文件保管是否指定设施、场所、人员，是否能确保文件不丢失和及时提供？ ◆ 是否从发放或使用场所及时收回作废的文件？是否在现场发现了作废文件？	√	√ √ √ √	
信息的控制	◆证据性文件的控制			◆ 记录是否填写正确、字迹清楚？有无涂改？ ◆ 贮存是否便于存取和检索？ ◆ 过期记录是否按要求进行处置？ ◆ 现行记录是否完整？能否提供足够信息？信息是否可靠、可见证？	√	√ √ √	

（续）

受审核部门：各部门　　编制/日期：　　审核日期：　　批准/日期：

审核准则：ISO 9001、体系文件、适用法律法规　　　　　　　　　　审核员：

ISO 9001条款	检查内容	是否适用	参考文件	检查方法 提问	检查方法 文件查阅	检查方法 现场检查	检查结果记录
9.1.3 分析与评价	◆ 受审部门进行数据和信息分析评价的情况			◆ 受审部门对哪些数据和信息进行了分析与评价？对分析评价工作的方法有无必要的规定？	√		
				◆ 受审部门是否利用数据和信息分析评价的结果确定： 1) 部门工作的绩效、符合性、有效性。 2) 部门所管风险应对措施的有效性。 3) 部门工作计划得到落实。 4) 部门工作改进的需求。等等。	√		
				◆ 数据和信息分析评价的结果是否及时传递给相关的部门？	√	√	
10.2 不合格和纠正措施	◆ 不合格的控制和纠正			◆ 发生不合格时，是否采取措施控制和纠正不合格？效果如何？	√	√	
				◆ 是否采取措施消除不合格产生的影响？	√	√	
	◆ 纠正措施的实施			◆ 是否针对不合格采取了必要的纠正措施？ ◆ 采取纠正措施时，是否进行了下列工作： ① 评审不合格。 ② 分析并确定不合格原因，同时考虑该发生或可能发生的类似不合格。 ③ 评价纠正不合格的需求。 ④ 制订纠正措施并更新或制订相关的风险控制措施。 ⑤ 实施纠正措施并评审其效果。 ⑥ 制订巩固措施，必要时对质量管理体系进行更新。	√ √		
				◆ 是否保留纠正措施实施的成文信息，包括不合格性质、原因分析、纠正措施的内容、完成情况、有效性评审的结论等？	√		
				◆ 纠正措施引起的文件更改是否执行了文件控制程序？	√	√	

355

（续）

受审核部门：各部门

审核准则：ISO 9001、体系文件、适用法律法规

编制/日期：　　　　审核日期：　　　　批准/日期：　　　　审核员：

ISO 9001 条款	检查内容	是否适用	参考文件	检查方法 提问	文件查阅	现场检查	检查结果记录
10.3 持续改进	持续改进的实施			◆ 受审部门是否形成了持续改进的机制? 该机制是否创造了一种氛围，使每个员工都能参与改进的意识和机会?	√	√	
				◆ 受审部门是否通过使用分析与评价的结果以及管理评审输出，识别改进的需要和机会?	√		
				◆ 有无充分的、可靠的、可量的事实或数据对比证实组织进行了持续改进?	√	√	

案例 6-3：质量部审核检查表（ISO 9001 审核用）

质量部审核检查表

受审核部门：质量部

审核准则：ISO 9001、体系文件、适用法律法规

编制/日期：　　　　审核日期：　　　　批准/日期：　　　　审核员：

ISO 9001 条款	检查内容	是否适用	参考文件	检查方法 提问	文件查阅	现场检查	检查结果记录
6.1 应对风险和机遇的措施	◆ 风险的识别、分析与评价以及有关的风险应对措施			◆ 是否对本公司面临的风险进行了识别分析与评价?	√	√	
				◆ 本公司面临哪些风险? 有无风险应对措施? 采取的风险应对措施是否与风险相适应? 服务的符合性的潜在影响相适应?	√		
	◆ 风险应对措施的监督与改进			◆ 是否对风险应对措施进行了监督检查，并根据检查结果，适时对风险应对措施进行了改进?	√	√	

（续）

受审核部门：质量部　　编制/日期：

审核准则：ISO 9001、体系文件、适用法律法规　　审核日期：　　批准/日期：　　审核员：

ISO 9001条款	检查内容	是否适用	参考文件	检查方法（提问）	文件查阅	现场检查	检查结果记录
	◆ 监测设备的配置			◆ 如何选择所需准确度和精确度的监测设备？能否证明监测设备能够满足监视和测量活动的需要？	√	√	
				◆ 采购时，是否有"监测设备采购申请单"（查3～5种量具）？	√		
				◆ 监测设备购回后，是否进行了验收并填写了"监测设备开箱验收单"？	√		
				◆ 质量部是否对所有监测设备进行了编号，并填写了"监测设备管理台账"？	√		
				◆ 领用部门领用监测设备时，是否在"监测设备领用登记表"上登记？	√		
7.1.5 监视和测量资源	◆ 监测设备的校准（测量的可追溯性）			◆ 是否在使用前或按规定的周期对监测设备进行校准或检定（或确认）？其依据是否可追溯到国际或国家标准？无标准时，校准时的依据是否有记录？	√	√	
				◆ 是否保存了检定、校准的记录？内校是否有"监测设备内部校准记录表"？	√		
				◆ 是否编制了"监测设备校准周期一览表"？	√		
				◆ 是否编制了"年度监测设备校准计划"并实施？	√		
				◆ 校准人员有无培训？现场要求校准人员进行操作演示？	√	√	
				◆ 有无校准状态标签？校准状态标志是否在有效期内？	√	√	
				◆ 不适宜的环境（温度、湿度）时，如何识别校准状态？	√	√	
				◆ 校准的环境（温度、湿度）是否符合规定？	√	√	

（续）

受审核部门：质量部　　　　编制/日期：

审核准则：ISO 9001、体系文件、适用法律法规　　　审核日期：　　　批准/日期：　　　审核员：

ISO 9001 条款	检查内容	是否适用	参考文件	提问（检查方法）	文件查阅	现场检查	检查结果记录
7.1.5 监视和测量资源	◆ 监测设备的使用、保管	√		◆ 是否建立了对测量人员、测量方法、测试环境进行控制的过程，是否明确了监测设备管理的责任部门和责任人？	√		
				◆ 是否有必要的监测设备使用说明书/作业指导书？	√		
				◆ 是否按规定调整测试设备，如何防止因调整不当引起校准失效或测量结果无效？测试人员有无培训合格？	√	√	
				◆ 有无防止监测设备在使用、搬运、维护和贮存期间损坏或失效的措施（包括工作环境、贮存条件等）？	√		
				◆ 监测设备停用时要贴"封存证"标签。报废时，应填写"监测设备报废申请单"。请问是否这样做了？	√	√	
	◆ 监测设备不合格时的处理	√		◆ 发现监测设备不合格时，是否对已测产品或监测设备进行了评价，并填写了"监测结果及监测设备的评价报告"？	√		
				◆ 是否根据评价结果，采取了相应的处置措施？	√		
				◆ 监测设备修理后是否进行了校准？	√		
8.3 产品和服务的设计和开发	◆ 如何参加新产品研发的评审、验证、确认工作？	√		◆ 质量部是否参加设计评审并在"设计评审报告"上签名？主要评审什么？有无评审不当之处？	√		
				◆ 针对设计和开发验证，质量部做了哪些工作？是否对试制样机与生产样机进行了检验？有无检验报告？	√		
				◆ 质量部如何参加样机产品定型与产品鉴定？是否在"样机鉴定报告""产品鉴定报告"上签名？	√		

（续）

受审核部门：质量部　　编制/日期：

审核准则：ISO 9001、体系文件、适用法律法规　　审核日期：

批准/日期：　　审核员：

ISO 9001 条款	检查内容	是否适用	参考文件	检查方法（提问）	文件查阅	现场检查	检查结果记录
8.4 外部提供的过程、产品和服务的控制	◆ 参与采购控制			◆ 质量部在协助采购部选择供应商时起什么作用？	√		
				◆ 质量部每月是否对供应商供货的质量情况进行统计分析？	√		
				◆ 如何开展对供应商的质量管理体系进行审核？	√		
8.5.1 生产和服务提供的控制	◆ 参与生产过程控制与特殊过程确认			◆ 为生产车间配置的监测设备是否合适？	√		
				◆ 是否在生产线的适宜位置设置了检验站（点）？这些检验站（点）能否确保过程和过程的输出满足要求？		√	
				◆ 是否在产品放行、交付前进行了检验？	√		
				◆ 质量部应和生产部、工艺部、产品研发部一道对特殊过程进行确认。确认合格后，产品应在"特殊过程确认报告"中签字，请问是否这样做？做的情况如何？	√	√	
8.5.2 标识和可追溯性	◆ 产品检验状态标识			◆ 如何进行进货物料检验状态的标识？		√	
				◆ 半成品检验状态的标识如何做？		√	
				◆ 完成品检验状态的标识如何做？		√	
				◆ 包装出货产品检验状态的标识如何做？		√	
				◆ 是否保护好了检验状态标识？		√	
8.6 产品和服务的放行	◆ 进货检验			◆ 是否进行了进料检查，是否按要求做好了相应的"进料检验记录"（抽12份）？	√	√	
				◆ 供应商是否按要求提供合格证据？	√		

（续）

受审核部门：质量部				编制／日期：		批准／日期：	
审核准则：ISO 9001、体系文件、适用法律法规				审核日期：		审核员：	
ISO 9001 条款	检查内容	是否适用	参考文件	检查方法			检查结果记录
				提问	文件查阅	现场检查	
	◆ 过程检验			◆ 是否按要求进行了巡检并填写了巡检记录？ ◆ 是否按要求在检验工序对正在加工的产品进行了检验并填写了相关记录（如有的话）？	√ √	√ √	
	◆ 成品检验			◆ 是否对已完工成品进行了检验，并填写了"产品检验报告"？ ◆ 产品放行时，是否所有规定的验证活动已经完成？	√ √	√ √	
8.6 产品和服务的放行	◆ 例外放行			◆ 例外放行是否得到有关授权人员的批准（必要时得到顾客的批准）？ ◆ 例外放行让步放行有无影响到产品质量？	√ √	√ √	
	◆ 检验记录的管理			◆ 是否规定了记录的保存周期，存放的地点、条件是否适宜？是否便于检索？ ◆ 记录是否项目清楚、数据齐全，是否能够验证实符合接收准则的要求？ ◆ 检验记录是否标明负责产品放行的授权责任者？	√ √ √	√	
8.7 不合格输出的控制	◆ 不合格输出控制的职责和权限			◆ 是否明确了不合格输出控制（标识、评审、处置等）的职责和权限？是否充分？ ◆ 对让步处理是否做出规定？	√ √	√	

（续）

受审核部门：质量部				编制/日期：				
审核准则：ISO 9001、体系文件、适用法律法规				审核日期：		批准/日期：		
						审核员：		
ISO 9001条款	检查内容	是否适用	参考文件	检查方法				检查结果记录
				提问		文件查阅	现场检查	
8.7 不合格输出的控制	◆ 不合格输出的处置			◆ 当发现进料整批或部分不合格时，如何进行处理？		√	√	
				◆ 生产过程中发现整批零部件不合格时，如何进行处理？		√	√	
				◆ 成品检验整批不合格时，如何进行处理？		√	√	
				◆ 不合格输出的处理方式是否与不合格的性质及其对产品和服务符合性的影响相适应？		√		
				◆ 是否对不合格的状况（状况记录可能涉及时间、地点、批次、产品编号、缺陷描述等）、评审结论、处置措施进行了记录？记录上是否指明对不合格做出处置决定的责任人？		√		
				◆ 当发现发给顾客的产品不合格时，是否通知了顾客？		√		
				◆ 不合格品得到纠正之后是否再次验证？		√		
				◆ 交付或使用后发现的不合格品，本公司是否给予修理、调换或赔偿？		√		
	◆ 让步放行			◆ 让步放行是否得到有关授权人员的批准（必要时得到顾客的批准）？		√		
				◆ 有无让步放行记录，记录上有无指明授权让步的责任人？		√		

（续）

受审核部门：质量部		编制/日期：			批准/日期：	
审核准则：ISO 9001、体系文件、适用法律法规			审核日期：		审核员：	

ISO 9001 条款	检查内容	是否适用	参考文件	检查方法（提问）	文件查阅	现场检查	检查结果记录
	◆ 质量数据分析			◆ 质量部每月对质量检验信息进行统计分析，编制"月度质量分析报告"，内容包括进料检验、过程检验、成品检验中产品的质量状况和趋势等。"月度质量分析报告"报总经理、管理者代表及有关部门。请问质量部是否这样做？在分析报告里，是否根据分析结论提出了必要的纠正措施建议？	√		
9.1.3 分析与评价 10.3 持续改进				◆ 质量部是否按每月对过程绩效和指标的达标情况进行了统计分析？是否根据达标情况提出了必要的纠正措施建议？	√		
				◆ 质量部是否按季度对风险控制措施的有效性进行了分析与评价？是否根据分析情况提出了必要的纠正措施建议？	√		
				◆ 质量部是否按每月对顾客投诉、退货情况进行了分析与评价？是否根据分析情况提出了必要的纠正措施建议？	√		
9.1.3 分析与评价	◆ 统计技术的使用及效果			◆ 使用了哪些统计技术（查看"统计技术应用明细表"）？	√		
				◆ 统计技术使用的场合是否恰当？统计技术使用是否正确？		√	
				◆ 如何检查统计技术的应用效果（查看"统计技术应用检查报告"）？	√	√	

（续）

受审核部门：质量部				编制/日期：			
审核准则：ISO 9001、体系文件、适用法律法规				审核日期：　　　批准/日期：　　　审核员：			

ISO 9001 条款	检查内容	是否适用	参考文件	检查方法 提问	文件查阅	现场检查	检查结果记录
10.2 不合格和纠正措施	◆ 对不合格做出的响应			◆ 发生不合格时，是否采取措施控制和纠正不合格？	√	√	
				◆ 是否采取措施消除不合格产生的影响？	√	√	
	◆ 纠正措施实施的时机	√		◆ 当同一供应商同一种产品连续两批（次）被判为不合格（拒收）或在生产过程中发现来料严重不合格时，质量部是否向该供应商发出"供货质量反馈单"，要求其采取纠正措施？	√		
				◆ 过程、产品出现重大质量问题时（这些质量问题责任部门发出"纠正和预防措施通知单"，质量部是否采取纠正和预防措施？	√		
				◆ 当成品出现返箱时，质量部是否向责任部门发出"纠正和预防措施通知单"？	√		
				◆ 顾客投诉，如属于产品质量问题，质量部是否向责任部门发出了"纠正和预防措施通知单"？	√		
	◆ 纠正措施的实施			◆ 采取纠正措施时，是否进行了下列工作： 1) 评审不合格。 2) 分析并确定不合格原因。 3) 评价纠正措施的需求。 4) 制订纠正措施并在必要时更新以往策划的风险和机遇。 5) 实施纠正措施并审其成效。	√		
				必要时，是否对质量管理体系进行了更新？成功实施引起的更改纳入文件？	√		
				是否保存纠正措施实施的记录，记录中包括不合格的性质、原因分析、纠正措施的内容、完成情况、有效性评审的结论等？	√		

IATF 16949:2016 内审员实战通用教程

案例 6-4：按 PDCA 模式编制的审核检查表（IATF 16949 审核用）

<table>
<tr><td colspan="6" align="center">按 PDCA 模式编制的审核检查表</td></tr>
<tr><td colspan="2">受审过程：采购过程</td><td colspan="2">编制：</td><td colspan="2">批准：</td></tr>
<tr><td colspan="2">审核员：</td><td colspan="2">审核日期：</td><td colspan="2">依据文件：</td></tr>
<tr><td>阶段</td><td>审核地点</td><td>涉 及 条 款</td><td colspan="2">审核内容和方法</td><td>审核结果记录</td></tr>
<tr>
<td>P 策划</td>
<td>采购部</td>
<td>8.4、6.1、6.2、5.3、7.5</td>
<td colspan="2">与采购部经理交谈：
1）采购过程的绩效指标（来料批合格率，交期准时率，因供应商质量、交付问题，导致本公司通知顾客次数，因供应商的原因造成本公司或本公司顾客产品滞留/停止出货次数，发生附加运费次数）是什么？指标是否合理？与公司的质量目标是什么关系？
2）采购工作的流程是否明确？与其他过程（部门）之间的接口关系是什么？采购过程的输入是什么（物料需求月计划、物料请购单）？输入来自哪里？采购过程的输出（采购月计划、物料请购单以及合格的物料）是什么？
3）采购过程中的主要责任者、相关部门有哪些职责？
4）对采购过程实施控制所需要的文件和记录有哪些？查阅相关文件。
5）采购信息要求、产品验收准则是否明确？查阅相关文件。
6）对本过程涉及的有关岗位人员的能力有哪些要求？查阅《岗位说明书》。
7）采购过程需要的资源是否得到策划？
8）采购过程的风险有哪些？</td>
<td></td>
</tr>
<tr>
<td>D 实施</td>
<td>采购部</td>
<td>8.4、7.1.1、7.1.2、7.4、7.5</td>
<td colspan="2">1）人力资源、物质资源和信息能否满足采购过程的要求？
2）采购过程的输入，如物料需求月计划、物料请购单，内容是否完整？签批手续是否齐全？
3）采购员是否从"合格供应商名单"中选取供应商？
4）采购员是否进行了询价和比价？
5）首次从供应商处采购物料时，采购员是否填写了"采购合同审批表"报总经理批准？是否与供应商签订了"采购合同"及必要的"供货质量协议"？
6）"采购月计划""采购订单"等采购资料内容是否完整，签批手续是否齐全？
7）采购员是否根据"采购订单"的内容建立了"采购进度控制表"，以跟进物料交货情况？
8）"采购订单"的变更如何处理？</td>
<td></td>
</tr>
</table>

364

（续）

阶段	审核地点	涉及条款	审核内容和方法	审核结果记录
	受审过程：采购过程		编制：	批准：
	审核员：		审核日期：	依据文件：
D实施	采购部	8.4、7.1.1、7.1.2、7.4、7.5	9）如何对供应商的交货进行监控？监控的方式是否与物料对最终产品的影响程度相适应？ 10）针对质量部反馈的在收料过程中出现的异常质量问题，采购员如何进行处理？ 11）如何办理物料入库以及向供应商付款？ 12）采购员如何进行退货、换货、补货工作？ 13）采购过程中的风险是否得到了控制？ 14）采购过程的沟通渠道、信息传递和信息反馈是否通畅？	
C检查	采购部	8.6、9.1.3	1）如何对过程绩效指标（来料批合格率，交期准时率，因供应商质量、交付问题，导致本公司通知顾客次数，因供应商的原因造成本公司或本公司顾客产品滞留/停止出货次数，发生附加运费次数）进行监视、测量和分析？ 2）过程绩效指标实现情况如何？	
D改进	采购部	8.7、6.1.2.2、10.2	1）过程绩效指标不达标时，是否采取了纠正措施？ 2）是否利用采购目标、采购过程数据分析、纠正和预防措施等，持续改进采购过程的有效性？ 3）是否采取了与提高采购过程能力、持续满足产品符合性有关的纠正/预防措施？ 4）纠正/预防措施实施情况如何，有效性如何？	

案例6-5：按乌龟图中的过程要素编制的审核检查表（IATF 16949 审核用）

按乌龟图中的过程要素编制的审核检查表

过程要素	审核地点	涉及标准条款	审核内容和方法	审核结果记录
	受审过程：采购过程		编制：	批准：
	审核员：		审核日期：	依据文件：
过程输入	采购部		1）采购过程的输入是什么（物料需求月计划、物料请购单）？输入来自哪里？ 2）输入的表单（物料需求月计划、物料请购单）内容是否完整？签批手续是否齐全？	
人力资源	采购部		1）人员是否充足？有无《岗位说明书》？ 2）工作人员是否已经培训，是否满足要求？ 3）工作人员是否熟悉本岗位的作业文件并掌握其要求？ 4）人员的临时顶岗如何处理？	

（续）

受审过程：采购过程		编制：		批准：
审核员：		审核日期：		依据文件：

过程要素	审核地点	涉及标准条款	审核内容和方法	审核结果记录
物质资源	采购部		1）采购过程所需的物质资源（资金、设施设备、工作环境、信息等）是什么？ 2）资源可用吗？	
过程管理	采购部		1）过程的"所有者"是谁？ 2）对过程进行控制的文件是什么？文件版本是否有效？采购员是否按文件要求进行作业？ 3）采购员是否从"合格供应商名单"中选取供应商？ 4）采购员是否进行了询价和比价？ 5）首次从供应商处采购物料时，采购员是否填写了"采购合同审批表"报总经理批准？是否与供应商签订了"采购合同"及必要的"供货质量协议"？ 6）采购员是否根据"采购订单"的内容建立了"采购进度控制表"，以跟进物料交货情况？ 7）"采购订单"的变更如何处理？ 8）如何对供应商的交货进行监控？ 9）针对质量部反馈的在收料过程中出现的异常质量问题，采购员如何进行处理？ 10）如何办理物料入库以及向供应商付款？ 11）采购员如何进行退货、换货、补货工作？ 12）采购过程的沟通渠道、信息传递和信息反馈是否通畅？ 13）过程中的风险有哪些？是否得到控制？	
过程输出	采购部		1）"采购月计划""采购订单"内容是否完整，签批手续是否齐全？ 2）"采购订单"的要求是否实现？ 3）"外购入库单""进料检验报告"能否证明确实采购到了符合要求的物料？	
过程绩效	采购部		1）过程绩效指标（来料批合格率，交期准时率，因供应商质量、交付问题，导致本公司通知顾客次数，因供应商的原因造成本公司或本公司顾客产品滞留/停止出货次数，发生附加运费次数）是什么？ 2）如何对过程绩效指标进行监视、测量和分析？过程绩效指标实现情况如何？ 3）过程绩效指标不达标时，是否采取了纠正措施？	

案例 6-6："产品设计和开发过程"审核检查表

"产品设计和开发过程"审核检查表

受审核过程:产品设计和开发　　编制／日期:　　依据文件:

审核员:　　审核日期:　　批准／日期:

检查项目		提　问	检查方法				审核地点	检查结果
			标准条款	文件条款	文件查阅	现场检查		
1. 任务下达	1.1 横向职能小组(APQP小组)的成立	◆ 公司总经理是否根据公司内外反馈的信息下达"产品质量先期策划任务书"? ◆ 横向职能小组成员能否体现跨部门的特点?人员技能是否满足要求?			√ √		研发部 研发部	
	1.2 APQP工作计划的下达	◆ "APQP工作计划书"是否完整?有无提出设计目标?			√		研发部	
	2.1 顾客信息的收集与研究	◆ 营销部是否进行了市场调研并提交了"市场调研分析报告"给APQP小组? ◆ 质量部是否对现有产品的质量信息进行了研究并提交了"现有产品质量分析报告"给APQP小组?			√ √		研发部 研发部	
2. 计划和确定项目阶段	2.2 顾客的业务计划与营销战略的研究	◆ 有无发掘APQP小组其他有关人员的经验?个人建议是否形成了"产品开发个人建议书"? ◆ APQP小组是否对顾客的业务计划与营销战略进行了研究并形成"顾客业务计划与营销战略研究报告"?			√ √		研发部 研发部	
	2.3 标杆分析	◆ APQP小组是否进行了标杆分析并填写了"标杆分析报告"?			√		研发部	
	2.4 产品/过程的设想	◆ APQP小组是否将产品设想形成"产品的初步构思方案",送生产副总经理批准后下发?			√		研发部	
	2.5 先行试验与可靠性研究	◆ 质量部是否进行了先行试验与可靠性研究。试验与研究的结果是否形成了"先行试验与可靠性研究报告"?			√	√	质量部	

（续）

| 受审核过程：产品设计和开发 | | 编制/日期： | | | | | |
| 审核员： | | 审核日期： | | 依据文件： | | 批准日期： | |

检查项目	提问（检查方法）	标准条款	文件条款	文件查阅	现场检查	审核地点	检查结果
2.6 立项可行性分析	◆ 是否编写了"初始材料（零件）清单"？			√		研发部	
	◆ 是否编写了"产品及过程特殊特性初始清单"？			√		研发部	
	◆ 是否绘制了初始过程流程图？			√		研发部	
2.7 产品开发立项的批准	◆ 是否编写了"产品立项可行性分析报告"？			√		研发部	
	◆ "产品立项可行性分析报告"是否经总经理批准？			√		研发部	
2.8 产品保证计划——设计任务书的编制与评审	◆ "产品保证计划——设计任务书"内容是否完整？是否明确规定了设计的目标和要求？			√		研发部	
	◆ APQP小组组长是否组织有关人员对"产品保证计划——设计任务书"进行了评审？			√		研发部	
2.9 计划和确定项目阶段的总结	◆ APQP小组在计划和确定项目阶段的工作结束时，是否对这一阶段的工作进行了总结评审并形成了"项目计划与确定评审报告"？			√		研发部	
	◆ 是否将"项目计划与确定评审报告"送有关管理人员？			√		研发部	
3.1 方案设计	◆ 设计时，是否考虑了产品的可制造性（DFM）和可装配性（DFA）？			√		研发部	
	◆ "设计方案说明书"内容是否完整？			√		研发部	
	◆ 设计计算是否正确？			√		研发部	
	◆ 方案设计总体图（原理图）、线路图是否规范？			√		研发部	
3.2 方案设计评审	◆ 产品研发部是否组织APQP小组以及其他有关的职能部门对方案设计进行了评审并形成了"设计评审报告"？			√		研发部	

左侧分组：
2. 计划和确定项目阶段
3. 产品设计和开发阶段

（续）

受审核过程：产品设计和开发　　编制/日期：　　批准/日期：

审核员：　　审核日期：　　依据文件：

检查项目	提问	标准条款	文件条款	文件查阅	现场检查	审核地点	检查结果
3.3 DFMEA	◆ 是否进行了设计失效模式及后果分析（DFMEA）？APQP小组是否用"DFMEA检查表"对DFMEA的完整性进行了检查？			√		研发部	
3.4 工作图设计	◆ 技术图样是否完整？是否将特殊特性标识在相关图样及设计文件中？			√		研发部	
	◆ 产品标准（含包装标准）内容是否正确、完整？			√		研发部	
	◆ 采购物资技术要求（材料标准）是否可操作？			√		研发部	
	◆ 有无产品和过程特殊特性清单？			√		研发部	
	◆ 包装图样及包装设计文件是否完整、正确？			√		研发部	
	◆ 全套图样及设计文件是否经过产品研发部经理的批准？			√		研发部	
3.5 编制样件制造控制计划	◆ 是否编制了"样件制造控制计划"？APQP小组是否用"控制计划检查表"对"样件制造控制计划"的完整性进行了检查？			√		研发部	
3.6 提出所需的新设施、设备和工装	◆ 是否进行了运作有效性的评价？编制了"新增或改进的设施、设备和工装的制造、采购计划"？			√		生产技术部	
3.7 提出所需的新量具、试验设备	◆ 是否进行了运作有效性的评价？是否在运作有效性评价的基础上，编制了"新增或改进的量具试验设备的制造、采购计划"？			√		质量部	

（左侧分类：3.产品设计和开发阶段）

（续）

受审核过程：产品设计和开发　　　编制/日期：　　　　　　批准日期：

审核员：　　　　　审核日期：　　　　依据文件：

检查项目	提问	检查方法				审核地点	检查结果
		标准条款	文件条款	文件查阅	现场检查		
3. 产品设计和开发阶段 3.8 样机试制与设计验证	◆ 质量部是否对样机进行了型式试验，并出具了"型式试验报告"？			√		研发部	
	◆ 产品研发部是否根据样机试制情况及型式试验报告，编写了"设计验证报告"？			√		研发部	
3.9 向顾客送样	◆ 营销部是否将样机与相关资料送交顾客。并将顾客对样机的评价报告送交给APQP小组及相关部门？			√		研发部	
3.10 样机鉴定	◆ 研发部是否组织进行了样机鉴定并整理出了"样机鉴定报告"？			√		研发部	
3.11 APQP小组可行性评审及承诺	◆ APQP小组是否用"设计信息检查清单"对设计的可行性、有效性做出评价？			√		研发部	
	◆ APQP小组是否用"小组可行性承诺"的方式承诺达到规定的要求？			√		研发部	
	◆ "设计信息检查清单"及"小组可行性承诺"是否呈送给有关管理人员以获得其支持？			√		研发部	
4. 过程设计和开发阶段 4.1 产品/过程质量体系审核	◆ APQP小组是否用"产品/过程质量检查表"对现有质量体系进行了评审？			√		研发部	
4.2 编制正式的工艺流程图	◆ 是否编制了正式的工艺流程图？			√		生产技术部	
	◆ APQP小组是否用"过程流程图检查表"对工艺流程图进行了评价？			√		生产技术部	
4.3 编制车间平面布置图	◆ 是否编制了车间平面布置图？			√		生产技术部	
	◆ APQP小组是否用"车间平面布置检查表"对车间平面布置图进行了检查？			√		生产技术部	

（续）

受审核过程：产品设计和开发
审核员：　　　　　审核日期：　　　　　编制/日期：　　　　　批准/日期：
　　　　　　　　　　　　　　　依据文件：

检查项目		提　问	检查方法				审核地点	检查结果
			标准条款	文件条款	文件查阅	现场检查		
4. 过程设计和开发阶段	4.4 编制特性矩阵图（必要时）	◆ 是否编制了必要的特性矩阵图，显示产品特性与工艺过程的对应关系？			√		生产技术部	
	4.5 过程失效模式及后果分析（PFMEA）	◆ 是否进行了过程失效模式及后果分析？ ◆ APQP小组是否应用"PFMEA检查表"对PFMEA的完整性进行了检查？			√ √		生产技术部 生产技术部	
	4.6 编制试生产控制计划	◆ 是否编制了"试生产控制计划"？ ◆ APQP小组是否应用"控制计划检查表"对"试生产控制计划"的完整性进行了检查？			√ √		生产技术部 生产技术部	
	4.7 编写过程指导书	◆ 是否编制了生产、工艺管理作业指导书？ ◆ 是否编制了包装作业指导书？ ◆ 是否编制了检验作业指导书？			√ √ √		生产技术部 生产技术部 质量部	
	4.8 编写测量系统分析（MSA）计划	◆ 是否编制了测量系统分析（MSA）计划？			√		质量部	
	4.9 编制初始过程能力研究计划	◆ 是否编制了初始过程能力研究计划？			√		生产技术部	
	4.10 过程设计和开发阶段的总结评审	◆ APQP小组是否在过程设计和开发阶段结束时安排了正式的总结评审，并将总结评审的结论形成了"过程设计和开发总结报告"？			√		研发部	

（续）

受审核过程：产品设计和开发				编制/日期：				批准日期：		
审核员：				审核日期：			依据文件：			

检查项目		提问	检查方法						审核地点	检查结果
			标准条款	文件条款	文件查阅	现场检查				
5. 产品和过程确认阶段	5.1 试生产	◆ APQP小组是否发 "产品试制通知单" 给相关部门？ ◆ APQP小组是否用 "新设备、工装和试验设备检查表" 检查了新设备、工装和试验设备的准备情况？ ◆ 是否对试制工作进行了总结，并编写了 "产品试制总结报告"？			√ √ √			生产技术部 生产技术部 生产技术部	
	5.2 测量系统评价	◆ 试生产过程中，质量部是否按 "测量系统分析计划" 的要求进行测量系统分析？			√			质量部	
	5.3 初始过程能力研究	◆ 试生产过程中，是否按 "初始过程能力计划" 的要求进行初始过程能力研究？			√			生产技术部	
	5.4 进行生产确认试验	◆ 是否对所有试产的产品进行了常规检测？是否抽1～3台（顾客有要求时，抽取顾客要求的数量）进行了型式试验并出具了型式试验报告？			√			质量部	
	5.5 进行包装评价工作（必要时）	◆ 是否采用试运装和台架试验的方式对产品包装进行了试验，出具了 "包装试验报告"？			√			质量部	
	5.6 组织进行生产件批准（PPAP）	◆ 顾客要求进行生产件批准时，是否组织进行了生产件批准？ ◆ 顾客未要求进行生产件批准时，是否按客规定的其他方式组织了送样工作？			√ √			营销部 营销部	

（续）

受审核过程：产品设计和开发　　编制/日期：　　批准/日期：

审核员：　　审核日期：　　依据文件：

检查方法

检查项目	提问	标准条款	文件条款	文件查阅	现场检查	审核地点	检查结果
5.7 产品定型鉴定（设计确认）	◆ 是否进行了产品定型鉴定并形成了"产品鉴定报告"？确认中的问题是否得到解决？			√		研发部	
	◆ 对设计中的质量风险、成本、关键路径、设计目标、进度等是否进行了监视？			√		研发部	
5.8 编制生产控制计划	◆ 是否编制了供批量生产的"生产控制计划"？APQP小组是否用"控制计划检查表"对"生产控制计划"的完整性进行了检查？			√		生产技术部	
5.9 产品质量先期策划的总结和认定	◆ 是否用"产品质量策划总结和认定表"对整个产品质量先期策划各阶段的工作进行了全面的总结和认定？			√		研发部	
6.1 收集生产、产品使用、交付服务中的信息，以改进产品质量策划中的不足	◆ 是否收集生产、产品使用、交付服务中的信息，以改进产品质量策划中的不足？			√		研发部	

5. 产品和过程确认阶段

6. 反馈、评定和纠正措施阶段

（续）

受审核过程：产品设计和开发			编制/日期：		批准/日期：				
审核员：			审核日期：	依据文件：					
	检查项目	提问	检查方法	标准条款	文件条款	文件查阅	现场检查	审核地点	检查结果
7. 过程绩效指标的实现情况	7.1 产品鉴定一次通过	◆ 产品鉴定是否一次通过？如果没通过，原因是什么？有无采取改进措施？				√		研发部	
	7.2 PPAP 一次通过率	◆ PPAP 一次通过率是多少？有无达到目标要求？未达到目标要求时，如何改进？				√		研发部	
	7.3 设计和开发输出资料完整，差错率≤5%	◆ 设计和开发输出资料的差错率是否≤5%？缺少哪些资料？原因是什么？有无采取改进措施？				√		研发部	
	7.4 延长的时间不超过计划总时间的10%	◆ 按时完成任务吗？延长了多长时间？原因是什么？有无采取改进措施？				√		研发部	
8. 过程风险控制情况	8.1 过程风险——设计输入不完整导致开发出来的产品不符合顾客要求	◆ 风险是如何控制的？风险控制有效吗？是否存在因设计输入不完整导致开发出来的产品不符合顾客要求的情况？				√		研发部	

6.4 审核活动的实施

6.4.1 举行首次会议

1. 首次会议的目的

在审核开始前，审核组应与受审核方管理者及适当的受审核的职能、过程的负责人一起召开首次会议。在会议期间，应给受审核方提供询问的机会。首次会议由审核组长主持召开。首次会议的目的是：

1）确认所有有关方（如受审核方、审核组）对审核计划的安排达成一致。

2）介绍审核组成员。

3）确保所策划的审核活动能够实施。

2. 首次会议的要求

1）首次会议应准时、简短、明了。

2）首次会议时间以不超过半小时为宜。

3）获得受审部门的理解与支持。

4）与会人员都要签名。

3. 参加会议的人员

1）审核组全体成员。

2）高层管理者（必要时）。

3）质量管理体系负责人（管理者代表）。

4）受审核部门领导及主要工作人员。

5）陪同人员。

6）来自其他部门的观察员（应征得受审核方的同意）。

4. 首次会议内容

适当时，首次会议应包括以下内容：

1）介绍与会者，包括观察员和向导，并概述与会者的职责。

2）确认审核目标、范围和准则。

3）与受审核方确认审核计划和其他相关安排，例如末次会议的日期和时间，审核组和受审核方管理者之间的临时会议以及任何新的变动。

4）审核中所用的方法，包括告知受审核方审核证据将基于可获得信息的样本。

5）介绍由于审核组成员的到场对组织可能形成的风险的管理方法。

6）确认审核组和受审核方之间的正式沟通渠道。

7）确认审核所使用的语言。

8）确认在审核中将及时向受审核方通报审核进展情况。

9）确认已具备审核组所需的资源和设施。

10）确认有关保密和信息安全事宜。

11）确认审核组的健康安全事项、应急和安全程序。

12）报告审核发现的方法，包括任何分级的信息。

13）有关审核可能被终止的条件的信息。

14）有关末次会议的信息。

15）有关如何处理审核期间可能的审核发现的信息。

16）有关受审核方对审核发现、审核结论（包括抱怨和申诉）的反馈渠道的信息。

5. 首次会议案例

见案例6-7：首次会议怎么开。

案例6-7：首次会议怎么开?

首次会议提纲

首次会议由审核组长主持。

1. 签到与人员介绍

大家早上好!

公司内部管理体系审核首次会议现在开始。

请到会的人员在签到单上签到。

这是公司 2018 年的第一次内部质量管理体系审核。现在我介绍一下审核小组成员及其分工。

注：如是外审，还需请受审核方总经理或授权人介绍公司主要管理人员。

2. 确认本次审核的目的和范围

审核目的：检查质量管理体系是否正常运行，评价质量管理体系的有效性和符合性。

审核范围：公司所有过程（部门）。

3. 确认审核准则

审核准则：IATF 16949 标准，质量手册、程序文件等质量管理体系文件，顾客特殊要求，适用的法规及其他要求。

4. 确认审核计划

现场审核计划已经下发给各位，请问有无变动或其他问题？希望受审部门主要负责人在计划的时间里在场等待。

注：如是外审，还需请受审核方质量管理体系负责人简介企业管理体系建立与运行情况（掌握在 10min 内）。

5. 审核方法和程序介绍

1）审核是一个抽样调查的过程，有一定的风险和局限。审核员尽可能做到抽样的代表性、公正性、客观性以减少风险。审核中不提供咨询，但可对工作的改进与发展提出建议。

① 对质量方针、目标的审核将在部门内部或生产现场抽一部分人员询问。

② 在部门内抽部分人员询问其职责。

③ 根据要求及记录重要性抽 3~12 份记录。

④ 对各类标识按使用情况，在现场进行抽查。

2）审核方式：按过程进行审核。

3）审核员工作方法：采用提问、观察、查阅记录、现场确认等方法。

4）对审核中发现的不符合项将开列不符合报告，并要求受审核部门确认不符合事实和提出纠正措施计划。

不符合的类型：

① 严重不符合。出现下列情况之一，原则上可构成严重不符合项：

a）体系出现系统性失效。如某个要素或某个关键过程在多个部门重复出现失效现象。例如，在多个部门或多个活动现场均发现有不同版本的文件同时使用，这说明整个系统文件管理失控。

b）体系运行区域性失效（可能由多个轻微不符合组成）。如某一部门或场所的全面失效现象。例如某成品仓库出现了账、卡、物不符，标识不清，状态不明，库房漏雨，出库交付手续混乱等全面失效现象。

c）可能产生严重的后果。如可能产生严重质量事故；可能导致不合格品装运；可能导致产品或服务失效或预期的使用性能严重降低；可能严重降低对产品和过程的控制能力。

d）组织违反法律法规、顾客特殊要求或其他要求的行为较严重。

e）一般不符合项没有按期纠正。

f）目标、绩效指标未实现，且没有通过评审采取必要的措施。

② 轻微不符合。出现下列情况之一，原则上可构成轻微不符合项：

a）对满足质量管理体系过程或体系文件的要求而言，是个别的、偶然的、孤立的、性质轻微的不符合。

b）对所审核范围的体系而言，是个次要的问题。

5）本次审核是公司 2018 年进行的第一次全面的、系统的审核，目的在于发现问题，因而希望各部门主管及有关人员积极配合，客观地回答审核中的问题，并正确对待不符合项（承认有疏忽的地方）。

6）强调审核的客观公正。审核员将以客观、公正的事实为依据，反映公司管理体系存在的问题。

7）澄清疑问。在会上对有疑问的问题予以澄清。

6. 说明审核将得出的结论

由于本次审核是例行审核，其目的在于检查质量管理体系是否正常运行，因而将根据审核发现做出如下结论中的一种：

1）质量管理体系符合 IATF 16949 标准的要求，体系运行有效。

2）质量管理体系有效运行，但有一些地方不符合 IATF 16949 标准的要求，希望有关部门针对不符合项采取纠正措施。

3）质量管理体系基本不按 IATF 16949 标准运行，希望引起公司领导重视，确保公司的质量管理体系回归到 IATF 16949 标准上来。

7. 确定陪同人员

陪同人员职责：联络、向导、见证（记录）。

8. 落实末次会议时间、地点、参加人员

注：如是外审，还需说明下列事情：

1）请受审方有关人员说明哪些区域及交谈人员为限制性的。

2）保密声明（包括技术秘密和审核信息），递交保证书。

3）现场审核路线及安全注意事项（安全帽）。

4）落实临时办公地点、复印、交通、工作餐安排。

9. 审核组长致谢，首次会议结束，转入现场审核

6.4.2 审核实施阶段的文件评审

在审核实施阶段还要对体系文件进行评审，以：

1）确定文件所述的体系与审核准则的符合性。

2）收集信息以支持审核活动。

在进行文件评审时，审核员应该考虑：

1）文件中所提供的信息是否：

① 完整（文件中包含所有期望的内容）。

② 正确（内容符合标准和法规等可靠的来源）。

③ 一致（文件本身以及与相关文件都是一致的）。

④ 现行有效（内容是最新的）。

2）所评审的文件是否覆盖审核的范围并提供足够的信息来支持审核目标。

只要不影响审核实施的有效性，文件评审可以与其他审核活动相结合，并贯穿在审核的全过程。

如果在审核计划所规定的时间框架内提供的文件不适宜、不充分，审核组长应告知审核方案管理人员和受审核方。应根据审核目标和范围决定审核是否继续进行或暂停，直到有关文件的问题得到解决。

内审时，如果对文件很熟悉，那么本步骤可以省略。

6.4.3 审核中的沟通

现场审核中要注意做好审核组内部、审核组与受审核部门之间、审核组与内审管理部门之间的沟通安排，便于就审核中遇到的有关事项进行充分协商，取得一致意见，顺利完成审核任务。

1. 审核组内部的沟通

在审核过程中。审核组成员之间应及时进行沟通。沟通的方式可以采用审核组内部会议或其他适宜的方式。通过内部沟通，使审核组成员之间能够交换信息、评定审核进展情况，在需要时重新分派审核组成员的工作。

审核组内部的沟通通常可以包括：每天现场审核结束后的沟通和全部现场审核活动结束后的沟通。除此之外，在审核过程中，审核员之间也可以根据需要就某些信息或问题进行沟通。审核组内部沟通的内容通常可以包括：

1）审核计划的安排是否合适？是否适应受审核方的实际情况，是否需要调整？

2）审核组的分工是否合理，是否需要调整？

3）审核的关注点及注意事项。

4）上次审核的不符合及纠正措施有效性情况。

5）审核是否按计划进行？是否完成了预期的进展？

6）审核中出现的异常情况的应对措施。

7）审核组成员从不同渠道所获得的信息汇总及相互补充验证，以获得审核证据形成审核发现。

8）评审审核发现，包括确定不符合。

9）对审核结论达到一致。

10）当有要求时，对受审核方管理改进的建议。

2. 审核组与受审核方的沟通

在审核过程中，审核组应及时向受审核方通报审核的进展及相关情况，并就有关信息进行沟通。

审核组与受审核方的沟通通常可以包括：与有关过程的责任人的沟通、每天现场审核结束后与受审核方代表的沟通和末次会议前与受审核方高层管理者的沟通等。除此之外，审核过程中，审核组也可就一些特殊情况或发现的特殊问题与受审核方进行及时沟通。

审核组与受审核方沟通的内容通常可以包括：

1）审核计划的实施情况和审核活动的进展，包括审核过程中发现的异常情况。

2）需要受审核方提供进一步配合和支持的活动。

3）对可能需要调整的审核活动安排（包括审核计划和审核组成员任务分工的变化）进行沟通和协商。

4）当审核组收集的证据显示有可能发生紧急的和重大的质量风险时，应立即与受审核方沟通。

5）审核组发现的超出审核范围之外的应引起关注的问题。

6）当审核组获得的审核证据表明不能达到审核目的时，审核组长应向受审核方说明相关情况和理由，并协商确定适当的措施，这些措施可包括：重新确认或修改审核计划，改变审核的目的，改变审核的范围，终止审核等。

7）可能会导致审核范围发生变更的任何情况。

8）简要介绍审核的整体情况，说明审核发现，请受审核方代表确认不符合项的不符合事实，需要时，就受审核方存在的异议进行沟通和澄清，解决双方的分歧并达成共识。

9）通报审核组对受审核方质量管理体系符合性和有效性的评价及做出的审核结论。

10）需要时，沟通审核后续活动的安排。

3. 审核组与内审管理部门的沟通

审核组与内审管理部门的沟通包括：

1）审核中出现的异常情况，如审核中遇到困难和障碍、审核时间不够。

2）审核中收集的证据表明存在紧急和重大风险时的情况报告。

3）随着审核活动的进展，出现需要改变审核范围、审核目的、审核持续时间或需要终止审核时。

6.4.4　向导的作用和责任

向导是"由受审核方指定的协助审核组的人员"。向导可以陪同审核组。但向导不应影响或干扰审核的进行。

受审核方指派的向导应协助审核组并根据审核组长的要求行动。他们的职责可包括：

1）协助审核员确定面谈的人员并确认时间安排。

2）安排访问受审核方的特定场所。

3）确保审核组成员和观察员了解和遵守有关场所的安全规则和安全程序。

向导的作用也可包括以下方面：

1）代表受审核方对审核进行见证。

2）在审核员收集信息的过程中，做出澄清或提供帮助。

组织在内审时是否需要指定向导，可根据其具体情况和内审活动的实际需要而确定，如部门较小、职责简单、人员很少也可不设向导。

6.4.5 信息的收集和验证（现场审核）

首次会议结束后，审核组成员即开始进行现场审核。现场审核是使用抽样检查的方法，收集并验证与审核目的、范围和准则有关的信息，从而获得审核证据的过程。现场审核在整个审核工作中占有非常重要的地位，审核发现以及最终的审核结论都是依据现场审核的结果得出的，因此，在现场审核过程中运用适宜的审核方法收集并验证信息，获得能够证实的审核证据是成功审核的关键。图6-2 展示了从收集信息到得出审核结论的过程。

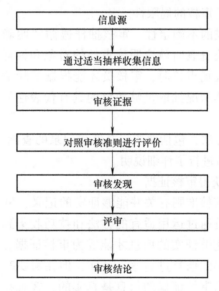

图6-2 从收集信息到得出审核结论的过程

1. 收集和验证信息，获得审核证据

在现场审核过程中，审核组需确定充分适宜的信息源，通过适当的抽样收集与审核目的、范围和准则有关的信息，并对这些信息进行验证，从而获得审核证据。只有与审核准则有关的并且能够证实的信息才能作为审核证据。

（1）确定信息源

可根据审核的范围和复杂性选择不同的信息源。信息源可能包括：

1）与员工和其他人员交谈。

2）观察活动和周围的工作环境与条件。

3）文件，例如方针、目标、计划、程序、标准、指导书、执照和许可证、规范、图样、合同和订单。

4）记录，例如检验记录、会议纪要、审核报告、监视方案和测量结果的记录。

5）数据汇总、分析和绩效指标。

6）有关受审核方抽样方案和抽样、测量过程的控制程序的信息。

7）其他来源的报告，例如顾客的反馈，外部调查与测量，来自外部机构和供应商评级的其他信息。

8）数据库和网站，等等。

（2）信息收集的方法和技巧

审核是在有限的时间内，有限的资源下进行的，因此审核是基于抽样的过程。审核抽样的采用决定了审核证据基于获得的信息的样本，因此审核中存在不确定性，这也反映了审核的局限性。

为了降低抽样造成的不确定性，审核抽样遵循"明确主体，合理抽样"的原则。审核员在编制检查表时就应明确审核的对象和抽样的总体，并对拟抽取的样本进行策划。到现场审核时，审核员才能根据实际情况真正明确审核对象的总体量，并根据具体情况抽取足够数量的具有代表性的样本，以获得审核所需的审核证据。

具体收集信息的方法，包括面谈、文件和记录的查阅与评审、现场观察等。本书在第 4 章 4.5.1 节进行了详细说明。

（3）验证信息，获得审核证据

审核证据是"与审核准则有关并能够证实的记录、事实陈述或其他信息"。在审核过程中，审核员通过运用适宜的方法和技巧收集到的信息很多，但只有与审核准则有关并且能够证实的信息才能成为审核证据。当然，在实际审核中不要求也没必要对获得的信息进行逐一证实，但在需要时这些信息应该是能够被证实的，以确保作为审核证据的信息是真实的、客观存在的。道听途说、假设、主观臆断、猜测等不能证实的信息不能作为审核证据。

为获得审核证据，审核员在需要时应对收集的信息进行验证，验证方法通常可包括：

1）观察实际操作情况与文件规定的符合性验证。

2）审核记录与文件规定的符合性的验证。

3）听相关人员描述的情况与文件规定符合性及记录的一致性验证。

4）在某一场所、部门或对某一人员的审核与对另一场所、部门和人员审核获得情况一致性的验证。

5）通过必要的实际测量来证实活动和过程的结果或记录的符合性、有效性和真实性。

6）现场访问顾客或相关方对符合性进行验证。

具体的审核证据可以是：

1）客观证据是存在的客观事实。主观分析、推断、臆测要发生的事不能成为客观证据。

2）被访问的、对被审核的质量活动负有责任的人的事实陈述可以成为证据，而传闻、陪同人员或其他与被审核的质量活动无关人员的谈话不能成为证据。

3）现行有效的质量文件中的规定和质量记录可以成为证实当前发生的质量活动的证据，而对已作废的质量文件中的规定和经擅自修改过的记录不能成为证实当前发生的质量活动的证据。

4）其他与审核准则有关的可用于证实的信息，如审核中观察或测量的结果等。

（4）记录审核证据

审核员应将获得的审核证据进行记录，记录时应注意以下几个方面：

1）记录的内容可包括：审核取证的时间、地点、面谈的对象、主题事件、主要过程和活动实施概要、观察到的事实、凭证材料、涉及的文件、记录、标识等。

2）记录的审核证据应全面反映审核的情况。不应只记录有问题的信息，也应记录审核中能够证实受审核方质量管理体系符合要求和有效运行的信息，特别是主要过程和关键活动的符合性和有效性信息，并能为审核报告中相应的评价和结论提供依据。

3）对于审核中发现有问题的有关信息，审核员应确保所记录的反映不符合事实的主要情节清楚，包括实现可追溯性的必要信息，例如：时间、地点、面谈的对象、涉及的文件、记录、标识等，是否需要记录具体数据，由审核员依据不符合事实的性质决定。

4）记录的信息应清楚、准确、具体、具有重查性，只有完整、准确的信息才能作为做出正确判断的依据。

2. 现场审核中的注意事项

1）要相信样本。样本选定后，按样本去寻找客观证据。如果找到的是合格的客观证据，就应相信结果就是合格的；如果找到的是不合格的客观证据，就可以认为这是一项不合格。

2）要随机抽样，样本的选择要有代表性，样本量一般为 3~12 个。

3）要依靠检查表，调整检查表要小心。

4）要把重点放在关键过程/关键岗位及其所在的现场；要注意关键岗位和

体系运行的主要问题。

5）要从问题的各种表现形式去寻找客观证据。有的不合格项问题比较复杂，要从多方面去取证。例如某个操作者未按作业指导书操作，但原因可能出于操作者未经培训；也可能操作者无法见到该作业指导书等，那么判断的依据就不同了。

6）当发现不合格时，要调查研究到必要的深度。如在抽样检查一批订单时，发现铸件的 6 张订单中有 1 张不合格，而其他元器件、原材料的订单均无问题。此时可扩大铸件订单的样本（如再抽 6 张铸件订单）；或追溯到铸件的进货检验报告中去检查是否因订单没有明确技术、质量或验收标准而导致铸件不符合要求，还是供方的质量管理体系发生了退步等。

7）要注意收集质量管理体系运行有效性的证据。质量管理体系的审核不仅应关注体系的符合性，还应关注体系的有效性，以便持续改进，不断地改善质量绩效。评价质量管理体系的有效性可考虑以下内容：

① 方针、目标和过程绩效指标的实现情况。

② 人力资源、基础设施、工作环境满足要求的能力。

③ 主要过程、关键活动、风险有效控制的情况。

④ 产品与顾客、法律法规要求的符合性和稳定性。

⑤ 产品质量的控制效果。

⑥ 数据的收集、分析与利用，持续改进措施的有效性。

⑦ 内审、管理评审、纠正措施等自我完善机制的有效性。

⑧ 员工质量意识的提高，遵守规章制度的自觉性。

⑨ 顾客的满意程度。

⑩ 国家、行业/地方监督抽查结果。

8）与被审方负责人共同确认事实。

9）有效控制审核时间。

10）始终保持客观、公正和有礼貌。

6.4.6　形成审核发现

1. 形成审核发现

审核发现是"将收集的审核证据对照审核准则进行评价的结果"。内审员通过现场调查，获取了大量的审核证据，将获得的审核证据与审核准则进行比较评价，得出审核发现。

审核组要在现场审核的适当阶段（如每天审核结束后和/或全部审核活动完成后）对审核证据进行评审，确定审核发现和审核发现的符合性。要将不符合审核准则的审核发现确定为不符合项。符合审核准则的审核发现体现了受审核方质量管理体系中符合的和有效的方面，为审核组对受审核方的质量管理体系进行总体评价提供了正面的信息基础，也为审核组做出适宜的审核结论提供依据。

应记录不符合及支持不符合的审核证据。可以对不符合进行分级。应与受审核方一起评审不符合，以获得承认，并确认审核证据的准确性，使受审核方理解不符合。应努力解决对审核证据或审核发现有分歧的问题，并记录尚未解决的问题。

2. 不符合项和不符合报告

不符合项指的是不符合审核准则的事项。而审核准则是用于与审核证据进行比较的一组方针、程序或要求。

在内审中，"要求"来自有关的法律、法规、质量标准、质量手册、合同、各种书面程序和作业指导书等必须遵循的文件。未满足上述要求即构成不合格。

（1）确定不符合的原则

1）不符合的确定，应严格遵守依据审核证据的原则。

2）凡依据不足的，不能判为不符合。

3）有意见分歧的不符合项，可通过协商和重新审核来决定。

（2）形成不符合项的3种情况

不符合项由以下任一种情况所形成：

1）文件规定不符合标准（即写的不符合规定）。质量管理体系文件与有关的法律、法规、质量标准、合同等的要求不符。

2）现状不符合文件规定（即做的不符合规定）。过程运行不符合相应规定。

3）没有达到预期的效果/目标（即做的没有效果）。有时质量管理体系文件规定是符合标准或其他文件要求的，也确实实施了，但由于实施不够认真，没有达到预期目的。

（3）不符合的类型（按严重程度分）

1）严重不符合。出现下列情况之一，原则上可构成严重不符合项：

① 体系出现系统性失效。如某个要素或某个关键过程在多个部门重复出现失效现象。例如，在多个部门或多个活动现场均发现有不同版本的文件同时使用，这说明整个系统文件管理失控。

② 体系运行区域性失效（可能由多个轻微不符合组成）。如某一部门或场所的全面失效现象。例如某成品仓库出现了账、卡、物不符，标识不清，状态不明，库房漏雨，出库交付手续混乱等全面失效现象。

③ 可能产生严重的后果。如可能产生严重质量事故，可能导致不合格品装运，可能导致产品或服务失效或预期的使用性能严重降低，可能严重降低对产品和过程的控制能力。

2）一般不符合。出现下列情况之一，原则上可构成轻微不符合项：

① 对满足质量管理体系过程或体系文件的要求而言，是个别的、偶然的、孤立的、性质轻微的不符合。如某次检验记录，检验员漏签名。

② 对所审核范围的体系而言，是个次要的问题。如文件控制过程出现了1个不符合项，但对于整个质量管理体系文件的控制效果的影响是轻微的，没有构成系统性失效。

（4）不符合判别准则

根据发现的不符合项，判定它不符合 IATF 16949 的哪个过程（或条款），应依据以下准则：

1）以客观事实为依据。

2）就近不就远。所谓就近不就远的原则是指在审核判定中，有适用的具体条款，就不再用综合性条款。例如：设计验证没有记录，就应判定不符合 IATF 16949 之 8.3.4（设计和开发控制）条款，而不应判不符合 IATF 16949 之 7.5.3（成文信息的控制）条款。

3）由表及里。审核中查出不符合事实，又发现不符合原因，应按原因适用的条款判定。如操作人员未按规定程序操作，跟踪审核查明是没有岗前或换岗培训造成，则判定不符合 IATF 16949 之 7.2c）（能力）条款。

4）该细则细。如计量器具因调整而失效，应判定不符合 IATF 16949 之 7.1.5.2 c）条款，而不应笼统判定不符合 IATF 16949 之 7.1.5.2 条款。

5）切忌片面性（透过表象抓实质）。某一问题重复出现，可能是培训不到位造成的，此时应判定不符合 IATF 16949 之 7.2c）条款。

6）严格区分易混淆的条款。使用适宜的设备中的问题，判定不符合 IATF 16949 之 8.5.1 d）。设备管理中的问题，判定不符合 IATF 16949 之 7.1.3。产品放行检验、验证无章可循，判定不符合 IATF 16949 之 8.1b）。有产品放行检验、验证规定但不执行，判定不符合 IATF 16949 之 8.6。生产和服务过程中未按规定进行监视和测量，判定不符合 IATF 16949 之 8.5.1c）。监测设备的管理问题，判定不符合 IATF 16949 之 7.1.5。生产过程中使用监测设备不正确，判定不符合 IATF 16949 之 8.5.1b）。生产过程中的人员不胜任，判定不符合 IATF 16949 之 8.5.1e）。人员管理中的问题，可能不符合 IATF 16949 之 7.1.2 或 7.2 或 7.3。生产过程有了作业指导书未执行或执行不到位，判定不符合 IATF 16949 之 8.5.1。因没有作业指导书或作业指导书不正确而导致错误，判定不符合 IATF 16949 之 8.1b）。顾客抱怨不处理，判定不符合 IATF 16949 之 10.2.1。重复发生同类不合格，判定不符合 IATF 16949 之 10.2.1。

7）合理不合法，以法为准。在质量管理体系文件中，已做出规定的条款就是一个组织的"法规"，不是可执行也可不执行，写到要做到，不能放空炮。对一些因客观条件变化，某些条文不尽合理的，在未修改前仍应按原规定执行。

8）综合性条款判断时要慎重（如 IATF 16949 之 4.4、5.3、7.1.1、7.5.1 等条款）。要判定综合性的条款不符合时，一定要慎重，是什么问题就指明是什么，不能以偏概全，全面否定。

（5）不符合报告的内容

1）受审核方的部门或人员。

2）审核员、陪同人员。

3）审核日期。

4）不符合事实描述。内容要具体，如事情发生的地点、时间、当事人、涉及的文件号、记录号等；文字要简明扼要。

5）不符合的审核准则（违反文件的章节号或条文以及 IATF 16949 标准的条款）。

6）不符合严重程度。

7）受审核方的确认签字。

8）不符合原因分析。

9）拟采取的纠正措施及完成的日期。

10）纠正措施完成情况及验证。

案例 6-8 为一不符合报告案例。

案例 6-8：不符合报告

不符合报告			
受审核区域/负责人：机械加工车间/孙权		审核日期：2017.9.14	
审核员：刘磊	向导：孙鹰	描述不合格项的检查表：检查表 No. 0007	
不合格陈述： 机械加工车间在半年内（2017 年 3 月至 9 月）连续发生三起类似的质量问题，即加工完的齿轮箱内有切屑以及工件未倒角，锐边切伤工人手指等，每次都采取扣奖金及教育的办法，未能收到避免再发生的效果。 不符合　文件：　COP36《纠正措施控制程序》（A/1） 　　　　　过程：　M7 改进管理 　　　　　标准：　IATF 16949 之 10.2.1 条款 不合格类型：□严重　■一般 审核员/日期：＿＿＿＿＿＿＿　　　　责任部门负责人/日期：＿＿＿＿＿＿＿			

(续)

受审核区域/负责人：机械加工车间/孙权		审核日期：2017.9.14
审核员：刘磊	向导：孙鹰	描述不合格项的检查表：检查表 No. 0007

原因分析：

1. 箱体加工后缺少一道检验工序来检查内部清洁。

2. 锐边倒角未纳入设计图样及工艺文件。

3. 工时定额过紧，工人为追求定额而放松质量。

纠正措施计划：

1. 建议检验规程中增加检查工件内部清洁的检验工序。

2. 建议设计图样上一律注明需倒角的地方。

3. 建议工艺文件中增加倒角工序。

4. 请人事行政部研究箱体加工及其他零件加工工时定额是否过紧，是否需调整。

纠正措施预计完成时间：_____

责任部门负责人/日期：_____   管理者代表/日期：_____

纠正措施验证结果：

1. 检验科已在有关检验规程中增加检查加工后清洁度的工序，已于9月16日完成。

2. 设计科已开始全面检查各产品零件图样，如发现未注明锐边倒角之处，均增加 1×45°或 1.5×45°倒角的字样，此工作可望在9月30日前完成。

3. 工艺科已开始全面检查工艺文件，在机械加工工艺卡中增加倒角程序，此工作可望在9月30日前完成。

4. 人事行政部研究后认为工时定额不算太紧，无调整的必要。

审核员/日期：_____

6.4.7　准备审核结论

1. 汇总分析审核结果

在末次会议之前要召开审核组总结会。在总结会上要对审核发现及收集到的综合信息进行一次汇总分析，目的是对质量管理体系符合性、有效性进行评价，并做出审核结论。

1）对不符合项进行统计分析。对不符合项的总数进行统计，并按 IATF 16949 条款和部门对不符合项进行分类（见 6.5 节案例 6-11 不符合项分布表）。有了这些数据，就可以大致说明薄弱环节在哪个部门或哪个过程上面。

2）纵向比较。与上次内审比，质量管理是进步了，还是退步了。

3）其他信息分析。

① 管理者对存在问题的态度。

② 两次内审期间发生的质量事故，相关部门的责任有多大，领导的态度如何？

③ 两次内审期间发生问题的纠正措施实施情况。

④ 总结质量管理工作优缺点。

通过以上分析，可对受审部门做出好的、基本上好的、问题较多的、有待改进等结论性意见。

对滚动式审核方案而言，汇总分析是针对某一个部门的或某个过程（或条款）的。在年度审核方案完成后，应进行一次全年的总分析，写出一份全面的审核报告。

对集中式审核方案而言，汇总分析是针对整个体系的，因而是一次全面的汇总分析，应就此对整个体系的运行情况进行判断。

2. 形成审核结论

审核结论是"考虑了审核目标和所有审核发现后得出的审核结果"。审核结论可陈述诸如以下内容：

1）管理体系与审核准则的符合程度和其稳健程度，包括管理体系满足所声称的目标的有效性。

2）管理体系的有效实施、保持和改进。

3）管理评审过程在确保管理体系持续的适宜性、充分性、有效性和改进方面的能力。

4）审核目标的完成情况、审核范围的覆盖情况，以及审核准则的履行情况。

5）审核发现的根本原因（如果审核计划中有要求）。

6）为识别趋势从其他受审核领域获得的相似的审核发现。

如果审核计划中有规定，审核结论可提出改进的建议或今后审核活动的建议。

6.4.8 举行末次会议

1. 末次会议内容

1）提出审核发现与审核结论。

2）提出后续工作要求（纠正措施、跟踪审核等）。

3）必要时，审核组长应告知受审核方在审核中遇到的可能降低审核结论可信度的情况。所有的审核都具有一定的不确定因素。由于审核是利用有限资源在有限时间内开展工作，因此审核期间所收集的信息不可避免地只是建立在对可获得信息的抽样基础上。这就导致了所有的审核都具有一定的不确定因素，审核结论的使用者应对这种不确定性加以关注。

4）审核目的规定时，提出改进的建议。

5）解决对审核发现与审核结论的分歧意见。

2. 末次会议要求

1）末次会议由审核组长主持，时间不超过 1h。

2）参加人员包括：受审核方领导、受审核方部门负责人、代表、向导、管理者代表（质量管理体系负责人）、最高管理者（必要时）、审核组全体人员等。

3）末次会议的重点应围绕着不合格项提出纠正措施及要求。

4）为了避免在末次会议上审核组与受审核部门对不合格报告争执不休，一般在会前及时沟通。如争论确实难以协调，只能提请管理者代表（质量管理体系负责人）解决。

5）末次会议应适当肯定受审核方取得的成功经验和好的做法，不要一味谈问题。

6）宣读不合格项报告或对受审核方不利结论时，应充分准备，选择适当措辞，防止陷入"僵局"。

7）末次会议应做好记录并保存，记录包括与会人员签到表。

8）使受审核方了解审核发现和审核结论。

3. 末次会议的议程

1）与会者签到。

2）向受审核方致谢。

3）重申审核目的、范围和准则。考虑到参加末次会议的人员不一定参加过首次会议，所以审核组长应重申审核目的、范围和准则。另一方面，在现场审核时，可能由于种种原因导致审核的目的和范围发生了改变，审核组长应说明改变的原因，申明改变之后的审核目的和范围，并得到受审核方的确认。

4）简述审核过程、并宣布审核发现（不符合报告）。审核组长应总体说明审核的大概情况，宣布审核发现（包括符合的和不符合的），肯定受审核方质量管理体系的优势，指出薄弱环节和主要问题。不符合报告可由审核组长指派审核组成员宣读，审核组成员可以对相关内容做出必要的解释和说明。对受审核方不理解或有疑问的内容进行解释和澄清，以使受审核方理解和认同。如果受审核方对审核发现有不同的意见，双方应进行讨论和澄清，尽量解决分歧达成共识；如果未能解决，审核组应记录所有的意见。

5）由受审核部门澄清宣布的不符合报告。对于宣布的不符合项允许受审核部门的代表予以澄清或解释，对于有不同意见的地方，审核组要给予耐心的解说，并可以采取举证的解释。如确实属于内审员的判定有误，也应实事求是地予以改正。

6）宣布审核结论。审核组长应就受审核部门在确保整个组织的质量管理体系的有效运行，实现总的质量目标和本部门的质量目标的有效性方面提出审核结论。适当时结论应表扬相关受审核部门质量工作的优点。如果受审核方对审核结论有不同的意见，双方应进行讨论和澄清，尽量解决分歧达成共识；如果未能解决，审核组应记录所有的意见。

7）提出纠正措施要求。审核组向受审核方提出采取纠正措施的要求，包括确定措施的时间，完成纠正措施的限期，验证纠正措施的方法等。

8）说明审核抽样的局限性。说明审核抽样的局限性的主要目的是告诉受审核部门没有发现不符合项的部门不一定没有不符合项，这些部门要自觉按体系文件的要求进行自我检查，确保组织的质量管理体系良好运行。

9）再次重申保密。

10）受审核方领导表态。

11）再次感谢。

12）宣布现场审核结束。

案例6-9是一末次会议示例。

案例6-9：末次会议怎样开？

末次会议议程（示范）

末次会议由审核组长主持。

1）大家好！现场审核末次会议现在开始，请参加会议的人员在我们的签到单上签到。

2）两天来，大家对审核活动提供了很好的配合和支持，使审核工作得以顺利地完成。为此我代表审核小组表示衷心的感谢。

3）现在我重申一下这次审核的目的和范围（略）。

4）审核小组在两天的时间内对×个过程、×个部门进行了审核，我们观察到企业的质量管理体系正在有效运行，做得较好的是××部门。我们也发现了质量管理体系运行中的薄弱环节。经过审核小组的分析、归纳，共提出 × 个不符合项，均为轻微不符合项，分布情况是××××。下面请审核员宣读不符合报告。

这些不符合报告在会前已经过陪同人员和管理者代表（质量管理体系负责人）的确认。

现在我代表审核组宣布审核结论：

① 公司的质量管理体系基本符合 IATF 16949 标准的要求。

② 公司的质量管理体系运行有效。

5）审核是一种抽样活动，有一定的风险性和局限性，不符合报告所述的区域是发现不符合项的地方，未必是唯一的地方。不符合的原因需要进行分析确定。其他有不符合项的地方未必被查到。审核只能对样本负责，但我们已经尽量做到公正、客观和准确，尽可能减少风险。希望企业能举一反三改进管理体系。

6）纠正措施要求。

① 纠正措施的完成时间和验证。

② 实施纠正措施的部门必须注意提供充足的证据。

7）说明发布审核报告的时间、方式及后续工作的要求。

8）受审核方领导表态：表示感谢，对审核结论和纠正措施要求作简短的表态，并适当说明今后的打算。

9）审核组长再次表示感谢! 宣布末次会议结束。

6.5　审核报告的编制和分发

6.5.1　审核报告的编制

1. 审核报告的内容

1）审核目标和范围。

2）明确审核组和受审核方在审核中的参与人员。

3）审核日期、地点。

4）审核准则。

5）审核发现。一般合格的审核发现不需要做一一的描述，而是在质量管理体系有效性评价意见中给予总结和肯定。不符合的审核发现的数量、性质、在部门和过程中分布情况要做出综合描述，并应将不符合报告作为审核报告的附件予以记载。

6）审核结论。审核结论可以是下面的一种或几种：

① 本组织质量管理体系的符合性、有效性如何？

② 本组织的质量管理体系是否具备接受外审的条件？

③ 本组织的质量管理体系哪些方面做得好，哪些方面还需要改进？

适当时，审核报告还可以包括或引用以下内容。

1）包括日程安排的审核计划。

2）审核过程综述，包括遇到可能降低审核结论可靠性的障碍。

3）确认在审核范围内，已按审核计划达到审核目标。

4）尽管在审核范围内，但没有覆盖到的区域。

5）审核结论综述及支持审核结论的主要审核发现。

6）审核组和受审核方之间没有解决的分歧意见。

7）改进的机会（如果审核计划有规定）。

8）识别的良好实践。

9）商定的后续行动计划（如果有）。

10）关于内容保密性质的声明。

11）对审核方案或后续审核的影响。

12）审核报告的分发清单。

注：审核报告可以在末次会议之前编制。

2. 审核报告编写时的注意事项

审核报告中应避免：

1）面谈中言及的机密。

2）末次会议未谈及的事情。

3）主观意见。

4）模糊不清的论述。

5）引发争论的语句。

6.5.2 审核报告的分发

将批准后的审核报告按规定的日期分发给受审核方和相关人员。

案例6-10是一审核报告示例；案例6-11是一不符合项分布表。

案例6-10：审核报告

审 核 报 告

1. 审核目的

检查质量管理体系是否正常运行，评价质量管理体系的有效性和符合性。

2. 审核范围

质量管理体系覆盖的所有过程、部门及工作现场，包括总经理、管理者代表/副总经理、产品研发部、质量部、生产部、仓库、营销部、人事行政部、工艺设备部。

3. 审核准则

1）IATF 16949 标准。

2）质量手册、程序文件。

3）顾客特殊要求。

4）相关法律法规及其他要求。

4. 审核组

组长：张生

第一组：张生、李四

第二组：王二、张三

5. 审核日期

20××年6月18日~6月20日

6. 审核过程综述（含审核发现）

按公司计划，审核组4人于6月18日开始进行了为期3天的现场审核。

公司对这次审核很重视，正、副总经理等出席了首、末次会议，并为审核提供了支持和方便，审核过程中也得到公司各有关部门主管和全体人员的积极配合，整个审核过程是在认真、求实、坦诚的气氛中进行的。由于大家的共同努力，使审核活动能按计划圆满完成。

在3天的审核中，审核组检查了与公司质量管理体系有关的各个过程及部门。同时查看了生产现场和各项设施，同公司领导、管理者代表、部门主管以及普通员工等20多人进行了交谈。对 IATF 16949 的所有要求做了抽查证实。

通过检查，审核组发现：公司的质量管理体系在文件规定和实际运行方面完全按照 IATF 16949 标准的要求进行，但各部门对 IATF 16949 标准、程序文件的熟悉方面尚有一定差距，需进一步完善与提高。

在审核中发现了1个严重不符合项、7个一般不合格项，填写了8张不合格报告单，分别涉及 IATF 16949 之产品和服务的设计和开发（8.3）、外部提供的过程、产品和服务的控制（8.4）、生产和服务提供的控制（8.5.1）、标识和可追溯性（8.5.2）、防护（8.5.4）、交付后的活动（8.5.5）、产品和服务的放行（8.6）、不合格输出的控制（8.7）等条款。这些不合格项分布在产品研发部、采购部、生产部、仓库、营销部、质量部等6个部门。这些不符合报告已得到了责任部门的确认，并提出了纠正措施的完成期限。

需要指出的是，审核是抽样进行的，可能有些实际存在的问题未被发现。在一些部门发现不符合，并不意味着这些部门搞得不好，没发现或发现很少不符合，也不表示这些部门工作不存在问题。对没审核到的，各部门应按标准和规定的质量管理体系要求进行自查。在采取改进措施时，要做到举一反三，切忌"头疼医头、脚疼医脚"，应从整体着手，系统地改进和不断完善自身的质量管理体系，使之更趋完善和协调。

7. 审核结论

审核组认为：

（1）公司的质量管理体系基本符合 IATF 16949 标准的要求。

（2）公司的质量管理体系运行有效，具体表现在：

1）过程识别充分。

2）法律、法规和其他要求的识别很充分并能在工作中得到认真遵守。

3）质量方针得到全面贯彻。

4）质量目标得到全面落实。

5）文件化体系得到有效的实施。

6）人力资源、基础设施、工作环境充分，知识管理得到实现。

7）主要过程、关键活动、风险得到有效控制。

8）所有过程的绩效指标得到全面实现（可附上过程绩效统计表作为附件）。

9）员工质量意识得到了提高，能自觉地遵守与本岗位有关的程序和作业文件的规定。

10）顾客投诉能得到及时处理，顾客满意度达到公司的要求。

11）质量管理体系通过了 A、B、C 等公司的第二方审核，并达到了这些公司的优秀供应商的水平。

12）内审、管理评审、纠正措施、预防措施等自我完善机制运行有效，能及时发现问题并改进。

注：审核结论中必须有符合性、有效性方面的结论。

8. 纠正措施实施要求和期限

要求各个部门于 20××年7月10日前完成纠正措施并向审核组长提交书面报告，审核组将采取书面与现场相结合的方式予以验证。

9. 本审核报告分发范围

1）正、副总经理、管理者代表、质量部。

2）受审核部门。

3）审核组成员。

附件：

1）不符合项分布表（见案例6-11、案例6-12）。

2）……

编写（审核组长）/日期：_____ 批准（管理者代表）/日期 _____

案例 6-11：不符合项分布表（1）

不符合项分布表（1）

IATF 16949 标准要求	各部门不符合项数量											合计	
	总经理	管理者代表	副总经理	仓库	质量部	产品研发部	生产部	营销部	采购部	工艺设备部	人事行政部	一般不符合	严重不符合
4 组织环境													
4.1 理解组织及其环境													
4.2 理解相关方的需求和期望													
4.3 确定质量管理体系的范围													
4.4 质量管理体系及其过程													
5 领导作用													
5.1 领导作用和承诺													
5.1.1 总则													
5.1.2 以顾客为关注焦点													
5.2 方针													
5.3 组织岗位、职责和权限													
6 策划													
6.1 应对风险和机遇的措施													
6.1.2.1 风险分析													
6.1.2.2 预防措施													
6.1.2.3 应急计划													
6.2 质量目标及其实现的策划													
6.3 变更的策划													
7 支持													
7.1 资源													
7.1.1 总则													
7.1.2 人员													
7.1.3 基础设施													
7.1.4 过程运行环境													
7.1.5 监视和测量资源													
7.1.6 组织的知识													
7.2 能力													
7.3 意识													
7.4 沟通													

（续）

IATF 16949 标准要求	各部门不符合项数量											合计	
	总经理	管理者代表	副总经理	仓库	质量部	产品研发部	生产部	营销部	采购部	工艺设备部	人事行政部	一般不符合	严重不符合
7.5 成文信息													
7.5.1 总则													
7.5.2 创建和更新													
7.5.3 成文信息的控制													
8 运行													
8.1 运行的策划和控制													
8.2 产品和服务的要求													
8.3 产品和服务的设计和开发						★							1
8.4 外部提供的过程、产品和服务的控制									×			1	
8.5 生产和服务提供													
8.5.1 生产和服务提供的控制							×					1	
8.5.2 标识和可追溯性							×					1	
8.5.3 顾客或外部供方的财产													
8.5.4 防护				×								1	
8.5.5 交付后活动								×				1	
8.5.6 更改控制													
8.6 产品和服务的放行					×							1	
8.7 不合格输出的控制					×							1	
9 绩效评价													
9.1 监视、测量、分析和评价													
9.1.1 总则													
9.1.2 顾客满意													
9.1.3 分析与评价													
9.2 内部审核													
9.3 管理评审													
10 改进													
10.1 总则													
10.2 不合格和纠正措施													
10.3 持续改进													
合计 · 一般不符合				1	2		2	1	1			7	
合计 · 严重不符合						1							1

说明：×表示一般不符合项，★表示严重不符合项。

397

案例 6-12：不符合项分布表（2）

不符合项分布表（2）

过程代号	过程名称	各部门不符合项数量											合计	
		总经理	管理者代表	副总经理	仓库	质量部	产品研发部	生产部	营销部	采购部	工艺设备部	人事行政部	一般不符合	严重不符合
C1	合同管理													
C2	顾客投诉处理									×			1	
C3	设计和开发						★							1
C4	生产与物控管理				×			× ×					3	
C5	产品交货													
M1	风险控制													
M2	经营计划管理													
M3	顾客满意调查													
M4	分析与评价													
M5	内部审核													
M6	管理评审													
M7	改进管理													
S1	设备管理													
S2	工装管理													
S3	监测设备管理													
S4	知识管理													
S5	培训管理													
S6	文件管理													
S7	供应商管理													
S8	采购管理										×		1	
S9	产品检验					×							1	
S10	不合格品控制					×							1	
合计	一般不符合				1	2		2	1	1			7	
	严重不符合						1							1

说明：×表示一般不符合项，★表示严重不符合项。

6.6 审核的完成

当审核计划中的所有活动均已完成，并分发了经批准的审核报告时，审核即告结束。

6.7 审核后续活动的实施

根据审核目标，审核结论可以表明采取纠正、纠正措施和改进措施的需要。此类措施通常由受审核方确定并在商定的期限内实施。适当时，受审核方应将这些措施的实施状况告知审核方案管理人员和审核组。

审核组或审核方案管理人员应对措施的完成情况及有效性进行验证。验证可以是后续审核活动的一部分。

6.7.1 纠正措施在内部审核中的重要性

在内部质量管理体系审核中，纠正措施具有特别重要的意义。这是内部质量管理体系审核的目的决定的。内审目的的重点在于发现质量管理体系的问题，查出原因，采取纠正措施加以消除，以免重犯类似不合格，使质量管理体系得到不断改进。

内部质量管理体系审核既然如此重视纠正措施，因此内部质量管理体系审核在现场审核完成以及审核报告发布后，审核组或审核方案管理人员仍要花许多精力促进纠正措施计划的有效实施。

6.7.2 纠正措施要求的提出

1）内审中发现的不符合项均要采取纠正措施。由内审员向受审方开具不符合项报告，要求受审方采取纠正措施。

2）受审核方分析不符合原因，在原因分析的基础上提出要实施的纠正措施。

3）内审员可提出纠正措施的建议，但不能代替受审核部门具体制定纠正措施，更不能承担纠正措施实施后果不良的责任。

4）纠正措施实施期限一般规定为15天，具体期限视各单位情况而定。

6.7.3 纠正措施的批准

1）为确保纠正措施的适宜性，纠正措施实施前应由管理者代表（质量管理体系负责人）批准认可。认可的目的主要在于审查该纠正措施是否是针对了不合格的原因、是否具有可行性及适宜性。例如某一塑料制品车间在搬运过程中造成许多损坏。车间主任提出的纠正措施建议是"召开大会、小组提保证、个人写保证书"就不会被批准，因为这种纠正措施不是针对造成不合格的原因，而只是在表面上做文章，是不可能生效的。如果车间主任提出的纠正措施是"改建厂房，增设一套悬挂式输送机系统"，则这样的纠正措施也是不现实的，

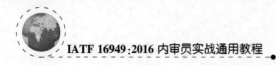

不仅投资大，建设时间长，而且必要性也不大，因而可行性不强，这种纠正措施也不会被批准。

2）必要时，纠正措施计划要经过管理者代表（质量管理体系负责人）批准。经过管理者代表（质量管理体系负责人）批准的纠正措施，若涉及整个组织或牵涉到几个部门，管理者代表（质量管理体系负责人）可能还要请示最高管理者决定后，办理批准手续。经管理者代表（质量管理体系负责人）或最高管理者批准后，该措施计划方可正式实施。

6.7.4　纠正措施的实施

纠正措施实施过程中如发现问题，导致不能按期完成时，受审部门应向管理者代表（质量管理体系负责人）说明原因，请求延期。

如在实施中发生困难，非一个部门自身力量能解决，则应向管理者代表（质量管理体系负责人）提出，请最高领导解决。

如在实施中，几个有关部门之间对实施问题有争执，难以解决，也应提请管理者代表（质量管理体系负责人）协调或仲裁。

应保存纠正措施实施情况的有关记录。

6.7.5　纠正措施的跟踪和验证

1. 跟踪

1）审核组成员应关心和经常过问纠正措施的完成情况。

2）纠正措施执行中的问题应及时向管理者代表（质量管理体系负责人）及有关部门反映。

2. 验证

纠正措施完成后，审核员（或审核方案管理人员）应进行验证并报告验证结果，验证内容包括：

1）计划是否按规定日期完成？

2）计划中的措施是否都已完成？

3）完成的各项效果如何？

4）实施情况是否有记录可查。

5）引起的文件更改，是否按文件控制程序办理了修改手续？

如果验证发现所采取的措施没有明显效果，则应采取更有效的纠正措施。

如果某些效果要更长的时间才能体现，可留作问题待下一次例行审核时再检查。

纠正措施的验证结果一般都记录在不符合报告中，见前面6.4.6节案例6-8。

第三部分

过 程 审 核

第7章

过程审核综述

引言：IATF 16949 之 9.2.2.3 条款——"制造过程审核"强调"组织应采用顾客特殊要求的过程审核方法，每三个日历年审核一次全部制造过程，以确定其有效性和效率。如果顾客未指定，组织应确定要采用的审核方法"。但怎样进行过程审核，很多企业却并不知道。一些通过 IATF 16949 的企业，其过程审核也是应付认证机构而流于形式，没有起到应有的效果。为此，本章将按照《VDA 6.3 过程审核》（2016 版）的要求对过程审核进行详细讲解。

为了适应我们中国人的习惯，为了更加接地气，在描述方式上，对 VDA 6.3 做了适当改进。

7.1 过程审核的涵义

过程审核是确定过程质量活动和有关结果是否符合过程质量控制的安排，以及这些安排是否有效实施并能达到过程控制目标的、系统的、独立的检查。

过程审核的目的是对过程的质量能力进行评定，使过程能达到受控和有能力，能在各种干扰因素下仍然稳定受控。通俗地讲，过程审核就是对过程是否严格按规定的规范和措施执行的情况进行客观的审查，以评估过程控制的有效性，并对发现的问题采取改进措施，最终保证过程质量稳定受控。

7.2 体系、过程及产品审核间的关系

质量审核包括质量管理体系审核、过程审核和产品审核三种方式。表 7-1 对体系、过程及产品审核进行了比较。

表7-1 体系、过程及产品审核的比较

比较项目	体系审核	过程审核	产品审核
目的	确定质量管理体系的符合性、有效性	对过程的质量能力进行评定	对产品的质量特性进行评定
对象	组织的质量管理体系	产品开发过程／批量生产过程	生产和交付适当阶段的产品

（续）

比较项目	体系审核	过程审核	产品审核
依据	◆ IATF 16949； ◆ 组织的质量管理体系文件； ◆ 顾客特殊要求； ◆ 相关法律法规	◆ VDA 6.3； ◆ 过程流程图； ◆ 控制计划； ◆ 程序文件、作业指导书； ◆ 检验指导书	◆ 图样； ◆ 产品标准； ◆ 产品缺陷目录及缺陷评级指导书
频次	按计划，一般一年一至两次	按计划及根据需要	按计划，一般是经常性的
审核员	质量管理体系内审员	过程审核内审员	产品审核内审员
相关记录	内审计划、检查表与结果、不合格项报告、内审报告	审核记录、审核报告、纠正和预防措施要求单	审核记录、审核报告、纠正和预防措施要求单

7.3 过程审核的应用范围

在整个供应链以及产品生命周期的各个阶段中（见图 7-1，图中 SOP 是 Start Of Production 三个英文单词的第一个字母的大写组合，意思是开始量产，即产品可以进行批量生产了），过程审核既可以应用于内部，也可以应用于外部。过程审核主要是就下列七大过程要素进行提问：

1）P1——潜在供应商分析。

2）P2——项目管理。

3）P3——产品和过程开发的策划。

4）P4——产品和过程开发的实现。

5）P5——供应商管理。

6）P6——生产过程。

7）P7——顾客关怀、顾客满意、服务。

提问表的编排，确保了过程审核不仅适用于大型的集团企业，同样也适用于中小型企业。

将过程要素的各个问题与供应链以及产品生命周期的各个阶段关联对应（见图 7-2），这样企业就可以根据产品在供应链以及产品生命周期中具体所处的阶段，为过程审核挑选出相关的过程要素进行审核。

从图 7-2 中可以看到：

1）过程要素 P1 用来进行潜在供应商分析（X_1），是发包前对潜在供应商进行的一次摸底。

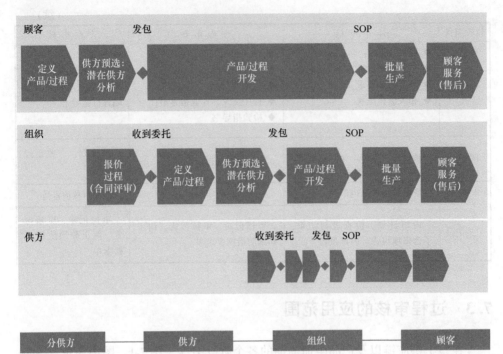

图 7-1　供应链以及产品生命周期的各个阶段

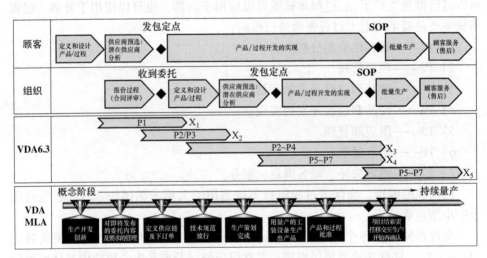

图 7-2　过程要素同供应链以及产品生命周期之间的相互关联

注：VDA-MLA 是 VDA 的"新产品的成熟度保障（MLA）"标准，各成熟度等级与产品开发、生产、交付的相应阶段对应。

2）过程要素 P2 至 P4 主要关注产品开发过程（$X_2 + X_3$）中的早期阶段。理想情况是在发包后使用过程要素 P2 和过程要素 P3 对策划的活动进行分析 (X_2)。

3）过程要素 P4 可延后，用于对过程要素 P3 所策划活动的落实进行分析和评价 (X_3)。

4）通过对过程要素的分解，可按照要求对策划活动和实施/实现进行评价。在完成发包后至 SOP 阶段，过程要素 P2 ~ P4 用于提前识别成熟度风险和过程风险，因而在项目阶段对过程优化提供支持。

5）根据 VDA – MLA 中的成熟度等级 ML6，过程要素 P5 ~ P7 (X_4) 最好始于 SOP 阶段。

6）在批量生产的框架范围内，可将过程要素 P5 ~ P7 (X_5) 用于对量产过程的定期监控，或用于对事件导向的过程分析提供支持。

需说明的是，原则上，任何使用者/组织都有权在产品开发和量产阶段，调整使用过程要素来满足其自身的要求。

从图 7-1、图 7-2 中可以看到，在发包前进行的潜在供应商分析（P1），实际是一个范围缩小的过程审核——对具备量产交付资质的潜在供应商进行的过程审核。

7.4 过程审核的对象

过程审核的对象主要是产品实现过程。当过程审核针对一个作业过程时，也称为"工序审核"。

对于 IATF 16949 来说，过程审核主要是指"制造过程审核"。 制造过程是指从进货检验开始到发运交付的过程。

必须指出的是，很多汽车整车厂（尤其是外资企业）都要求供应商按德国的《VDA 6.3 过程审核》的要求进行过程审核（VDA：德国汽车工业协会）。《VDA 6.3 过程审核》的对象是产品开发过程/批量生产（过程）。

需注意的是，不是那些过程出了问题，才去进行审核。过程审核更多地关注按过程质量策划的安排实施并处于受控状态的过程。

7.5 过程审核的内容

7.5.1 过程审核提问表概览

1. 过程审核中的提问数量

过程审核主要是就七大过程要素进行提问（提问内容见表 7-2），其中 P1

（潜在供应商分析）中的提问是从过程要素 P2～P7 中选出的 36 个提问，因此过程审核中的提问数量就是六大过程要素 P2～P7 中的 58 个提问（其中 18 个为"＊"号问题，见表 7-2），其中：

1）P2（项目管理）有 7 个提问，其中 2 个"＊"号问题。

2）P3（产品和过程开发的规划）有 5 个提问，其中 1 个"＊"号问题。

3）P4（产品和过程开发的落实）有 8 个提问，其中 3 个"＊"号问题。

4）P5（供应商管理）有 7 个提问，其中 2 个"＊"号问题。

5）P6（生产过程）有 26 个提问，其中 8 个"＊"号问题。

6）P7（顾客关怀、顾客满意度、服务）有 5 个提问，其中 2 个"＊"号问题。

所谓"＊"号问题，是指涉及产品风险和过程风险的问题。产品风险是指产品与规定不符的风险以及可能对功能、安全、安装等产生影响的风险；过程风险是指制造过程在保障产品特性（产品质量）方面的风险，反映了过程不符合及其对产品特性产生的影响。

2. P6（生产过程）中的 7 个子要素

过程要素 P6（生产过程）包含 7 个子要素，共有 26 个提问，其中有 8 个"＊"号问题：

1）P6.1 过程输入。有 5 个提问，其中 1 个"＊"号问题。

2）P6.2 过程管理。有 5 个提问，其中 2 个"＊"号问题。

3）P6.3 人力资源。有 3 个提问，其中 1 个"＊"号问题。

4）P6.4 物质资源。有 5 个提问，其中 2 个"＊"号问题。

5）P6.5 过程绩效。有 4 个提问，其中 1 个"＊"号问题。

6）P6.6 过程输出。有 4 个提问，其中 1 个"＊"号问题。

7）P6.7 运输和零部件搬运。

针对 P6.7 运输和零部件搬运，没有单独的提问。对 P6.7 的提问包含在对 P6.1～P6.6 的提问中。也就是说，在完成对 P6.1～P6.6 提问的同时，对 P6.7 的提问也就完成了。P6.1～P6.6 中共有 8 个提问与 P6.7 相关。

通过对过程要素 P6 的 7 个子要素的审核，完成对 P6 生产过程的审核、分析和评价。

生产过程是由一个个子过程（工序）构成的，对生产过程的审核，也就是对每个工序的审核。要针对每个工序的 7 个子要素 P6.1～P6.7 进行提问。

表 7-2 反映了过程审核提问的总体情况，本章 7.5.2 节表 7-3 是过程审核提问表的使用要点。

表7-2 过程审核提问表概览

提 问		P1 潜在供应商分析**	P6.7 运输和零部件搬运
P2	**项目管理**		
P2.1	是否建立了项目管理及其组织机构?	×	
P2.2	是否为落实项目而规划了所有必要的资源,这些资源是否已经到位,变更时有无报告?	×	
P2.3	是否编制了项目计划,并与顾客协调一致?	×	
P2.4	项目是否实施了产品质量先期策划,并对其落实情况进行了监控?	×	
P2.5*	项目所涉及的采购事项是否得以实施,对其落实情况是否进行了监控?	×	
P2.6*	项目组织机构是否在项目进行过程中对变更进行了有效的管理?	×	
P2.7	是否建立了事态升级程序,该程序是否得到有效的落实?	×	
P3	**产品和过程开发的策划**		
P3.1	针对具体产品和过程的要求是否已经明确?	×	
P3.2*	基于产品和过程要求,是否对可行性进行了全面评审?	×	
P3.3	是否详细策划了产品和过程开发活动?		
P3.4	是否已对顾客关怀/顾客满意/顾客服务和使用现场失效分析的活动进行了策划?		
P3.5	针对产品和过程开发,是否考虑到了必要的资源?		
P4	**产品和过程开发的实现**		
P4.1*	产品和过程开发计划中确定的事项是否得到落实?	×	
P4.2	人力资源是否到位并且具有资质,以确保批量生产启动?		
P4.3	物质资源是否到位并且适用,以确保批量生产启动?		
P4.4*	是否获得了产品和过程开发所要求的批准和放行?	×	
P4.5	产品和过程开发中是否制定了生产和检验规范并加以实施?		
P4.6	是否在量产条件下进行了能力测试,以便获得量产批准? *注意:4.6不适用于对"产品开发的实现"进行提问(用"n.e.(not evaluated)"表示提问不适用)。*		
P4.7	是否建立过程以便确保顾客关怀/顾客满意/顾客服务以及现场失效分析的实施? *注意:4.7不适用于对"产品开发的实现"进行提问(用"n.e.(not evaluated)"表示提问不适用)。*		
P4.8*	是否有从产品开发移交至批量生产的控制办法?		
P5	**供应商管理**		
P5.1	是否只选择获得批准且具备质量能力的供应商?	×	
P5.2	是否在供应链上考虑到了顾客要求?	×	
P5.3	是否与供应商就交付绩效约定了目标,并加以了落实?		
P5.4*	采购的产品和服务,是否获得了所需的批准/放行?	×	
P5.5*	采购的产品和服务的约定质量是否得到了保障?	×	
P5.6	进厂的货物是否得到了适宜交付和储存?	×	
P5.7	针对各具体的任务,相关人员是否具备资质,是否定义了其职责?		
P6	**生产过程**		
P6.1	过程输入		
P6.1.1	是否在产品开发和批量生产之间进行了项目交接,以确保生产顺利启动?	×	

(续)

提　　问	P1 潜在供应商分析**	P6.7 运输和零部件搬运
P6.1.2 来料是否在约定的时间按所需数量/生产批次大小被送至正确的地点/工位?		×
P6.1.3 是否对来料进行了适宜的储存, 运输设备、包装方式是否与产品的特性相适应?		×
P6.1.4 必要的标识/记录/放行是否存在, 并且适当地体现在来料上?		×
P6.1.5* 在量产过程中, 是否对产品或过程的变更开展跟踪和记录?		
P6.2 过程管理		
P6.2.1 控制计划里的要求是否完整, 并且得到有效实施?	×	
P6.2.2 对生产是否进行重新放行?	×	
P6.2.3* 在生产中, 是否对特殊特性进行控制管理?	×	
P6.2.4* 对未批准放行件和/或缺陷件是否进行了管控?	×	×
P6.2.5 是否能确保材料/零部件在流转过程中不发生混合/弄错?		×
P6.3 人力资源		
P6.3.1* 员工是否能胜任被委派的工作?	×	
P6.3.2 员工是否清楚监视产品和过程质量的职责和权限?		
P6.3.3 是否具备必要的人力资源?	×	
P6.4 物质资源		
P6.4.1* 使用的生产设备是否可以满足顾客对产品的特定要求?	×	
P6.4.2 生产设备/工具的维护保养是否受控?	×	
P6.4.3* 通过使用的监视和测量设备, 是否能够有效地监控质量?	×	
P6.4.4 生产工位和检验工位是否满足需要?	×	
P6.4.5 是否正确地存放工具、装置和检验设备?		
P6.5 过程绩效		
P6.5.1 是否为制造过程设定了目标?		
P6.5.2 是否对质量和过程数据进行了收集和分析?		
P6.5.3* 一旦与产品和过程要求不符, 是否进行了原因分析, 是否验证了纠正措施的有效性?	×	
P6.5.4 是否定期对过程和产品进行审核?	×	
P6.6 过程结果/输出		
P6.6.1 是否根据需要确定产量/生产批量, 并且有目的地运往下道工序?		×
P6.6.2 是否根据要求对产品/零部件进行适当存储, 所使用的运输设备/包装方式是否与产品/零部件的特点相适应?	×	×
P6.6.3 是否保留了必要的记录和放行证据?		×
P6.6.4* 成品的交付是否满足顾客要求?	×	
P7 顾客关怀/顾客满意/服务		
P7.1 质量管理体系、产品和过程方面的要求是否得到了满足?	×	
P7.2 是否对顾客服务提供了必要的保障?	×	
P7.3* 是否保障了零件的供应?	×	
P7.4* 如果出现与质量要求不符的情况或投诉, 是否进行了失效分析, 并且有效地落实了纠正措施?	×	
P7.5 针对各具体的任务, 相关的人员是否具备资质, 是否定义了这些人员的职责?		

注: 1. 阴影部分是 "＊" 号问题, 是指涉及产品风险和过程风险的问题。

2. ＊＊: P1 (潜在供应商分析) 中提出的问题。

3. "×" 表示 P2~P7 中的问题, 也是 "P1 潜在供应商分析" / "P6.7 运输和零部件搬运" 中的问题。

7.5.2　过程审核提问表使用说明

在使用提问表时，要注意以下几个方面：

1）运用提问表时，要结合现场核实。

2）证明材料要与相关的产品风险相适宜。

3）提问不能低于最低要求（见表 7-3），提问要与审核的过程相关。

4）把识别的过程风险整合到提问中。

应在过程审核的准备阶段，对过程中潜在的风险进行识别，以便在过程审核中对它们开展足够的评价。可利用乌龟图（见图 7-3）识别过程风险。

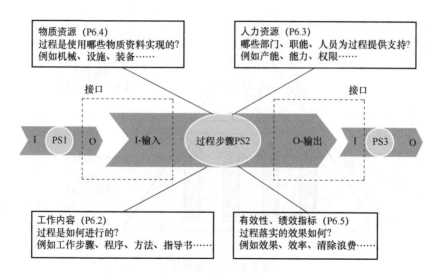

图 7-3　乌龟图模型

乌龟图中，过程的输入、过程的步骤、过程的输出、过程的责任人、过程需要的物质资源、过程的方法、过程的绩效指标清晰地呈现出来。过程的输入通过过程转化为过程输出，为此可提出下列问题：

① 过程输入是否完整（过程输入，可参见子要素 P6.1 的提问表）？

② 过程是如何进行的（过程管理，可参见子要素 P6.2 的提问表）？

③ 哪些岗位/部门/人员为过程提供支持（人力资源，可参见子要素 P6.3 的提问表）？

④ 过程需使用哪些物质资料（物质资源，可参见子要素 P6.4 的提问

表)？

⑤ 过程实现的效果如何（过程绩效，可参见子要素 P6.5 的提问表)？

⑥ 过程的输出是否实现（过程输出，可参见子要素 P6.6 的提问表)？

针对提出的问题，识别出过程中的潜在风险。在过程审核中，把这些风险整合到提问中，以确保风险得到适当的控制。

5）提问内容要包含或覆盖过程控制或管理的要点。

6）审核员应提出开放式问题来评价要求的落实程度。需要考虑准备和审核期间识别出的风险。

7）审核员基于审核发现，用封闭式问题来评价业绩。如图 7-4 审核金字塔所示。

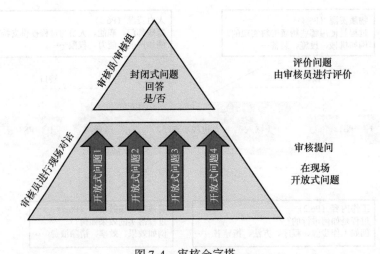

图 7-4　审核金字塔

8）针对过程要素 P3 和 P4，可共同或分别在产品策划/实现、过程策划/实现中进行审核。这取决于受审核方。

9）如果过程要素 P6"生产过程"需要分解成多个过程步骤（工序），则应定义每个过程步骤（工序）的名称，并分别评价。

在使用过程审核提问表时，要根据"与审核有关的最低要求"开展评价（见表 7-3），表 7-3 中的示例仅起指导作用，不能作为审核的要求。

提问时可以参照相关的 VDA（德国汽车工业协会）、AIAG（美国汽车工业行动集团）等标准。表 7-4 ～ 表 7-12 显示了提问可参考的标准。表 7-4 ～ 表 7-12 中的"×"表示提问与某个标准相关。

表7-3 过程审核提问中的最低要求与示例

过程要素	提问	与审核提问有关的最低要求	示例
	P2.1 是否建立了项目管理及其组织机构?	◆ 具有项目管理过程 ◆ 规定了跨职能的项目组织机构,并规定了联系方式 ◆ 确定项目负责人及团队成员的职责和权限 ◆ 项目小组成员有资质来执行项目任务 ◆ 项目组织机构能满足顾客要求 ◆ 供应商被纳入项目管理中	◆ 确定项目负责人/技术专家的角色、任务、能力以及职责 ◆ 多个地点的项目协调与接口 ◆ 项目组织机构图 ◆ 项目团队的组成 ◆ 资质证明 ◆ 顾客对项目管理的特殊要求
P2 项目管理	P2.2 是否为落实项目而规划了所有必要到的资源,这些资源是否已经到位,变更时有无报告?	◆ 针对项目合同的资源规划应考虑到顾客要求 ◆ 建立并实施针对资源规划成员工的工作负荷 ◆ 项目发生变更(时间、开发规模、等等)时,要对资源规划加以调整。这既适用于顾客发起的变更,也适用于内部变更以及由供方发起的变更 ◆ 在资源规划中,要特别留意关键路径 ◆ 针对人员和设备(例如测试和实验室设备等)方面必要的项目预算,进行了规划并审批通过 ◆ 项目组织机构(与顾客接口)的变更必须进行通报	◆ 资源规划的证据(考虑了其他项目) ◆ 设备资源规划(例如、测试平台)

（续）

过程要素	提问	与审核提问有关的最低要求	示例
P2 项目管理	P2.3 是否编制了项目计划，并与顾客协调一致？	◆ 项目计划满足顾客的具体要求 ◆ 所有内部里程碑以及顾客里程碑都被完整地纳入项目计划（注：里程碑是完成阶段性工作的标志，在此时间点上，对项目及产品所有领域进行综合评价，以便及早地识别风险和缺口，必要时建立并执行消除风险和缺口的措施） ◆ 在项目目中所定义的里程碑时刻开展评审，以确认所有计划的事项都得到实施，达到了要求的成熟度水平 ◆ 产品如有法规方面的批准要求（如强制性认证要求），那么该批准法规要求要包括在项目策划中 ◆ 要确保内部对于项目计划变更，要同顾客变更的项目计划联络沟通。对于影响到顾客的项目协商沟通并达成一致 ◆ 关键路径产生于项目计划，并考虑到变更的交付时间 ◆ 项目计划必须包括详细的项目质量活动，作为项目计划的一部分。这些计划必须包括原型件和试生产 ◆ 项目质量文件（如项目质量管理计划和试生产） ◆ 项目计划必须包括相关的采购活动。可以编制单独的采购计划，作为项目计划的一部分	● 包含里程碑的项目计划 ● 有关技术和/或产品组的顾客特定要求 ● 顾客的项目计划 ● 顾客的时间期限 ● 顾客的里程碑 ● 顾客的目标要求（各里程碑的评估指标） ● 里程碑评价（评审） ● 质量计划（例如：于 VDA—MLA 或 APQP） ● 国家特殊认证要求（ECE、SAE、DOT、CCC 等） ● 关键系统（电镀、涂装等）的法律法规批准过程
	P2.4 项目是否实施了产品质量先期策划，并对其落实情况进行了监控？	◆ 产品质量先期策划满足顾客特定要求 ◆ 产品质量先期策划包含产品和过程保障措施 ◆ 顾客要求所要求的产品和过程的验证和确认要求包含在策划中 ◆ 策划中考虑到关键零部件及其供应（内、外部供方） ◆ 定期监控策划的落实和目标的达成情况	● 项目计划 ● 顾客里程碑 ● 与质量计划相关的顾客要求 ● 顾客规范

P2 项目管理	问题	说明	参考
	P2.5* 项目所涉及的采购事项是否实施，对其落实情况是否进行了监控？	◆ 通过相关活动，确保生产中仅使用经过批准的和具有质量能力的供方 ◆ 活动的水平取决于采购对象的风险等级、管控越大，风险越严 ◆ 活动内容各包括供方的选择、供方的奖惩、供方交付绩效的考核 ◆ 确保顾客要求在供应链上的传递 ◆ 供方的管理包括对协议中规定的顾客指定供方的管理 ◆ 设施、设备、工装、试验、测量系统以及服务各指定供方都应纳入供方的管理 ◆ 必须通过适当方式的追测 ◆ 发包日期、供方里程碑事项的批准以及对进度情况进行监控 ◆ 供方与整体计划相协商，应对进度计划进行协调	◆ 自制或外购决定 ◆ 供方选择标准 ◆ 供方的开发计划 ◆ 项目所涉及的供方清单 ◆ 批准的供方清单 ◆ 每个供方的风险评估 ◆ 与指定供方的质保协议 ◆ 零部件分类 ◆ 提供服务的供方，例如研发、实验室、维护保养等服务供方
	P2.6* 项目组织机构是否在项目进行过程中对变更进行了有效的管理？	◆ 项目中的变更管理要满足顾客特定要求 ◆ 必须对变更（顾客、内部、供方发起）进行评估，必要时调整项目计划。评估既包括产品质量风险评估，也包括时间期限 ◆ 确保供方（关键供方）及时通报变更，并与顾客参与变更管理中 ◆ 确保遵守规定的设计冻结步骤（设计定型）。针对列外情况，供方与顾客应协商并记录 ◆ 所有变更必须记录 ◆ 对于变更管理，必须规定顾客、内部、供方的对口负责人	◆ 时间计划 ◆ 变更过程描述 ◆ 变更管理 ◆ 变更表单 ◆ 产品和过程的变更历史 ◆ 变更评审 ◆ 变更批准
	P2.7 是否建立了事态升级程序，该程序是否得到有效的落实？	◆ 项目中的事态升级程序符合顾客特定要求（事态升级：简单地讲，就是将问题提交给有权利的上一级管理者或决定的人员去处理） ◆ 项目中相应的偏差，一旦影响到总体的进度（风险管理）可供使用。应识别、评估并通过适当措施来降低项目风险 ◆ 确定事态升级的原则，规定职责和权限，在发生偏差的情况下，采取措施 ◆ 如果发现在技术、供方以及供方所在国存在风险，那么，就应该在事态升级管理中将这类情况考虑在内	◆ 根据具体的风险，约定事态升级的时间范围 ◆ 在事态升级程序中定义了事态升级的时间及沟通路径 ◆ 定义了事态升级原则以及里程碑评价记录 ◆ 包括措施在内的事态升级决策人决策路径

（续）

过程要素	提问	与审核提问有关的最低要求	示例
P3 产品和过程开发的策划	P3.1 针对具体产品和过程的要求是否已经明确？	◆ 对于要开发的产品，所有相关的要求都已经明确 ◆ 对于带有嵌入式软件的产品，硬件与软件的接口要求要明确，并对这些要求进行管理 ◆ 组织必须明确与产品相关的顾客规定的要求、物流要求以及法律法规方面的要求 ◆ 组织必须考虑并利用与产品和过程相关的以往的经验 ◆ 必须基于产品目的/用途的特性的基础上，识别特殊特性及生产工艺以及产品和过程的质量要求 ◆ 必须具备顾客对产品和过程的完整性要求 ◆ 对询价和合同文本的完整性要求进行检查 ◆ 如果顾客要求无法实现，必须通知顾客。顾客可能对偏离情况进行"许可"/批准（以合同的形式） ◆ 顾客在设计方和/或原材料选择方面的要求必须予以记录 ◆ 与顾客指定的供方签署了质量协议	**产品/过程开发** ● 询价文件 ● 合同文件 ● 要求规范（产品，过程） ● 顾客要求 ● 法律法规要求 ● 采购条款/条件 ● 质量管理的要求 ● 质量协议 ● 文件记录方面的要求 ● 物流要求，如 JIT，JIS （Just In Se-quence），托运 ● 时间计划，技术交货条件 ● 互联网信息平台访问端口 ● 定义供方的责权关系（例如：资格认可、样件提交、批准、审批、试验…） ● 试验规范 ● 特性目录/外观件限度样品 ● 之前项目的经验 ● 产品/过程特性 ● 订单文件，包括项目清单/时间安排 ● 法律/法规 ● 环境保护，回收利用要求 ● 能力证明 **产品开发** ● 规范，技术图样，特殊特性 **过程开发** ● 设施设备，工具，检测设备的适用性 ● 加工和检验设施的布置 ● 搬运，包装，仓储和标识

P3 产品和过程开发的策划		
P3.2* 基于产品和过程要求，是否对可行性进行了全面评审？	◆ 可行性评价过程必须以跨职能形式能开展 ◆ 对所有已确定的产品和过程方面的特定要求（技术，功能，质量，物流，软件…），必须开展可行性分析 ◆ 物质和人力资源必须在可行性研究中加以考虑 ◆ 可行性研究必须在报价购件前完成 ◆ 必须确保关键外购件的可行性 ◆ 如果顾客关键要求无法实现，必须通知顾客。顾客可能对偏离情况进行"许可"/批准（以合同的形式）	**产品/过程开发** ● 顾客规范和标准 ● 安排，时间框架 ● 法律法规，标准，环保影响 ● 产品责任要求 ● 建筑，空间 ● CAM，CAQ 计算机辅助质量管理 ● 跨职能进行可行性分析（例如，销售，研发，采购，生产规划，生产，质量管理策划，物流） **产品开发** ● 实验室/实验设备 **过程开发** ● 产能监控 ● 原材料到位情况 ● 制造可能性，制造地点 ● 设备，工具，生产/检测设备，辅料，实验室设备，运输，容器，存储

（续）

过程要素	提问	与审核提问有关的最低要求	示例
P3 产品和过程开发的策划	P3.3 是否详细策划了产品和过程开发活动?	◆ 产品和过程开发策划的详细程度取决于零部件、软件以及过程的复杂程度 ◆ 在开发阶段，必须采用合适的方法，确保产品和过程开发的风险降至最低，使得产品在量产时能够满足使用条件内的（功能、可靠性、安全性）。这些在策划时都必须考虑在内 ◆ 风险分析（产品 FMEA 和过程 FMEA，或其他类似方法）是策划的内容之一 ◆ 进行策划时，从产品和新过程全新开发的起始阶段起，就将产品使用条件的要求考虑在内 ◆ 时间计划包含产品和过程开发的所有信息（包括整体项目计划的时间点/持续时间、里程碑、性能测试、PPA 产品和过程批准日期、软件标准等） ◆ 开发放行的方法要满足顾客要求，如有不同，必须与顾客澄清 ◆ 对采购有关的事项进行计划，并与总体时间计划保持一致 ◆ 外包的过程和服务也是项目策划的内容	**产品/过程开发** ● 包含所有时间期限的总体项目计划 ● 顾客要求 ● 全尺寸检验计划 ● 顾客的时间安排 ● 提前期 ● 采购放行，供方批准和变更终止的截止期限 ● 减少风险的方法（QFD，FMEA；统计试验设计，例如 DOE，Shainin 谢宁实验设计，Taguchi 田口实验设计） ● 原型件/试生产计划 ● 定期检查开发进度状态（评审） ● 针对投资（设施、设备）的项目计划 ● 产品和过程开发各阶段的物流策划，包括包装 ● 备件方案 **产品开发** ● 可靠性试验、功能试验、试生产的详细策划 ● 开发阶段样件的截止日期 **过程开发** ● 性能测试、模具计划（脱模件） ● 检测计划、试验设备计划以及包括备件管理在内的维护保养计划的详细策划

P3 产品和过程开发的策划		
P3.4 是否已对顾客关怀/顾客满意、顾客服务和使用现场失效分析的活动进行了策划？	◆ 策划时，已考虑了整个产品生命周期内零部件供应的顾客要求 ◆ 在策划阶段就要制定确保持续供货的方案，其中包括应急计划 ◆ 对于产品和过程创新，要有备选方案 ◆ 已针对交付制策划了零公里（新车、零公里故障是指售出前故障）和现场投诉的分析过程。现场失效分析要考虑到顾客要求 ◆ 当有新技术和新产品时，在顾客服务方面，要提供员工培训及创建需要的基础设施	**产品/过程开发** ● 培训计划 ● 资质矩阵 ● 投资用策划 **过程开发** ● 标准检测试验和负载试验的检测规划 ● 定义启用准则 ● NTF 的定义过程（NTF，是指服务保障期间被替换的零件，但经组织检查有资质的检查分析却是合格品的产品） ● 备件供应方案 ● 应急计划
P3.5 针对产品和过程开发，是否考虑到了必要的资源？	◆ 已落实确定所需资源的过程 ◆ 确定资源包括：有资质的人员、预算、基础设施，例如建筑物、试验和检测设备（硬件和软件）、机器、设备等 ◆ 针对原型件制造、样件制造、试生产、性能检测和批量生产所需的产能，必须进行策划 ◆ 根据项目的变更情况和可能存在的瓶颈，对资源规划定期加以调整	**产品/过程开发** ● 计算机辅助设备（CA × equipment） ● 针对不同的任务、相关有资质的人员的到位情况 ● 所有资源的产能规划 **产品开发** ● （内/外部）试验/检验/实验室设备 **过程开发** ● 生产地点、工具、生产和检测设备

（续）

过程要素	提问	与审核提问有关的最低要求	示例
	P4.1 产品和过程开发计划中确定的事项是否得到落实？	◆ 在开发策划中确定的产品和过程开发的方法得到了实施，从而确保产品和过程要求满足（功能、可靠性、安全性） ◆ 在开发阶段，通过风险分析（如 FMEA）确保产品和过程在功能、可靠性等方面符合顾客的要求 ◆ 在做风险分析（如产品 FMEA）时，应将产品制造现场纳入进来 ◆ 在相关文件（FMEA 等）中定义并识别特殊特性，并采取措施确保其符合性 ◆ 在进行总体策划时，必须包含从原型件到试生产阶段的针对租件、总成、分总成、零部件、软件和材料的检测计划 ◆ 应参考送到采购的产品和服务，确保在供应链中落实产品和过程开发 ◆ 对从原型件到试生产阶段所取得的经验教训进行了记录，以便在量产阶段参考 ◆ 确定并落实了对检测设备的要求	**产品/过程开发** ● 减少风险的方法（QFD，FMEA） ● 实验设计（例如，Shainin 谢宁实验设计、Taguchi 田口实验设计等） ● 防错原则 **产品开发** ● 试验规划 ● 试装和系统测试 ● A，B，C样件 ● 汽车行业 Automotive SPICE 软件过程改进和能力测定 ● 寿命试验 ● 环境模拟试验（例如盐雾试验） **过程开发** ● 控制计划/检验计划
P4 产品和过程开发的实现	P4.2 人力资源是否到位并且具有资质，以确保批量生产启动？	◆ 必须由人力资源计划 ◆ 针对具体的任务，人员必须具备相应的资质。此要求也同样适用于外部服务提供商的员工。必须具备资质证明 ◆ 在产品和过程开发中，针对可能产生的瓶颈额外的需求，应定期开展分析 ◆ 由具备资质的人员来从事原型件和样件的制造。根据项目计划，对试生产、量产启动，批量生产所需的人力资源进行策划，并确保具有相应的资质 ◆ 外包过程也必须被考虑在内	**产品/过程开发** ● 顾客要求 ● 对各个岗位的总体要求 ● 培训需求的确定 ● 培训证明 ● 方法知识和外语技能

		产品/过程开发
P4 产品和过程开发的实现	**P4.3 物质资源是否到位并且适用，以确保批量生产启动?**	◆ 已落实确定资源的过程 ◆ 在这里，资源确定涉及以及机器、设备的实际利用情况须将支持性过程考虑在内 ◆ 在资源确定时，要考虑必要的基础设施 ◆ 在产品和过程开发中，针对可能产生的瓶颈和额外的需求，应定期开展分析 ◆ 进行原型件和样件制造的物质资源应到位。根据项目计划，对试生产、量产启动、批量生产所需的物质资源进行了策划，并确保按时到位 ◆ 必须考虑外包过程 ◆ 这些资源必须在顾客量产启动前的适当的时间内到位	**产品/过程开发** ● 顾客要求 ● 顾客和供方的技术接口 **产品开发** ● 试验规划 **过程开发** ● 设施规划 ● 设施布局 ● 机器和设备规划 ● 产量/生产周期时间 ● 运输路径 ● 运输工具，容器，仓库 ● 量产启动前的产能（初始库存） ● 支持过程，如物流，IT方面
	P4.4* 是否获得了产品和过程开发所要求的批准和放行?	◆ 按照开发计划，所有零部件、组件、软件版本和外购件与服务的放行及适宜性都得到批准 ◆ 材料数据分析（例如FMEA）中的措施已经落实，并确认了有效性 ◆ 产品和生产过程批准（PPA）已在约定时间之前完成。对带有嵌入式软件的产品，还需要软件测试报告 ◆ 参考样件保留的同必须符合顾客要求 ◆ 确保在顾客SOP量产前，落实对产品和过程的验证与确认	**产品/过程开发** ● 检验报告，记录 ● 采购件/供方的相关证明 ● 样件提交结果 **产品开发** ● 标准，技术图样，设计要求 ● FMEA ● IMDS，REACH，RoHS ● 产品试验（例如：装配检验，功能测试，使用寿命试验，环境模拟试验） ● 原型件 ● 法律法规符合性确认 ● 顾客的开发放行 **过程开发** ● 物流方案（例如：通过发运试验来检验包装的适用性） ● 特殊特性的适用性 ● 产能分析 ● 模具批准

419

（续）

过程要素	提问	与审核提问有关的最低要求	示例
P4 产品和过程开发的实现	P4.5 产品和过程开发中是否制定了生产和检验规范并加以实施?	◆ 生产和检验特性包含产品和过程开发所识别出的所有特性（包括特殊特性）。必须考虑到所有部件、分总成、零部件、软件和材料，以及与其相关的制造过程 ◆ 应考虑风险分析的结果 ◆ 规范包括产品控制、制造过程控制、纠正措施的信息 ◆ 应计划、纠正措施的信息 ◆ 确定了产品审核和全尺寸检验和功能检验 ◆ 必须为所有阶段制定规范：原型件阶段和量产阶段（如果顾客要求的话）、试生产阶段和量产阶段	**产品开发** ● 风险分析（如 FMEA、FTA 等） ● 控制计划（原型件、试生产） **过程开发** ● 风险分析（如 FMEA、FTA 等） ● 控制计划（试生产、量产） ● 产品审核指导书 ● 检验指导书 ● 反应计划 ● 全尺寸检验和功能检验策划 ● 量产放行（首、末件） ● 在线检验
	P4.6 是否在量产条件下进行了能力测试，以便获得量产批准?	◆ 必须开展能力测试（包括质量能力、过程能力、产能测试、产能测试等），以便能够及时对所有生产因素和影响进行评价，必要时加以整改 ◆ 能力测试用于证明在量产条件下，生产和检验规范、测量和检验能力、整个生产过程具备或达到的质量能力、生产能力 提示：根据审核工作实施的阶段，一些生产测试可能尚处于策划阶段！ **本提问与产品开发无关！**	**过程开发** ● 顾客要求 ● 确定最低产能（目标生产率和约定的灵活性） ● 过程能力研究 ● 测量能力 ● 测量过程能力 ● 设备和基础设施满足量产启动要求（测量报告） ● 量产人员安排 ● 作业／检验指导书 ● 包装规范 ● 过程确认

P4 产品和过程开发的实现			
	P4.7 是否建立过程以便确保顾客关怀/顾客满意/顾客服务以及现场失效分析的实施?	◆ 在过程内已落实产品生命周期内期内零部件供应的顾客要求 ◆ 策划了持续进行量产供应的过程,包括应急计划 ◆ 已针对交付范围建立了零公里(新车、零公里故障是指售出前故障)和现场投诉的分析过程。现场失效分析要求要考虑到顾客要求 ◆ 就现场分析的能力要求,已与顾客达成一致 ◆ 如果是委外分析,则应确定接口,并对所要求具备的设备和能力提供保证 ◆ 在顾客支持方面要考虑到新技术和新品 ◆ 上述过程支持的人员应具备相应资质。基础设施要到位 **本提问与产品开发无关!**	**过程开发** ● 培训证明 ● 资质矩阵 ● 基础设施和检测设备到位 ● 委外分析的服务协议/合同 ● 标准测试和加载检测的设备 ● 定义了启用准则 ● NTF 过程 ● 备件供应方案 ● 应急计划
	P4.8 * 是否有从产品开发至批量生产的控制办法?	◆ 必须有过程来管控项目成果向生产阶段进行移交 ◆ 带有嵌入式软件的产品,要对其开发结果进行记录(包括中间结果及其文件) ◆ 项目移交的前提条件是完成内部 PPA 过程和产品批准程序。批量生产移交的前提是得到顾客批准。内部和外部放行的措施应得到及时落实 ◆ 所有特殊特性,均应按策划的要求落实 ◆ 人力资源应按包括资质的要求到位,并且具备资质 ◆ 物质资源应包括建筑、测试设备、实验室设备、机器、设备等 ◆ 这些资源必须到位并得放行 ◆ 采购已得到批准放行 ◆ 规定或实施了安全投产保障措施	**产品/过程开发** ● 顾客要求 ● 交接报告/交接检查表 ● 验收报告 ● 控制计划 ● 检验指导书 ● 零部件历史信息 ● 确定一套程序,以确保开展失效分析并采取纠正措施 ● 生产绩效指标,例如 OEE、拒收率等 ● 现有项目的经验 ● 测量设备能力 ● 测量过程能力

（续）

过程要素	提问	与审核提问有关的最低要求	示 例
	P5.1 是否只选择获得批准且具备质量能力的供应商?	◆ 批量生产中，必须确保供方的质量绩效开展合作。要按规定的标准只选择获得批准的供方开展评价 ◆ 对现有标准对供方的质量绩效进行评价 ◆ 识别并评价供应链中的风险，并通过适当措施加以降低（应急策略）	● 确定供方选择标准，并形成文件 ● 针对不符合选择标准的供方，需资质证明 ● 质量能力评价（质量管理体系、过程），例如自评、审核结果、供方的证书 ● 潜在供应商分析的结果 也可用于: ● 负责开发的供方/原型件供方 ● 非物质类产品的供方，如软件供方 ● 设备、机器、工具的供方 ● 服务供方（例如、挑选公司） ● 外部实验室 ● 外包供方
P5 供应商管理	P5.2 是否在供应链上考虑到了顾客要求?	◆ 对顾客要求的传递必须加以规范，并且保证可追溯 ◆ 顾客要求包括来自质量协议和其他适用标准里的图样、零部件、软件方面的要求 ◆ 还必须考虑到量产中的变更管理 ◆ 识别并确保量产接口顺畅	● 做好要求的传递（公差、时间进度、过程放行，批准放行，投诉等），同时确保变更管理 ● 质量协议 ● QAA（质量保证协议） ● 法律法规要求
	P5.3 是否与供应商就交付绩效约定了目标，并加以了落实?	◆ 必须和整个供应链里所有供方就供货绩效约定目标并且明确保落实 ◆ 必须在规定的时间里检查和评价供方绩效，并且在观定的期限内对措施的具体落实开展监控 ◆ 出现偏差时，则必须约定目标，并在规定的期限内对措施的具体落实开展监控	● 质量、交付数量、供货准时等方面的绩效目标，包括：在零缺陷战略的框架下来降低 ppm ● 质量管理协议 ● 避免超额运费 ● 减少拒收 ● 减少产品积压

P5 供应商管理		
P5.4 * 采购的产品和服务，是否获得了所需的批准/放行？	◆ 对于所有采购的产品和服务，必须在投入批量生产前（新的/变更的产品和过程），进行批准/放行 ◆ 对于模块化供货（零部件供应商不以单一的零件向顾客供货，而以整个系统模块的方式向顾客供货的模式），除非另有规定，供方应全权负责所有各单独部件的质量监控	● 技术规范/标准/检验规范 ● PPA过程和产品批准报告，如适用，还包括软件的能力证明 ● 特殊特性的能力证明 ● 法律（国家或地区）要求（例如：CCC、IN-METRO、IMDS、REACH） ● 合格试验/报告 ● 样品批准放行 ● 供应链中的变更管理 ● 小批量和具体要求范围内的批准协议
P5.5 * 采购的产品和服务的约定质量是否得到了保障？	◆ 为了监管采购的产品和服务的质量，要定期开展检查，并对结果做好记录和评价 ■ 供方质量问题要通过标准化的投诉流程来处理 ■ 根据顾客要求，开展全尺寸检验和功能检验 ■ 有完备的用于来料检验和测量的设备，要按照规定放置，要合理地设计检验工位（空调、适宜的照明、整洁、清洁、防止受损和污染）	● 就检验方法、检验流程、检验频率达成一致 ● 参考件 ● 样本量（例如，跳批抽样） ● 主要失效评价 ● ppm评价、8D报告 ● 改进计划的约定以及跟踪 ● 对原材料（材质证明）和成品的检测能力（内部和外部实验室，检测设备，符合ISO/IEC 17025标准） ● 检具/工装夹具 ● 图样/技术规范 ● 订单和包装规范 ● 能力证明 ● 全尺寸检验和功能检验/报告 ● 检验证书

（续）

过程要素	提问	与审核提问有关的最低要求	示例
	P5.6 进厂的货物是否得到了适宜交付和储存？	◆ 来料及其承载器具必须按照批准的状态进行存放，要避免物料受损或者混料 ◆ 对于可能受温度、湿度、振动等影响从而影响到成品的物料，其搬运和存储条件必须加以规范和验证 ◆ 对关键物料，要规定运输条件 ◆ 确保可疑的和隔离的产品的可靠存放，防止置自接触 ◆ 在后续的加工过程中，要采用 FIFO 先进先出原则，并且确保批次的可追溯性 ◆ 仓储中的物料库存数量与实际数量一致 ◆ 存储条件符合产品要求	● 包装 ● 仓库管理系统 ● 标识（可追溯性/检验状态/作业顺序/使用状态） ● 隔离仓库、隔离区域 ● FIFO（先进先出） ● 与批次相关的使用 ● 保存期限要求 ● 气候条件 ● 防止受损/污染/腐蚀 ● 整洁和清洁 ● 防止发生混料/弄错 ● 库存量与生产需求匹配
P5 供应商管理	P5.7 针对各具体的任务，相关人员是否具备资质，是否定义了其职责？	◆ 针对员工在其各自的工作范围内都需要履行哪些责任、任务，以及拥有哪些权限（如货物进厂检验、投诉处理、供方管理、供方审核），对此都要加以描述 ◆ 应根据每名员工具体所担负的任务，确定其培训需求，并确保其具备相应资质 ◆ 要理解迄今针对有关采购的产品和服务的投诉	● 产品/技术规范/顾客要求 ● 模块化零部件的产品特性和生产过程方面的知识 ● 标准/法律法规 ● 包装要求 ● 评价方法（例如：审核、统计） ● 质量方法（8D 方法，因果图等） ● 投诉和纠正措施 ● 岗位/职能描述 ● 资质矩阵 ● 外语 ● 供方审核资质

P6 生产过程	P6.1 过程输入			
		P6.1.1 是否在产品开发和批量生产之间进行了项目交接，以确保生产顺利启动?	◆ 项目已移交至批量生产阶段，对未解决的事项继续进行跟踪并按期落实。对整个移交过程的职责要进行规定并加以落实 ◆ 在首次批量产发运前，必须首先完成产品和生产过程的全面批准/放行(PPA)，所有必需的文件均要到位 ◆ 已落实旨在保障投产的措施 ◆ 对风险分析(例如：产品FMEA/过程FMEA)进行更新和进一步开发 ◆ 所需数量的工装模具、检验和测量设备均已经到位	● 项目状态报告 ● 交接记录 ● 里程碑报告 ● 确定的措施实施及实施的时间计划 ● 过程FMEA及措施 ● 产品FMEA及措施 ● 生产批准/放行报告 ● 机器和过程能力检验 ● 测量设备能力 ● 测量过程能力 ● 生产测试/性能测试及证明 ● 运输策划过程 ● 包含顾客批准的PPA文件，以及参考样件 ● 必要时，提供不合格许可 ● 批准的软件标准
		P6.1.2 来料是否按所需数量至正确的地点/工位?	◆ 正确的产品(来料、零件、部件等)必须以约定的质量、正确的数量，随附正确的文件，在约定的时间送至正确的仓储位置/工位，准备好零件/部件 ◆ 必须考虑到订单数量/生产批次大小，从而确保提供的零部件/材料能够满足相应工位的需要(例如，Kanban看板、JIT、FIFO)，同时要与上游工序协调一致 ◆ 在完成订单后，对不需要的零部件(剩余料)的返还必须加以规范，包括数量的记录	● 足够的合适的运输工具 ● 定义的仓储管理 ● 看板管理 ● JIT/JIS ● 库存控制 ● 变更状态 ● 返还不需要的零部件剩余数量的信息流 ● 库存清单 ● 根据顾客需求决定追加数量 ● 零部件和容器的特殊要求(例如：电子元器件的ESD防静电防护，剩余物控制)

（续）

过程要素	提问	与审核提问有关的最低要求	示 例
P6 生产过程 P6.1 过程输入	P6.1.3 是否对来料进行了适宜的储存,运输设备,包装方式是否与产品的特性相适应?	● 必须考虑并落实包装规范的要求（包括在生产过程中） ◆ 在生产过程和组织内部的运输过程中,必须使用合适的运输工具,以及往返于服务提供商的运输过程中,以免产品受到损坏和污染 ● 仓储区/加工工位/容器必须达到零部件/产品所需的必要的整洁/清洁要求。要定义清洁后的零部件/物料配线上的供应必须于安全操作 ◆ 必须通过合适的方法,监控为特殊材料/零部件规定的仓储时间以及使用有效期（最长,最短仓储时间,临时仓储时间） ● 机器和设备所需的关键生产资料辅料,如果对产品产品质量有直接影响的话,那么,就必须对它们开展相应的监控 ◆ 对于零部件/来料/关键的生产资料和辅料,要采取措施,防止它们受到环境/气候等的影响	● 库存量 ● 仓储条件 ● 批准过的特殊的和标准的运输容器 ● 内部的运输容器 ● 包装要求 ● 防止受损 ● 加工工位上零部件的定位 ● 整洁、清洁 ● 过量装填（仓储位置,容器） ● 仓储时间的监控
	P6.1.4 必要的标识记录/放行是否存在,并且适当地体现在来料上?	● 对放行的来料必须加以清楚地标识,放行状态（如合格状态）清楚地体现在放行标识中。包装袋/批次/设备/零部件上的放行标识必须进行规范 ◆ 必须确保只有放行的材料/零部件才能够提供给生产/下道工序使用 ● 确保合理的可追溯范围（例如,按批次记录追溯） ● 根据产品风险,必须在供方到顾客的整个过程上确保上可追溯性 ● 必须考虑顾客在可追溯性标识方面要求 ● 必须考虑法律法规要求 ● 对于有特殊存档要求的特性的检测结果,必须做好相应记录	● 顾客规范 ● 顾客在标识和可追溯性方面的要求 ● 法律法规要求、产品责任法 ● 备用标识 ● 产品/材料的放行流程 ● 放行的零部件/材料的标识（粘贴标签、悬挂标牌、物料单等） ● 放行记录 ● 可追溯性系统/方案 ● 让步文件（数量,持续时间,标识类型等）

P6 生产过程	P6.1 过程输入	P6.1.5* 在量产过程中，是否对产品或过程的变更开展跟踪和记录？	
		◆ 变更管理，即从变更申请到变更实现，必须明确规定。要规范责权关系 ◆ 根据顾客要求，产品和过程的变更（包括软件变更）要得到顾客同意，批准和放行。必要时，需要重新进行PPA批准。更改状态的记录必须具备完整的可追溯性 ◆ 必须确保在任何时候，使用正确设计等级的来料或软件，制造并交付给顾客的是正确设计等级的产品	● VDA 2《供货质量保证——生产过程和产品批准》触发矩阵（引起变更的时机） ● 组织和顾客对变更的批准（可行性，与部件的接口，成本控制，时间影响……） ● 将变更传递给过程开发，生产环节，仓库管理或者供方 ● 跟踪变更的实施进度（状态表） ● 对变更历史进行加以记录 ● 对涉及的文件进行更新（例如：图样，指导书……） ● 更新的FMEA（产品和过程） ● 变更的验证和确认，包括文件记录 ● 对变更或者变更后的产品/零部件的使用加以控制 ● 对需要停产或者转移的重大变更，提前准备 ● 安全库存（例如：顾客要求） ● 检测设备，检具，模具和技术图样的更改状态 ● 参数变更 ● 软件

（续）

过程要素	提问	与审核提问有关的最低要求	示例
P6 生产过程 P6.2 过程管理	P6.2.1 控制计划里的要求是否完整，并且得到有效实施？	◆ 基于控制计划的生产和检验文件完备。文件中必须对检验特性、检验设备、检验方法、检验频度/周期、全尺寸检验和功能能加以规定 ◆ 文件必须随时可获取 ◆ 对于影响到产品特性/质量的过程参数必须加以完整地描述。过程参数和检验特性必须可获取 ◆ 在控制图上必须规定控制限，控制限及采取可追溯 ◆ 针对过程要求和检验特性，要对发现的不符合项及采取的措施加以记录 ◆ 相关责任人对过程异常所要采取的措施（反应计划）必须清楚、实施措施时应做好记录 ◆ 如产品对制造过程有特殊要求，那么相应的机器/工装/辅助工具的工艺参数要在控制计划和/或生产、检验文件中加以规定 ◆ 详细规定返工条件，并在过程中加以保障（零部件识别，重新检验……）	● 设备和过程能力证明 ● 过程参数和公差（压力、温度、时间、速度等） ● 检验规范（特殊特性、定性特性、检验频率） ● 工具、测量设备、辅助工装/设备（识别工具、机器/工装/辅助工具的相关数据编号） ● 对测量夹具/基准点的要求 ● 作业指导书（包括返工） ● 检验指导书 ● 对制造技术的具体要求，例如：与机器和设备相关的抽样
	P6.2.2 对生产是否进行重新放行？	◆ 重新批准/放行是与订单相关的生产启动批准 ◆ 要对重新放行的时机（触发标准）进行规定，例如：生产中断后重启 ◆ 产品和过程帮要得放行后进行批准并记录。偏差和采取的措施也要记录 ◆ 必须依据明确的检验指导书进行放行检验（数量和方法） ◆ 如果在取走走检验样件后继续生产，那么，在检验放行样件得到批准前，必须对此期间生产的产品进行隔离 ◆ 进行重新放行时，用作判定的参考样件和极限样件必须到位	● 生产批次放行 ● 返工件放行 ● 首批放行/首件放行 ● 模具图/参考件/设置用样件（例如：缺陷样件） ● 重新放行的时机（触发标准）： ——生产中断后（例如：两班工作制夜班后、换模、材料/批次/产品切换） ——维修、换模 ——生产参数更改

			DFMEA/PFMEA
P6 生产过程	P6.2 过程管理	**P6.2.3*** 在生产中，是否对特殊特性进行控制管理？	◆ 涉及特殊特性的产品特性和过程参数要在控制计划中标出，并且进行系统性监控 ◆ 对失控/不符合情况及其纠正措施加以记录并保存。对于影响到产品特性的偏差，必须由顾客批准 ◆ 确定了针对特殊特性的质量记录（存档时间，存档方式），并且与顾客达成了一致	● DFMEA/PFMEA ● 控制计划 ● 质量记录 ● 统计分析 ● SPC 分析 ● 质量控制图 ● 过程能力 Cpk，设备能力 Cmk ● 测量过程能力分析 ● 检验结果 ● 图样 ● 特殊特性
		P6.2.4* 对未批准放行件和/或缺陷件是否进行了管控？	◆ 未批准放行件和/或带有缺陷特征的零部件，或可靠地从正常装置容器上剔除（报废件和返工件）必须被隔离并自记录 ◆ 对返工的原则以及所要做的检验，要加以规定并执行 ◆ 隔离仓库和隔离区域必须明确能做标识。必须防止未经许可使用隔离的零部件 ◆ 调试件、设置用零件和参考件必须进行标识并防止它被意外使用	● 报废零部件、返工零部件、参考件和设置 ● 用零件的标识 ● 用于存放报废的容器的标识 ● 用零部件的挑选、返工工位 ● 生产中的挑选、返工区域 ● 隔离仓库、隔离区域 ● 返工和报废记录
		P6.2.5 是否能确保材料/零部件在流合过程中不发生生混合/弄错？	◆ 混料、用错料，用错件等情况必须杜绝 ◆ 必须通过适当的措施并剔除，确保已错误安装的零部件能被尽早地发现（相关的情形和措施必须在风险分析中加以考虑）（例如：过程 FMEA，必要时，在产品 FMEA 中加以考虑）和检查 ◆ 零件的加工状态和/或检验状态必须清晰明了 ◆ 针对剩余零部件、隔离件、返工零部件、产品审核后的零部件/检验样件的重新投入使用，必须有明确规定（包括可追溯性规定） ◆ 针对外包过程（例如：挑选服务）中零部件的重新投入使用，也必须有相应规定	● 零部件和物料流 ● 产品/过程 FMEA ● 防错方法 ● 生产设备的检查和验证 ● 零部件标识 ● 加工、检测和使用状态标识，使用批次标识或者生产批次数据的可追溯性 ● 批次标识 ● 清除无效的标识 ● 含有产品/生产指标数据的生产记录 ● 设计更改状态 ● 物料流转分析 ● 价值流 ● 返工返修规定

（续）

过程要素		提问	与审核提问有关的最低要求	示例
P6生产过程	P6.3 人力资源	P6.3.1* 员工是否能胜任被委派的工作？	◆ 必须根据岗位要求制定岗位描述，并据此开展必要的资质认可 ◆ 谁接受过怎样的培训，有能力胜任怎样的任务和工作，对此，必须加以记录 ◆ 对所开展的培训，指导、上岗/资格认可，必须加以记录 ◆ 对于具有特殊特性的处理和操作的零件的员工提供相应的培训指导 ◆ 必须提供针对相关工作所必备的特殊能力证明（例如：叉车驾驶执照，钎焊证书，视力测试等） ◆ 从事测量和检验的员工必须接受检测设备操作使用的培训 ◆ 一旦产品/过程发生变更，要开展相应的培训指导，并且做好记录 ◆ 上述要求适用于内部员工和外部临时工	● 培训/资质认可 ● 资质矩阵 ● 培训计划 ● 产品知识和缺陷知识 ● 检测设备的操作 ● 针对劳动健康安全/环境的培训 ● 特殊特性的培训 ● 资质证明（例如：焊接工证书，视力测试，叉车驾驶执照） ● 产品培训
		P6.3.2 员工是否清楚监视产品和过程质量的职责和权限？	◆ 对员工在其各自工作范围内的职责、任务、权限（例如：过程放行、首件检验、自检、停止加工）进行规定并确保执行 ◆ 员工清楚操作错误可能会引起的后果（产品的作用/功能是什么，如果由于错装配产品功能不能被保证的话，会发生什么） ◆ 定期向员工通报内部和顾客处的质量状况 ◆ 上述要求适用于内部员工和外部临时工	● 过程控制（控制图解释） ● 生产过程启动和停止的授权 ● 整洁和清洁 ● 实施或者安排维修和维护保养 ● 零部件提供/仓储 ● 开展/安排检验/测量/测量工具的设置和调整 ● 隔离/隔离解除的权限 ● 产品培训 ● 质量信息（目标/实际） ● 产品安全/产品责任培训

			◆ 要求	● 示例
P6 生产过程	P6.3 人力资源	P6.3.3 是否具备必要的人力资源？	◆ 所有班次要具备必要数量且有资质的人员 ◆ 人员配置计划须考虑到员工的资质（例如：资质矩阵） ◆ 对于非常规使用的人员的支持性区域（例如：实验室、测量室）也应制定相应的人员规则 ◆ 配置计划应考虑顾客订单波动和人员缺勤情况（病假/休假/培训） ◆ 上述要求适用于内部员工和外部临时工	● 班次计划 ● 资质证明（资质矩阵） ● 文件化的缺勤管理规则 ● 人员配置计划
	P6.4 物质资源	**P6.4.1*** 使用的生产设备是否可以满足顾客对产品的特定要求？	◆ 必须证明现有的生产设备，并且生产的产品能够根据顾客要求进行生产，能够满足顾客的规范要求 ◆ 生产设施、设备、机器、设备必须有能力满足产品和过程特性的要求 ◆ 对选定的产品/过程特性，必须进行过程能力分析并证明其有能力 ◆ 过程能力要满足顾客要求。过程能力至少到到 $C_{pK} \geq 1.33$。对于不能证明能力的指定特性，要求开展100%的全检 ◆ 设备、模具、夹具和操作设施状态必须满足实际量产的要求	● 针对特殊特性/关键过程参数（例如，压力、时间、温度）的机器/过程能力证明 ● 输出/产能 ● 在超出极限要求/参数情况下的报警（例如：指示灯、喇叭、自动停线、剔除） ● 上料和取料装置 ● 备用模具的能力 ● 量具、夹具的再现性 ● 清洁要求
		P6.4.2 生产设备/工具的维护保养是否受控？	◆ 确定并实施所有设施、设备、机器和工装模具的维护保养（保养、检查、维修） ◆ 对实施的维护保养活动（计划的和非计划的）进行记录，并对其改进潜力进行分析 ◆ 有效地落实一个过程，对停机时间、机器负荷分析及模具寿命开展分析和优化 ◆ 识别关键过程和瓶颈设备，并在风险分析基础上制定出相应的预防性维护实施 ◆ 设备备件的维护保养所需的资源必须到位 ◆ 为实施必要的维护保养要确保资源到位 ◆ 要对模具实施一套模具管理系统。具体涉及以下的一些事项： 　　— 使用状态标识（合格/不合格） 　　— 模具履历，其中包括模具的历次变更（模具跟踪卡） 　　— 模具寿命 　　— 模具的所有权（例如：顾客产）	● 相关的技术文件的具备/使用 ● 维护保养计划和任务 ● 薄弱点分析 ● 对于易损工装模具制定预防性的设备更换计划 ● 搬运存储所用到的设备的维护保养记录 ● 关键过程生产设备维护保养到位情况 ● 遵守规定的维护保养周期 ● 维护保养周期，定期做适用性检查 ● 对每批次的维护保养 ● 委外的维护保养

（续）

过程要素		提 问	与审核提问有关的最低要求	示 例
		P6.4.3* 通过使用的监视和测量设备，是否能够有效地监控质量？	◆ 选用的测量和试验设备/装置适用于生产中的实际用途和操作，并且也包含在控制计划中 ◆ 针对所使用的测量和试验设备/装置，开展了测量设备能力研究。建立并实施针对测量和试验设备/装置的标识系统。这些设备的管理，是基于标识系统开展的 ◆ 建立并实施一个定期对测量和检验设备进行监控的过程（定义了收集/返还职责）。同时，还要对生产过程中的、对产品特性有影响的测量和试验装置进行校准 ◆ 对于影响到测量结果的测量和试验装置的附属装置，要采取同样的方式加以监控	● 控制计划 ● 试验设备能力 ● 测量设备能力 ● 测量过程能力 ● 数据采集和可评价性 ● 检测设备的校准证明 ● 同顾客的检测设备/测量方法进行对比（例如：内部实验室对比） ● 检验标签或证书 ● 参考件/设置用零部件的取放（例如：防错样件）
P6 生产过程	P6.4 物质资源	P6.4.4 生产工位和检验工位是否满足需要？	◆ 加工工位及其周边环境条件适合于生产操作和产品的要求。这也可以预防/避免污染、损伤、混料以及误解 ◆ 这也适用于临时性的和长期的返工、挑选、检验工位 ◆ 工位设计应符合人机工程学	● 照明 ● 整洁和清洁 ● 空调 ● 噪声 ● 洁净室/洁净间 ● 工位布置 ● 周边布置/加工工位上零部件的取放 ● 劳动安全
		P6.4.5 是否正确地存放工具、装置和检验设备？	◆ 模具、装置和检验设备（包括检具）都必须正确地加以存放和管理。这也同样适用于不使用的和/或尚未验收的模具、装置和检验工具 ◆ 所有的模具、装置和检验工具都必须标记其当前状态以及被记录的变更（变更历史） ◆ 必须确保在仓储过程中不会受损，并且落实措施、防止受环境因素的影响。还需要加以规范、控制，并且做好相应记录	● 防止受损的仓储 ● 整洁和清洁 ● 定义的仓储位置 ● 环境因素的影响 ● 状态标记 ● 顾客资产标识，以及租借的产品/模具/检验工具 ● 批准状态和变更等级 ● 搬运存储用到的机器/设备 ● 参考件/设置用零部件（例如：防错样件）

P6 生产过程	P6.5 过程绩效	P6.5.1 是否为制造过程设定了目标?	◆ 为过程确定具体的目标(生产产量、质量指标/失效率、审核结果、单件生产时间,缺陷成本及过程能力指数 Cpk),并目开展监控和联络沟通目标要求是否协商确定的、可行的,同时确保目标要求的更新 ◆ 设定目标时要考虑到顾客要求 ◆ 定期开展设定数据与实际数据的比较	● 设备和机器的利用率 ● 单位时间产产量 ● 返工,报废 ● 一次检验合格率、直通率 ● 质量数据(例如:缺陷率、审核结果) ● 过程指标(例如:过程能力) ● 减少浪费(例如:报废和返工、能耗和过程物料)
		P6.5.2 是否对质量和过程数据进行了收集和分析?	◆ 为证明遵守要求和目标设定,必须对证明产品合格的质量和过程数据(目标值)加以规定并记录实际数据 ◆ 这些数据必须确保可用于评价 ◆ 记录特殊情况(班次日志/设备日志)收集的数据要与产品和过程相关联,数据要可查阅、清晰,并按规定存档。要满足可追溯性要求 ◆ 对收集的数据进行分析,并采取适当的改进措施 ◆ 根据质量、成本、服务方面的发现,不断确定改进的潜力 ◆ 导致过程或产品发生变更的事件,应在相应的风险分析(例如:FMEA)中进行记录,包括采取的措施	● 缺陷收集卡 ● 控制图 ● 特殊特性 ● 过程参数(温度、时间、压力……) ● 生产数据收集 ● 故障报告(例如:停线、断电、程序故障报警) ● 参数变化 ● 失效类型/失效频次 ● 失效成本(不符合) ● 报废/返工 ● 隔离通知/挑选措施 ● 节拍时间,周期时间 ● SPC ● 排列图分析 ● 因果图 ● 风险分析(例如:FMEA、FTA……) ● 可追溯性方案

（续）

过程要素	提问	与审核提问有关的最低要求	示例
P6 生产过程 P6.5 过程绩效	P6.5.3* 一旦与产品和过程要求不符，是否进行了原因分析，是否验证了纠正措施的有效性？	◆ 如发生对产品/过程要求的偏离，在失效原因消除及整改措施有效性验证前，必须采取适当应急措施以便满足要求。 ◆ 员工要清楚这些措施 ◆ 采用适当的原因分析方法 ◆ 制定纠正措施，对实施措施进行监控，并且对其有效性加以验证 ◆ 必要时，对控制计划和风险分析（例如：FMEA）进行更新。 ◆ 对于影响到交付产品的不符合，必须与顾客进行沟通	● 8D方法 ● 因果图 ● 田口/田宁实验设计 ● 5Why方法 ● FMEA/失效分析 ● 过程能力分析 ● 质量控制环/质量环 ● 分析评价方法 ● 直至顾客的信息流 ● 产品FMEA和过程FMEA ● 偏离许可/让步 ● 补充的尺寸、材料、功能、耐久性检验试验
	P6.5.4 是否定期对过程和产品进行审核？	◆ 制定并实施产品审核和过程审核方案。方案考虑到顾客要求 ◆ 产品审核和过程审核的实施要着眼于特定风险和薄弱点的识别，要采取适当的纠正措施 ◆ 对不符合要进行原因分析，制定并实施纠正措施，对措施的实施要进行跟踪，对措施的有效性进行验证 ◆ 产品审核应定期开展并记录。产品审核中要针对半成品、对成品，必要时也可针对半成品进行检测。产品审核中要对规定的特性按照其技术规范进行检测 ◆ 对于影响到交付产品的不符合，必须与顾客进行沟通	产品审核和过程审核 ● 技术规范 ● 特殊特性 ● 产品审核和过程审核的审核方案，包括计划内的以及具体事件触发的审核 ● 审核频率 ● 审核要求 ● 审核结果，审核报告 ● 审核员资质 过程审核 ● 过程参数/过程能力 产品审核 ● 标识、包装 ● 检测设备能力 ● 软件版本

| P6 生产过程 | P6.6 过程输出 | P6.6.1 是否根据需要确定生产量/生产批量，并且有目的地运往下道工序? | ◆ 必须使用合适的运输方式，将零件/部件送至指定的存储区/地点
◆ 要考虑到订单数量/批次大小，从而仅将所需数量的零部件/材料传递到规定的地点
◆ 零部件或其盛装容器上的标识必须体现出零部件的当前状态（合格件/返工件/报废品，等等）
◆ 还要考虑到零部件的变更状态
◆ 必须杜绝不合格零部件被进一步制造/传递 | ● 足够，适宜的运输工具
● 定义的仓储位置
● 看板管理
● FIFO（先进先出）
● JIT/JIS
● 仓库管理
● 变更状态
● 仓库库存
● 根据顾客需求确定生产数量
● 对零部件和容器的特殊要求（例如：电子元器件的ESD静电防护，残留处理） |
| | | P6.6.2 是否根据要求对产品/零部件进行适当存储，所使用的运输设备/包装方式是否与产品/零部件的特点相适应? | ◆ 必须通过合适的仓储和包装，保护产品/零部件，避免受到损伤
◆ 关于包装的内部要求和顾客要求必须清楚，并加以落实
◆ 仓储区/容器必须满足清洁要求
◆ 必须监控规定的仓储时间（规定的最长、最短、临时仓储时间）
◆ 在制造、仓储过程中，必须保护零部件，防止受到环境/气候因素的影响
◆ 上述要求也适用于生产和交付 | ● 防止受损
● 零部件的定置定位
● 整洁，清洁，过量装填（仓储位置，容器）
● 仓储时间/仓储数量的监控
● 环境和气候影响
● 内部和顾客的包装要求
● 顾客特殊的包装要求（包括顾客装供的包装）
● 可用的库存信息
● 备用包装
● 包装的清洁要求
● 充足数量的包装材料 |

（续）

过程要素	提 问	与审核提问有关的最低要求	示 例
P6 生产过程 / P6.6 过程输出	P6.6.3 是否保留了必要的记录和放行证据？	◆ 对容器、批次/装运设备/零部件上的放行标识进行规范 ◆ 放行的产品/零部件必须明确标识，放行状态清晰 ◆ 对让步和偏差许可必须加以标识和记录，从而保证可追溯性。记录的内容要涵盖所涉及的时间段和/或零部件的数量。零部件/装运设备上的标识，均应记录 ◆ 内部以及顾客对返工零部件的标识要求必须予以执行和记录（例如：数量/件数/标识/零部件履历/使用等） ◆ 必须确保生产单元的可追溯性 ◆ 针对存档要求以及存档时间，要考虑到顾客要求 ◆ 若特性的检测结果对记录存有特殊要求，应遵照执行	● 顾客规范 ● 特殊特性 ● 顾客对标识的要求 ● 顾客对存档期限的要求 ● 存档规定/要求（电子数据、纸张、防火要求、可读性……） ● 末件检验 ● 零件履历 ● 让步的标识
	P6.6.4* 成品的交付是否满足顾客要求？	◆ 对成品的顾客特定要求（交货能力、质量目标、质量绩效）必须明确并进行监控 ◆ 对不符合要求制定纠正措施并实施 ◆ 按照顾客要求发运成品 ◆ 附加产品的处理必须加以规范并落实 ◆ 如出现发货阻断影响到顾客时，要通知顾客，并协调进一步的措施	● 与顾客的质量协议 ● 顾客特定要求 ● 顾客对特殊特性的标识要求 ● 发运审核 ● 仓储/召回处理/零部件供应/发运 ● 目标协议

P7 顾客关怀/顾客满意/服务		◆	●
	P7.1 质量管理体系、产品和过程方面的要求是否得到了满足?	◆ 质量管理体系符合内部要求和顾客特殊要求 ◆ 根据顾客要求开展了全尺寸检验和功能检验 ◆ 顾客对量产阶段及之后的备件供应要求必须得到落实 ◆ 顾客对零部件的回收及其再利用的要求必须得到执行	● 与顾客的质量协议 ● 全尺寸检验和功能检验方案,例如:产品审核、功能测试、耐久性试验 ● 将备件纳入人配件供应 ● 停产后继续确保备件供应的义务 ● 质量管理体系认证
	P7.2 是否对顾客服务提供了必要的保障?	◆ 对应于顾客的不同职能部门,要确保命能胜任的联系人。必须确保按照顾客要求开展联络沟通 ◆ 确保落实对现场产品的监控 ◆ 确保根据与顾客达成的协议,对顾客端口进行访问	● 有关产品应用的知识 ● 有关产品同题的知识,了解产品投诉、输投诉 ● 落实新的要求 ● 通报改进措施 ● 全球范围的顾客服务 ● 不符合要求的顾客信息通报
	P7.3* 是否保障了零件的供应?	◆ 针对意外事故,制定应急计划,以确保保供货。此处,不仅要考虑到组织内部过程,还要兼顾客方的过程。必须建立程序,确保组织一旦发现存在供货瓶颈,就能够立即通知顾客。通知的内容包括供货瓶颈预计的持续时间和涉及范围以及发生的原因以及启动的应对措施	● 应急计划(例如:替代生产、供方、运输) ● 挑选能力以及响应时间 ● 利用外部产能 ● 发生供货瓶颈时的联络方 ● 决策权限规定/启动特殊措施时的事态升级步骤 ● 零部件隔离

（续）

过程要素	提 问	与审核提问有关的最低要求	示 例
	P7.4* 如果出现与质量要求不符的情况或质量投诉,是否进行了失效分析,并且有效地落实了纠正措施?	◆ 对于零公里(售出前)和现场投诉(例如:8D 过程)的投诉处理程序。要制定失效分析程序,以确保提供必要的人力资源和物质资源,以确保及时完成工作。若无法遵守与顾客约定的时间期限,则必须通知顾客 ◆ 对于同题投诉,要按照顾客要求进行失效分析。(例如:VDA 现场失效分析)	● 投诉处理过程 ● 8D 过程 ● 内外部分析设施(实验室、检测/试验设备,人员) ● 问题解决方法的应用 ● 性能测试 ● 出现偏差时,与顾客的信息流 ● 知识储备库、经验教训 ● 质量环 ● FMEA ● 查看必要的批准放行文件(PPA 等) ● 现场失效件的测试(标准测试/加载检测/NTF 检测) ● NTF 指导方针(NTF,是指顾客认为是不合格品,但经组织检查分析却是合格品的产品) ● 投诉处理的评价指标
P7 顾客关怀/顾客满意/服务	**P7.5** 针对各具体的任务,相关的人员是否具备资质,是否定义了这些人员的职责?	◆ 针对员工在其各自的工作范围内都需履行的责任、任务,以及拥有的权限,都必须加以规范 ◆ 对于每名员工,必须根据其负责的任务针对性地确定培训需求,并加以落实 ◆ 员工应了解产品,并清楚错误操作对零部件供应成品质量造成的后果	● 组织机构图 ● 具备这些方面的知识:产品/技术规范/顾客要求 ● 标准/法律法规(产品责任) ● 加工/使用 ● 失效分析 ● 评价方法(例如:审核、统计) ● 质量技术(例如:排列图分析、8D 方法、因果图、石川因果图) ● 外语能力

表 7-4　提问 P2.1~P2.7 可参考的标准

项目	P2.1	P2.2	P2.3	P2.4	P2.5	P2.6	P2.7
VDA 1—文件化与存档—质量要求的文件化和存档指南							
VDA 2—供货质量保证—生产过程和产品批准 PPA					×		
VDA 3.2/3.3（第一部分）—汽车制造商和供方的可靠性保障							
VDA 4—产品实现过程中的质量保证				×	×		
VDA 5—测量过程的能力							
VDA 6.X—质量审核标准					×		
VDA 7—质量数据交换 QDX							
VDA 16—加装件和功能件的装饰性表面							
VDA 19.X—技术清洁度							
VDA "新零件的成熟度保障（MLA）"	×	×	×	×	×	×	×
VDA "顾客投诉处理的标准过程"							
VDA "使用现场实效分析"							
VDA "顾客的特殊质量管理体系要求"							
VDA "稳健的生产过程"					×		
VDA "特殊特性"							
VDA "供应链中的风险最小化"					×		
VDA "汽车业 SPICE"							
AIAG APQP	×	×	×	×	×	×	×
AIAG/VDA FMEA				×	×		
AIAG PPAP					×		
AIAG MSA							

表 7-5　提问 P3.1~P3.5 可参考的标准

项目	P3.1	P3.2	P3.3	P3.4	P3.5
VDA 1—文件化与存档—质量要求的文件化和存档指南					
VDA 2—供货质量保证—生产过程和产品批准 PPA					
VDA 3.2/3.3（第一部分）—汽车制造商和供方的可靠性保障			×		
VDA 4—产品实现过程中的质量保证	×	×	×		
VDA 5—测量过程的能力					
VDA 6.X—质量审核标准					
VDA 7—质量数据交换 QDX					
VDA 16—加装件和功能件的装饰性表面	×	×			
VDA 19.X—技术清洁度	×				
VDA "新零件的成熟度保障（MLA）"	×	×	×	×	×
VDA "顾客投诉处理的标准过程"	×	×			

（续）

项　目	P3.1	P3.2	P3.3	P3.4	P3.5
VDA "使用现场实效分析"	×	×		×	
VDA "顾客的特殊质量管理体系要求"					
VDA "稳健的生产过程"			×	×	
VDA "特殊特性"	×	×			
VDA "供应链中的风险最小化"		×			
VDA "汽车业 SPICE"					
AIAG APQP	×	×	×	×	×
AIAG/VDA FMEA	×	×			
AIAG PPAP					
AIAG MSA					

表 7-6　提问 P4.1 ~ P4.8 可参考的标准

项　目	P4.1	P4.2	P4.3	P4.4	P4.5	P4.6	P4.7	P4.8
VDA 1—文件化与存档—质量要求的文件化和存档指南								
VDA 2—供货质量保证—生产过程和产品批准 PPA				×		×		×
VDA 3.2/3.3（第一部分）—汽车制造商和供方的可靠性保障	×							
VDA 4—产品实现过程中的质量保证	×			×	×			
VDA 5—测量过程的能力	×							×
VDA 6.X—质量审核标准								
VDA 7—质量数据交换 QDX								
VDA 16—加装件和功能件的装饰性表面								
VDA 19.X—技术清洁度								
VDA "新零件的成熟度保障（MLA）"	×	×	×	×	×	×		×
VDA "顾客投诉处理的标准过程"	×				×			
VDA "使用现场实效分析"	×				×		×	
VDA "顾客的特殊质量管理体系要求"								
VDA "稳健的生产过程"	×	×	×	×		×		×
VDA "特殊特性"								×
VDA "供应链中的风险最小化"								×
VDA "汽车业 SPICE"	×	×	×	×	×			
AIAG APQP	×			×	×			
AIAG/VDA FMEA				×		×		×
AIAG PPAP	×							×
AIAG MSA			×					

表 7-7 提问 P5.1~P5.7 可参考的标准

项 目	P5.1	P5.2	P5.3	P5.4	P5.5	P5.6	P5.7
VDA 1—文件化与存档—质量要求的文件化和存档指南				×			
VDA 2—供货质量保证—生产过程和产品批准 PPA		×		×			
VDA 4—产品实现过程中的质量保证		×		×	×		
VDA 6.X—质量审核标准	×						
VDA 16—加装件和功能件的装饰性表面		×					
VDA 19.X—技术清洁度		×					
VDA "新零件的成熟度保障（MLA）"	×	×		×			
VDA "顾客投诉处理的标准过程"		×			×		
VDA "使用现场实效分析"			×				
VDA "供应链中的风险最小化"	×						
AIAG APQP		×		×			
AIAG/VDA FMEA		×		×	×		
AIAG PPAP		×		×			

表 7-8 提问 P6.1.1~P6.1.5 可参考的标准

项 目	P6.1.1	P6.1.2	P6.1.3	P6.1.4	P6.1.5
VDA 1—文件化与存档—质量要求的文件化和存档指南				×	×
VDA 2—供货质量保证—生产过程和产品批准 PPA	×				×
VDA 4—产品实现过程中的质量保证	×				×
VDA 5—测量过程的能力					
VDA 6.X—质量审核标准					
VDA 16—加装件和功能件的装饰性表面					
VDA 19.X—技术清洁度					
VDA "顾客投诉处理的标准过程"					
VDA "稳健的生产过程"	×	×	×	×	×
VDA "特殊特性"					
AIAG/VDA FMEA	×				×
AIAG PPAP	×				×
AIAG MSA					

表 7-9 提问 P6.2.1~P6.2.5 可参考的标准

项 目	P6.2.1	P6.2.2	P6.2.3	P6.2.4	P6.2.5
VDA 1—文件化与存档—质量要求的文件化和存档指南			×	×	
VDA 2—供货质量保证—生产过程和产品批准 PPA					
VDA 4—产品实现过程中的质量保证		×			
VDA 5—测量过程的能力					

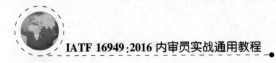

(续)

项　　目	P6.2.1	P6.2.2	P6.2.3	P6.2.4	P6.2.5
VDA 6.X—质量审核标准					
VDA 16—加装件和功能件的装饰性表面			×		
VDA 19.X—技术清洁度					
VDA "顾客投诉处理的标准过程"					
VDA "稳健的生产过程"	×	×	×	×	×
VDA "特殊特性"				×	×
AIAG/VDA FMEA			×		
AIAG PPAP					
AIAG MSA					

表 7-10　提问 P6.3.1 ~ P6.4.5 可参考的标准

项　　目	P6.3.1	P6.3.2	P6.3.3	P6.4.1	P6.4.2	P6.4.3	P6.4.4	P6.4.5
VDA 1—文件化与存档—质量要求的文件化和存档指南								
VDA 2—供货质量保证—生产过程和产品批准 PPA								
VDA 4—产品实现过程中的质量保证							×	
VDA 5—测量过程的能力						×		
VDA 6.X—质量审核标准				×				
VDA 16—加装件和功能件的装饰性表面				×			×	
VDA 19.X—技术清洁度				×			×	
VDA "顾客投诉处理的标准过程"								
VDA "稳健的生产过程"				×	×	×	×	×
VDA "特殊特性"								
AIAG/VDA FMEA							×	
AIAG PPAP								
AIAG MSA						×		

表 7-11　提问 P6.5.1 ~ P6.6.4 可参考的标准

项　　目	P6.5.1	P6.5.2	P6.5.3	P6.5.4	P6.6.1	P6.6.2	P6.6.3	P6.6.4
VDA 1—文件化与存档—质量要求的文件化和存档指南		×					×	×
VDA 2—供货质量保证—生产过程和产品批准 PPA							×	×

（续）

项　　目	P6.5.1	P6.5.2	P6.5.3	P6.5.4	P6.6.1	P6.6.2	P6.6.3	P6.6.4
VDA 4—产品实现过程中的质量保证		×	×			×		
VDA 5—测量过程的能力								
VDA 6.X—质量审核标准				×				×
VDA 16—加装件和功能件的装饰性表面						×		×
VDA 19.X—技术清洁度						×		×
VDA "顾客投诉处理的标准过程"			×					
VDA "稳健的生产过程"	×	×	×	×	×	×	×	×
VDA "特殊特性"								
AIAG/VDA FMEA		×	×			×		
AIAG PPAP							×	×
AIAG MSA								
AIAG SPC		×						

表7-12　提问 P7.1～P7.5 可参考的标准

项　　目	P7.1	P7.2	P7.3	P7.4	P7.5
VDA 1—文件化与存档—质量要求的文件化和存档指南	×				
VDA 2—供货质量保证—生产过程和产品批准 PPA	×	×			
VDA 4—产品实现过程中的质量保证	×			×	
VDA 6.X—质量审核标准	×				
VDA "使用现场失效分析"				×	
VDA "顾客投诉处理的标准过程"			×	×	
AIAG PPAP	×	×			
AIAG /VDA FMEA				×	

第 8 章
过程审核的实施

说明：为了使 VDA 6.3《过程审核》更加适合于中国汽车及其零部件制造企业，本作者对 VDA 6.3 过程审核的实施过程做了适当的改进，使之更容易为读者掌握。

8.1 过程审核实施流程

过程审核可以划分为以下六个阶段：

1）过程审核的策划。

2）过程审核的准备。

3）过程审核的实施。

4）过程审核结果的评价。

5）过程审核结果的展示。

6）过程审核后续活动的实施。

图 8-1 所示为审核实施的一般流程。

8.2 过程审核的策划

8.2.1 编写年度过程审核方案

组织要进行年度过程审核方案的策划。策划时要考虑拟审核过程的状况、重要性，以及以往审核的结果，这样便于确定审核的优先顺序。应将策划的结果形成年度过程审核方案。

年度过程审核方案的内容包括：

（1）审核目的

（2）审核准则

过程审核的准则既有产品技术方面的要求，又有质量管理体系方面的要求。

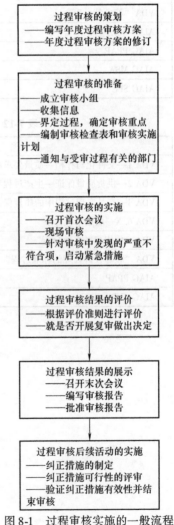

图 8-1 过程审核实施的一般流程

444

1）产品技术要求，如：

① 产品规范、图样、工艺要求、技术标准等。

② 过程特性，如注塑加工的压力、温度，铸造的型砂水分、铁水温度等。

2）质量管理体系要求，如：

① 过程质量控制计划。

② 有关生产、安装、安全的规定。

③ FMEA、作业指导书。

④ 检验规程。

⑤ 对过程运行（包括设备和操作人员）的鉴定要求。

⑥ VDA 6.3 过程审核标准等。

（3）受审核的过程及其所在部门

（4）审核频次

一般按月或季度进行，也有半年或一年一次的，甚至更长。

IATF 16949 特别强调：组织应采用顾客特殊要求的过程审核方法，每三个日历年审核一次全部制造过程，以确定其有效性和效率。在每个审核计划内，每个制造过程的审核应涵盖所有的班次，包括适当的交接班抽样。

（5）审核时间

（6）审核组的选择

包括审核组选择的原则、审核组基本要求，审核组组长确定、专业审核人员或技术专家的配备。如果涉及的具体过程问题，一旦超出了过程审核员所掌握的知识范围，那么，就应配备一名技术专家。

（7）资源要求等

年度过程审核方案具有灵活性，可根据产品生产情况和审核过程中得到的信息加以调整。

年度过程审核方案一般由质量部经理编写，管理者代表（或总工程师/总工艺师）批准。

年度过程审核方案示例见案例 8-1。

案例 8-1：年度过程审核方案

2017 年度过程审核方案

编制/日期：<u>彭芳 2017/1/15</u>　审核/日期：<u>陈鹏 2017/1/15</u>

批准/日期：<u>余斌 2017/1/15</u>

1. 审核目的

对过程的质量能力进行评定，使过程能达到受控和有能力，能在各种干扰因素下仍然稳定受控。

---

2. 受审核的过程

产品开发、生产、交付到售后服务的所有过程。

3. 审核的准则

1）各受审过程的过程控制计划及过程卡（或作业指导书）。

2）产品质量先期策划（APQP）控制程序。

3）工作环境管理程序。

4）设施、设备管理程序。

5）工艺装备管理程序。

6）人力资源管理程序。

7）生产过程控制程序。

8）质量目标管理程序。

9）VDA 6.3 过程审核标准。

4. 审核组安排

1）由彭芳、陈鹏组成审核组对蜂鸣器进行过程审核。

2）罗祥春、张文捷组成审核组对齿轮轴进行过程审核，对潜在供应商进行审核。

5. 审核的时间安排

序号	产品型号/产品组	过程范围	1月	2月	3月	4月	5月	6月	7月	8月	9月	10月	11月	12月
1	蜂鸣器	P5（供应商管理）、P6（生产过程）、P7（顾客关怀、顾客满意度、服务）	√			√			√			√		
2	齿轮轴	P2（项目管理）、P3（产品和过程开发的策划）、P4（产品和过程开发的实现）、P5（供应商管理）、P6（生产过程）、P7（顾客关怀、顾客满意度、服务）		√			√			√		√		
3	刮水器	P1 潜在供应商分析				√								

注：具体的审核日期、审核内容、受审核部门详见每次审核的实施计划。

8.2.2 年度过程审核方案的修订

一般在下列情况下，要对年度过程审核方案进行修订，增加内审次数（此种情况也称以事件为导向的审核要求）：

1）产品审核时发现产品质量连续下降。

2）顾客多次索赔及抱怨。

3）发生重大质量事故。

4）生产流程、工艺更改。

5）生产地点变更。

6）SPC 发现生产过程不稳定。

7）强制降低成本。

8）顾客或法规新增特殊要求时。

9）新产品小批量试生产或批量生产时。

10）公司内部机构提出要求时。

2016 版 VDA 6.3 对审核起因与审核类型没有像上一版本 VDA 6.3 那样详细说明，上一版本 2010 版 VDA 6.3 对审核起因与审核类型的详细说明见表 8-1。

表 8-1　审核起因与审核类型

项　　目	审核起因				审核类型		
	计划中的	以事件为导向的	内部	外部	过程审核	潜在供应商分析	特殊审核（如技术审核）
新供应商	×			×	×	×	
新的工艺技术	×		×	×	×	×	
新的生产场地（搬迁）	×			×	×	×	
要求（标准、顾客以及法律法规要求）	×		×	×	×	×	×
管理（过程）、核心（工艺）以及支持性过程发生过程变更	×		×	×	×		
外部过程（供应商）引起的变更	×		×		×		
投产保障和过程验收	×		×	×	×		
组织变更（公司改组、所有人变更）	×		×	×	×	×	
对量产和组织的连续监控	×		×	×	×		×
没有达到目标		×	×	×	×		×
顾客抱怨/拒收		×	×	×	×		×
停产		×	×	×	×		×
升级（问题升级）		×	×	×	×		×
最新审核方案要求的定期监控	×		×	×	×		
持续改进过程	×		×	×	×		

8.3　过程审核的准备

1. 组成审核组

一般而言，质量部是过程审核的归口管理部门。在进行过程审核前，质量部经理任命审核组长和审核员，组成审核组。

审核组成员一般由质量管理、工艺、质量检验、设备、计量等部门的人员组成。审核组长一般由质量工程师（或工艺工程师）担任。参与审核的人员应是与所审核的活动无直接责任的人员。

过程审核员除具备质量体系审核员的基本条件外，还必须熟悉所审核过程的技术与质量要求。最好具有工艺或质量管理实际工作经验。

VDA 6.3 对审核员特别提出了要求。

（1）内部审核员

1）专业知识：

——有良好的质量工具和方法方面的知识（例如：DOE 实验设计、FMEA、FTA 故障树分析、PPA 生产过程和产品批准、SPC 、SWOT 分析、8D 方法等）。

——有相关顾客特殊要求的知识。

——有相关质量管理体系要求的知识（例如：IATF 16949、ISO 9001 等）。

——产品和过程方面的具体知识。

2）专业培训：

成功参与 VDA 6.3 培训。

3）专业经验：

至少 3 年的工作经验（超过 2 年专业经验），尤其是汽车制造行业的经验，其中至少 1 年的质量管理经验。

（2）供应商审核员

1）专业知识：

——有出色的质量工具和方法方面的知识（例如：DOE 实验设计、FMEA、FTA 故障树分析、PPA 生产过程和产品批准、SPC 、SWOT 分析、8D 方法等）。

——审核员资质。

——有相关顾客特殊要求的知识。

——有相关质量管理体系要求的知识（例如：IATF 16949、ISO 9001 等）。

——产品和过程方面的具体知识。

2）专业培训：

具有满足 ISO 19011 要求的审核员资质。

3）专业经验：

至少5年的工作经验（超过3年专业经验），尤其是汽车制造行业的经验，其中至少2年的质量管理经验。

2. 收集与所审过程有关的文件和记录

以适当的方式收集与所审过程有关的文件和记录，以便了解过程以及过程之间的相互作用和接口关系。收集的文件和记录包括：

1）组织机构图。

2）工艺流程图。

3）生产控制计划。

4）FMEA。

5）标准、技术规范、顾客的要求。

6）目标方面的要求（如PPM）。

7）工艺文件。

8）质量控制卡。

9）以往过程审核的结果。

10）最近一次过程审核中确定的整改措施。

11）供应商交货质量情况（质量绩效）。

12）顾客投诉。

13）车间平面布置图。

14）项目计划表，等等。

3. 界定过程，确定审核重点

1）在过程界定方面，第一步是确定过程的起点和终点，第二步是将过程划分为一个个工序（过程步骤）。划分时要确保可以对这些工序单独进行评价。需注意的是，要明确工序中的权责关系，要保证权责关系一一对应。

2）可以在现有文件（例如工艺流程图）的基础上，对过程进行划分。审核工序的划分，企业可根据实际情况来定，并不一定完全按照工艺管理中的工序来划分。比如说，简单的几个装配工序，可以作为一个工序来审核。

3）对于所界定的过程，应在所收集信息的基础上，确定过程风险。审核人员应将对产品和过程影响最大的风险所在的部分（一般指特殊工序、关键工序）确定为审核重点。风险的识别见7.5.2节。

4）一般而言，对工序基本相同的同类产品（产品组），只需按产品组进行过程审核即可。

5）在进行过程审核结果的评价时（见8.5节），既要按产品组对过程审核结果进行评价，又要对全部过程的审核结果进行评价。

4. 编制过程审核实施计划

审核实施计划是安排审核日程，审核人员分工等内容的文件。这个计划不同于年度审核方案，是每次审核的具体计划，由审核组长编写。编制时，要与受审核方进行协商沟通。

审核实施计划的内容包括：

1）审核目的。

2）受审核的过程/受审核部门。

3）审核准则。

4）审核组成员名单及分工情况。

5）审核的时间和地点。

6）日程安排。

7）审核总结会议的安排。

8）审核报告的分发范围和预定发布日期。

案例 8-2 是一过程审核实施计划。

案例 8-2：过程审核实施计划

过程审核实施计划

编制/日期：_____   审核/日期：_____   批准/日期：_____

1. 审核目的

对过程的质量能力进行评定，使过程能达到受控和有能力，能在各种干扰因素下仍然稳定受控。

2. 受审核的过程/部门

齿轮轴的设计开发、生产、交付到售后服务的所有过程，包括 P2（项目管理）、P3（产品和过程开发的策划）、P4（产品和过程开发的实现）、P5（供应商管理）、P6（生产过程）、P7（顾客关怀、顾客满意度、服务）。

受审核部门包括与受审核过程有关的所有单位：×××。

3. 审核准则

1）齿轮轴生产控制计划及过程卡（或作业指导书）。

2）产品质量先期策划（APQP）控制程序。

3）工作环境管理程序。

4）设施、设备管理程序。

5）工艺装备管理程序。

6）人力资源管理程序。

7）生产过程控制程序。

8）质量目标管理和统计技术应用控制程序。

9）VDA 6.3 过程审核标准。

---

4. 审核组成员

审核组长：陈鹏。

审核员：陈鹏、彭芳（A 组）；罗祥春、张文捷（B 组）；

朱少华、王章强（C 组）。

5. 审核时间

2018 年 1 月 25 日～2018 年 1 月 26 日。

6. 审核报告发布日期及范围

审核报告将于 2018 年 1 月 28 日发布，发放范围为管理者代表、质量部、工艺技术部、车间主管及审核组各成员，等等。

7. 审核日程安排及审核内容

日期/时间		审核小组	受审过程及主要活动	涉及部门
1月25日	9：00～9：30	所有成员	首次会议	所有受审部门
	9：30～12：00	A	P2（项目管理）、P3（产品和过程开发的策划）、P4（产品和过程开发的实现）	研发部
		C	P3（产品和过程开发的策划）、P4（产品和过程开发的实现）	工艺技术部
	14：00～17：00	A	P5（供应商管理）	采购部
		C	P6（生产过程）	生产部、质量部
	17：00～17：30	所有成员	审核组内部会议，一天工作小结	
1月26日	9：00～12：00	A	（略）	（略）
		B	（略）	（略）
		C	（略）	（略）
	14：00～16：00	A	（略）	（略）
		B	（略）	（略）
	16：00～16：30	所有成员	审核组内部总结会议，整理审核结果	
	16：30～17：30	所有成员	末次会议	所有受审部门

5. 准备过程审核检查表

应按第 7 章表 7-2 "过程审核提问表概览" 中的提问编制审核检查表。编制时，要与受审核方进行协商沟通。

每次审核时，可对提问的最低要求（见第 7 章表 7-3）进行必要的补充。

如果第 7 章表 7-2 中的提问不适用，也可以增加新的提问。在这种情况下，对评分矩阵（见光盘中的附录 9）要进行相应的调整。

表 8-2 是一针对"产品和过程（工艺）的设计和开发"进行过程审核的检查表。对产品设计和开发、过程（工艺）设计和开发进行过程审核时，使用的提问是一样的，但 P4.6、P4.7 提问（注意，本章中提问的代号与 VDA 6.3 一致）对产品设计和开发不适用（用"n. e.（not evaluated）"或用"n. a.（not assessed）"表示提问不适用），只适用于过程（工艺）设计和开发。

　　表 8-3 是一针对生产过程的某一工序的审核检查表，所有生产过程的工序都可以使用此种审核检查表。

表 8-2　过程审核检查表（一）

产品组：齿轮		代表产品型号：A1、A2			代表产品名称：A1 传动齿轮、A2 传动齿轮		
受审过程：产品和过程的设计和开发		审核人：罗祥春			陪同人员：李祥本		
审核地点：产品研发部、工艺技术部		审核日期：2018/3/10			审核期次：2018 年第 1 次		
序号	审 核 提 问	审核得分		平均得分	存在问题	是否启动紧急措施	
		产品设计与开发	过程设计与开发				
P3	**产品和过程开发的策划**						
P3.1	针对具体产品和过程的要求是否已经明确？						
P3.2 *	基于产品和过程要求，是否对可行性进行了全面评审？						
P3.3	是否详细策划了产品和过程开发活动？						
P3.4	是否已对顾客关怀/顾客满意/顾客服务和使用现场失效分析的活动进行了策划？						
P3.5	针对产品和过程开发，是否考虑到了必要的资源？						
符合率计算： 1）产品设计和开发的策划的符合率 E_{PdP}： 2）过程设计和开发的策划的符合率 E_{PzP}： 3）产品和过程设计和开发的策划的符合率 E_{P3}：							
P4	**产品和过程开发的实现**						
P4.1 *	产品和过程开发计划中确定的事项是否得到落实？						
P4.2	人力资源是否到位并且具有资质，以确保批量生产启动？						
P4.3	物质资源是否到位并且适用，以确保批量生产启动？						

（续）

产品组：齿轮		代表产品型号：A1、A2		代表产品名称：A1 传动齿轮、A2 传动齿轮
受审过程：产品和过程的设计和开发		审核人：罗祥春		陪同人员：李祥本
审核地点：产品研发部、工艺技术部		审核日期：2018/3/10		审核期次：2018 年第 1 次
序号	审核提问	审核得分		平均得分	存在问题	是否启动紧急措施
		产品设计与开发	过程设计与开发			
P4.4*	是否获得了产品和过程开发所要求的批准和放行？					
P4.5	产品和过程开发中是否制定了生产和检验规范并加以实施？					
P4.6	是否在量产条件下进行了能力测试，以便获得量产批准？	n. e.				
P4.7	是否建立过程以便确保顾客关怀/顾客满意/顾客服务以及现场失效分析的实施？	n. e.				
P4.8*	是否有从产品开发移交至批量生产的控制办法？					

符合率计算：

1）产品设计和开发的实现的符合率 E_{PdR}：

2）过程设计和开发的实现的符合率 E_{PzR}：

3）产品和过程设计和开发的实现的符合率 E_{P4}：

注：n. e. 表示此提问不适用。

表 8-3 过程审核检查表（二）

产品组：齿轮		代表产品型号：A1、A2		代表产品名称：A1 传动齿轮、A2 传动齿轮
受审过程：生产过程		受审工序：滚齿		审核地点：齿轮车间
审核人：罗祥春		陪同人员：李祥本		审核日期：2018/3/10
序号	审核提问		审核得分	存在的问题/建议的改进措施	是否启动紧急措施
P6	**生产过程**				
P6.1	过程输入				
P6.1.1	是否在产品开发和批量生产之间进行了项目交接，以确保生产顺利启动？				
P6.1.2	来料是否在约定的时间按所需数量/生产批次大小被送至正确的地点/工位？				

（续）

产品组：齿轮		代表产品型号：A1、A2	代表产品名称：A1 传动齿轮、A2 传动齿轮		
受审过程：生产过程		受审工序：滚齿	审核地点：齿轮车间		
审核人：罗祥春		陪同人员：李祥本	审核日期：2018/3/10		
序号	审 核 提 问		审核得分	存在的问题/建议的改进措施	是否启动紧急措施
P6.1.3	是否对来料进行了适宜的储存，运输设备、包装方式是否与产品的特性相适应？				
P6.1.4	必要的标识/记录/放行是否存在，并且适当地体现在来料上？				
P6.1.5*	在量产过程中，是否对产品或过程的变更开展跟踪和记录？				
P6.2	过程管理				
P6.2.1	控制计划里的要求是否完整，并且得到有效实施？				
P6.2.2	对生产是否进行重新放行？				
P6.2.3*	在生产中，是否对特殊特性进行控制管理？				
P6.2.4*	对未批准放行件和/或缺陷件是否进行了管控？				
P6.2.5	是否能确保材料/零部件在流转过程中不发生混合/弄错？				
P6.3	人力资源				
P6.3.1*	员工是否能胜任被委派的工作？				
P6.3.2	员工是否清楚监视产品和过程质量的职责和权限？				
P6.3.3	是否具备必要的人力资源？				
P6.4	物质资源				
P6.4.1*	使用的生产设备是否可以满足顾客对产品的特定要求？				
P6.4.2	生产设备/工具的维护保养是否受控？				
P6.4.3*	通过使用的监视和测量设备，是否能够有效地监控质量？				
P6.4.4	生产工位和检验工位是否满足需要？				
P6.4.5	是否正确地存放工具、装置和检验设备？				
P6.5	过程绩效				
P6.5.1	是否为制造过程设定了目标？				
P6.5.2	是否对质量和过程数据进行了收集和分析？				
P6.5.3*	一旦与产品和过程要求不符，是否进行了原因分析，是否验证了纠正措施的有效性？				
P6.5.4	是否定期对过程和产品进行审核？				
P6.6	过程结果/输出				
P6.6.1	是否根据需要确定产量/生产批量，并且有目的地运往下道工序？				
P6.6.2	是否根据要求对产品/零部件进行适当存储，所使用的运输设备/包装方式是否与产品/零部件的特点相适应？				
P6.6.3	是否保留了必要的记录和放行证据？				
P6.6.4*	成品的交付是否满足顾客要求？				

符合率计算：

工序符合率 E_i：

6. 通知与受审过程有关的部门

审核组长在审核前 3~5 天与受审过程有关的部门领导接触，协商确定审核的具体时间，受审部门的陪同人员，以及审核中双方关心的其他问题等，以使审核工作顺利进行。商妥后，即发出书面审核实施计划，使受审核部门能早日安排好工作，迎接审核。

8.4　过程审核的实施

8.4.1　首次会议

审核开始前一般要召开首次会议。可根据不同情况确定首次会议的时间和内容。通常对外部的过程审核和针对事件（如质量事故）进行的审核都需召开首次会议；而按计划进行的例行内部过程审核，是否举行首次会议则较为灵活，一般只在第一次进行过程审核时需要。

首次会议的主要内容有：

1）介绍与会者，并概述与会者的职责。

2）确认审核目的、范围、准则及评分方法。

3）与受审核方确认审核计划和其他相关安排，例如末次会议的日期和时间，审核组和受审核方管理者之间的临时会议以及任何新的变动。

4）审核中所用的方法，包括告知受审核方审核证据将基于可获得信息的样本。

5）说明审核中与受审核方的沟通和可能导致终止审核的情况。

6）确认在审核中将及时向受审核方通报审核进展情况。

7）确认已具备审核组所需的资源和设施。

8）有关末次会议的信息。

9）针对审核中可能发现的严重不符合项，如何启动紧急措施。

10）澄清与会人员的疑问。

8.4.2　现场审核

1. 现场审核的注意事项

1）现场审核时，一般按照事先准备好的检查表逐项审核，也可进行随机性提问和检查，也可视需要增加新的检查内容。

2）在检查过程中通过提问尽可能将现场人员纳入审核过程中来。应通过询问的形式，对现场的员工开展审核。对于他们的资质，应通过查看记录的方法，加以验证。

3）在审核过程中，审核人员要提开放性问题（见7.5.2节）。

4）审核人员应采取抽样的形式，查看相关的文件以及记录，从而确认相关的要求和规范是否得到了落实。对于与结果有关的发现，应记录在案。

5）审核时应随时记录所发现的该过程的优点和不足之处。

6）审核不仅应关注过程的符合性，还应关注过程的适宜性、有效性，以便持续改进，不断地改善过程绩效。

7）对于审核中的不符合项，应直接在现场与相关的人员进行确认。

8）为避免在末次会议上发生冲突，应尽可能在现场澄清不明之处并与受审方达成共识。

9）必要时，审核小组应定时碰头，以便相互交换信息，并在必要的情况下重新为小组成员分配任务。

10）在时间进度方面，如果出现不能按预定时间完成的情况，审核组长应及时做出调整。

2. 审核终止

遇到下列情况，审核小组可以决定终止审核：

1）在审核过程中必要的信息被拒绝提供。

2）明显触犯法律法规。

3）审核人员受到蓄意干扰。

4）虽然事先进行了协商，但仍然被拒绝进入与审核有关的区域。

5）被审核组织的审核准备工作严重不足。

6）被审核组织提供了明显失实的信息。

如果终止审核，则必须说明原因。对于在终止前的审核过程获得的审核发现，应做好记录。

应由受审核方决定是否重新审核。

8.4.3　针对审核中发现的严重不符合项，启动紧急措施

审核中发现严重不符合项（严重失效）时，审核组长应通知被审核方立即启动紧急措施。严重不符合项是指：

1）顾客重大投诉。

2）产品功能失效或性能严重降低。

3）发现影响产品、生产安全，不符合政府法规的事实。

4）产品、过程的关键特性失去控制。

应对紧急措施的实施情况进行验证。

8.5　过程审核结果的评价

8.5.1　对各单独问题的评价

针对每个问题进行提问并进行现场核实。每个审核提问项目的满分为10分，根据有效地满足相关的要求以及存在的风险情况，给出每个审核提问项目的实际得分。提问的内容见第7章7.5节。评分的标准见表8-4，评分指南见表8-5。

表8-4　审核提问评分标准

分　数	针对各个要求具体落实情况的评价
10	要求完全得到落实
8	要求基本上得到落实，只有轻微的不符合（见"注"）
6	要求部分得到落实，存在明显的不符合
4	要求落实不够，存在严重的不符合
0	要求没有得到落实

注：所谓"基本上"，指的是大多数情况满足相关的要求，并且不存在任何特定的风险。

表8-5　审核提问评分指南

分数	从过程风险的角度评价	从产品风险的角度评价	从抽象的系统化角度评价
10	完全满足过程的技术要求与规范	产品没有任何缺陷，满足技术要求	完全满足要求
8	过程存在轻微的不符合情况，但不会影响符合顾客规范和后续过程步骤	存在产品缺陷，但不会影响功能、使用或进一步的加工	要求基本上得到落实，只有轻微的不符合
6	过程不总是满足规定的要求，对顾客或后续过程存在影响	产品不符合，但不影响功能。但失效会对使用和进一步的加工产生负面影响	要求部分得到落实，存在明显的不符合
4	过程严重不满足规定的要求，对顾客或后续过程有显著的影响	产品不符合，影响功能。失效导致使用受限，并严重影响进一步的加工	要求落实不够，存在严重的不符合
0	过程没有能力符合规定的要求	产品不符合，无功能，产品的使用严重受限，无法进行进一步的加工	要求没有得到落实

对各单独问题进行评价时，应注意下列情况：

1）若某个提问发现多个问题，则选择最大的风险作为对该提问的评价。

2）根据发现的风险情况，审核员可要求启动紧急措施。见本章8.4.3节。

3）如果有问题没有被评价（用"n.e."或"n.a."表示问题没有被评价），则必须对不评价的理由进行说明。

4）对于每一个被评价的过程要素、子要素，必须有至少三分之二的问题得到评价。为了确保评价结果可比性，应对提问表中的所有问题进行评价。

5）如果反复出现过去审核中的不符合项，缺乏落实纠正措施，也可视为不符合项，例如：针对"原因分析""措施落实""满足顾客要求"等。

6）在进行过程审核时，应将涉及特别的产品和过程风险的问题标记为"＊"号问题。对"＊"号问题提问时，如发现特别风险，将按降级规则处理（详见本章 8.5.4 节）。但对"＊"号问题的提问不应该比其他问题更严厉。

8.5.2　过程符合率的计算

1. 某个具体的过程要素的符合率 E_{Pn}

某个具体的过程要素的符合率（满足程度）E_{Pn}（$n = 2$，3，...，7）计算公式如下：

$$E_{Pn} = \frac{\text{相关问题实际得分的总和}}{\text{相关问题满分的总和}} \times 100\%$$

需说明的是：

1）"P3 产品和过程开发的策划""P4 产品和过程开发的实现"是分别对产品开发、过程开发进行提问。相应提问得分的平均值，作为 P3、P4 相应提问的实际得分。

2）"P6 生产过程"是由一个个子过程（工序）构成的，对生产过程的审核，也就是对每个工序的审核。"P6 生产过程"相应提问的实际得分，是各工序相应提问得分的平均值（四舍五入，保留 2 位小数点）。

对应于每个过程要素，给出了特定的过程要素符合率符号，见表 8-6。

表 8-6　过程要素符合率符号

过 程 要 素	符合率符号		
项目管理（P2）	E_{P2}		
产品开发和过程开发的策划（P3）	E_{P3}	1）E_{PdP} 为产品开发的策划符合率 2）E_{PpP} 为过程开发的策划的符合率	1）SOP 量产前的符合率：$E_{G(P2P3P4)}$ 2）仅对过程要素 P4 进行审核（量产启动时的审核）：$E_{G(P4)}$
产品开发和过程开发的实现（P4）	E_{P4}	1）E_{PdR} 为产品开发的实现符合率 2）E_{PpR} 为过程开发的实现符合率	
供应商管理（P5）	E_{P5}		SOP 量产后的符合率：$E_{G(P5P6P7)}$
生产过程（P6）	E_{P6}		
顾客关怀/顾客满意度/服务（P7）	E_{P7}		

需注意的是：

1）产品不同，生产过程的工序也不同。各道工序的符合率 $E_i (i = 1, 2, \cdots, n)$ 计算公式如下：

$$E_i = \frac{\text{工序子要素 P6.1 ~ P6.6 相关问题实际得分的总和}}{\text{工序子要素 P6.1 ~ P6.6 相关问题满分的总和}} \times 100\%$$

2）"P6 生产过程"相应提问的实际得分，实际上是各工序相应提问得分的平均值（四舍五入，保留 2 位小数点），见光盘之附录 9 "过程审核结果——评分矩阵"中 B 区。这样生产过程的符合率 E_{P6} 的计算公式如下：

$$E_{P6} = \frac{\text{生产过程子要素 P6.1 ~ P6.6 相关问题实际得分的总和}}{\text{生产过程子要素 P6.1 ~ P6.6 相关问题满分的总和}} \times 100\%$$

实际上，生产过程的符合率 E_{P6} 是各道工序符合率 E_1，E_2，$\cdots$，E_n 的平均值（n 为生产过程工序的数量）：

$$E_{P6} = \frac{E_1 + E_2 + \cdots + E_n}{n} \times 100\%$$

2. 生产过程中各子要素的符合率

本书 7.5.1 节已讲到，生产过程是由一个个子过程（工序）构成的。对生产过程的审核，也就是对每个工序的审核。工序的审核是通过审核工序子要素来实现的。工序子要素包括 P6.1 过程输入、P6.2 过程管理、P6.3 人力资源、P6.4 物质资源、P6.5 过程绩效、P6.6 过程输出、P6.7 运输和零部件搬运。

针对 P6.7 运输和零部件搬运，没有单独的提问，对 P6.7 的提问包含在对 P6.1 ~ P6.6 的提问中，在完成对 P6.1 ~ P6.6 提问的同时，对 P6.7 的提问也就完成了（详见 7.5.1 节）。光盘之附录 9 "过程审核结果——评分矩阵"中 A 区 "P6.7 运输和零部件搬运" 8 个问题得分来自其左面的 P6.1 ~ P6.6 中的 P6.1.2、P6.1.3、P6.1.4、P6.2.4、P6.2.5、P6.6.1、P6.6.2、P6.6.3 问题得分。

作为对整个过程评价的补充，有必要对"生产过程"中的各个子要素（P6.1 过程输入、P6.2 过程管理、P6.3 人力资源、P6.4 物质资源、P6.5 过程绩效、P6.6 过程输出、P6.7 运输和零部件搬运）进行评价，以全面反映过程管理的情况。

光盘之附录 9 "过程审核结果——评分矩阵"中 B 区 "生产过程子要素的提问得分"是其上面各道工序相应子要素提问得分的平均值。这样"生产过程"子要素的符合率就是：

$$E_{Ui} = \frac{\text{生产过程子要素相关问题实际得分的总和}}{\text{生产过程子要素相关问题满分的总和}} \times 100\%$$

"生产过程"子要素符合率符号见表 8-7。

表8-7　生产过程子要素符合率符号

生产过程子要素	符合率符号
P6.1 过程输入	E_{U1}
P6.2 过程管理	E_{U2}
P6.3 人力资源	E_{U3}
P6.4 物质资源	E_{U4}
P6.5 过程绩效	E_{U5}
P6.6 过程输出	E_{U6}
P6.7 运输和零部件搬运	E_{U7}

3. 总符合率

计算什么样的总符合率，企业可根据其需要确定，这里提供的几个总符合率，供读者参考。

（1）SOP 量产前的符合率 $E_{G(P2P3P4)}$

$$E_{G(P2P3P4)} = \frac{P2、P3、P4 \text{ 相关问题实际得分的总和}}{P2、P3、P4 \text{ 相关问题满分的总和}} \times 100\%$$

（2）仅对过程要素 P4 进行审核（量产启动时的审核）：$E_{G(P4)}$

$$E_{G(P4)} = \frac{P4 \text{ 相关问题实际得分的总和}}{P4 \text{ 相关问题满分的总和}} \times 100\%$$

（3）SOP 量产后的符合率 $E_{G(P5P6P7)}$

$$E_{G(P5P6P7)} = \frac{P5、P6、P7 \text{ 相关问题实际得分的总和}}{P5、P6、P7 \text{ 相关问题满分的总和}} \times 100\%$$

（4）总符合率 E_G

$$E_G = \frac{P2、P3、P4、P5、P6、P7 \text{ 相关问题实际得分的总和}}{P2、P3、P4、P5、P6、P7 \text{ 相关问题满分的总和}} \times 100\%$$

说明：

1）"P3 产品和过程开发的策划""P4 产品和过程开发的实现"是分别对产品开发、过程开发进行提问。相应提问得分的平均值，作为 P3、P4 相应提问的实际得分。

2）"P6 生产过程"相应提问的实际得分，实际上是各工序相应提问得分的平均值（四舍五入，保留 2 位小数点）。

4. 按产品组确定的符合率

产品组一般指工序基本相同的同类产品。对工序基本相同的同类产品，可按产品组进行过程审核。一次过程审核，可能涉及多个产品组（如轿车底盘类、货车底盘类），这样就有必要在计算过程符合率时，计算各产品组的符合率。

有些企业，整体能力可能不行，但某个产品组的能力可能不错。计算产品组的符合率，可使企业掌握各产品组的能力，也有助于企业对其供应商的质量能力进行分类。

一般计算产品组的生产过程的符合率 $E_{G(PGn)}$（n 为产品组编号，$n=1$，2，$\ldots$）。产品组的生产过程是由很多工序组成的。产品组的"P6 生产过程"相应提问的实际得分，实际上是各工序相应提问得分的平均值（四舍五入，保留 2 位小数点）。这样产品组的生产过程的符合率 $E_{G(PGn)}$ 的计算公式如下：

$$E_{G(PGn)} = \frac{\text{产品组的生产过程子要素 P6.1～P6.6 相关问题实际得分的总和}}{\text{产品组的生产过程子要素 P6.1～P6.6 相关问题满分的总和}} \times 100\%$$

实际上，产品组的生产过程的符合率 $E_{G(PGn)}$，是产品组各道工序符合率的平均值。

8.5.3　评分矩阵说明

评分矩阵因幅面大，放在书中看不清，所以将评分矩阵作为附录 9 放在光盘中。读者可以结合光盘中的附录 9 "过程审核结果——评分矩阵"，阅读本节内容。

1. "n. e." "Act." "Target" "Max." "Act." 的意义

以 "P2 项目管理" 为例说明。图 8-2 是一 "P2 项目管理" 提问得分情况。

P2 Project management项目管理

2.1	2.2	2.3	2.4	2.5*	2.6*	2.7	n.e.	Act.	Target	Max.	Act.
10	8	10	10	10	10	10	0	7	5	70	68

图 8-2　"P2 项目管理" 提问得分情况

1）"n. e." 的意义。"n. e."（或 "n. a."）在这里是指 "没有被评价的问题的数量"。图 8-2 中，7 个问题都被评价了，不存在没有被评价的问题，所以 "n. e." 是 0。

2）"Act.（实际）" 的意义。第一个 "Act."，在这里是指 "实际评价的问题的数量"。图 8-2 中，7 个问题都被评价了，所以 "Act." 是 7。

3）"Target（目标）" 的意义。VDA 6.3 要求对每一个被评价的过程要素、子要素，必须对其至少三分之二的问题进行评价。"Target" 就是 "至少要评价的问题的数量"。"P2 项目管理" 有 7 个问题，如果要对 P2 进行审核，那么 7 个问题至少要被评价 7 ×（2/3）= 4.6 = 5 个（遇小数点，则入一位），所以 "Target" 是 5。

4）"Max.（最大）" 的意义。"Max." 是指 "被评价问题的满分总和"。这里 7 个问题都被评价了，所以 "Max." 是 70（每个问题的满分是 10 分）。

5）"Act.（实际）" 的意义。第二个 "Act."，在这里是指 "被评价问题的实际得分总和"。图 8-2 中，7 个被评价的问题实际得分总和是 68，所以第二个

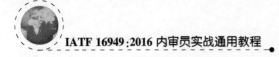

"Act."是68。

6)"P2项目管理"的符合率 E_{P2} 为：

$$E_{P2} = \frac{被评价问题的实际得分总和 Act.}{被评价问题的满分总和 Max.} = \frac{68}{70} = 97\%$$

2. "P3 产品开发和过程开发的策划"评分说明

"P3 产品和过程开发的策划"是分别对产品开发的策划、过程开发的策划进行提问。产品开发的策划、过程开发的策划之相应提问得分的平均值，作为 P3 相应提问的实际得分。图 8-3 是一"P3 产品和过程开发的策划"提问得分情况。

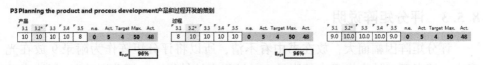

图 8-3 "P3 产品和过程开发的策划"提问得分情况

图 8-3 中，产品开发策划 P3.1 的得分为 10，过程开发策划 P3.1 的得分为 8，所以产品和过程开发策划 P3.1 的得分为：（10 +8）/2 = 9。以此类推，计算出 P3 其他提问的得分（见图 8-3 右边）。

"P3 产品和过程开发的策划"的符合率 E_{P3} 为：

$$E_{P3} = \frac{被评价问题的实际得分总和 Act.}{被评价问题的满分总和 Max.} = \frac{48}{50} = 96\%$$

"P4 产品和过程开发的实现"符合率 E_{P4} 的计算与"P3 产品和过程开发的策划"的符合率 E_{P3} 的计算是一样的。

3. 评分矩阵中 A 区、B 区说明

评分矩阵见光盘中的附录 9"过程审核结果——评分矩阵"。附录 9"过程审核结果——评分矩阵"中 A 区、B 区的说明如下：

1)附录 9"过程审核结果——评分矩阵"中 A 区"P6.7 运输和零部件搬运"8 个问题得分来自其左面的 P6.1 ~ P6.6 中的 P6.1.2、P6.1.3、P6.1.4、P6.2.4、P6.2.5、P6.6.1、P6.6.2、P6.6.3 问题得分。

2)附录 9"过程审核结果——评分矩阵"中 B 区"生产过程子要素的提问得分"是其上面各道工序相应子要素提问得分的平均值。

8.5.4 过程定级

1. 根据总符合率 E_G 或 $E_{G(Pn)}$ 对过程进行定级

得出总符合率 E_G 或 $E_{G(Pn)}$ 后（$E_{G(Pn)}$，见上面 8.5.2 节中的各种总符合率），就应根据总符合率 E_G 或 $E_{G(Pn)}$ 对过程进行定级，见表 8-8。

表 8-8 过程的定级

级 别	总符合率 E_G	评级说明
A	E_G 或 $E_{G(Pn)} \geqslant 90\%$	具备质量能力
B	$80\% \leqslant E_G$ 或 $E_{G(Pn)} < 90\%$	有条件的具备质量能力
C	E_G 或 $E_{G(Pn)} < 80\%$	不具备质量能力

2. 降级规则

1）在总符合率 E_G 或 $E_{G(Pn)} \geqslant 90\%$ 时，如果出现下列情况，应将级别从 A 级降为 B 级：

① P2 ~ P7 中至少有一个过程要素的符合率（E_{Pn}）或者工序的符合率 $E_1 \sim E_n < 80\%$。

② P6 的子要素（P6.1 过程输入、P6.2 过程管理、P6.3 人力资源、P6.4 物质资源、P6.5 过程绩效、P6.6 过程输出、P6.7 运输和零部件搬运）的符合率（E_{U1}，E_{U2}，…，E_{U7}）至少有一个小于 80%。

③ 至少有一个星号问题（"＊"号问题）的评分为 4 分。

④ 至少有一个问题的评分为 0 分。

2）在总符合率 E_G 或 $E_{G(Pn)} \geqslant 80\%$ 时，如果出现下列情况，将级别评定为 C 级：

① P2 ~ P7 中至少有一个过程要素的符合率（E_{Pn}）或者工序的符合率 $E_1 \sim E_n < 70\%$。

② 至少有一个星号问题（"＊"号问题）的评分为 0 分。

需注意的是：应用降级规则时，过程要素符合率 E_{Pn}、子要素符合率 E_{Un} 和工序符合率 E_n 只取百分数整数。比如 $E_{P3} = 92.3\%$，则应取 $E_{P3} = 92\%$。

当评估产品组时，降级规则同样适用。

8.5.5 开展复审的决定

在下列情况下，审核组应决定进行复审：

1）没有达到某个规定的符合率。

2）关键过程存在风险。

3）没有满足一个或者多个星号问题（"＊"号问题）的要求（"＊"号问题的评分为 0 分）。

4）潜在供应商分析过程中亮红灯（潜在供应商分析见 8.8 节）。

复审应在一个确定的时间范围内进行。在这段时间内，被审核组织应采取措施，有效地改进不符合项。

在复审中，审核的范围与上次审核的一致，不能仅仅只对不符合项的改进效果进行验证。

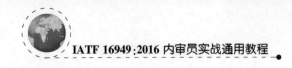

8.6　审核结果的展示

8.6.1　召开末次会议

在完成审核结果的评价后，应召开末次会议。在末次会议上，审核组将向与被审核过程有关的部门通报审核情况并确定相关事宜，内容包括：

1）告知审核结果和审核中的发现。

2）对不清楚的事项加以澄清。

3）确定接下来的工作安排，例如解决审核中发现的问题的时间计划；必要时，通知被审核方需要进行复审。

4）确定要采取的改进措施及其责任部门。

5）说明启动的紧急措施。

6）确定审核报告的发放范围。

在末次会议上，审核组与被审核方要就下一步的工作达成一致。

8.6.2　过程审核报告的编写与批准

1. 过程审核报告的内容

审核结束后，审核组长要组织编写审核报告并分发。

过程审核报告的内容可包括：

1）审核的目的（理由）和范围（过程范围描述/受审部门）。

2）审核准则。

3）审核组成员、受审核方代表、审核日期。

4）审核计划的实施情况。

5）不能评价的审核提问项目或增加的审核提问项目。

6）不符合项，以及采取的改进措施及其时间。

7）评分与定级；定级时如有降级，则应说明降级的理由。

8）特定领域的优缺点。

9）审核结论，应表明过程是否具备质量能力。

10）确定审核报告分发范围。

2. 过程审核报告编写时的注意事项

1）审核报告只对审核过程中或末次会议上曾讨论的项目进行描述。

2）对审核中发现缺陷的描述要具体，如缺陷发生的地点、时间、当事人、涉及的文件号、记录号等；文字要简明扼要。

3）要提及审核中发现的特别好或特别差的方面。

4）审核报告中应避免：

① 面谈中言及的机密。

② 末次会议未谈及的事情。

③ 主观意见。

④ 模糊不清的论述。

⑤ 引发争论的语句。

5）过程审核检查表作为过程审核报告的附件。

3. 过程审核报告的批准

审核报告要经审核组长签字批准。在对供应商进行过程审核时，审核报告还需供应商签署。

4. 过程审核报告的发放和存档

审核报告发放时应要求接受人在分发清单上签收。审核报告应交由规定的保管责任人存档。应注意后续工作（如纠正措施验收等）产生的相关文件的存档。

案例 8-3 是一过程审核报告。

案例 8-3：过程审核报告

过程审核报告

编写/日期：_____　　批准/日期：_____

1. 审核目的

评价过程是否具备质量能力。

2. 受审核的过程/部门

1）受审核的过程。

产品组编号	产品组	审 核 过 程
1	齿轮轴	P2（项目管理）、P3（产品和过程开发的策划）、P4（产品和过程开发的实现）、P5（供应商管理）、P6（生产过程——铸造毛坯 E_1、滚齿 E_2、热处理 E_3、磨削 E_4、修整 E_5）、P7（顾客关怀、顾客满意度、服务）。
2	蜂鸣器	P2（项目管理）、P3（产品和过程开发的策划）、P4（产品和过程开发的实现）、P5（供应商管理）、P6（生产过程——机加 E_6、冲压 E_7、注塑 E_8、分装 E_9、总装 E_{10}）、P7（顾客关怀、顾客满意度、服务）。

2）受审核部门包括与受审核过程有关的所有单位：×××。

3. 审核准则

1）蜂鸣器、齿轮轴质量控制计划及过程卡（或作业指导书）。

2）产品质量先期策划（APQP）控制程序。

3）工作环境管理程序。

4）设备管理程序。

5）工艺装备管理程序。

6）人力资源管理程序。

7）生产过程控制程序。

8）质量目标管理程序。

9）VDA 6.3 过程审核标准。

4. 审核组成员

审核组长：陈鹏。

审核员：陈鹏、彭芳（A 组）；罗祥春、张文捷（B 组）；朱少华、王章强（C 组）。

5. 审核时间

2018 年 1 月 25 日～2018 年 1 月 26 日。

6. 审核结果

包括《评分矩阵》《评分矩阵（包含产品组）》《符合率柱状图》等。可参照光盘中的附录 10 "过程审核结果相关图表"。

7. 审核结论

1）总符合率 E_G 与评级。

总符合率 E_G	有无降级情况出现	评级
96%	无	A

2）按产品组确定的生产过程符合率 $E_{G(PGn)}$。

产　品　组	$E_{G(PGn)}$	评　级
齿轮轴	93%	A
蜂鸣器	96%	A

3）总符合率 E_G 或产品组的 $E_{G(PGn)}$ > 90%，且无降级情况出现，所以蜂鸣器、齿轮轴的开发、生产、交付到售后服务的所有过程具备质量能力。

8. 未得满分的问题及其纠正措施

序号	提问编号	得分	审核发现的问题描述	原因分析及纠正措施	预计完成日期	责任人	效果验证
1	**P2.6** *	8	A1 传动齿轮更改通知单没有批准签字（略）	（略）			

9. 审核报告发布范围

（略）

8.7　过程审核后续活动的实施

8.7.1　纠正措施的制定

1）针对审核中发现的不符合项，各责任部门要在规定的期限内制定纠正措施实施计划。内容至少包括相应的措施、预计完成时间、责任人/部门。

2）受审核方要在分析原因的基础上提出要实施的纠正措施，以确保能够彻底消除在过程中发现的不符合项。

3）审核员可提出纠正措施的建议，但不能代替受审核部门制定纠正措施，更不能承担纠正措施实施后果不良的责任。

4）纠正措施基本上可以分为：

① 技术上/组织上的措施（例如：生产流程的更改，服务流程的更改，物流流程的更改，设计/软件的更改）。为使过程有能力和受控，要优先采取技术上/组织上的措施。

② 管理上的措施（例如：员工培训，对文件资料进行修订）。在大多数情况下先落实管理上的措施，因为管理措施一般可以比较快地落实。

8.7.2　纠正措施可行性的审核

1）审核员应审核措施计划表的可行性，并且估计其中的措施在多大程度上能够解决不符合项。

2）尽管审核员会对措施的可行性进行检查，但被审核组织仍然必须自行对所落实的措施的效果负责。

3）对于模糊不清，有矛盾的地方，审核员应要求对措施计划进行改正。如果没有取得任何反馈，那么，审核人员可以启动相应的事态升级程序。

4）在对供应商进行过程审核时，一旦发生没有编制措施计划表，或措施计划表不具备可行性等情况，那么，就应该启动事态升级程序。

当然，应事先在审核前，将事态升级程序作为合同的组成部分，与供应商进行约定。

5）在企业内部的过程审核中，必要时，纠正措施计划要经过质量管理体系负责人批准。经过质量管理体系负责人批准的纠正措施，若涉及整个组织或牵涉到几个部门，质量管理体系负责人可能还要请示最高管理者决定后，办理批准手续。经质量管理体系负责人或最高管理者批准后，该措施计划方可正式实施。

8.7.3 验证纠正措施有效性并结束审核

1. 纠正措施的实施和验证

1）被评审组织应负责措施的落实，审核员（或相关过程责任人）应对措施的落实情况进行监控并验证措施的实施效果。

2）审核员（或相关过程责任人）应在措施计划表中记录下验证效果及验证日期。

3）审核员（或相关过程责任人）应将措施的验证情况通报给审核组长以及被审核的组织。

4）如果验证发现所采取的措施没有明显效果，那么，就可能需采取以下的一种或多种后续措施：

① 启用事态升级程序（简单地讲就是将问题提交给有权利的上一级管理者或法定的人员去处理）。

② 采取进一步的措施。

③ 重新对问题进行分析。

2. 验证的方法

验证时，可以采用如下的一些方法：

1）抽样检验。

2）产品审核。

3）过程审核。

4）机器和过程能力调查。

5）中期状况评价/进度跟进。

6）在措施落实的前后观察各项指标的变化（如 PPM 统计、目标的落实情况、投诉的变化）。

3. 结束审核

当纠正措施验证完成后，过程审核即告结束。

8.8 潜在供应商分析（P1）

8.8.1 潜在供应商分析说明

1）潜在供应商分析用来对新的供方（投标方）开展评价，对于已有的供方，潜在供应商分析还可用于对新的场所、新工艺技术和新产品开展评价。

2）需对待采购产品及其相应过程的潜能进行评估。

3）潜在供应商分析要考虑供应商开发和制造待采购产品的经验和技能，以及实现产品和过程顾客特殊要求的能力。

4）针对供应商正在生产的产品进行评价（需要时，包括竞争对手的产品）。

5）潜在供应商分析的结果可用于发包决策的准备工作，以及预测供应商的产品和过程的质量能力。

6）更换供应商或供应商迁址时，均可使用潜在供应商分析的方法对供应商进行评价。

8.8.2 潜在供应商分析要求

由于在询价和报价阶段，顾客和投标方（潜在供应商）之间尚不存在合同关系，因此应对保密和访问许可事项进行规定。

8.8.3 准备工作

要做好潜在供应商分析的准备工作，主要是收集潜在供应商的信息。一个非常有用的做法是要求供应商进行自我评价并填写自我评价表。

潜在供应商自我评价的内容可以是：

1）供应商的地址、合法经营的证据（工商执照等）、规模。

2）报价。

3）第三方对其质量能力的评价和/或供应商对其过程的自我评价。

4）下级供应商、模具供应商以及其他合作伙伴。

5）知识管理、人员技能。

6）研发能力、创新能力、对外合作情况。

7）组织结构、质量体系。

8）实验室。

9）检测设备、生产设备。

10）专利等。

表 8-9 是一供应商基本情况自我评价表。

表 8-9 供应商基本情况自我评价表

1	企业名称：
2	负责人或联系人姓名：
3	地址： 邮编：
4	电话： 传真：
5	企业成立时间：
6	主要产品：
7	职工总数： 其中技术人员 人；工人 人
8	财务能力：能否接受我方的付款方式：□能 □不能 能否接受原材料市场在一年中的 10%～15% 以上的波动：□能 □不能

（续）

9	年产量/年产值（万元）：			
10	生产能力：			
11	样机/样品、样件生产周期：			
12	生产特点：□成批生产	□流水线大量生产		□单台生产
13	主要生产设备：□齐全、良好　　　　□基本齐全、尚可　　　　□不齐全 需附上主要生产设备清单。			
14	使用或依据的产品标准： a）国际/国家/行业标准名称/编号： b）供应商企业标准名称/编号： c）其他：			
15	工艺文件：□齐备　　　　□有一部分　　　　□没有			
16	检验机构及检测设备　　□有检验机构及检验人员，检测设备良好 　　　　　　　　　　　□只有兼职检验人员，检测设备一般 　　　　　　　　　　　□无检验人员，检测设备短缺，需外协 需附上主要监测设备清单。			
17	测试设备校准状况：□有计量室　　　　□全部委托外部计量机构			
18	主要客户（公司/行业）：			
19	主要原材料来源（主要供应）：			
20	新产品开发能力：□能自行设计开发新产品　□只能开发简单产品　□没有自行开发能力			
21	国际合作经验：□是外资企业　　　　　　　□是合资企业 　　　　　　　　□给外企提供产品　　　　□无对外合作经验			
22	职工培训情况：□经常、正规地进行　　　□不经常开展培训			
23	是否通过产品或体系认证：□是（指出具体内容）　　　　　　　□否			
评价人员：	评价日期：　　　年　　月　　日			

8.8.4　潜在供应商分析的开展

1）对潜在供应商的审核流程见图 8-4。

2）P1（潜在供应商分析）中的提问是从过程要素 P2～P7 中选出的提问（见第 7 章表 7-2），共 36 个提问。将这些问题摘录出来归纳到一起，就形成了 P1（潜在供应商分析）审核提问检查表（见表 8-10）。

3）潜在供应商分析是针对供应商的类似过程进行的审核。

4）对于潜在供应商分析，需要对每一个问题进行单独的评价。因为，潜在供应商分析的目的并不是要进行量化的评级，而是希望得出"合适"或者"不合适"的判断。

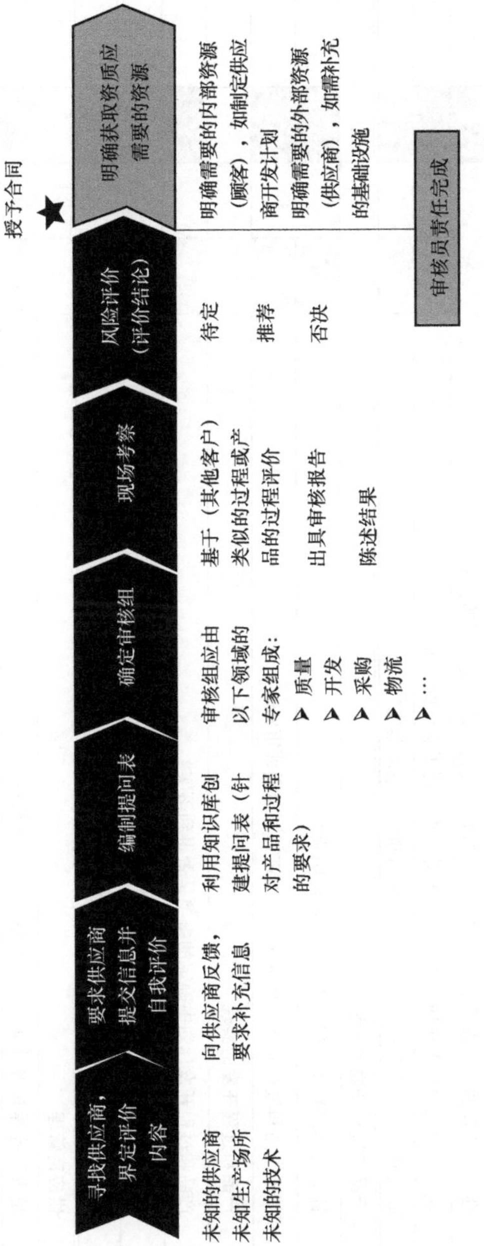

授予合同

寻找供应商，界定评价内容	要求供应商提交信息并自我评价	编制提问表	确定审核组	现场考察	风险评价（评价结论）	明确求取资质应需要的资源
未知的供应商 未知生产场所 未知的技术	向供应商反馈，要求补充信息	利用知识库创建提问表（针对产品和过程的要求）	审核组应由以下领域的专家组成： ▶ 质量 ▶ 开发 ▶ 采购 ▶ 物流 ▶ …	基于（其他客户）类似的过程评价产品的过程评价 出具审核报告 陈述结果	待定 推荐 否决	明确需要的内部资源（顾客），如制定供应商开发计划 明确需要的外部资源（供应商），如需补充的基础设施

审核员责任完成

图 8-4 潜在供应商的审核流程

表8-10 P1（潜在供应商分析）审核提问检查表

过程要素	审核提问	审核结果			不符合现象描述
		绿色	黄色	红色	
P2	项目管理				
P2.1	是否建立了项目管理及其组织机构？	/	/	/	
P2.2	是否为落实项目所有必要的资源，这些资源是否已经到位，变更时有无报告？				
P2.3	是否编制了项目计划，并与顾客协调一致？				
P2.4	项目是否实施了产品质量先期策划，并对其落实情况进行了监控？				
P2.5*	项目所涉及的采购事项是否得以实施，对其落实进行了有效的管理？				
P2.6*	项目组织机构是否在项目进行过程中对变更进行了有效的管理？				
P2.7	是否建立了事态升级程序，该程序是否得到有效的落实？				
P3	产品和过程开发的策划	/	/		
P3.1	针对具体产品和过程的要求是否已经明确？				
P3.2*	基于产品和过程要求，是否对可行性进行了全面评审？				
P4	产品和过程开发的实现	/			
P4.1*	产品和过程开发计划中确定的事项是否得到落实？		/		
P4.3	物质资源是否到位并且适用，以确保批量生产启动？				
P4.4*	是否获得了产品和过程开发所要求的批准和放行？				
P5	供应商管理	/	/		
P5.1	是否只选择获得批准且具备质量能力的供应商？				
P5.2	是否在供应链上考虑到了顾客要求？				
P5.4*	采购的产品和服务，是否获得了所需的批准/放行？				
P5.5*	采购的产品和服务的约定质量是否得到了保障？				
P5.6	进厂的货物是否得到了适宜交付和储存？				

P6	生产过程			
6.1	过程输入	✓	✓	✓
P6.1.1	是否在产品开发和批量生产之间进行了项目交接，以确保生产顺利启动？	✓	✓	✓
6.2	过程管理			
P6.2.1	控制计划里的要求是否完整，并且得到有效实施？	✓	✓	✓
P6.2.2	对生产是否进行重新放行？	✓	✓	✓
P6.2.3*	在生产中，是否对特殊特性进行控制管理？	✓	✓	✓
P6.2.4*	对未批准放行件和/或缺陷件是否进行了管控？			
6.3	人力资源	✓	✓	✓
P6.3.1*	员工是否能胜任被委派的工作？	✓		✓
P6.3.3	是否具备必要的人力资源？	✓	✓	✓
6.4	物质资源			
P6.4.1*	使用的生产设备是否可以满足顾客对产品的特定要求？	✓	✓	✓
P6.4.2	生产设备/工具的维护保养是否受控？	✓	✓	✓
P6.4.3*	通过使用的监视和测量设备，是否能够有效地监控质量？	✓		✓
P6.4.4	生产工位和检验工位是否满足需要？			
6.5	过程绩效	✓	✓	✓
P6.5.3*	一旦与产品和过程要求不符，是否进行了原因分析，是否验证了纠正措施的有效性？	✓		✓
P6.5.4	是否定期对过程和产品进行审核？	✓	✓	✓
6.6	过程结果/输出			
P6.6.2	是否根据要求对产品/零部件进行适当存储，所使用的运输设备/包装方式是否与产品/零部件的特点相适应？	✓	✓	✓

（续）

过程要素	审核提问	审核结果			不符合现象描述
		绿色	黄色	红色	
P6.6.4*	成品的交付是否满足顾客要求？				
P7	顾客关怀/顾客满意/服务	/	/	/	
P7.1	质量管理体系、产品和过程方面的要求是否得到了满足？				
P7.2	是否对顾客服务提供了必要的保障？				
P7.3*	是否保障了零件的供应？				
P7.4*	如果出现与质量要求不符的情况或投诉，是否进行了失效分析，并且有效地落实了纠正措施？				
	信号灯数量合计				

评级	审核结果	信号灯	评级准则
□批准通过供应商		（绿色）	最多 7 个问题为黄灯，没有红灯
□带条件批准通过供应商		（黄色）	最多 14 个问题为黄灯，没有红灯
□不批准通过供应商		（红色）	超过 14 个问题为黄灯，和/或有红灯出现

8.8.5 潜在供应商分析结果的评价

1. 问题的评价

1）针对每个问题，应根据相关要求的满足程度以及存在的风险，开展具体的评价。

2）最多只能有 3 个问题不进行评价。对于没有评价的问题，必须说明原因。

3）采用信号灯系统进行评价（见表 8-11），评价结果为"红灯""黄灯"或者"绿灯"。

4）对于评价结果为"红灯"或者"黄灯"的问题，应说明具体的不符合项。

表 8-11 审核提问评价信号灯系统

对各个问题的评价	信 号 灯
提问中的要求没有得到满足	● （红色）
提问中的要求得到部分满足	◐ （黄色）
提问中的要求得到满足	● （绿色）

2. 供应商评级及评级结果的解释

将各个问题的评价结果相加，就可以得到对潜在供应商的评级。评级采用的也是信号灯系统（见表 8-12）。表 8-13 对供应商的评级结果进行了解释。

表 8-12 潜在供应商评级信号灯系统

评 级		根据审核提问检查表做出的评价	
		黄 灯	红 灯
不批准通过的供应商	● （红色）	超过 14 盏	有红灯出现
带条件批准通过的供应商	◐ （黄色）	最多 14 盏	没有
批准通过的供应商	● （绿色）	最多 7 盏	没有

表 8-13 潜在供应商评级结果的解释

潜在供应商级别		评级结果的解释
批准通过的供应商（候选供应商）	● （绿色）	◆ 供应商有潜力满足待采购范围顾客的要求，可考虑发包 ◆ 就项目、零部件或产品组，可无条件给予提名（授予合同）

（续）

潜在供应商级别		评级结果的解释
带条件批准通过的供应商	● （黄色）	◆ 为满足项目要求，供应商可能需要提供支持 ◆ 可以发包，但附加一定条件。附加的条件要保证风险最小化。附加的条件可能是： ——限定产量 ——限定产品 ——限定范围 ——供应商将取得一份试生产委托（试用期的试用订单） ——供应商将被纳入供应商开发计划 ——供应商的开发团队对项目进展进行严格监控 ◆ 上述条件，相关的质量、采购部门要明确
不批准通过的供应商	● （红色）	◆ 不得向供应商发包
注意：对评价结果较好的绿色、黄色供应商，不一定向其发包；对评价结果差的红色供应商，一定不会向其发包。		

第四部分

产 品 审 核

第9章
产品审核综述

引言：IATF 16949之9.2.2.4条款——"产品审核"强调"组织应采用顾客特殊要求的方法，在生产及交付的适当阶段对产品进行审核，以验证对所规定要求的符合性。如果顾客未指定，组织应确定要采用的审核方法"。但很多企业的产品审核工作做的并不规范，把产品审核工作做成了合格产品出货前的再检查，使得产品审核没有起到应有的改进产品质量的效果。为此，本章将按VDA德国汽车工业协会制定的《VDA 6.5 产品审核》的要求详细讲解产品审核。

9.1 产品审核的说明

1. 产品审核的概念

产品审核（Product Audit）是为了获得产品的有关质量信息，站在用户立场上独立地检查和评价产品适用性质量的活动。

产品审核是产品验证的一种形式，但它不同于成品的最终检验或合格产品的再检验。

产品审核的一个直接目的，是通过对产品的客观审核，验证产品是否符合所有规定的要求，以获得出厂产品的质量信息，进而确定产品质量水平（或质量指数）及其变化趋势。

产品审核按照产品质量缺陷的平均分值（质量水平）或质量指数来评价产品质量及其变化的趋势。产品审核不只是判断产品合格与否的活动。

2. 产品审核的执行者

产品审核是一项独立的评价活动，它由具有资格的，并经管理者授权的内部审核员来进行。产品审核人员必须独立于产品开发部门和产品检验部门之外。产品审核通常由质量保证部门（QA）组织审核人员进行。

3. 产品审核准则

产品审核的依据是《产品缺陷目录及缺陷评级指导书》、产品标准/技术规范、偏离许可的依据（特许放行）、合同或供货协议。

4. 产品审核方式

产品审核主要依靠对产品的实测数据（实验室试验和感官评价）或数量化

方法进行评价，面谈和提问不是产品审核的典型方式。

9.2　产品审核的作用

1）通过产品审核，对比现在生产和过去生产的产品质量水平，分析产品质量水平与发展趋势。

2）提前发现产品缺陷，避免将有缺陷的产品交付给顾客。

3）及时发现质量体系上存在的薄弱环节及有关人员工作（操作）质量上的问题，以便采取纠正和预防措施。

4）通过产品审核，对质量检验人员的工作质量做出评价。

9.3　产品审核范围（重点）

1）产品审核的重点是成品，但也可包括外购件、外协件、自制零部件。

2）质量上存在薄弱环节的成品或零部件。

3）最终检验难度大或容易漏检的成品或零部件。

4）管理和技术接口不清楚或存在问题的成品或零部件。

5）如产品发生缺陷可造成后果或影响严重的成品或零部件。

6）技术密集度大，性能要求高，制造工艺复杂，质量要求严格的成品或零部件。

7）用户使用中反映质量问题较多的产品。

8）新开发的重点产品。

9.4　产品审核的时机

对产品进行审核时，可在市场上取得产品子样，查其适用性和规格符合性，见表 9-1。也可紧接着工厂的检验和试验之后进行。考虑到审核效果和经济性原则，产品审核可采用 "**在包装之后，但在运往现场之前**" 这个阶段进行。

读者需明确的是：IATF 16949 强调在生产和交付的适当阶段进行产品审核。

表 9-1　产品审核时机选择比较表

产品审核取样时机的选择	优 缺 点
在检验员验收后	最经济，但不能反映包装、装运、储存或使用的缺陷
包装以后，运到现场之前	需要拆开包装和重新包装，但可以评价原包装的缺陷
经销商收到货品时	分散在许多地点，难于进行审核，但能反映出运输和储存的缺陷

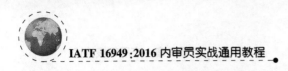

(续)

产品审核取样时机的选择	优 缺 点
用户收到货品时	更加难于进行审核工作，但可以评价经销商处理和储存的影响，还能反映将货品运交用户和拆开包装的缺陷
实际使用时	最理想，但也最需要实行，因用途多，使用的变化多

9.5 产品审核的内容

（1）检查产品质量的测试条件

对测试产品的量具和仪器的校准情况进行检查，保证审核测试的正确性。检查测试环境是否符合规定要求。检查测试人员的技能、资格。

（2）检查产品的质量特性——功能审核

1）产品的主要性能指标。

2）产品的安全性。

3）产品的寿命和可靠性。

4）产品的可维修性。

5）产品的接口特性。

6）产品的配套完整性，等等。

（3）检查产品的结构

1）产品尺寸。

2）产品几何公差。

3）产品零部件间的配合情况，等等。

（4）检查产品的外观质量

1）产品的标签或印记有无错误或模糊。

2）产品的外观有无碰伤、划伤。

3）产品的防护是否符合要求，等等。

（5）检查产品的包装质量

1）包装箱（盒）上的标志、合格凭证是否符合规定要求。

2）装箱产品与装箱单是否一致，有无错装或漏装。

3）包装情况与技术标准和工艺文件的规定是否符合，等等。

9.6 产品审核的方法

产品审核一般按照 VDA 德国汽车工业协会制定的《VDA 6.5 产品审核》标准进行。本书第 10 章将从产品审核方案的策划、审核准备、审核实施、产品审核报告的编写几个方面详细讲解。

产品审核的实施

10.1 年度产品审核方案的策划

组织要进行年度产品审核方案的策划，策划时要考虑拟审核产品的状况、重要性，以及以往审核的结果。

产品审核方案的内容包括审核目的、审核准则、受审产品范围、审核频次、审核方式、审核时间、资源要求等。

产品审核方案一般由质量部（QA）经理编写，管理者代表批准。

案例 10-1 为一年度产品审核方案。

案例 10-1：年度产品审核方案

2018 年度产品审核方案

1. 审核目的

通过对产品的客观评价，获得出厂产品的质量信息，以确定产品质量水平及其变化趋势，进而采取相应的措施。

2. 受审产品范围

公司生产的车载 DVD、功放音箱系列产品。

3. 审核准则

1）产品审核评级指导书。

2）产品标准/技术规范。

4. 审核方式

从仓库或生产线抽取样品进行实测。

5. 审核的时间安排：

产品 \ 月份	1	2	3	4	5	6	7	8	9	10	11	12
3110A DVD	√		√		√		√		√		√	
3210A DVD	√		√		√		√		√		√	

（续）

月份 产品	1	2	3	4	5	6	7	8	9	10	11	12
3310A DVD	√		√				√		√		√	
558B 音箱		√		√		√		√		√		√
560B 音箱		√		√		√		√		√		√
590B 音箱		√		√		√		√		√		√

注：具体的审核日期、受审产品、审核地点详见每次审核的实施计划。

编制/日期：_____   审核/日期：_____   批准/日期：_____

10.2　审核准备

10.2.1　组成审核组

在进行产品审核前，质量部经理任命审核组长和审核员，组成审核组。

审核组长一般由 QA 工程师担任。

审核员不应是对所审核产品质量负有直接责任的人，如产品检验员；也不应是与被审核产品/领域有连带责任的人，如产品设计工程师。产品审核员除必须具备质量体系审核员的基本条件外，还必须熟悉产品性能和技术规范的要求。最好具有一段产品质量检验或技术工作经历。

10.2.2　编写《产品缺陷目录及缺陷评级指导书》

1. 产品缺陷分级

由于不同缺陷对产品质量的影响程度会有很大差别，因而在进行产品审核之前，必须对产品的质量特性可能产生的缺陷按其严重程度进行分级。

进行产品缺陷分级，有利于提高审核的效能及对产品质量的综合评价。

注意：此处的缺陷指的是大、小毛病。

（1）产品缺陷分级的依据

应根据缺陷对产品质量的影响程度划分，主要考虑的因素包括：

1）对产品功能特性的影响。

2）外观质量和包装质量对市场的影响。

3）对企业信誉和成本的影响。

4）对效益和成本的影响，等等。

（2）产品缺陷的分级法

国际上通用的产品缺陷分级方法是将缺陷分为三级：

A 级：关键缺陷，后果严重。

B 级：主要缺陷，后果中等。

C 级：轻微缺陷，后果轻微。

（3）产品缺陷的加权值（等级系数）（见表 10-1）

加权分值是人为确定的，是用质量缺陷分值来代表质量缺陷严重性程度。

表 10-1　缺陷权数表

缺 陷 级 别	等效缺陷数（缺陷加权值/缺陷分值）
A	10
B	5
C	1

（4）产品缺陷分级指导表（分级原则）

见表 10-2。

表 10-2　产品审核用的产品质量缺陷严重性分级指导表

缺 陷 级 别	缺 陷 后 果
A	1）肯定会引起顾客强烈不满，致使产品不能接受 2）涉及产品安全性
B	1）会引起顾客的不满和抱怨 2）预计功能会出现故障，影响产品使用性
C	1）要求极高的顾客会提出抱怨 2）对使用无影响

2. 编写产品缺陷目录及缺陷评级指导书

根据产品质量缺陷的分级原则，在产品审核之前编制具体某一产品的《产品缺陷目录及缺陷评级指导书》，作为产品审核的指导文件。

产品审核是站在用户立场上评价产品的适用性及符合规程的程度，它不是符合性质量的再检查。因此在编写《产品缺陷目录及缺陷评级指导书》时，最好不要把产品技术标准逐项编入，而是站在用户立场上重点考虑并选择产品技术标准中反映适用性的重要项目，以及检验中容易疏忽的重要项目。除产品功能特性外，还要考虑安全性、可靠性、外观、包装以及影响本厂信誉的缺陷项目。

通常应考虑以下几个项目：

1）用户反馈质量缺陷中，发生频次较多的质量缺陷项目。

2）用户服务中收集到的用户不满意的质量缺陷项目。

3）对产品质量竞争有影响的质量缺陷项目。

4）总结历史经验教训，造成过安全、质量事故的质量缺陷项目。

《产品缺陷目录及缺陷评级指导书》的内容包括：

1）产品名称、型号、规格。

2）按产品安全性、功能、结构、外观、包装等特性分组划分的质量缺陷编号、缺陷内容及缺陷等级。

3）指导书的文件编号、批准日期。

《产品缺陷目录及缺陷评级指导书》一经批准后，每次审核时均可使用，不必每次审核时都重新编写。在产品质量有了改进时，应重新修订《产品缺陷目录及缺陷评级指导书》。

案例 10-2、案例 10-3 是常见的 2 种《产品缺陷目录及缺陷评级指导书》。

案例 10-2：产品缺陷目录及缺陷评级指导书（格式 1）

缺陷代号	质量缺陷项目		缺 陷 等 级			各项目最大缺陷分值
			A (10)	B (5)	C (1)	
100	产品功能特性					
101	运转	不能正常运转	×			10
		运转中稍有异常		×		
102	图像	图像模糊	×			10
		图像中有麻点		×		
200	产品外观特性					
201	表面油漆	有明显的漆瘤、掉漆、重划伤		×		5
		轻微、不易发现的缺陷			×	
202	标志	缺装	×			10
		损坏			×	
300	产品包装特性					
301	箱内固定与防护	纸板箱缺陷，紧固错误，缺少侧面支撑			×	5
		箱内物品倾斜，受挤压		×		
302	随机文件	漏装合格证、说明书		×		5
		合格证上无检验号，未装全，漏装次要文件			×	
303	附件	少装、多装、错规格		×		5
304	包装箱	明显损坏		×		5
		轻微破损			×	
产品可能出现的缺陷总分值（合计）						55

注：只说明了《产品缺陷目录及缺陷评级指导书》的样式，内容有待充实。

案例 10-3：产品缺陷目录及缺陷评级指导书（格式 2）

产品缺陷目录及缺陷评级指导书（格式 2）

组成部分	编号	质量特性缺陷项目		缺陷等级			各项目最大缺陷分值
		检查项目	标准	A（10）	B（5）	C（1）	
1. 轴承	01	保持架组装	（略）		×	×	5
	02	转动灵活性			×	×	5
	03	外圈直径				×	1
	04	清洁度				×	1
	……	……					
2. 轴箱	15	后盖			×	×	5
	16	轴箱体			×	×	5
	17	前盖				×	1
	……	……					……
……							
……							
产品可能出现的缺陷总分值（合计）							500

备注：
1）缺陷等级栏内标记为一项以上时，分别适用于该项缺陷轻重不同时的情况。
2）指导书中所列内容可以修改，所缺内容可以补充。

注：只说明了《产品缺陷目录及缺陷评级指导书》的样式，内容有待充实。

10.2.3 编制产品审核实施计划

审核实施计划是安排审核日程，审核人员分工等内容的文件。这个计划不同于年度审核方案，是每次审核的具体计划，由审核组长编写，质量部经理批准。

审核实施计划的内容包括：

1）审核目的。

2）受审核的产品/涉及部门。

3）审核准则。

4）审核组成员名单及分工情况。

5）审核的时间和地点。

6）抽样样本量的大小。

7）日程安排。

8）审核总结会议的安排。

9）审核报告的分发范围和预定发布日期。

案例 10-4 是一产品审核实施计划。

案例 10-4：产品审核实施计划

3210A 型车载 DVD 产品审核实施计划

1. 审核目的

通过对产品的客观评价，获得出厂产品的质量信息，以确定产品质量水平及其变化趋势，进而采取相应的措施。

2. 审核范围/涉及部门

3210A 型 DVD。

受审核部门包括与产品质量有关的所有单位。

3. 审核准则

1）3210A 型 DVD 产品审核缺陷目录及缺陷评级指导书。

2）DVD 产品标准。

4. 审核组成员及分工

序号	姓　名	职务及职称	组　内　分　工
1	曹世华	QA 工程师	组长
2	李元国	PE 工程师	审核员，负责检查测试条件
3	赵诚明	测试工程师	审核员，负责产品检测

5. 审核时间

2018 年 5 月 20 日。

6. 产品审核抽样量

3210A 型 DVD 抽样量为 5 个。

7. 审核报告发布日期及范围

审核报告将于 2018 年 5 月 23 日发布，发放范围为公司正、副总经理、车间主管、仓库主任、管理者代表及审核组各成员，等等。

8. 审核日程安排

1）上午 8：30～9：30，在质量部、生产部检查产品的测试条件。

2）上午 9：30～10：00 在成品仓抽取 5 个 3210A 型 DVD 样品，在抽取样品的同时，检查产品的包装质量（主要是大包装的包装质量）。

3）上午 10：00 ~ 11：30，在质量部成品检测室对样品进行包装、外观、功能检测。

4）下午 2：00 ~ 4：00，在质量部实验室对样品进行性能实验（包括×××试验）

5）下午 4：00 ~ 4：30，审核组整理审核结果，对审核结果进行分析，并据审核结果适时开出纠正和预防措施要求单。

6）下午 4：30 ~ 5：00，召开审核总结会议。会议的参加人员包括生产部经理、各车间主任、品质部经理、仓库主任、审核组成员及临时通知人员。

编制/日期：_____　　审核/日期：_____　　批准/日期：_____

10.2.4　准备产品审核用记录表

产品审核记录表记述的项目一般有：产品名称、型号、规格、样本数量、样品编号、缺陷代号（按《产品缺陷目录及缺陷评级指导书》中规定的代号填写）、缺陷内容、等级评定、审核的期次（当年第××期或总的第××期）、审核记录人、审核日期等。

案例 10-5 是一产品审核记录表。

案例 10-5：产品审核记录表

产品审核记录表

产品型号	3210A	产品名称	DVD	产品规格		抽样地点	成品仓
库存数 N	1200	抽取样本量 n	5	审核日期	2018.5.20	审核期次	2018 年第 3 期

产品测试条件检查情况：
产品测试条件检查情况是：×××××。没有发现问题。

序号	缺陷项目		缺陷类别	缺陷分值 (f)	$n \times f$	检测结果					缺陷数			缺陷分
	检验项目	缺陷描述				样品 1	样品 2	样品 3	样品 4	样品 5	A	B	C	
1	运转	不正常	A	10	50	√	√	√	√	√				
2	××长 120±1	超差	B	5	25	120	119	121	120	121				
3	图像	模糊、有麻点	A	10	50	√	√	√	√	√				
4	表面油漆	有明显的漆瘤、掉漆、重划伤	A	10	50	√	√	√	√	√				

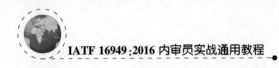

(续)

产品型号	3210A	产品名称	DVD	产品规格			抽样地点		成品仓	
库存数 N	1200	抽取样本量 n	5	审核日期	2018.5.20	审核期次		2018 年第 3 期		

产品测试条件检查情况：

产品测试条件检查情况是：××××。没有发现问题。

序号	缺陷项目		缺陷类别	缺陷分值 (f)	n×f	检测结果					缺陷数			缺陷分
	检验项目	缺陷描述				样品1	样品2	样品3	样品4	样品5	A	B	C	
5	标志	损坏	B	5	25	×	√	√	√	√		1		5
6	箱内固定与防护	纸板箱缺陷，紧固错误，缺少侧面支撑	B	5	25	√	√	√	√	√				
7	随机文件	漏装合格证、说明书	B	5	25	√	√	√	√	√				
8	附件	少装、多装、错规格	B	5	25	√	√	√	√	√				
9	包装箱	损坏	C	1	5	√	×	√	×				2	2
合计					280	合计					0	1	2	7

单项缺陷累积：$\Sigma A = 0$，$\Sigma B = 1$，$\Sigma C = 2$

所有被检测样品中实际发现的缺陷总分值（F_P）：$F_P = 10\Sigma A + 5\Sigma B + 1\Sigma C = 10 \times 0 + 5 \times 1 + 1 \times 2 = 7$

所有被检测样品可能出现的缺陷总分值（F_T）：$F_T = \Sigma(n \times f) = 280$

质量指数（QKZ）：$QKZ = (1 - F_P/F_T) \times 100\% = (1 - 7/280) \times 100\% = 97.5\%$

备注：

审核员： 审核组长：

10.2.5　通知与受审产品有关的部门

审核组长在审核前 3～5 天与受审产品有关的部门领导接触，协商确定审核的具体时间，受审部门的陪同人员，以及审核中双方关心的其他问题等，以使审核工作顺利进行。商妥后，即发出书面审核通知。

10.3 审核实施

10.3.1 检查测试条件

在与受审产品有关的部门，对产品质量的测试条件进行检查。

检查内容包括：对测试产品的量具和仪器的校准情况进行检查，保证审核测试的正确性。检查测试环境是否符合规定要求。检查测试人员的技能、资格。

10.3.2 抽样

按审核实施计划的要求，进行抽样。抽样时应注意样品的随机性。

抽样时，要注意样品生产的时期，以保证样品能反映同一时期的质量状况。

抽样时，要做好样品的标识。必要时，要对抽样涉及的批次加以隔离，直到审核结束。

样本量大小在编制审核实施计划时就应确定。

应根据生产批量、产品质量的稳定性和复杂性确定样本容量。

由于产品审核不同于产品检验，样本量一般很小，难以采用通用的标准（如 GB/T 2828.1—2012 或 ANSI/ASQ Z1.4）来确定样本量。

产品审核一般将样本容量定在 3～12 个。也可根据下面的经验公式确定。

1）对大批量生产的产品，可采取日抽样方式，抽取的样本量为

$$n = 0.008N + 2$$

式中 n——每日抽样数；

N——日产量。

注：对于新产品和复杂产品，抽样量 n 可以加倍。

2）对于批量生产的产品，可采取月（或批）抽样方式，抽样量为

$$n = k \times \sqrt{2N}$$

式中 n——每月（或每批）抽样数；

N——产品月（或批）产量；

k——复杂系数，按表 10-3 选用。

表 10-3 产品审核用 k 系数表

类　别	产品质量比较稳定	产品质量不够稳定
复杂产品	$k = 1.25$	$k = 2.5$
一般产品	$k = 1$	$k = 2$
简单产品	$k = 0.6$	$k = 1$

3）对于多品种小批量生产的产品，每月（或每季）抽样量可自行规定。推荐的抽样量是

① 当 $N < 100$ 时，$n = 3$。

② $100 \leqslant N < 1000$ 时，$n = 5$。

③ $N \geqslant 1000$ 时，$n = 8$。

式中　N——每月（或每季）产量；

　　　n——每月（或每季）抽样量。

10.3.3　检查或试验

按《产品缺陷目录及缺陷评级指导书》的要求，对样品进行检查，包括功能测试、外观检查、包装检查。

将样品检查或试验中发现的缺陷，按其严重程度分别记入"产品审核记录表"中，见本书10.2.4节案例10-5。

若检查发现有 A 类缺陷，则应采取紧急措施，比如通知质量部不允许这批产品出厂。

10.3.4　产品审核结果的数据处理

产品审核不是判断产品合格与否，而是用质量指数 QKZ 判断产品质量水平。因此，抽样审核后要依据审核记录作数据处理。

1. 质量指数 QKZ

（1）质量指数 QKZ 的计算

质量指数 QKZ 计算公式为

$$QKZ = (1 - F_P/F_T) \times 100\%$$

式中　F_P——所有被检测样品中实际发现的缺陷总分值；

　　　F_T——所有被检测样品可能出现的缺陷总分值。

F_P、F_T 的计算见案例10-5。

注意，有的企业使用下列公式计算质量指数 QKZ（或 Q_Z）：

$$QKZ = 100 - F_P/n$$

式中　n——样本量。

即质量指数 QKZ 为 100 减去单位产品缺陷分。笔者认为用此公式计算的质量指数 QKZ 不直观，意义不明确。企业最好不要采用这一公式。

（2）质量指数 QKZ 的说明

1）质量指数 QKZ 升高，说明缺陷减少，质量水平提高。

2）质量指数 QKZ 降低，说明缺陷增加，质量水平下降。

由于质量指数 QKZ 是一个无量纲的数值，因此，它可用于本企业同一产品

不同时期的质量水平的比较，也可用于不同产品质量水平的比较，还可用来对比不同企业同一产品的质量水平。

2. 质量指数 QKZ 趋势图

用每次审核的质量指数 QKZ 做出趋势图（见图 10-1），可以从趋势图上判断质量水平的趋势情况。

在质量指数 QKZ 趋势图上，可以将公司规定的质量指数 QKZ 的指标标示出来，这样就可以直观地看出产品质量是否达标。

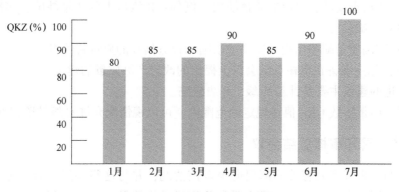

图 10-1　质量指数 QKZ 趋势图

3. 产品定级

根据产品审核中发现的缺陷情况及计算出的质量指数 QKZ，对产品质量进行定级。定级标准见表 10-4（仅供参考）。

表 10-4　产品定级（仅供参考）

评定标准	产品级别	说明
无缺陷	A	完全符合顾客要求
QKZ≥80%，只存在 C 类缺陷	AB	顾客使用没有问题，但存在外观等轻微缺陷。要求极高的顾客会提出抱怨
QKZ≥60%，存在 B、C 类缺陷，但不存在 A 类缺陷	B	会引起顾客的不满和抱怨。预计功能会出现故障，影响产品使用性
QKZ＜60%，或存在 A 类缺陷	C	完全失效

10.3.5　审核结果的整理分析

在召开审核总结会议前，审核组应对审核结果进行整理分析。

（1）产品审核缺陷分析

1）若有 A 类缺陷，则通知质量部不允许这批产品出厂（如果产品审核是针对仓库中的成品）。若有 B 类缺陷，则应加倍抽样重新审核，如仍有 B 类缺陷，则不允许这批产品出厂（有的企业规定，有 B 类缺陷也不允许出厂）。

2）计算质量指数 QKZ。

3）根据质量指数 QKZ 值及缺陷情况，为产品质量定级。

4）做出最近几期质量指数 QKZ 的趋势图。

通过对质量指数 QKZ 趋势图的分析，可以判断质量是上升了或是下降了。

5）找出重要的、突出的质量缺陷，例如：B 级以上的质量缺陷，多次重复出现的 C 类缺陷等。

6）明确质量缺陷出现频次高或缺陷加权分值高的质量特性组。

（2）拟定准备在审核总结会议上提出的改进产品质量的建议

改进的建议主要是针对 A 级、B 级缺陷。

只要质量指数 QKZ 值在规定的范围内，可以视情况允许 C 级缺陷存在。

10.3.6　召开审核总结会议

向与被审核产品有关的部门通报审核情况，并与这些部门一起讨论、分析缺陷的起因，在此基础上，确定要采取的改进措施及其责任部门。会后，审核员根据会议的决定向有关责任部门发出"纠正和预防措施要求单"。

10.4　产品审核报告

产品审核员在审核结束后，要向管理者代表、质量部等有关部门提出产品审核报告。

审核报告要经审核组长签字批准。

产品审核报告的内容应包括：

1）产品审核缺陷记录与分析。

① 若有 A 类缺陷，则在报告中提出这批产品不允许出厂，不能发给客户。若有 B 类缺陷，则应加倍抽样重新审核，如仍有 B 类缺陷，则在报告中提出这批产品不允许出厂，不能发给客户（有的企业规定，有 B 类缺陷也不允许出厂）。

② 找出重要的、突出的质量缺陷，例如：B 级以上的质量缺陷，多次重复出现的 C 类缺陷等。

③ 对质量缺陷出现频次高或缺陷加权分值高的质量特性组进行说明。

2）质量指数 QKZ（见 10.3.4 节）。

3）质量指数 QKZ 的趋势图（见 10.3.4 节）。

4）产品质量定级（见 10.3.4 节）。

5）产品审核的结论。

质量水平是提高了或是下降了？等等。

6）改进产品质量的建议。

案例 10-6 是一产品审核报告。

案例 10-6：产品审核报告

产品审核报告

产品名称	车载 DVD	产品型号	3210A	生产单位	一车间	生产日期	2018.4.20 ~ 2018.5.19
库存数 N	1200	抽取样本量 n	5	抽取地点	成品仓	审核日期	2018.5.20

测试条件检查情况	产品测试条件检查情况是：××××。没有发现问题。

缺陷统计结果

序号	缺陷项目 检验项目	缺陷描述	缺陷类别	缺陷分值	缺陷分布情况 样品1	样品2	样品3	样品4	样品5	缺陷数 A	B	C	缺陷分
1	标志	损坏	B	5	×						1		5
2	包装箱	损坏	C	1			×		×			2	2
	合　计									0	1	2	7

单项缺陷累积：ΣA = 0，ΣB = 1，ΣC = 2

所有被检测样品中实际发现的缺陷总分值（F_P）：$F_P = 10\Sigma A + 5\Sigma B + 1\Sigma C = 10 \times 0 + 5 \times 1 + 1 \times 2 = 7$

所有被检测样品可能出现的缺陷总分值（F_T）：$F_T = \Sigma(n \times f) = 280$（见案例 10-5）

质量指数（QKZ）：$QKZ = (1 - F_P/F_T) \times 100\% = (1 - 7/280) \times 100\% = 97.5\%$

产品质量级别：B 级

质量指数 QKZ 趋势图：

（略）

缺陷分析：

（1）A、B 类缺陷说明：（略）

（2）缺陷出现频次高/缺陷加权分值高的质量特性组：本次审核中缺陷特性无明显偏向。

产品处理：

☐库存产品扣压　　　　☐检查库存产品　　　　☐通知顾客，表明态度

☐在顾客处采取措施更换产品

■其他：有 B 类缺陷，再抽 10 个样品进行审核。

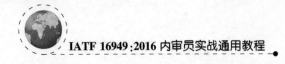

		（续）
审核结论（包括必要的改进要求）： 1）本次审核中发现的0446#标志损坏，是B类缺陷，是由于一车间在质控点安排了未经培训的新员工而引起的，已向一车间发出了"纠正措施要求单"，希一车间尽快拿出整改措施。 2）其他一例缺陷（C类缺陷）是操作者失误所致，希有关部门引起注意。 3）本期质量指数QKZ=97.5%，质量有下降趋势。（以下略）		
报告分发范围： 发质量部、生产部、一车间、审核组成员、工艺设备部各一份。		
审核组成员： 曹世华（审核组长、QA工程师）、李元国（审核员、PE工程师）、赵诚明（审核员、测试工程师）		
编制/日期	李元国 2018.5.21	批准/日期　　曹世华 2018.5.21

10.5　产品审核中纠正措施的跟踪管理

针对产品审核中发出的"纠正措施要求单"，各责任部门应立即组织有关人员进行分析研究，并采取相应的纠正和预防措施。

审核员要对纠正和预防措施的实施情况进行跟踪验证并将验证结果上报质量部经理、管理者代表。

第五部分

管理评审

管理评审

11.1 管理评审概述

（1）管理评审的目的

确保质量管理体系的持续适宜性、充分性、有效性，并与组织的战略方向一致。

适宜性指质量管理体系对所处客观环境的适应能力。适宜性是对组织的实际状况而言，与组织内、外部环境变化有关。

充分性指质量管理体系满足市场、相关方要求及期望的能力，也可指质量管理体系各个过程是否充分展开，资源是否充分利用。充分性是对组织质量管理是否全面和系统而言，也与组织内、外部环境变化有关。

有效性指质量管理体系运行的结果达到所设定的质量目标程度。有效性是对质量管理体系过程的结果而言，对有效性的评审可以监测结果为依据。

一致性指质量管理体系达成的目标与组织战略方向的吻合程度。一致性是对质量管理体系是否有助组织战略方向的实现而言。

（2）管理评审的对象

质量管理体系。

（3）管理评审的内容

管理评审的内容针对的是质量管理体系的适宜性、充分性、有效性以及与组织战略方向的一致性（见表11-1）。评审质量管理体系是否适宜？是否充分？是否有效？是否与战略方向一致？在以上四个方面，质量管理体系需要进行哪些改进和变更？

表 11-1　管理评审的内容

评审项目	评审内容
适宜性	质量方针、质量目标及质量管理体系的过程及文件要求是否符合当前组织的现状？特别是在组织的内、外部环境变化时是否仍能符合组织的实际？适宜性方面需要进行哪些改进和变更？

（续）

评审项目	评审内容
充分性	组织是否已在质量管理体系建立时识别了与质量有关的全部过程？随组织内、外部环境的变化而进行的改进中是否考虑了对过程的补充与完善？过程是否充分细化展开？过程职责特别是过程的接口职责是否都已明确？资源（人员、资金、设施、设备、技术、方法、工作环境等）的配置是否充分？文件是否充分？顾客的需求和期望，特别是顾客潜在的需求和未来的需求是否充分识别清楚了？制造可行性与产能能否满足需要？组织是否能及时掌握顾客对其绩效的考核？是否用过风险分析确定潜在的现场失效？能否在组织内、外部环境变化引发产品、过程、资源需求增加时，原来系统、全面的体系是否还能保持充分性？充分性方面需要进行哪些改进和变更？
有效性	质量方针是否得到有效贯彻？质量目标、过程绩效指标是否实现？对产品质量的控制是否有效？质量管理体系过程及其相互关系是否得到有效控制？产品质量是否得到改善和提高？过程效率如何？设备维护绩效指标是否实现？保修是否有效实施？保修绩效指标是否实现？顾客是否满意？顾客满意度是否提高？员工的能力、质量意识有无改善和提高？员工是否自觉遵守与本职工作有关的文件规定？是否对现场失效进行了有效处理并将对安全和环境的影响降到最低？不良质量成本是否得到有效控制？组织自我监督、自我改进和自我完善的机制是否运行有效（可以监测结果为依据，通过监测和测量、不合格品控制、纠正措施、内部审核、管理评审等活动的实施状况和效果来判断）？风险控制措施是否有效？有效性方面需要进行哪些改进和变更？
一致性	质量管理体系与其他管理体系是否具有兼容性？质量管理体系的实施是否有助组织战略方向的实现？一致性方面需要进行哪些改进和变更？

（4）管理评审的实施者

应由最高管理者组织实施管理评审，各部门负责人参加。

（5）管理评审的输入

管理评审输入是为管理评审提供的信息，是有效实施管理评审的前提条件，也是最高管理者评价质量管理体系适宜性、充分性、有效性和一致性的依据。

一次完整的管理评审的输入信息至少包括：

1）以往管理评审所采取措施的实施情况。

2）与质量管理体系相关的内外部因素的变化（IATF 16949 之 4.1 条款）。

3）有关质量管理体系绩效和有效性的信息，包括其趋势：

① 顾客满意和相关方的反馈（IATF 16949 之 4.2、9.1.2 条款）。

② 质量目标的实现程度（IATF 16949 之 6.2 条款）。

③ 过程绩效以及产品和服务的符合性（IATF 16949 之 4.4、8.6 条款）。

④ 不合格以及纠正措施（IATF 16949 之 10.2 条款）。

⑤ 监视和测量结果（IATF 16949 之 9.1.1 条款）。

⑥ 内、外部审核结果（IATF 16949 之 9.2 条款）。

⑦ 外部供方的绩效（IATF 16949 之 8.4 条款）。

4）资源的充分性（IATF 16949 之 7.1 条款）。

5）应对风险和机遇所采取措施的有效性（IATF 16949 之 6.1 条款）。

6）改进的机会、意见和建议（IATF 16949 之 10.1 条款）。

IATF 16949 还特别强调，下列内容必须作为管理评审的输入：

1）不良质量成本（内部和外部不符合成本）的分析与评价报告。表 11-2 是某公司的不良质量成本统计表。

表 11-2　不良质量成本统计表

二级科目	三级科目	费用明细项目	统计部门	金额	合计
内部不良质量成本	原材料报废损失费	仓库呆滞料报废损失费	仓库		
		车间人为报废损失费	仓库		
		车间制造报废损失费	仓库		
		工艺报废损失费	仓库		
		品质报废损失费	仓库		
	半成品报废损失费	仓库半成品报废损失费	仓库		
		车间半成品报废损失费	生产部		
	成品报废损失费	仓库成品报废损失费	仓库		
	来料不良内部加工费	来料不良内部加工费	生产部		
	停工待料损失费	因材料未到厂停工损失费	生产部		
		因工艺指导失误停工损失费	生产部		
		因技术更改停工损失费	生产部		
	返工损失费	因材料异常返工费	生产部、质量部		
		因生产部失误返工费	生产部、质量部		
		因技术更新（工程更改）返工费	生产部、质量部		
		因客户验货拒收返工费	生产部、质量部		
		返工损失材料费	生产部、质量部		
	附加运费	销售系统发生的合同之外的运输费用	销售部		
		采购系统发生的合同之外的运输费用	采购部		
	内部维修损失费	内部维修工时费	生产部		
		内部维修材料费	工艺部		

（续）

二级科目	三级科目	费用明细项目	统计部门	金额	合计
外部不良质量成本	保修期产品维修费用	差旅费	客服部		
		运输费	客服部		
		人员工时费	客服部		
		保修期产品材料费	客服部		
	退货机处理损失费	退货机不可利用材料费	生产部		
		退货机处理人员工时费	生产部		
	退货及换货损失费	运输费	营销部		
	索赔损失费	赔付费用	财务部		
合计					

2）过程有效性的测量结果（IATF 16949 之 5.1.1.2 条款）。

3）适用时，产品实现过程的过程效率的测量结果（IATF 16949 之 5.1.1.2 条款）。

4）产品符合性（IATF 16949 之 8.6 条款）。

5）对现有操作更改、新设施或新产品进行的制造可行性评价（含产能策划）的结论（IATF 16949 之 7.1.3.1 条款）。

6）顾客满意情况（IATF 16949 之 9.1.2 条款）。

7）设备维护目标（OEE、MTBF、MTTR 等）的实现情况（绩效）（IATF 16949 之 8.5.1.5 条款）。

8）组织保修过程的绩效（IATF 16949 之 10.2.5 条款）。

9）对顾客记分卡进行分析评审的结论。顾客记分卡是顾客对其供应商的绩效（如交货准时率、交货质量、配合度等）进行考核的工具（IATF 16949 之 5.3.1、9.1.2.1 条款）。

10）风险分析（如 FMEA。FMEA 只是风险分析的方法之一）确定的潜在的现场失效（IATF 16949 之 6.1.2.1、10.2.6 条款）。

11）实际现场失效及其对安全或环境的影响（IATF 16949 之 10.2.6 条款）。

12）产品和过程设计中的测量结果的分析、汇总（IATF 16949 之 8.3.4.1 条款）。

13）内部审核方案实施有效性的评价结论（IATF 16949 之 9.2.2.1 条款）。

（6）管理评审的时机

定期进行管理评审，每年进行一次是适宜的。发生下列情况之一时，应根据需要适时进行管理评审：

1）新的质量管理体系进入正式运行时。

2）在第三方认证前。

3）企业内、外部环境发生较大变化时。如组织结构、产品结构有重大调整，资源有重大改变，标准、法律法规发生变更等。

4）最高管理者认为必要时。如发生重大质量事故。

IATF 16949 还特别强调：

1）管理评审应至少每年进行一次。

2）在下列情况下增加管理评审的次数：影响质量管理体系及其绩效的内外部变化可能造成满足顾客要求的风险时，需增加管理评审次数。

（7）管理评审的方式

管理评审一般以会议的形式进行。会议由最高管理者主持，相关部门负责人参加，与会者就评审输入的信息进行比较和评价。

（8）管理评审的输出

管理评审的输出是管理评审活动的结果，包括与下列事项相关的决定和措施：

1）改进的机会。

2）质量管理体系所需的变更。

3）资源需求。

IATF 16949 还特别强调管理评审输出应包括：针对未实现的顾客绩效目标（如交货合格率、交付及时率等），应制定文件化的纠正措施计划。

管理评审的输出（管理评审的结论）应写入管理评审报告。

管理评审报告的内容有：

1）评审目的。

2）评审时间。

3）评审内容。

4）组织人与参与人员名单。

5）管理评审的结论：

① 质量管理体系的适宜性、充分性、有效性和一致性的结论。

② 组织机构是否需要调整？

③ 方针、目标是否适宜？是否需要修改？

④ 质量管理体系是否需要变更？质量管理体系文件（主要指质量手册、程序文件）是否需要修改？

⑤ 资源配备是否充足，是否需要调整增加。

⑥ 过程、产品、风险控制及其他方面改进的决定和措施。

⑦ 制订下一年度质量目标、过程绩效指标的建议。

（9）管理评审的后续管理

对管理评审结论中的纠正措施进行跟踪验证，验证的结果应记录并上报。

（10）记录

管理评审的结果应予以记录并保存。如管理评审计划、各种输入报告、管理评审报告、纠正措施及其验证报告表等。

11.2 管理评审与质量管理体系审核的比较

管理评审与质量管理体系审核是有区别的。管理评审主要是确保质量管理体系的持续适宜性，而质量管理体系审核主要是确保质量管理体系运行的符合性。二者的区别详见表11-3。

表 11-3　质量管理体系审核和管理评审的比较

比较项目	质量管理体系审核	管理评审
目的	确保质量管理体系运行的符合性、有效性	确保质量管理体系的持续适宜性、充分性、有效性，以及与组织战略方向的一致性
类型	第一方、第二方、第三方	第一方
依据	IATF 16949 标准、体系文件、顾客特殊要求、法律法规及其他要求	法律法规、相关方（顾客）的期望、质量管理体系审核的结论
结果	第一方：提出纠正措施，并跟踪实现 第二方：选择合适的合作伙伴（供应商） 第三方：导致认证、注册	改进质量管理体系，提高质量管理水平
执行者	与被审核领域无直接关系的审核员	最高管理者

11.3 管理评审的实施过程

图 11-1 说明了管理评审的过程。

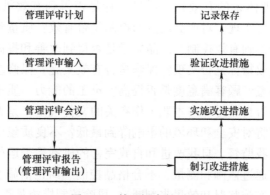

图 11-1　管理评审的过程

11.4 管理评审案例

见案例11-1 "管理评审计划"、案例11-2 "管理评审会议议程"、案例11-3 "管理评审报告"。

案例11-1：管理评审计划

管理评审计划

编制/日期：_____　　批准/日期：_____

1. 评审目的

确保质量管理体系的持续适宜性、充分性、有效性，并与组织的战略方向一致。

2. 评审内容

1) 质量管理体系的适宜性：质量方针、质量目标及质量管理体系的过程及文件要求是否符合当前组织的现状？特别是在组织的内、外部环境变化时是否仍能符合组织的实际？

2) 质量管理体系的充分性：组织是否已在质量管理体系建立时识别了与质量有关的全部过程？随组织内、外部环境的变化而进行的改进中是否考虑了对过程的补充与完善？过程是否充分细化展开？过程职责特别是过程的接口职责是否都已明确？资源（人员、资金、设施、设备、技术、方法、工作环境等）的配置是否充分？文件是否充分？顾客的需求和期望，特别是顾客潜在的需求和未来的需求是否充分识别清楚了？制造可行性与产能能否满足需要？组织是否能及时掌握顾客对其绩效的考核？是否用过风险分析确定潜在的现场失效？能否在组织内、外部环境变化引发产品、过程、资源需求增加时，原来系统、全面的体系是否还能保持充分性？

3) 质量管理体系的有效性：质量方针是否得到有效贯彻？质量目标、过程绩效指标是否实现？对产品质量的控制是否有效？质量管理体系过程及其相互关系是否得到有效控制？产品质量是否得到改善和提高？过程效率如何？设备维护绩效指标是否实现？保修是否有效实施？保修绩效指标是否实现？顾客是否满意？顾客满意度是否提高？员工的能力、质量意识有无改善和提高？员工是否自觉遵守与本职工作有关的文件规定？是否对现场失效进行了有效处理并将对安全和环境的影响降到最低？不良质量成本是否得到有效控制？组织自我监督、自我改进和自我完善的机制是否运行有效（可以监测结果为依据，通过监测和测量、不合格品控制、纠正措施、内部审核、管理评审等活动的实施状况和效果来判断）？风险控制措施是否有效？

4）质量管理体系与组织战略方向的一致性：质量管理体系与其他管理体系是否具有兼容性？质量管理体系的实施是否有助组织战略方向的实现？

5）质量管理体系适宜性、充分性、有效性、与组织战略方向的一致性方面需要进行哪些改进和变更？

3. 管理评审的方式

采用召开管理评审会议的方式，对评审的内容进行讨论、分析、评价，最后确认结果并形成管理评审报告。

4. 评审人员及分工

1）管理评审会议由总经理主持，质量管理体系负责人（管理者代表）协助。

2）各部门经理/主管参加管理评审。

3）总经理指定的其他人员：……

5. 管理评审的时间安排及地点

2018 年 12 月 28 日在三号会议室进行 2018 年度管理评审。

6. 评审输入的准备

各部门/人员准备下列报告，并在 12 月 20 号前提交给管理者代表：

注：各部门可将下列多份报告的内容汇总在一份报告里。

（1）质量部

1）产品质量统计分析报告（包括产品检验、重大质量事故、客户投诉、退货等情况）。

2）纠正和预防措施实施情况报告。

3）MSA 分析情况。

4）产品审核总结。

5）不合格品控制情况。

6）风险控制措施的有效性（包括现场失效风险的识别与控制情况）。

7）顾客处实际发生的失效及其对环境、安全的影响情况。

8）产品保修服务情况及保修过程绩效的实现情况。

9）不良质量成本的总结分析报告。

10）应急准备和响应情况总结报告。

11）改进建议、本部门质量目标实施情况报告。

注：改进建议可涉及组织结构、体系、过程、产品、文件、资源配置等方面，下同。

（2）产品研发部

1）产品开发（包括设计测量情况）情况报告。

2）产品改进落实情况报告。

3）改进建议、本部门质量目标实施情况报告。

（3）工艺设备部

1）对现有操作更改、新设施或新产品进行的制造可行性评价（含产能策划）的结论。

2）工艺设计与改进情况总结。

3）PFMEA 分析情况总结。

4）控制计划实施情况总结。

5）过程审核总结。

6）工艺检查情况报告（包括特殊过程的确认及监控情况，工艺纪律的执行情况等）。

7）设备维护保养及设备维护目标的实现情况。

8）改进建议、本部门质量目标实施情况报告。

（4）生产部

1）生产计划的执行情况报告。

2）生产成本、物料耗损情况报告。

3）生产现场控制情况报告。

4）劳动纪律、生产安全执行情况报告。

5）产能分析报告。

6）改进建议、本部门质量目标实施情况报告。

（5）仓库

1）仓库管理、产品贮存状况报告。

2）改进建议、本部门质量目标实施情况报告。

（6）采购部

1）供应商业绩情况报告。

2）供应商质量管理体系的开发情况。

3）改进建议、本部门质量目标实施情况报告。

（7）人事行政部

1）组织机构、职责分配、人力资源的总体分析报告。

2）人员培训情况报告。

3）知识管理情况总结。

4）文件控制情况。

5）改进建议（包括员工合理化建议）、本部门质量目标实施情况报告。

（8）营销部

1）服务情况报告（包括顾客的满意度、顾客投诉处理的情况以及顾客反馈的其他信息等）。

2）本年度销售及市场分析报告（包括市场环境的变化等）。

3）合同的执行状况报告。

4）PPAP实施情况。

5）向顾客交货及额外运费的情况。

6）对顾客记分卡进行分析评审的结论。

7）新产品开发建议。

8）改进建议、本部门质量目标实施情况报告。

（9）生产车间

1）各车间生产计划完成情况报告。

2）生产过程质量控制情况报告。

3）生产现场控制情况报告。

4）改进建议、本部门质量目标实施情况报告。

（10）总经理

必要时，总经理就企业实力（市场占有率、社会信誉、开发能力、管理水平）的评价、企业发展战略、营销策略的要求提交报告。

（11）管理者代表

管理者代表对各部门提交的报告进行分析，并在此基础上编写"质量管理体系运行情况总结报告"，内容包括：

1）公司质量方针、目标、经营计划的实施情况。

2）过程绩效指标的实现情况。

3）前次管理评审跟踪措施的落实情况和效果评价。

4）内、外部质量审核的总结及分析（含内部审核方案实施有效性的评价结论）。

5）质量管理体系文件的变动、组织结构的变动以及其他内外部环境的变化。

6）资源的充分性分析。

7）质量管理体系适宜性、充分性、有效性及与组织战略方向的一致性的初步总体评价。

8）改进建议。

案例11-2：管理评审会议议程

管理评审会议议程

（1）总经理主持会议，说明管理评审的有关事项（9：00～9：10）。

（2）各部门负责人报告本部门负责的相关过程的情况，在部门报告后，与会者对该部门主管的相关过程的有效性、充分性、适宜性、与组织战略方向的一致性及其提出的改进建议进行评价并做出改进决策。

1）管理者代表：汇报质量管理体系运行情况，公司方针、目标实施情况，过程绩效的实现情况，前次管理评审跟踪措施的落实情况和效果评价，内、外部审核的总结及分析（含内部审核方案实施有效性的评价结论），可能引起质量管理体系变化的企业内部和外部环境，资源的充分性分析，质量管理体系适宜性、充分性、有效性、与组织战略方向的一致性的初步总体评价，以及改进的建议（9：10～9：25）。

　　2）质量部（9：25～9：40）（报告的内容见评审输入，这里不再详述）。

　　3）生产部（9：40～9：55）。

　　4）工艺设备部（9：55～10：10）。

　　5）营销部（10：10～10：25）。

　　6）采购部（10：25～10：40）。

　　（休息20min）

　　7）产品研发部（11：00～11：15）。

　　8）行政人事部（11：15～11：30）。

　　9）仓库（11：30～11：45）。

　　（午餐和午休）

　　10）生产各车间（14：00～14：40）。

　　（3）对质量管理体系实施和保持的整体效果进行评审（14：40～15：20）。

　　1）对质量管理体系的适宜性、充分性、有效性、与组织战略方向的一致性进行评审。

　　2）对质量方针、目标的适宜性进行评审。

　　3）对组织结构、职责分配、资源配备是否适宜进行评审。

　　4）对质量手册及其支持性文件是否需要修改进行评审。

　　（4）总经理总结评审结果（15：20～15：40）。

　　1）质量管理体系的适宜性、充分性、有效性、与组织战略方向的一致性的结论。

　　2）组织机构是否需要调整，质量管理体系及其过程是否需要改进？

　　3）质量管理体系文件（主要指质量手册、程序文件）是否需要修改？

　　4）资源配备是否充足，是否需要调整增加？

　　5）产品是否需要改进？

　　6）顾客满意方面是否需要改进？

　　7）风险控制措施是否需要改进？

　　8）质量方针、目标是否适宜？是否需要修改？

　　9）提出相应的改进决定和措施。

　　注：每次的管理评审会议，可酌情增删内容和调整时间分配。

案例 11-3：管理评审报告

<table>
<tr><td colspan="3" align="center">管理评审报告</td></tr>
<tr><td colspan="3">评审目的：确保质量管理体系的持续适宜性、充分性、有效性，并与组织的战略方向一致</td></tr>
<tr><td colspan="2">评审主持人：张总</td><td>评审时间：2018.12.28</td></tr>
<tr><td colspan="2" align="center">评 审 项 目</td><td>现状陈述、存在问题及改进建议（评审纪要）</td></tr>
<tr><td colspan="2">上次管理评审跟踪措施的完成情况</td><td>3 项纠正措施已按时验证完毕。</td></tr>
</table>

评 审 项 目		现状陈述、存在问题及改进建议（评审纪要）	评审结论（包括改进措施）
上次管理评审跟踪措施的完成情况		3 项纠正措施已按时验证完毕。	公司自我完善能力较好。
有无影响质量管理体系的变化环境		不存在影响质量管理体系的变化环境。	不存在影响质量管理体系的变化环境。
质量管理体系、过程的绩效、有效性和效率（包括其趋势）	顾客满意状况及其他相关方的反馈的事宜	1）12 月 15 号进行了顾客满意度调查，顾客满意度为 95%。 2）2018 年 1 月份以来到现在，共收到顾客书面投诉××次，电话投诉×次，这些投诉均得到了及时解决。	1）顾客满意度达到了公司设定的目标。 2）能及时处理顾客投诉。
	质量方针、质量目标实施情况	1）质量目标实现情况见附表 1（略）。 2）建议将质量目标"成品入仓一次检验合格率"适当提高，提高到 95%。	1）通过质量目标的分析，可以看出公司的质量方针、质量目标是适宜的。质量目标的实现有利于组织战略方向的实现。 2）将质量目标"成品入仓一次检验合格率"提高到 95%。
	过程绩效、产品与服务的符合性情况	1）过程绩效（含过程的有效性和效率）实现情况见附表 2（略）。 2）2018 年产品检验统计分析表见附表 3（略）。 3）2018 年顾客投诉及建议统计分析表见附表 4（略）。 4）S3 型 DVD 投诉较多，主要反映该机易误操作。建议改进 S3 型 DVD 的按键设置。	1）过程运作有良好的有效性和效率，过程绩效呈稳步上升趋势。 2）产品满足顾客的要求，产品质量逐月提高。 3）产品研发部对 S3 型 DVD 进行改进，2019 年 3 月 5 日拿出样机。
	预防措施、不合格和纠正措施的状况	2018 年 1 月份至今，共发出××份"纠正和预防措施要求单"，已按时验证完毕。	公司自我完善能力较好。
	监视和测量结果	公司对各项工作的检查包括职能部门的检查、公司级的工作检查、部门的自查，这些检查情况都反映在各部门的总结报告中。从中可以看出，公司的各项工作都在顺利有效地进行。	从公司的各项检查结果中，可以判定公司的各项工作都在顺利有效地进行。

(续)

评审目的：确保质量管理体系的持续适宜性、充分性、有效性，并与组织的战略方向一致			
评审主持人：张总			评审时间：2018.12.28
评审项目		现状陈述、存在问题及改进建议（评审纪要）	评审结论（包括改进措施）
质量管理体系、过程的绩效、有效性和效率（包括其趋势）	内、外部质量审核结果（包括内部审核方案实施有效性的评价结论）	1）质量管理体系审核、过程审核、产品审核圆满通过。 2）第一次质量管理体系内审开出的×项不合格项报告，已于×月×日验证完毕。 3）产品审核、过程审核开出的×项"纠正措施要求单"，已全部验证关闭。 4）内审方案顺利完成。 ……	1）审核证明公司的质量管理体系有良好的有效性和符合性；过程具备质量能力；产品质量水平不断提高。 2）内审方案顺利完成，说明公司执行力强。 3）……
	外部供应商的绩效	1）外部供应商的绩效见附表5（略）《供应商年度绩效统计分析表》。 2）供应商的开发情况是……	1）从《供应商年度绩效统计分析表》可知，供应商绩效在稳步上升，说明公司对供应商的管理是到位的。 2）供应商开发有成效。
资源配置的充分性		公司现有资源，总体上能够满足实现公司的质量方针和达到公司的质量目标。	资源配置充分、得当。
应对风险和机遇措施的有效性（包含现场失效风险）		本公司2018年未出现风险失控现象。	风险控制措施有效。
不良质量成本（内部和外部不符合成本）的分析与评价		不良质量成本分析报告见附表6（略），表中数据显示每季度的不良质量成本占总产值的百分比均小于设定指标。	我公司对不良质量成本管控有效。
对现有操作更改、新设施或新产品进行的制造可行性评价(含产能策划)		2018年进行了×次制造可行性评价（含产能策划），根据评价结论，公司添置了××设备，改进了5条生产线，修改了10份工艺文件，确保了生产的顺利进行，产能满足了顾客的需要。	制造可行性评价对保证生产顺利进行，产能满足顾客需要起到了很好的作用。
设备维护目标（OEE、MTBF、MTTR等）的实现情况（绩效）		设备维护目标（OEE、MTBF、MTTR等）的实现情况见附表7（略）。	设备维护目标顺利实现。
保修过程的绩效		保修过程的绩效见附表8（略）。	完成了公司的保修绩效指标，说明公司对保修过程进行了有效控制。

（续）

评审目的：确保质量管理体系的持续适宜性、充分性、有效性，并与组织的战略方向一致	
评审主持人：张总	评审时间：2018.12.28

评审项目	现状陈述、存在问题及改进建议（评审纪要）	评审结论（包括改进措施）
对顾客记分卡进行的分析评审	通过对顾客记分卡进行分析，发现顾客对我公司的交货准时率、交货质量、配合度等很满意，具体满意情况如下：……	我公司在满足顾客要求，提高顾客满意度方面卓有成效。
实际现场失效及其对安全或环境的影响情况	本公司2018年出现了5次现场失效，见附表9（略）。这些现场失效得到了及时处理，未对安全、环境造成影响。	我公司对现场失效管控有力。
产品和过程设计中的测量结果的分析、汇总	产品和过程设计中的测量结果见附表10（略），表中数字说明我公司对设计的质量风险、成本、周期、目标、进度等管控有效。	我公司对设计的质量风险、成本、周期、目标、进度等管控有效。
部门报告中的改进建议	1）质量部建议用颜色标识的方法对不同批次的来料进行标识，以保证先进先出。 ……	1）仓库从2019年1月5日开始对不同批次的来料进行颜色标识。 ……
组织结构、管理职能	5月份，公司将物控部取消，在生产部设立计划科，并设立独立的采购部。 从运作的效果来看，是合理的。	组织结构、职能分配合理。
质量手册、程序文件等体系文件	2018年5月修改了质量手册、22份程序文件。各部门反映良好。	质量手册、程序文件有很强的可操作性。

总结论：
（评审结论中必须有质量管理体系的适宜性、充分性、有效性、与组织战略方向的一致性的结论）
1）公司的质量方针是适宜的。
2）公司的质量管理体系是适宜的、充分的、有效的，并与组织的战略方向一致。
3）本次管理评审提出的改进决定见附表11（略），希有关部门尽快拿出改进计划措施并实施。
4）制定下一年度质量目标、过程绩效指标的建议：
……

评审参加人员：

评审人	部门	职位	评审人	部门	职位

编制/日期：	审核/日期：	批准/日期：

参 考 文 献

[1] 张智勇. ISO/TS 16949:2009 内审员实战通用教程 [M]. 北京：机械工业出版社, 2011.

[2] 中国认证认可协会. 质量管理体系审核员 2015 版标准转换培训教材 [M]. 北京：中国质检出版社, 2015.

[3] 全国质量管理和质量保证标准化技术委员会. 2008 版质量管理体系国家标准理解与实施 [M]. 北京：中国标准出版社, 2008.

[4] 上海市质量协会. 质量管理体系内审员培训教程 [M]. 北京：中国质检出版社, 2014.

[5] 徐平国. ISO 9000 族标准质量管理体系内审员实用教程 [M]. 北京：北京大学出版社, 2013.

[6] 李在卿. 管理体系审核指南 [M]. 北京：中国质检出版社, 2014.

[7] 李在卿, 吴君. 持续成功的管理 [M]. 北京：中国质检出版社, 2011.

[8] 盛小平. 知识管理：原理与实践 [M]. 北京：北京大学出版社, 2009.

[9] 李在卿, 陈红. GB/T 19001—2008/ISO 9001:2008《质量管理体系 要求》理解应用与审核 [M]. 北京：中国标准出版社, 2009.

[10] 中国汽车技术研究中心, 中国汽车工业协会. GB/T 18305—2003/ISO/TS 16949:2002 理解与实施 [M]. 北京：中国标准出版社, 2004.

[11] 孙跃兰. ISO 9000 族质量管理标准理论与实务 [M]. 北京：机械工业出版社, 2011.

[12] 李亨, 田武. 质量管理体系内部审核及案例 300 例 [M]. 北京：中国标准出版社, 2002.

[13] 李素鹏. ISO 风险管理标准全解 [M]. 北京：人民邮电出版社, 2012.

[14] 张智勇. 品管部工作指南 [M]. 北京：机械工业出版社, 2012.

[15] 张智勇. 内审员与管理者代表速查手册 [M]. 北京：机械工业出版社, 2006.

[16] 《GJB 9001B—2009〈质量管理体系要求〉实施指南》编写组. GJB 9001B—2009《质量管理体系要求》实施指南 [M]. 北京：国防工业出版社, 2013.

[17] 段为青. 汽车制造企业快速导入 ISO/TS 16949:2002. 北京：中国标准出版社, 2006.

[18] 柴邦衡, 刘晓论. 质量审核. 北京：机械工业出版社, 2004.

[19] 国家注册审核员网. ISO 9000 质量管理体系国家注册审核员应试指南 [M/OL]. 江苏：国家注册审核员网, 2010 [2016-04-01]. http://xue.shenheyuan.net/.